社会政策
福祉と労働の経済学

駒村康平・山田篤裕・四方理人・
田中聡一郎・丸山 桂［著］

ARMA
有斐閣アルマ
Specialized

　現在，日本は急速な人口減少と高齢化に直面している。2014 年には高齢化率は 25％に到達し，その後，2050 年前後には高齢化率は 40％に接近すると予想される。

　人口高齢化は社会保障給付費の増加を伴う。社会保障費用負担はすでに膨大なものになっており，今後も増加し続けることが見込まれる。現在の日本の財政状況はきわめて深刻であり，国と地方の債務を合計すると 2014 年度末で 1000 兆円を超え，危機的な状況にある。今後，社会保障制度の横断的な見直しは不可避となっている。

　ただし，持続可能な社会保障制度の確立は社会保障の給付カットのみで達成されるわけではない。むしろ子どもの貧困対策や少子化対策など，現役世代向けの給付の充実はますます必要である。社会保障制度が将来も持続可能になるためには，財政のみならず安定した社会・経済が不可欠である。

　労働政策は，良好な労働条件を労働者に保障する。労働を通じて経済活力を高めることにより，社会保障制度の持続可能性が高まることになる。すなわち女性や高齢者，そしてさまざまな障害をもった人々が就労し，税・社会保険料を負担することは，社会保障制度の持続可能性に貢献する。また保育や介護などの家族ケアと仕事の両立が可能になったり，失業などによって生活困窮な状態になった人を再び就労できるように支援することができれば，社会保障制度の持続可能性はさらに高まる。

　社会保障制度と労働政策はさまざまな困難に直面した人々の生活を保障し，人々の潜在的な可能性を引き出す役割を果たす。高齢化社会を乗り切るためには，社会保障制度と労働政策はこれまで以上の連携が必要になる。

本書は，副題に「福祉と労働の経済学」とあるように，社会保障制度と労働政策を個別に扱うのではなく有機的に連携したものとしてとらえて，経済学の手法で評価するテキストとして作成した。

　一般的には，社会政策というタイトルはあまりなじみがないかもしれない。社会政策という学問は，独立した学問領域というよりは，マルチディシプリン（複数の学問領域），すなわち経済学，社会学，法学，政治学など多くの学問分野からのアプローチであり，その守備範囲もさまざまな社会問題，制度・政策にまたがる。そのため，同じ制度・政策に対する評価でも，採用するアプローチによっては，評価が異なることが多い。もちろん，こうした差異は許容されるべきである。

　その一方で，社会科学，人文科学では専門分化が進み，ディシプリン（専門分野）ごとに研究が深化した結果，同じ問題を研究の対象としながらも，ディシプリン間ではあまり研究交流がなく，相互に理解不足のために独善的な議論に走る傾向もある。

　とくに経済学はそうした傾向にある。他の分野の研究蓄積を十分検討もせず，ことさら社会政策の縮小，小さな政府への道，規制緩和を主張する研究が存在するのは事実である。このため，経済学は市場メカニズムの貫徹を正当化するための学問であるという先入観をもたれる傾向があるのはきわめて残念である。

　しかし，戦後，先進国で定着した福祉国家が，20世紀後半からのグローバル経済や環境問題に直面し，その意義，持続可能性が大きく変化する今日，専門分野を乗り越え，相互の研究蓄積を生かした学問横断的（トランス・ディシプリナー）なアプローチで「学問的なタコツボ」を解消する必要が出てきている。

　本書は，以上のような問題意識に立ち，初歩的なミクロ経済学の手法を使って社会政策を分析することにより，経済学部のみならず他学部の学生にも，社会政策に対する経済学的アプローチを共有す

ることを目的としている。

　社会政策で標準的な教科書を書くことは難しい。むしろ教科書といった形で，学問を標準化することは望ましくないという見方もあるかもしれない。とくに，政策科学においては，制度・政策の評価は価値判断の制約を免れることはできない。本書もこうした点を自覚して，制度・政策の評価については，なるべく禁欲的な方針を貫いたつもりである。

　では，本書の章立てを紹介しよう。まず，はしがき，序章，第1章，第2章，第3章，第4章および終章は総論部に相当し，本書全体にかかわるテーマ，考え方を説明した部分である。第5章，第6章は総論部と各論部をつなげる部分として貧困・セーフティネットの議論や日本の雇用システムの展開，労働問題を扱っている。第7章から第14章は，人生のさまざまな場面で必要となる社会保障，労働政策を個別に扱った各論部となっている。

　経済学部などで，通年の講義として社会政策，社会保障論で本書を使う場合は，なるべく全章を扱ってほしい。しかし，半期の社会保障論で本書を使う場合は，第3章以降の具体的な制度を中心にするという方法もある。社会福祉論であれば，第4章，第9章，第10章，第13章に重点を置いて，労働政策・社会保険論では，第1章，第6章，第7章，第8章，第12章，第13章，第14章に重点を置くべきであろう。

　最後に本書の企画から出版まで，著者らの責任で思いのほか時間がかかってしまった。著者らを辛抱強く励まし，出版まで導いてくださった長谷川絵里さん，松井智恵子さんには篤くお礼を申し上げたい。

　2015年5月

　　　　　　　　著者を代表して　　駒村　康平

著者紹介

駒 村 康 平（こまむら　こうへい）

慶應義塾大学経済学部教授

主要著作　『年金はどうなる』岩波書店，2003 年；『日本の年金』岩波書店，2014 年

執筆分担　はしがき，序章，1 章（1〜3 節），5 章（1 節，2 節〔共著〕），10 章（共著），11 章（共著），13 章（共著），14 章，終章

山 田 篤 裕（やまだ　あつひろ）

慶應義塾大学経済学部教授

主要著作　『最低生活保障と社会扶助基準』（共編）明石書店，2014 年；"Comparing the Minimum Income Standard in the UK and Japan," （共著）*Social Policy and Society*, Vol. 13, No. 1, pp. 89-101, 2014.

執筆分担　1 章（4，5 節），2 章，5 章（1 節〔共著〕，3 節），7 章（4 節），8 章，12 章

四 方 理 人（しかた　まさと）

関西学院大学総合政策学部准教授

主要著作　「家族・就労の変化と所得格差」『季刊社会保障研究』第 49 巻第 3 号，326〜338 頁，2013 年；「非正規雇用は『行き止まり』か？」『日本労働研究雑誌』第 608 号，88〜102 頁，2011 年

執筆分担　3 章，6 章，7 章（1〜3 節）

田 中 聡一郎（たなか　そういちろう）

関東学院大学経済学部講師

主要著作　「市町村民税非課税世帯の推計と低所得者対策」『三田学会雑誌』第 105 巻第 4 号，577〜600 頁，2013 年；「生活保護受給世帯の中学生の学習・生活実態と教育支援」『社会政策』第 5 巻第 2 号，114〜126 頁，2013 年

執筆分担　4 章，5 章（2 節〔共著〕），9 章

丸 山 桂（まるやま　かつら）

成蹊大学経済学部教授

主要著作　『就業形態の多様化と社会保険の適用状況に関する国際比較』全労済協会，2008 年；「低所得世帯の居住水準の実証研究」（共著）『三田学会雑誌』第 105 巻第 4 号，617〜648 頁，2013 年

執筆分担　10 章（共著），11 章（共著），13 章（共著）

本書を読むにあたって

本書のねらい ◆

　労働市場，労働政策，社会保障・社会福祉制度について経済学のアプローチから分析します。各章ともミクロ経済学の手法を使って，それぞれの制度・政策の基本的な仕組み，政策目標を分析し，次にその現状や抱える課題などを考えていきます。

本章でまなぶこと ◆

　読者が，各章の内容を的確に理解できるように，各章の章扉にその章のポイントを概説した「本章でまなぶこと」を示します。

キーワード ◆

　各章本文で出てくる重要用語はキーワードとしてゴシック表記になっており，章扉に一覧で示されています。

Column ◆

　社会政策を理解する手がかりになる出来事，議論，話題を紹介します。

演習問題 ◆

　各章の理解を深めるために各章で取り扱った制度・政策を題材に使った演習問題を用意しました。

文献案内 ◆

　巻末には，社会政策に関する基本文献，重要文献を紹介します。各章で扱っていない制度・政策を理解したり，より深い学習をするための手がかりにしてください。

索　引 ◆

　事項索引，人名索引を巻末につけました。社会保障の各制度間，社会保障制度と労働政策の関係などの理解の手がかりになると思います。

目　　次

序　章　社会政策の射程　　　　I

第1章　社会政策はなぜ必要か　　　　8

第9章 障　害　　235
生活保障と社会参加支援

第14章　老　　齢
年 金 保 険

353

Column 一覧

序章 社会政策の射程

東京市社会局による失業者救済準備事業のための臨時労働者の登録（1929年10月，東京市深川小学校）　朝日新聞社／時事通信フォト提供

本書の取り扱う社会政策

社会政策の守備範囲は，各国の社会経済状況によって異なる。社会政策の主要テーマはビッグファイブといわれる「所得保障，保健サービス，教育，住宅，ソーシャルワーク・サービス（対人福祉サービス）」とする見方がある。これに対して，本書が取り扱う範囲は，大きく社会保障制度と労働政策から構成される。社会保障として，社会的リスクによる所得の喪失で生活基盤が失われる状況に対応する所得保障政策である，年金保険，雇用保険，公的扶助，社会手当を扱う。さらに医療，介護，障害者福祉といった対人社会サービス保障も取り扱う。

また，労働政策にかかわる部分として，賃金，労働時間，安全衛生といった労働条件に関する規制，職業訓練，職業紹介，雇用政策，

女性・高齢者・障害者に対する雇用確保，仕事と暮らしの両立を目的にしたワーク・ライフ・バランスなどの労働政策を取り扱う。労働条件の改善と所得保障・医療サービス費保障を含む労働災害補償保険は労働政策の範囲とする。

このように本書では，社会保障制度，労働政策といった厚生労働省の所管に重なる部分が中心になるが，本書の守備範囲は，そこにとどまらない。持ち家の促進，公営住宅整備，民間住宅規制，住宅手当・家賃補助といった住宅政策も守備範囲とし，広く市民生活に密接にかかわる課題を考える。

経済学とは

社会政策は，経済学，社会学，政治学などさまざまな学問分野で研究の対象とされている。本書は社会政策について経済学の手法を使って考えていきたい。ところで，そもそも経済学とはどのような学問なのだろうか。これをひとことで説明することは難しい。経済学は市場メカニズムを解明する学問と考える人もいるであろう。本書では，経済学の役割について，P. ダスグプタの「経済学は，人々の生活がどのようにして今のような状態になったのか，それに影響を及ぼすいろいろな過程を明らかにしようとする面が大きい。また経済学は，どうすればこうした過程そのものに影響を及ぼすことができるのかということも見出すことによって，『なれるものや行えることがとてつもなく制限されてしまっている人々』の将来の見通しをもっと明るいものにしようとする学問である」という見方を取りたい（ダスグプタ [2008]）。「なれるものや行えることがとてつもなく制限されてしまっている人々」とは，A. センのいう多様な人生を送るために必要な「機能」，「基本的潜在能力」が不足している人々ともつながる（セン [1988]）。これを自分らしく多様な人生を送る基本的な条件を整備するというようにとらえると，日本国憲法の定める生存権の保障や幸福追究権にもつながる。「とてつもなく制限されてしまって

いる人々」が放置されている不条理な状況を少しでも減らすことが，社会の進歩であり，それを限りある資源のなかでどのように行うか考えるのが経済学の役割である。

ミクロ経済学のアプローチ

社会政策では，規範論のみならず，具体的な政策や制度の評価と改善提案がつねに求められることになる。本書では，その分析手法・ツールとして，ミクロ経済学のアプローチを採用する。ミクロ経済学の手法は，予算制約のもとでの選択行動そのものであり，有限な資源をどのように効率的に配分するかを明らかにする。ただし，ミクロ経済学のアプローチを使うのはあくまでも，そのシンプルな説明方法によって制度・政策の効果を評価，予測するためである。加えて人々が合理的で一環した選択をするという想定のもとで説明力を発揮するミクロ経済学の想定については，以下の留意点が必要になる。

まず通常のミクロ経済学でも想定されている不確実性，情報の不完全性とともに情報処理の限界である。これらは行動経済学が明らかにしたような系統的にバイアスのある選択行動にもつながる限界である。

さらにミクロ経済学の基本になる考えは，「選好」と「予算制約」である。「選好」，すなわち各人が何を重視するのかという点に注目する概念がある。個人が現在と将来の消費，余暇と労働への時間配分を選択する際に選好は大きな影響を与える。ではその選好はどのように形成されたのか。各人の選好の形成に生育期の環境や経験が影響を与えないのだろうか。

また現実に直面する予算制約，流動性制約の問題も注意する必要がある。より広くいうと人生の選択の幅，可能性は経済状況によって大きく異なる。それゆえ「合理的に無を選択している」，あるいは「自発的にホームレスを選択した」というような結論には慎重で

あるべきと考える。

このように，本書でのミクロ経済学の使用目的は，あくまでも説明手段の有用性という点であり，人間の諸活動がすべて経済的利害だけで決定されていると想定するものでも，市場メカニズムが有効に機能しているという結論に導くためのものではない。

経済理論と経済政策の関係も慎重でなければいけない。単純化され抽象化された理論を現実の政策に当てはめる安易さをJ. A. シュンペーターは「リカード的悪弊」と呼んだが，理論と政策の関係についてつねに用心深くあらねばならず，事実に関する慎重な実証が不可欠である（猪木 [2012]）。

たとえば，価格規制によって市場メカニズムが機能しなくなり，望ましくない結果になる代表としてミクロ経済理論で頻繁に扱われる最低賃金と家賃規制のうち，家賃規制については，経済理論の予想するような問題を引き起こすことが実証的に確認されているが，最低賃金のほうは，実証研究では必ずしも理論通りの結果になっていない（ヒース [2012]）。

同じことは，他の専門分野でもいえる。現実の政策の効果を検証することなく，抽象的な論拠のみで制度・政策を評価するべきではない。経済学のアプローチのメリットは，そこから導かれる仮説を統計的に検証し，制度・政策が意図した目的を達成しているか実証することができる点にある。もちろん自然科学と異なり，経済学においては着目する要因以外をすべてコントロールした実験室のような分析をすることはできない。このため，制度・政策の効果を測定できるのは，制度・政策が大きく変化し，その前後で対象主体のデータが取れるタイミングであり，この場合に「自然実験」が可能になる。最近の開発経済学のなかでは，ある政策介入を行ったケースと行わなかったケースをランダムに割り当てて，政策の効果を測定

するランダム化比較試験（RCT）の手法が広がっている。しかし，実際の経済学の研究，とくに国民の生命等に直接影響を与える可能性がある社会政策の分野ではこうした介入実験はきわめて難しく，制度・政策変更が行われるときが絶好の分析の機会になる。

　社会政策を考える際には，さまざまな制度・政策変更が，その期待した目的を達成したのかを，客観的，実証的に測定，評価する必要がある。

　ただし，社会政策に経済学アプローチを応用する際にいくつか留意すべき点がある。

経済学アプローチを応用する際の留意点

　方法論的個人主義の問題　　年金の財政方式において議論するように，合理的な個人の集合体として社会が構成されている場合，世代間の不公平すなわち生涯支払った保険料総額と給付総額が等しくならない可能性がある賦課方式の年金制度は，経済の効率を損ない，個人の厚生を悪化させることになる。これは方法論的個人主義によるミクロ経済主体の集合体の視点からの賦課方式年金の評価である。では，具体的に目の前の年金制度をどのように評価すべきであろうか。年金制度は社会経済の上部構造であり，現在の年金制度も社会経済の変動に調整してさまざまな改革が行われたという歴史的な経緯にも留意する必要がある。

　社会保障における市場の役割　　社会保障給付，福祉サービスの利用と提供には，ニーズ測定に基づいて公的主体がサービスを提供すべきという考えが中心にある。一方，社会保障制度に対する規制緩和の議論では，サービス利用者の需要に対し，弾力的，競争的にサービスを提供すべきであるという意見が強まっている。ここで区分すべきことは，ニーズと需要の違いである。利用者，クライアントに対する専門家による判断・評価という規範的な性格をもつニーズと，消費者自身の所得と価格の制約のもとでの効用最大化の結果派生する需要とを，区別する必要がある。ニーズ論は大変奥深いも

　市場メカニズムの分析に偏っているとみなされがちな経済学であるが，経済学の大家が考える経済学の役割は多様である。古典派経済学を確立したA. マーシャルは，「冷静な頭脳（クールヘッド）と温かい心情（ウォームハート）をもち，自分の周りの社会的苦悩に立ち向かうために，その全力の少なくとも一部を喜んで捧げようとし，……決心している者」と経済学を学ぶものの信念を表明している（A. マーシャル〔伊藤宣広訳〕[2014]『マーシャル クールヘッド＆ウォームハート』ミネルヴァ書房）。

　経済学の側面から，政府の介入，需要コントロールを理論化し，W. H. ベヴァリッジを支援して福祉国家への流れに好意をもっていたJ. M. ケインズは，「経済学の大家はもろもろの資質のまれなる組み合わせを持ち合わせていなければならない。……彼は，ある程度まで，数学者で，歴史家で，政治家で，哲学者でなければならない。経済学者は，記号を理解し，しかも言葉で語り，特殊なものを一般的なかたちで考え，その思考の過程で，具体的なものにも，抽象的なものにも触れなければならない」（大野忠男訳[1980]『ケインズ全集 第10巻 人物評伝（第14章 アルフレッド・マーシャル）』東洋経済新報社，232〜233頁）と，経済学を学ぶ者の資質を示している。

　経済学者の仕事の内容について，世界規模の貧困，環境問題に取り組むJ. サックスは「マクロ経済学者の仕事は，重篤な症状を呈する患者や未知の基礎疾患に対処しなければならない臨床医の仕事に似ている。根底にある問題を正しく診断し，適切な治療計画を立て，それを解決することである」としている。

　最後に，経済学を学ぶ目的について，J. ロビンソンは「経済学を学ぶ目的は，経済の問題に対して一連の出来合いの答えを得るためではなく，どうしたら経済学者に騙されないかを学ぶことである」（J. ロビンソン〔都留重人・伊東光晴訳〕[1956]『マルクス主義経済学の検討——マルクス，マーシャル，ケインズ』紀伊國屋書店）としている。いずれの言葉も経済学の多様な性質を表現している。

のがあり，本書で十分に扱うには限界がある。社会政策，社会福祉で中心概念となるニーズについてはディーン［2012］がくわしい。

　経済学の視点でみると，いかに重要なニーズに対応するとしても，その給付には費用がかかる。同じ給付を行うためにいかに費用を最小化するか，またニーズが「多様化」するなかで利用者の好みをどの程度選択に反映させるか考える必要がある。

　福祉国家の危機が指摘されるなかで，社会政策においても効率性と選択の重要性が高まり，市場的な仕組みをどのように有効に使うかという準市場論（擬似市場）の議論を J. ルグランなどが展開している。こうした動きは，2000 年の社会福祉基礎構造改革以来の日本における「措置」から「契約」という流れと重なる。さらに医療・介護保険のなかで擬似価格として機能する診療報酬や，介護報酬の変更，費用の抑制と質の高いサービスにつながるのか，制度のインセンティブに関する研究も重要になっている。こうした点からも，経済学アプローチは社会政策に多いに貢献できる。

参考文献 ◆

猪木武徳［2012］『経済学に何ができるか——文明社会の制度的枠組み』中央公論新社（中公新書）

坂田周一［2014］『社会福祉政策——現代社会と福祉（第 3 版）』有斐閣

サックス，J.（野中邦子・高橋早苗訳）［2012］『世界を救う処方箋——「共感の経済学」が未来を創る』早川書房

セン，A.（鈴村興太郎訳）［1988］『福祉の経済学——財と潜在能力』岩波書店

ダスグプタ，P.（植田和弘・山口臨太郎・中村裕子訳）［2008］『経済学』一冊でわかるシリーズ，岩波書店

ディーン，H.［2012］（福士正博訳）『ニーズとは何か』日本経済評論社

ヒース，J.（栗原百代翻訳）［2012］『資本主義が嫌いな人のための経済学』NTT 出版

ルグラン，J.（後房雄訳）［2010］『準市場 もう一つの見えざる手——選択と競争による公共サービス』法律文化社

第1章 社会政策はなぜ必要か

右：セント・メアリーボーンワークハウス（ロンドン）の男性収容者用の食堂の
　　様子（1902年）
左：セント・パンクラスワークハウス（ロンドン）の女性収容者用の食堂の様子
　　（1897年）
ⓒ Mary Evans/Peter Higginbotham Collection

本章でまなぶこと◆

　社会政策の学問としての特徴，取り扱うテーマを理解し，社会政策の中心的テーマである社会保障制度，労働政策の役割を理解する。また，欧米各国と日本の社会政策の発展史を学ぶ。支配者の恩恵，地縁・職域による相互扶助から国家により保障制度に発展した経緯，貧困の原因が怠惰とされた状況から社会経済的な原因があると認識されていく経緯，そして福祉国家の成立とその転換を理解する。

　どのような場合に，政策介入なしに市場メカニズムを通じた資源配分が効率的なのか，あるいはどのような場合に（社会政策を含む）政策介入が必要なのかを，理論的に理解する。資源配分状況の評価に関し，複数の価値判断基準があることも理解する。

キーワード

労働政策　　社会保障制度　　社会保障制度審議会　　福祉国家　　ベヴァリッジ報告　　パレート効率　　市場の完備性　　完全競争市場　　公平性

1 社会政策とは

社会政策の定義 社会政策とはどういう学問か。社会政策を定義するのは難しい。日本の社会政策の研究の歴史は，労働力の創出のための政策と位置付けた考えが主流であり，**労働政策**が中心となってきた。

　日本の社会政策学会は，1872 年に発足したドイツ社会政策学会の影響を強く受け，1897 年に創設された。工場法制定促進の講演会からスタートし，生存権思想の先駆者とされる福田徳三などが先進的な議論を行ったものの，1924 年以降一度活動停止，1950 年に再建された。

　一方，イギリスの社会政策のとらえ方として，T. H. マーシャルは社会政策を「サービスや所得を保障することによって，市民の福祉に直接影響を及ぼす行動」「社会保険，公的扶助，保健・福祉サービス及び住宅政策」としている（マーシャル［1981］原著 1965 年）。

　P. スピッカーの著したテキスト『社会政策講義』の社会政策の説明は興味深いものである。そこでは「社会政策学は何を研究するかによって定義されるのである，どのように研究するかによって定義されるのではない」としたうえで，「社会政策学の中心は，社会福祉社会サービスの研究」であるとし，具体的には，「主な研究分野は，保健医療行政，社会保障，教育，雇用サービス，コミュニティ・ケア，住宅管理における政策と行政実務である。また人々の福祉が損なわれやすい状況，つまり障害，適応精神，疾患，学習障害，老齢なども研究対象である。さらに犯罪，麻薬中毒，家庭崩壊などの社会問題も同様である。加えて，人種，ジェンダー，貧困などの社会的不利に関連する事柄も研究対象である。これらの状況に

対する集合的かつ社会的な対応も研究対象である」としている（スピッカー［2001]）。

スピッカーによる社会政策の範疇は，市民の生活にかかわるさまざまな公共政策を含むかなり広いものとなっている。

その理由をスピッカーは「社会政策学が扱う分野を理解することは難しくないが，立ち入り禁止の範囲を指摘することが難しい。というのは，結局あらゆる種類の問題が人々の社会関係と福祉に影響を及ぼすからである」としている。

本書における社会政策の範囲　これに対して本書の守備範囲はやや限定的になっている。本書では，労働政策にかかわる部分として，賃金，労働時間，安全衛生といった労働条件に関する規制，職業訓練，職業紹介，雇用政策，女性・高齢者・障害者に対する雇用確保，仕事と暮らしの両立を目的にしたワーク・ライフ・バランスなどの労働政策を取り扱う。労働条件の改善と所得保障・医療サービス費保障を含む労働災害補償保険も労働政策の範囲とする。

また**社会保障制度**は，社会的リスクによる所得の喪失で生活基盤が失われる状況に対応する所得保障政策として，年金保険，雇用保険，公的扶助，社会手当を扱う。さらに医療，介護，障害者福祉といった対人社会サービス保障も取り扱う。

このように本書では，労働政策，社会保障制度といった厚生労働省の所管に重なる部分が中心になるが，そこにとどまらない。持ち家の促進，公営住宅整備，民間住宅規制，住宅手当・家賃補助といった住宅政策も守備範囲とし，広く市民生活に密接にかかわる課題を取り扱う。

一方，国際労働機関（ILO）をはじめとする国際機関が推進してきた国際社会政策は，経済活動の国際的な広がりとも密接な関係をもち，日本には未批准である重要な ILO 条約が少なくないという

課題も存在している（国立国会図書館調査及び立法考査局［2013］31〜43頁）。しかし紙幅の都合上，こうした重要領域があることを指摘するにとどめ，本書では割愛する。

2 社会政策の中心テーマとしての労働政策と社会保障制度

社会政策を具体的な制度・政策の課題からみると，やはり労働政策と社会保障制度が中心になる。順にみていこう。

労働政策の役割 資本主義経済においては，日々の生活のニードは基本的には自らの就労収入や家族の助け合いによってまかなわれる。ほとんどの人は，金融資産からの収入ではなく自らの労働による収入が生活維持の中心になる。日本はかつては自営業者が多数であったが，現在では企業に雇われている雇用者が多数を占めており，労働市場で，労働条件が決まっている。したがって雇用者の働く条件の整備を行う労働政策はきわめて重要である。賃金，労働時間，労働環境といった労働条件，労使関係にかかわる労働関係法，最低賃金，障害者雇用，失業時の所得保障，労働災害への補償などが労働政策の内容である。先進各国でも，19世紀以降，産業革命とともに資本主義経済の拡大・深化に伴い，工場で働く労働者が増加し，労働条件，労働環境の整備のために「工場法」が導入された。資本主義経済をときどきおそう恐慌や景気の循環による失業，技術変化による失業に対応するために，失業保険の仕組みも先進各国で普及している。

不況やリストラなどによって仕事を失ったり，仕事中のけがや病気によって仕事ができなくなった場合には，所得の保障や医療費の補償が必要になる。仕事を失った場合は生活費の保障は失業保険が，仕事中の傷病による損害は労災保険が対応する。両者をあわせて労

働保険という。

　資本家との交渉により賃金が際限なく引き下げられることを防止するため，最低賃金制度がある。さらには，仕事と暮らしの両立，積極的に障害者雇用を拡大する制度・政策も重要になっている。

　日本の労働政策の歴史は，戦前においては工場法などの限定的かつ不十分なものにとどまり，最低賃金，失業保険が成立したのは戦後であった。失業時に所得保障がないことは，資本家側に著しく有利に働き，国民の生活を不安定なものにした。

　失業の原因はさまざまで，仕事が合わなかったり，あるいは新たによい仕事をみつけるための職探し，転居，健康状態など個人の事情による自発的な失業もある。しかし，会社の都合による解雇，会社の倒産・リストラなど，景気の影響を強く受ける非自発的な失業もある。

　失業保険は，雇用者など，雇われて働いている人が失業に備えて加入する社会保険であり，失業時に一定の所得が，一定期間保障され，失業期間中の生活を下支えし，職探しの時間を確保できるようにする。また失業保険は個人だけにメリットがあるわけではなく，失業者の消費の下支えをして景気のさらなる悪化を防ぐ効果もある。この機能を「経済の自動安定化機能」（ビルト・イン・スタビライザー）という。

　日本の失業保険は，1974年には，雇用保険に発展し，従来の失業給付に加え，積極的に失業を防止するという役割も担うようになった。雇用保険では，高齢者雇用継続給付，育児休業・介護休業給付金などの雇用継続給付や教育訓練給付金など失業者ではない労働者にもさまざまな給付が用意されている。

社会保障制度の役割　社会保障制度は雇用者に限定されず国民全般の生活保障にかかわっている。社会保障制度は，国民の日々の生活のなかで，事前に予想できず準備ができ

なかったり，生活に深刻な影響を与え個人では対応できない出来事に対しても，公的主体がさまざまな方法で生活を保障する制度である。

戦後の日本の社会保障制度をリードしてきたのは，**社会保障制度審議会**であり，その「50年勧告」の影響は大きい。「50年勧告」によって，社会保険を中心とした社会保障制度の整備の方向性が確定した。

社会保障は，①最低生活保障を確保するセーフティ・ネット，②所得の格差を縮小させる所得再分配，③社会保険によるリスク分散，④社会の安定および経済の安定・成長の4つの機能をもっている。

社会保障制度を形態別に分類すると，年金や生活保護など現金給付である「所得保障」と，医療・介護サービス，保育サービスや障害者の介助サービスのような「サービス保障」（対人社会サービス），そして下水道整備や疾病対策などの「公衆衛生」がある。なお，子ども向け，障害者向け，高齢者向けの福祉サービス，生活保護制度などをさして社会福祉と呼ぶ場合もある。

雇用者が現役の期間は，労働条件，賃金を左右する労働政策が重要な役割を果たし，高齢期の所得保障は年金が重要になるというように，労働政策と社会保障制度は役割分担している部分もある。しかし，現在は，労働政策と社会保障制度の連携がますます重要になっている。たとえば高齢化に合わせて年金の支給開始年齢を引き上げる際には，高齢者雇用の確保という労働政策が有効に機能する必要がある。他にも仕事と暮らしの両立，たとえば女性の就業と子育て支援は，労働政策と保育制度という社会保障制度が連携しないと効果がない。介護と仕事の両立も同様であり，介護サービスの充実と介護離職防止は連携が必要になる。また，現在政府は「子ども・子育て支援新制度」という多様な子育て支援サービスの提供を可能にする仕組みを準備しているが，これが女性の就業率の引上げや少

子化を防ぐためには労働政策との連携が鍵になる。

このように，国民の多数を占める雇用者世帯の労働条件を規定する労働政策と，国民全般の生活の下支えになる社会保障制度が両輪となって，国民の生活保障の仕組みを構成している。

3 社会政策の歴史

社会政策の歴史は古く，社会や国家が貧困者の生活を支える社会保障と類似した制度・慣習は，さまざまな宗教の影響から世界各地で古代から存在していた。近代の社会保障をめぐる思想は，自己責任，家族内扶養，支配者の恩恵，地域・職域の相互扶助，社会民主主義に根拠をもつ**福祉国家**と，社会経済の変化とともに発展してきた。

古代・中世における恩恵，血縁・地域・職域の互助

記録にある，最も古い年金に類似する仕組みとは，古代ギリシャの都市国家ミレトスの年金制度だったとされる。これはミレトスが国際紛争に巻き込まれた際に，軍資金の強制借入れと引き替えに市民に終身年金を保障したものである。

もちろん，これは今日の公的年金保険とはかなり異なるものである。むしろ古代における貧困者の救済は限定的であり，権力者による恩恵的な性格が強かった。

中世でも，生活困窮者の救済は宗教団体と地縁，血縁の互助が中心で，救済の対象になる貧困者は，障害者など労働不能な貧困者であった。教会が病院や救貧施設を提供することもあった。また同職集団ギルド，同業集団のツンフト，聖者崇拝で結ばれた兄弟会は仲間同士の互助の役割を果たした。たとえば，ギルドは新規の職人の参入を制限する独占的機能を果たしたが，それ以外にも，死亡した

仲間の葬祭費，薬代，治療費代を仲間同士で出しあうという共済の役割も果たした。

　ギルドの共済機能は，ドイツでは社会保険の源流になり，イギリスでは互助組織として友愛会となり，さらには労働組合へ続いていき，経済，社会保障制度の重要な役割を果たすようになる。

近代までの貧困観　中世ヨーロッパでは，子ども，障害者，高齢者など社会にとって救済に値する貧者と，怠惰な救済に値しない貧者の区別は厳格だった。近代になると，働ける能力をもちながら，経済変動によって失業し，貧困者になるものが多数発生する。16世紀になると，イギリスでは，囲い込み運動（エンクロージャー）などにより農地を失った農民が浮浪者として都市部に集まるようになり，貧困が犯罪につながるとして厳しい取締りの対象になった。当時のキリスト教会の思想では，M.ルター，J.カルヴァンなどのプロテスタントも含め，貧困を「怠惰による罪」とみなし，個人の就労意欲の欠如を非難した。

　しかし，イギリスのT.モアはその著書『ユートピア』で囲い込み運動を「羊が人間を食う」と表現し，早くから囲い込み運動が貧困者を生んでいるという貧困の社会的原因を指摘していた。

古代から近世までの日本における貧困救済・互助　東洋でも，仏教，ヒンズー教，イスラム教，儒教などさまざまな宗教で困窮者に対する救済の必要性が教えられていた。

　奈良時代の律令国家のもと，弱者への救済が規定された。また戸籍に登録されたものには，飢饉（ききん）の際にはコメの無償支給である賑給（しんごう）が行われた。たびたびおそってくる飢饉に対して，律令国家は賑恤（じゅつ），義倉（ぎそう）など非常対応のみを用意した。また奈良時代には天然痘などの伝染病が流行したが，その対応として仏教に帰依した光明皇后の救貧施設である薬院，悲田院が有名である。ただし，これら古代の貧困者救済はいずれも支配者の恩恵的なものにすぎなかった。

近世になり，各地に農村が定着すると，農村内で地域相互扶助である無尽，頼母子講といった互助の仕組みが定着するようになった。

欧米における社会政策の発展①──救貧法

近代の社会保障制度は，それまでのさまざまな救貧制度をとりまとめる形で1601年にイギリスで導入されたエリザベス救貧法（旧救貧法）から始まる。イギリスの初期の救貧法は，都市部に集中していた浮浪者の整理，貧困高齢者，病弱な者への施設における救済と働けるものには就労の強制，身寄りのない貧困高齢者等の救済を目的としたものであった。しかし，その背景には，封建制度の解体という大きな社会経済の変動があった。この時期に続いた天候不順により穀物価格が上昇し，囲い込み運動の進展によって村落が縮小・消滅，農地から離れた人々が増えた。囲い込み運動は16世紀の牧羊を目的とした第1次と，18世紀のノーフォーク農法などの高度集約農業の導入を目的とした第2次の2回に分けて行われた。この囲い込み運動で農業の生産性は上昇したが，農地という生産手段から切り離された人々は浮浪し，その後の産業革命の労働者の先駆けとなる。加えて次々と居住や職業規制に関する制度が見直され，貧民が大量に発生し，都市に集まった。エリザベス女王の前王であるエドワード6世は，こうした貧民に対して労働を強制し，労働を拒む者は，それを告発した者の奴隷になることと定めた。さらに奴隷が仕事を拒めば，焼きごてでS字の印を額や背に焼き付け，逃亡3回目には死刑に処されるとした。まさに，貧困と怠惰のしるし（スティグマ）が肉体的に付けられたのである。貧困者に対する初期の国家統制強化がエリザベス救貧法の目的であった。この他，単身高齢者の増加への対応も，もう1つの目的であったとされる。

エリザベス救貧法は，教区内の土地保有者が負担する救貧税を財源に，貧困者の救済・保護，労役所における就労の強制，浮浪者の取締りを内容としたものであった。その後，市民革命や市場経済が

広まるなかで，救貧法の運用は多様化していく。しかし，18世紀末にフランス革命が発生すると状況は一変する。穀物貿易が拡大し，食料価格が上昇し，社会不安が広がるなかで，大陸からの革命の伝播を抑えるために救貧法の性格は大きく変化する。まず就労可能な貧困者に対する在宅における扶助（院外救済）を可能にした1782年のギルバート法を経て，1795年には，ブレッドスケール（パンの価格と家族の数に応じて扶助額が決まるスライド制の導入）のもと，賃金補助・児童手当に近い性格のスピーナムランド制に変質した。

しかし，フランス革命，ナポレオン戦争が終了し，新しい世界秩序，国民国家の確立が進むと状況はさらに変化する。革命の伝播の危険が下がると再び厳しい救貧の仕組みが必要であるという主張が強まった。戦後の不況が発生し，過剰人口も問題になった。スピーナムランド制による貧困者向けの最低保障の手当が，実質的に賃金補助の役割を果たし，労働者の賃金と所得を分断し，労働者の勤労意欲の低下，過剰人口の原因となり，救貧費の増加と救貧税が土地保有者・農業主を圧迫するという批判が広まり，厳しい救貧の仕組みが必要とされ，1834年新救貧法が成立した。

新救貧法は，国民国家における中央政府の強い役割のもと成立した。その内容は，働く能力がある貧困者の在宅扶助の禁止，救済貧民の状態は最低の労働者の状態以下とするものである劣等処遇（Principle of Less Eligibility）の原則，給付決定を行う地方行政への専門官吏の配置，中央政府による地方政府の監督強化であった。労役場の環境はフェビアン協会のウェッブ夫妻から「罪なき人の牢獄」と呼ばれるほど過酷であった。

新救貧法はウェッブ夫妻の見直し運動にもかかわらず国民扶助法が成立する1948年まで続いた。

産業革命に伴う都市化が進み，労働者が増加するなかで，長時間労働，過酷な児童労働・年少者労働，劣悪な労働条件を規制する必要があった。R. オーウェンの努力などもあり，1802 年に最初の工場法が成立し，綿糸紡績業では 9 歳以下の子どもの雇用が禁止され，18 歳以下の労働時間は 12 時間に制限された。

1833 年には工場法の適用範囲が拡大し，児童労働の禁止，労働時間規制，工場監督官の配置義務化が行われ，1842 年に炭鉱法，1847 年に 10 時間労働時間法が成立した。1905 年に失業労働者法に伴い公共職業安定所が設置され，最低賃金は 1909 年に調停委員会法として成立した。

産業革命の進展，資本主義経済で繰り返される不況によって，ようやく貧困の問題が個人的な責任だけではなく社会経済の仕組みによることが認識されるようになる。19 世紀後半には，景気変動のなかで大量に発生した貧困層を救済するために宗教団体や民間篤志家による慈善事業が活発化し，慈善事業のネットワーク化を図る慈善組織化運動が進められた。

そして，C. ブースやその影響を受けた B. S. ラウントリーによる貧困者の生活実態を明らかにする調査が実施され，貧困が怠惰など個人の責任でなく低賃金社会経済の問題によること（とくに子育て期と老齢期に貧困に陥りやすいこと）が明らかになった。とくに合計 3 回行われたラウントリーの調査では，失業，病気などの貧困要因が詳細に明らかにされた。

さらに，ウェッブ夫妻によってナショナル・ミニマムの思想が唱えられたことなどもあって，次第に国家による貧困対応の必要性が認識されるようになった。

欧米における社会政策
の発展④——社会保障
へ
ドイツでは，O. von ビスマルクが，1883 年から社会保険 3 制度（疾病保険 83 年・労災保険 84 年・老齢年金保険法 89 年）を導入し，他のヨーロッパ諸国にも影響を与えた。イギリスでは，ウェッブ夫妻が国家による医療政策と失業保険の導入を主張し，1890 年に労災保険，1908 年に老齢年金，11 年に健康保険，失業保険国民保険法がスタートし，新救貧法の役割は大きく変化するようになった。スウェーデンでも 1913 年に国民年金が発足した。その後，欧米各国で労災，医療保険，年金，失業保険の順で導入が進んだ。失業，貧困が治安維持目的や個人の道徳的な問題ではないととらえられるようになっていった。

　第 1 次世界大戦を経て，1929 年の世界恐慌を経験したアメリカでは，ニューディール政策で総需要をコントロールする一方で，35 年に社会保障法をスタートさせた。さらに 38 年ニュージーランドが世界ではじめて，医療保障を含んだ包括的な社会保障制度を確立させた。また第 1 次世界大戦の講和条約（ベルサイユ条約）の一環として ILO（国際労働機関）が 1919 年に設立され，社会保障・社会保険の国際的な普及を担うことになった。

欧米における社会政策
の発展⑤——福祉国家
の誕生
第 2 次世界大戦後の欧米諸国の福祉国家の基礎となったのが，イギリスのベヴァリッジ報告（1942 年）である。ドイツの「戦争国家」に対抗して「福祉国家」確立を示したベヴァリッジ報告は，「窮乏・疾病・無知・陋隘（狭く汚い）・無為」の「5 つの悪の巨人」を克服するために，児童手当，完全雇用，包括的な保健医療システムの整備を前提にした所得保障の国家責任を示した。そして，職域や地域を問わない全国民による定額の保険料拠出・定額の給付という，社会保険とナショナル・ミニマムの組合せを提案した。ベヴァリッジ報告の多くは，労働党政権によって政策として実現された。

1942年のILO報告『社会保障への途』は，最低生活の保障の目標，権利としての給付の考えを打ち出した。さらに44年ILOのフィラデルフィア宣言は完全雇用，福祉国家を目標とした。

　ベヴァリッジ報告は各国の社会保障制度に影響を与え，戦後の福祉国家の理論的な支柱になった。その背景には，戦後復興のなかでの経済成長，完全雇用，性別役割分業の定着があった。政府の総需要政策による完全雇用を前提にしたこの時期の福祉国家は，「ケインズ－ベヴァリッジ福祉国家」と呼ばれることもある。国内総需要政策を有効にした国際経済秩序のブレトンウッズ体制も福祉国家の定着に重要な役割を果たしていた。

欧米における社会政策の発展⑥──福祉国家の変調

しかし，ベトナム戦争などにより，先進国の経済成長を支えてきたアメリカの貿易赤字が拡大，金準備高が減少し，固定相場制という戦後の国際通貨体制（IMF・GATT体制，ブレトンウッズ体制）が崩壊して，変動相場制に移った（1971年ニクソン・ショック）。さらに1973年，79年に2度のオイル・ショックが発生すると，先進各国ともに経済成長が大きく鈍化し，加えて不況，失業率の上昇と高インフレの同時発生というスタグフレーションに悩まされることになる。また，福祉国家への国民の依存も経済活力を下げた要因と信じられるようになり，政府の失敗，大きな政府への批判から小さな政府への支持も広がった。こうした経済の閉塞感を打破するために，70年代後半から，イギリスにおいてはサッチャー政権，アメリカにおいてはレーガン政権により，小さい政府論の主張が高まり，国営企業の民営化，公営住宅の売却，NHS改革や社会保障支出の抑制が進められた。

欧米における社会政策の発展⑦──福祉国家の転換

福祉国家の形態が分かれるようになると，G.エスピン－アンデルセンは，福祉国家の分類を行い「福祉国家レジーム論」を発

表した。

アンデルセンは，先進各国を，疾病や加齢などで労働市場から離れた人が生活を維持できるかという点からみた「脱商品化」という指標と，各人の階層や職種に応じた給付により格差が固定化されているかという「階層化」という指標を用いて，福祉国家を自由主義的福祉国家（アメリカなど），保守主義的福祉国家（大陸ヨーロッパ），社会民主主義的福祉国家（北欧）の3類型に分類した。

1990年代は，ソ連の崩壊やバブル経済の破綻，そしてグローバル経済の進展のなか，先進各国ともに厳しい失業率の上昇と財政赤字に直面した。こうしたなか各国政府は，財政赤字を克服するために，社会保障改革に着手した。

それはイギリスのブレア労働党政権，アメリカのクリントン民主党政権のみならず，代表的な福祉国家であるスウェーデンなどの北欧も例外ではなかった。

1990年代以降，ヨーロッパ各国で行われた社会保障改革は「第三の道」ともいわれ，その内容は①所得保障政策のスリム化，②対人社会サービスにおける地方分権化，準市場原理の導入（第13章参照），③就業能力の引上げ，ワークフェア・人的資本活性化政策である。これらの改革により，社会保障制度の中央政府の所得保障給付の比重は下がり，地方政府により提供される対人社会サービス中心型になり，社会保障の分権化が進められた。

近代日本の社会政策の展開

明治維新後，近代国家になってから最初の，政府による社会保障に関する規定は，1874年の恤救規則である。これは，太政官達として府県に示された行政機関内部の通達で，初期の公的扶助である。対象者は厳しく限定された貧困者で，給付内容はコメ一定量（0.9リットル）に相当する現金給付であった（第5章参照）。国家による恩恵的な性格の強い恤救規則の前提として，地域共同体によ

る隣保相扶，親族相互扶助などの私的扶養が優先されていた。受給者は多くても1万8000人程度であったとされている。

恤救規則以降，何度か本格的な公的扶助制度の導入が検討されたが，実現されず，ようやく1929年に救護法が制定された。この背景には大正期の不況，農村の疲弊，治安の乱れがあり，同法は治安維持的性格ももっていた。救護法の内容は，貧困による生活不能者のうち，65歳以上の老衰者，13歳以下の幼児，妊産婦，不具疾病，疾病，傷痍，その他精神，身体の障害により労働不能の者に対して，市町村が主体となって，生活扶助，医療，助産，生業扶助の4種類の給付を，居宅・施設で行うというものであり，受給者は選挙権・被選挙権も制限された。この財源は，市町村の負担とともに，国が2分の1，府県が4分の1以内の費用を負担した。制度としては，初めて市町村の扶養義務を定め，救護のための委員（方面委員）が設置された。

欧米に遅れて産業化，資本主義経済に進んだ日本では，労働者保護の整備も遅れた。ようやく1911年に工場法を制定したが，その内容は年少者と女子労働者の工場労働者の就業制限，業務上の傷病死亡に対する扶助制度が中心であり，きわめて脆弱なものであった。その性格も，労働者の権利ではなく，「産業の発達」「国防」のための人的資源の維持というものであった。ヨーロッパ各国では導入が進んだ失業保険の成立も，「国民を怠惰にする」という財界の強い反対で見送られた。職業紹介や失業対策の公共事業が都市部で行われたにすぎず，人々の生活は景気に大きく左右され，人々の不安，不満が拡大した。

医療保障は，三菱造船所，鐘紡などの大企業内の共済組合が社会保障制度に先行して医療給付事業を行ったが，健康保険法（1927年）が施行され，被用者に対する医療保険がスタートした。

戦時体制に突入すると，あらゆる社会・経済システムは戦争遂行

のために組み直されることになり，社会保障もその例外ではなかった。すでに軍人・官吏において先行していた年金制度も，国民が，戦争関連の業務や軍事産業に全面的に協力できるように，船員保険法（1939年），労働者年金保険法（41年），厚生年金保険法（44年）の順で適用範囲を広げ，一般国民向けに整備されていった。医療保険も兵力確保のため，国民の健康水準を高める必要があり，国民健康保険制度（38年）という形で適用範囲を拡大し，43年度末には，都市部を除いて皆保険に近い状態となっていた。戦時体制中に確立した出来高診療報酬，保険医制度といったシステムは今日の医療保険制度の原型となった。その他，疾病予防，栄養改善，地域住民の健康相談のために保健所が設置された（37年保健所法）。社会福祉の分野でも統制が強化され，戦時下の生活不安を緩和するため，それまで個人の篤志家の創意で行っていた社会事業に規制と助成が行われた（38年社会事業法）。

戦後の福祉国家への道　第2次世界大戦により日本の受けた損害は甚大であり，終戦直後の国民所得は10年前の半分程度になった（*Column ②*）。戦災による建物の被害は約250万戸で，約900万人が焼き出され，家を失った。また終戦の年は有史以来の大凶作であり，コメの収穫量は平年の3分の1に落ち込み，約1000万人の餓死者のおそれもあった（中村［2007］）。加えて，復員，戦地，外地からの引揚者は約700万人にものぼり，失業，インフレと食料危機に直面した。この時期，社会保障分野で緊急対策として求められたのは生活援護施策で，戦争犠牲者，生活困窮者救済，劣悪な食料事情や衛生環境に対応した栄養改善とコレラ等の伝染病予防が最優先分野であった。

　年金は，インフレのなかでその積立金の価値が大幅に低下した。戦後の混乱に対応するため，政府は当面必要な障害年金と遺族年金をインフレに対応して増額し，養老年金（老齢年金）は給付を据え

　国富を軍備に使うのか国民生活の充実に使うのかという問題は，「大砲かバターか」とも呼ばれ，戦争と社会政策は相反するものと考えられがちである。戦争は社会政策にどのような影響を与えてきたのであろうか。意外なことに，戦争がきっかけで社会政策が拡充されてきた歴史がある。

　イギリスでは，社会政策の拡大のきっかけは第1次ボーア戦争（1880～81年）とされる。労働者階級出身の志願兵の6割が体力不足であることが明らかになり，兵力の質の向上としての保健，公共衛生，健康環境の整備が認識された。近代国家の戦争は国家の総力戦の性格が強まり，長期にわたって市民生活に重要な影響を与えることになった。兵力数としての人口規模の増大，兵力の質の向上としての国民の健康のため，医療サービスや疾病予防が注目された。

　次に戦時下では，多くの参戦国は，国内の不満を抑え，団結を守るためさまざまな給付が行われ，格差も抑制される。軍需の拡大により失業者が吸収され，必需品に対する統制経済が強化される。従軍中の世帯主に代わり，家族を扶養する必要性も高まる。こうした対応により国民の団結と耐久，戦後への期待が高められる。

　福祉国家の指針になったベヴァリッジ報告は，イギリスで1942年の対独戦争中に発表され，戦後への希望となった。戦後は戦傷者への治療，リハビリが必要になり，また国内では戦災によって失われた住宅の確保が行われる。たとえば身体障害者福祉が拡充されたのは，ヨーロッパが戦場になり多数の負傷兵を出した第1次世界大戦がきっかけだった。

　日本でも，日中戦争に向かう戦時体制下で，兵力の増強の点から若者の量と質の向上が課題になった。とくに兵力確保の主眼に，旧陸軍が国民の健康増進に強い関心をもち，衛生省構想などが提案された。また都市化の進展や日中戦争の影響より1938年以降，出生率の低下が顕著になっていたため，「産めよ殖やせよ」と結婚・出産の促進が行われ，40年時点で内地だけで7000万人，60年頃には1億人という目標の人口政策が行われた。さらに「富国健康」の名のもとに，国民の健康向上のために医療制度が拡充された38年に厚生省が設置され，今日の社会保障制度・政策の行政基盤が成立する一方，戦争が長期化し，総動員体制が整理されているなかで，戦時社会政策と呼ばれる形で労働者年金保険（厚生年金），戦時住宅政策が進んだ。

戦争は，戦後日本の社会保障制度にも大きな影響を与えることになる。1947年には負傷した帰還兵に対応するために，職業安定法における身体障害者に対する職業紹介・指導が規定され，後の身体障害者雇用促進法につながる。戦災孤児等への対策は後の児童福祉につながる。

軍人，軍属，軍関係職員，その遺族に対する軍人恩給は，軍国主義解体をめざす GHQ の指令により46年にいったん廃止されたが，日本が独立を回復すると，53年恩給法の改正で復活された。広く戦争被害者が存在するなかで，軍人恩給が不均衡に充実されることについて，政府内にも戦争被害者全般を社会保障制度として救済すべきという考えもあり，大きな政治問題となって，その後の社会保障のあり方に影響を与えた。たとえば死別母子世帯への遺族給付は導入されるものの，離別母子世帯への所得保障が脆弱，あるいは整備が遅れたことも，国家のために命を失った夫への保障が優先されるという考えが背景にあった。

このように，戦争の準備期間，戦争中，戦後といういずれのタイミングでも戦争は社会政策に大きな影響を与えてきた。

参考文献：R. M. ティトマス（谷昌恒訳）［1979］『福祉国家の理想と現実』東大出版会；高岡裕之［2011］『総力戦体制と「福祉国家」——戦時期日本の「社会改革」構想』岩波書店；鍾家新［1998］『日本型福祉国家の形成と「十五年戦争」』ミネルヴァ書房

置き実質的に棚上げ状態として急場をしのいだ。

新しく制定された日本国憲法に基づき，各分野における施策展開の基礎となる基本法の制定や体制整備が進められていった。1947年には，戦災孤児や浮浪児への対策を契機として児童福祉法が制定され，49年には戦争による傷痍者への対策を契機として身体障害者福祉法が制定され，50年には新生活保護法が設定され，ここに福祉三法体制が成立した。この他，47年には失業保険法，労働者災害補償保険法が，51年には社会福祉事業法が制定された。労働民主化も進み，労働組合法が45年，労働関係調整法が46年，労働基準法が47年に成立し，労働三法が揃うことになった。

さらに，今後の社会保障制度の整備にあたっては，社会保険制度

調査会による社会保障制度要綱やGHQ（連合国軍最高司令官総司令部）の強力な指導，アメリカから来日した社会保障制度調査団の「ワンデル勧告」（社会保障制度への勧告）が影響を与えた。その後，社会保障制度審議会による「社会保障制度に関する勧告」（1950年）が基本的指針となり，社会保険を中心とした社会保障制度がめざされることになった。

　1950年代に入ると朝鮮戦争特需などにより，日本経済は急速に復興した。52年に独立を回復し55年に始まった大型景気により，本格的な経済成長過程に入り，国民の生活水準も向上し，74年までの約20年間に，年平均9.2%の実質経済成長率を達成した。56年，前年の国民総生産（GNP）が戦前のピークを超え，68年にはGNPは世界第2位となった。こうした経済成長とともに，社会保障制度も拡充された。

日本における国民皆保険・皆年金制度の確立　1950年代中頃は，農業，自営業や零細企業従業員など国民の約3分の1，約3000万人が医療保険の適用を受けない無保険者であり，傷病を負うと収入の減少や医療費支払いの増加により生活保護の対象となることが多かった。こうした人々に医療保険による保障を行うため，被用者保険に加入していない自営業者や農業従事者等はすべて国民健康保険に加入することを義務付ける国民健康保険法が58年に制定され，61年から施行された。医療機関の整備は，戦後直後は公営医療機関の整備が検討されたが，財政的理由から見送られ，診療報酬や公的年金の積立金等を使った医療金融公庫（現在の医療福祉機構）による公的融資を使い民間病院の整備を支援する形で進められるようになった。この結果，日本の病院は民間病院が中心になった。しかし，民間中心の医療機関は経営の自由があるためその役割分担や連携に不向きであり，その後の医療政策の制約になった。

一方，年金制度については，戦後，封建的な家族主義や相続制度が改められ，扶養意識が大きく変わるなかで，自営業者や農業者などの被用者年金の対象とならない人々は老後の生活設計に大きな不安を抱いた。こうした人々の老後の所得保障のために1959年には国民年金法が制定され，所得保障の分野でも国民皆年金体制が確立され，61年4月から全面施行された。

　この「国民皆保険・皆年金」の成立（1961年）によって，被保険者が自ら保険料を支払うことにより疾病や老齢等の不安に備える，社会保険中心型の社会保障制度が確立した。

　社会福祉において，老人福祉法（1963年）や1960年の精神薄弱福祉法，64年の母子福祉法が制定され，福祉関係の主要な法制度が整備され，「福祉六法」体制が確立した。71年に児童手当法が制定され，現在の社会保障制度の体系がほぼ整った。

　日本経済は1970年代に入っても，引き続き高い経済成長を記録した。73年には，老人医療費支給制度の創設により70歳以上の高齢者の医療費の自己負担が無料となった。医療保険制度では健康保険への被扶養者の給付率（自己負担割合）の引上げや高額療養費制度の導入がなされた。年金保険制度では，給付水準の大幅引上げと物価スライドおよび賃金スライド制の導入等，大幅な給付拡充が行われ，73年は「福祉元年」と呼ばれた。しかし，73年の秋に，オイル・ショックが勃発すると，日本経済は急激なインフレと景気後退，失業率の上昇というスタグフレーションを経験し，高度経済成長は終了した。

> **日本における福祉国家の変調と転換**

　このような急激な経済変動に対して，年金や医療保険の診療報酬，生活保護制度の生活扶助費など給付水準はインフレに合わせて引き上げられ，財政支出が拡大した。一方，不況により財政収入の伸びは鈍化し，さらに内需拡大のための財政支出の拡大が必要に

なった。財政赤字が拡大し，1975年において初めて特例公債が発行され，79年度予算では，国債依存度が約40％となった。

1980年代に入ると，「財政再建」が課題となり，老人医療費支給制度や医療保険制度などを中心に，社会保障の見直しが重要な政策テーマとなった。ここに，戦後，拡充され続けた社会保障制度は大きな転換期を迎えることになった。

社会保障の転換期を決定付ける最も重要な改革は，老人保健制度の創設である。老人医療費の公平な負担を図ることを目的に，1982年に老人保健法が制定され，老人医療費に対して患者本人の一部負担と，老人医療に要する費用について医療保険各制度の保険者が共同で拠出する新しい負担方式，老人保健制度が導入された。また，84年には，健康保険法が改正され，被用者保険本人に対する10割給付を見直し，定率1割負担を導入した。さらに退職者の医療費を国民健康保険が負担するという不合理を改善する観点から，退職者医療制度が導入された。

以降，日本の社会保障は，国庫負担の増加の抑制，制度間財政調整，市場の活用，医療・福祉の計画化，地方分権化が進んで行く。介護，保育，障害福祉では，対象者を選別する「福祉」の性格は後退し，普遍的な性格が強まる。

年金制度においては，1985年に制度間における給付と負担の両面での公平性の確保や，年金制度の安定的運営のため，全国民共通の基礎年金制度を導入するという大改正が行われた。この背景には，サラリーマン社会のなかで自営業者が減少し，国民年金加入者の高齢化が進み，国民年金の財政が不安定になったことがある。従来の厚生年金等の被用者年金は，基礎年金の上乗せ給付（二階部分）として位置付けられることになった。また，世代間の給付と負担の公平性を図る観点から年金の給付水準が抑制され，一方で，専業主婦をおもな対象とした国民年金第3号被保険者制度が導入され，女性

の年金権が確立された。

80年代後半までの日本は，長期利益を志向する日本型経営と年功賃金・長期雇用，企業別組合を特徴にした日本型雇用システムのもと，正規労働者を前提とした皆保険・皆年金が定着，機能した。また夫は仕事，妻は家事という性別役割分業により，専業主婦を対象にした被扶養者向け社会保険の家族給付や税制の優遇の存在は正当化された。

日本型雇用システムは，学校から職場へ移行をスムーズにする一方で，職業教育軽視・一般教育重視の教育システムを成立させた。経営，雇用，教育，社会保障・税制の各システムは相互補完的にうまく機能してきた。

しかし，1990年代に入ると，日本経済はバブル崩壊の後遺症に悩まされることになる。高齢社会，グローバル経済，低成長のなかで，日本型経営は大きく変質し，日本型雇用システムの対象者の正規労働者は絞り込まれ，若い世代の学校から職業への移行が不安定になり，若年の非正規労働者が増加した。

非正規労働者の増加傾向は，先進国共通であったが，ヨーロッパ各国で社会保険の適用や正規・非正規労働者の就業条件の均等化が進み，正規雇用と非正規雇用の壁は低くなった。しかし，日本では日本的雇用慣行が根強く残ったため，本格的な就労条件の均等化は進まず，ひとたび非正規労働者になると正規労働者になりにくいという状況が続いた。また，非正規労働者への社会保険の適用拡大も広がらなかった。低所得の非正規労働者は，保険料負担ができず，国民年金・国民健康保険の双方で未納率が上昇した。寿命の伸長の一方で，未婚率の上昇，出生率の低下が続いたため，高齢化率の上昇が続いた。

1990年以降の日本の社会保障制度では，福祉関係八法改正など

福祉サービスの地方分権化が進んだ。同時に，社会福祉基礎構造改革として，介護保険の導入に合わせて福祉サービスへの民間参入が進み，福祉サービスの準市場化が進んだ（「措置」から「契約」へ）。

日本が直面している課題とその対応 21世紀の日本社会は，いっそうの人口減少，著しい高齢化社会，家族規模の縮小に直面することになった。本格的な高齢化社会の到来を前に，2000年代前半は00年介護保険制度導入，04年年金改革，06年後期高齢者医療制度導入という大がかりな改革が行われてきた。

しかし，基礎年金，後期高齢者医療制度，介護保険の費用の半分を公費負担に求める設計でありながら，長期にわたり財源として期待した消費税の増税のめどが立たず，財政赤字が累積していった。こうした不安定な財政の問題を解決し，2000年代の一連の社会保障改革を完成させたのが，12年に行われた社会保障・税一体改革である。これにより社会保障の財源問題や被用者年金の一元化など00年代前半からの社会保障改革で取り残されていた当面の課題は解消する見込みが立った。

このように社会保障制度は，1960年頃に現在の基礎ができ，80年と2000年頃に大幅な改革が行われた。社会経済の変化に対応しておおむね20年おきに大型の改革が行われてきたことになる。

ただし，社会保障の危機は続いている。日本は急速に高齢化し，すでに2012年度には社会保障給付費は110兆円に達し，財政赤字も深刻になっている。消費税を社会保障目的税とする社会保障・税一体改革は当面の問題をしのいだだけである。2025年には人口の多い団塊の世代が75歳を迎えることになり，医療・介護で社会保障費が急増し，図1−1のように社会保障給付費は約150兆円に達すると見込まれており，持続可能な社会保障制度の確立が急務になっている。

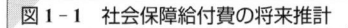

図1-1　社会保障給付費の将来推計

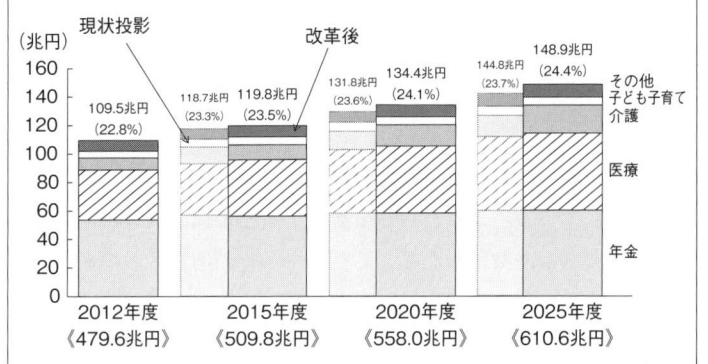

注1：「社会保障改革の具体策，工程及び費用試算」を踏まえ，充実と重点化・効率化の効果を反映している。
（ただし，「Ⅱ 医療介護等 ②保険者機能の強化を通じた医療・介護保険制度のセーフティネット機能の強化・給付の重点化，逆進性対策」および「Ⅲ 年金」の効果は，反映していない。）
2：上図の子ども・子育ては，新システム制度の実施等を前提に，保育所，幼稚園，延長保育，地域子育て支援拠点，一時預かり，子どものための現金給付，育児休業給付，出産手当金，社会的養護，妊婦健診等を含めた計数である。
3：( ) 内は対 GDP 比である。《 》内は GDP 額である。
出所：厚生労働省［2012］「社会保障に係る費用将来推計」。
（http://www.mhlw.go.jp/seisakunitsuite/bunya/hokabunya/shakaihoshou/dl/shouraisuikei.pdf）

4 「効率性」と政策介入

　前節では，歴史的に，社会政策という政府介入がどのように現れ，確立したかをみた。本節と次節では，経済学というツールを使って，どのような場合に社会政策を含むさまざまな政策介入が正当化されるのかをみていく。さらに次章では，社会政策に限定して，どのような場合に，社会政策という政府介入が正当化されるのか，その条件について理論的によりくわしくみていく。

どのような時代，地域であれ，共通して人々が直面するのは，(A1) 技術的制約のもとで，(A2) 限られた資源をどのように用い生産・交換し，(A3) 自分たちの暮らしをどのようにより善きものにするのか，という問題である。

社会は一般に嗜好や技術の異なる多くの「消費者」と「生産者」で構成されている。また暮らしを構成するために消費・生産される財・サービスも多岐にわたる。こうした多くの消費者・生産者，生産される財・サービスが多岐に存在しているとき，どのようにして，より善き暮らしを達成できるのであろうか。

資源は限られているのだから，何らかの財・サービス生産に資源を用いることは，別の何らかの財・サービス生産をあきらめなければならないこと（＝機会費用の発生）を意味する。また，同じ理由で社会の構成員全員が十分に満足するまで，財・サービスを生産し続けることは不可能である。できることは，資源を極限まで無駄なく使い，社会の構成員にとって「その配分より望ましいと思う財・サービスの配分は存在しない」状況を生み出すことである。

経済学における新古典派的市場モデルは，こうした配分をどのように達成するのかという疑問に1つの回答を提示した。

消費者と生産者という2種類の経済主体が存在し，技術的制約 (A1) と資源の稀少性 (A2) という2つの制約のもと，それぞれの行動 (A3) を，

B1　各生産者は財・サービスの価格体系と，自身に適用可能な生産技術を知っており，現行の価格体系下で利潤を最大化する

B2　各消費者は財・サービス価格の体系と自身の嗜好を知っており，現行価格体系下と所得制約のもとで効用を最大化する

B3　各財・サービスの需要と供給が等しくなるよう価格が決まる

とモデル化すると，均衡では「だれかの経済状況を悪化させずには

だれかの経済状況を改善する余地がない配分」になる。だれの経済状況をも悪化させず，だれかの経済状況を改善できる配分を，パレート改善という。そして，パレート改善の余地がない配分をパレート効率（あるいはパレート最適）と呼ぶ。

この最も基本的な新古典派的市場モデルでは，各経済主体は利己的に自分の利益（生産者は利潤，消費者は効用）を最大限追求すると仮定され，だれかの幸せのために行動する利他心などは捨象されている。また生産者や消費者は，他者の生産技術や嗜好，その社会に存在する資源の総量を知っている必要がない。このような前提にもかかわらず，「価格」というごく限られた情報に基づき，社会の構成員である消費者や生産者が利己的に行動することで，パレート効率が達成される点に，市場メカニズムの長所があることを示した。

この結論は18世紀後半に A. スミスが『国富論』で述べた見えざる手まで遡ることができ，厳密な証明は厚生経済学の基本定理として20世紀半ばに行われた。

厚生経済学の基本定理 厚生経済学の基本定理は2つある。第一定理は，市場を通じてパレート効率な資源配分が達成されるというものである。第二定理は，いかなるパレート効率的な資源配分も，最初に適切な資源配分（この配分はパレート効率的な資源配分でなくてよい）が行われれば，市場を通じて達成できるというものである。

市場メカニズムが機能する限り，稀少な資源は「その配分より望ましいと消費者が思う配分は存在しない」ところまで効率的に配分されていくため，政府介入はその過程に必要ない。

しかし市場がこのような機能を果たすには，以下に述べる条件が必要である。この条件が崩れる場合，市場を通じた資源配分は非効率であるか，市場そのものが存在しないことになる。

このような状況下において，「経済政策」や「社会政策」などの

政府介入は，より望ましい資源配分の達成手段となりうる。

市場メカニズムを通じた資源配分が効率的

**市場による資源配分が
効率的となる前提条件**
なのは，（C1）あらゆる財・サービスに市
場が備わり（**市場の完備性**），かつ（C2）市
場が完全競争である場合である。**市場が完全競争市場**であるのは，
その財・サービスに関し，

- D1　市場参加者が多数存在し，個別の生産者・消費者の行動が価
格に影響を及ぼさないこと，すなわち市場で決まった価格を
所与として行動していること
- D2　取引にかかるコスト（取引費用）が十分に低いこと
- D3　市場参加者が十分な情報をもち（完全情報），かつその情報を
適切に理解・処理できること

である。市場の完備性と完全競争市場の条件のいずれかが成立しな
い場合，「効率性が達成されない」という市場の失敗が発生する。

公　共　財
財・サービスに公共財の性質がある場合や
外部性がある場合，そもそも市場が存在し
ない可能性がある（条件 C1 が不成立）。

公共財は消費の非競合性と非排除性を満たす財・サービスであり，
両性質を満たす財・サービスを純粋公共財と呼ぶ（公共性の有無は公
共財の定義には関係ない）。

消費の非競合性とは，ある消費者がその財・サービスを消費して
いても，他の消費者もその財・サービスを消費することが可能なこ
とを意味する。たとえば，テレビ放送は多数の人が同時に消費（＝
視聴）することが可能である。

また，非排除性とはその財・サービスの消費からだれかを排除す
ることができないことを意味する。たとえば警察や国防サービスな
どがあげられる。

このような場合，財・サービスの性質上，そうした財・サービス

生産のための費用を負担しない人（＝ただ乗りする人）によるフリーライダー問題が発生するため，十分な公共財が提供されなくなる。解決策として，各人がそうした公共財に支払ってもよいと考える価格を生産者がみつけだすか，それが不可能な場合，政府が公共財を供給することになる。

　なお非競合性は満たさないが非排除性を満たす財を「共有資源」，非競合性を満たすが非排除性を満たさない財を「クラブ財」と呼び，これらは片方だけの条件を満たすため「準公共財」と呼ぶ。

| 外 部 性 |

外部性とは，ある経済主体（消費者や生産者）の活動が，市場を通じることなく，他の主体に影響を与える状況である。たとえば，BCG ワクチンの接種を受けることは，自分が結核に感染しにくくなるという便益以外に，他人を結核に感染させないという便益（正の外部効果）をもたらすことになる。

　反対に，工場・自動車の排気ガスによる大気汚染は，人々の呼吸器疾患を引き起こす費用（負の外部効果）をもたらす。人々の貧困や不衛生な状態を放置することも，犯罪発生や伝染病など，負の外部効果をもたらす。

　このような場合，政府は規制，補助金，課税（ピグー税）などの介入で外部効果をもたらす行動を促進・抑制したり，排気ガス排出権を設定し，その権利を売買する市場を整備したりすることで，外部効果を社会的に望ましい水準まで近づけられる可能性がある。

| 独 占 |

条件 D1 は，財・サービスの生産者（あるいは消費者）が少ない場合，そうした生産者（あるいは消費者）が価格に影響力（価格支配力）をもつ場合，成立しない。生産者が 1 人しかない場合を供給独占，需要者が 1 人しかいない場合を需要独占と呼ぶ。

　供給独占が生じる理由は基本的に 2 つある。たとえば電力事業の

ように，発電・送電線網整備など参入時にかかる固定費用が大きく，生産増大とともに平均費用が下がる場合（規模の経済），生産規模を拡大できた生産者のみ市場に残るため，自然独占となる。また，医薬品産業において，特許権のある企業のみが新薬を生産・供給するなど，何らかの参入制限（この例では政府による特許権の保護が参入制限）が設けられている場合も，供給独占となる。

供給独占となると，その社会的にみて最適な生産量より過少となり，独占がない場合と比較し価格は高くなる。このような場合，政府は規制（独占禁止法や価格規制）や政府による公的生産により，供給独占の問題を軽減できる可能性がある。

交渉力の対等性 交渉力が対等ではないため条件 D1 が（広い意味で）満たされない場合がある。

労働市場で取引されるのは労働サービスであり，生産者は労働者，消費者は企業（雇用主）である。労働者は労働サービスを生産者に提供することで，日々の賃金を得て生活を成り立たせなくてはならず，労働者がさまざまな不利な条件（低賃金，長時間労働，危険な職場等）で働かざるをえなかった歴史的経緯をもつ。

現在でも就職や昇格・昇進，教育・訓練機会における差別（とくに男女格差）はさまざまな形で存在しており，こうした問題は労働者の交渉力が弱い場合，より深刻化する傾向にある。

このような場合，労働基準法，最低賃金法，労働組合法，労働関係調整法，労働契約法，労働安全衛生法，男女雇用機会均等法など労働政策を構成する諸規制，あるいは課税や補助金（とくに失業時や失業回避のための社会保障給付）などの政策により，労使間の交渉力の不均衡が是正される可能性がある。

取引費用 現実には，財・サービスの取引には，生産者と消費者が互いを探すことにかかる費用，その財・サービスの品質を知るための費用，契約を結ぶための費用

などが伴う。こうした費用を総称して取引費用と呼ぶ。取引費用が大きい場合（条件 D2 が不成立），取引量が社会的に望ましいとされる水準より少ない，あるいは取引自体が行われなくなる。

　労働市場の例をあげれば，企業が広告料を支払い，求人を出しても，労働者がその情報にアクセスすることが難しかったり，面接会場に行くためのコストがかかりすぎたりすれば，その欠員（労働需要）は補充されず，やがて消えてしまう。あるいは，労働者が採用面接に合格しても，労働契約作成のための交渉費用が大きければ，結局，契約自体が結ばれることはない。

　このような場合，政府が公共職業安定所（ハローワーク）により職業紹介や就職支援サービスを無料で行うことや，労働基準や労働契約に関する法律やモデル就業規則を整備することで，取引費用を引き下げることが可能である。

完全情報　条件 D3 の完全情報を満たさない財・サービスは少なくない。たとえば医療サービスは，その品質を判断するにはまず高度な専門知識が必要であり，患者（消費者）が十分な情報をもつことは難しく，不要なサービス（場合によっては健康を害するサービス）を購入する可能性がある。また中古住宅など，買い手側にとって，それらの財の表面的な良し悪しは判断できるにせよ，耐震性・耐火性，液状化を防ぐ地盤改良施行の有無など財の品質に直結するような情報を買い手側が十分にもっていないことも少なくない。

　こうした売り手側と買い手側がもつ情報の差を情報の非対称性と呼ぶ。このような場合，消費者は品質の悪い財・サービスを不適当な価格で購入するか，購入自体を手控えてしまうため，市場は効率的な資源配分メカニズムとはならない。

　対策として，医療サービスの場合，医学的効果が確認された医療サービスを限定したうえで価格規制する，あるいは中古住宅の場合，

耐震・耐火性などの重要な住宅性能情報を売り手側に開示させるなどの政府介入がある。また，政府介入以外にも，消費者は医療機関や中古住宅に関する情報誌を購入したり，第三者機関による評価を受けたりするなど，財・サービスに関する情報を市場から購入することで問題を軽減できる可能性もある。

消費者が情報をもっている一方，生産者が情報を十分にもっていないという情報の非対称性も存在する。典型的な例は保険である。保険を購入する消費者は，過去の事故歴や既往症や現在の自分の健康状態など豊富な情報をもっている一方，保険会社（生産者）がそうした情報を完全に得ることは難しい。

このような場合，保険加入に関する規制や政府自ら強制加入の保険（社会保険）を提供することで，より効率的な資源配分を達成する余地がある。

将来についての完全情報

条件 D3 には，将来についての完全情報も含まれる。われわれは今日と明日，今年と来年あるいは就労期間と引退期間など，異時点間で，最適な消費・貯蓄を計画しなくてはならない。つまり，現在・将来の両時点を通じて効用を最大化するため，将来についての完全情報も必要である。

明日あるいは 1 年後に必要な水や食料，衣服を，現時点で把握するのは比較的容易である。しかし，将来必要となる医療・介護・教育サービスを，現時点で把握するのは困難である。たとえば医療・介護サービスであれば，まず将来に病気・要介護になるかどうか，また将来に存在する医療・介護技術やそのサービス価格の情報が必要となる。教育サービスであれば，ある仕事に就くため必要な教育水準，教育サービスによる将来の所得上昇，物価上昇，寿命の伸長などの情報が必要である。しかし，こうした将来についての完全情報を得るのは困難である。

もし特定の事象が将来確実に起こるなら，消費者は現時点でそれに備えることができる。たとえば，将来，確実に大病し，高額な医療・介護サービスを受けることがわかっているなら，現時点で貯金をし，備えることは可能である。

　しかし将来起こる事象はリスクや不確実性を伴うため，結果的に起こったり，起こらなかったりする。リスクと不確実性の違いは，リスクが将来起こる事象の発生確率を計算可能な一方，不確実性は計算不可能なことである。

　リスクの場合，保険を購入することで，保険加入者間でリスクをプールし対処することが可能である。一方，不確実性の場合（将来の物価上昇，経済成長，技術革新等），そうした事象が起こる確率自体を現在時点で把握できないため，保険では対処できない。

　またリスクの場合でも，保険会社の保険運営費用（取引費用の一種と考えられる）が一定額を超えれば，保険料は保険を購入する便益を上回るため，市場は成立しない（第2章第1節）。

　このような場合，政府が強制加入の保険（社会保険）や所得再分配政策を提供することで，より効率的な資源配分を達成する余地がある。

| 限定合理性と限定意志力 |

完全情報が入手可能であったとしても，その情報を人々が適切に理解・処理し，合理的な行動をとれるかはまた別問題である。

とくに現在と将来の長期的な異時点間の消費配分を合理的に行うには，少なくとも2つの要素がかかわってくる。第一は，現在と将来に関する情報を正しく理解したうえ，現在と将来の自分にとって合理的な行動とは何か把握することである。第2は，実際にその行動をとることである。

　両要素とも，現実の人間行動にしばしば当てはまらないことが行動経済学の分野で示されている。たとえば，第1の要素については，

すべての選択肢が示されたとしても，現実の人間は，そこから現在と将来にわたって最適な行動が何かを考えること自体，複雑すぎると感じるかもしれない。将来に起こりうる状況を予測する人間の認識能力（論理展開，計算能力等）は有限であるため，現実の人間は限定的な合理性のもとで行動する（限定合理性）。

たとえば民間の老齢年金保険を購入する際，複雑な金融商品契約を理解したうえで，販売されている多種多様な保険商品を比較・検討し，そのなかから自分に最適な保険商品を選択しなくてはならない。しかし現実には少なくない数の人々が，そうした情報を大して吟味せず，保険会社に勧められるまま，必ずしも合理的とはいえない年金保険を購入している可能性がある。

また，現時点で禁煙やダイエットをしたり，将来のために保険を購入しておくことが，将来の自分にとって最適であると理解しても，しばしば意志力（自制心）の限界により，こうした合理的行動をとれないことがある（限定意志力）。

こうした現実の人間がもつ限定合理性や限定意志力の問題は，政策介入で軽減することが可能である。たとえば年金保険が多種多様で複雑である場合，消費者が選択しやすいよう販売できる年金保険の商品数を限定するよう規制する，消費者に望ましいと思われる条件の保険商品販売のみ認可する，あるいはそうした保険にいったん強制加入させるが脱退は消費者の自由意思に任せる，禁煙やダイエットの具体的行動目標・計画を専門家と一緒に作成させ動機付けを行う，喫煙者の肺の写真をタバコの箱に表示させることを義務付ける，などの方法が考えられる。

これらの方法は消費者に選択肢を残しつつ，望ましい選択肢へと消費者を誘導する。市場の効率性と個人の自由を重視するリバタリアンの価値観と，市場の失敗を重視し政府介入を重視するパターナリズムの価値観の統合であることから，こうした政策介入をリバタ

リアン・パターナリズムと呼ぶ（Sunstein and Thaler [2003]）。

完 備 契 約 政府がある財・サービスの供給を市民に保障する際，①政府が直接その財・サービスを生産する場合と，②政府は財源のみ提供し，生産自体は民間部門に委託する方法（たとえば教育，医療，介護，保育サービス）がある。

②の場合に問題となるのは，市民にとって望ましいサービスの品質をどのように政府が民間部門に保証させるかである。民間部門の生産者が利潤最大化という動機付け（＝新古典派市場モデルにおける生産者の仮定）をもつなら，生産者は外部から観察しにくい部分のサービスの品質を落とすことで生産費用を削減し，利潤を増大させる可能性がある。また「儲けの多い」消費者だけを囲い込む（クリーム・スキミング）可能性もある。利潤を最大化しようとする民間部門の行動は，行きすぎれば「儲けの少ない」消費者に適切なサービスが提供されない事態を引き起こす。

こうした状況が生じる理由は3つある。第1に消費者が品質を観察しにくいこと（条件 D3 が不成立），第2に民間部門の生産者は利潤に動機付けられていること，第3に，政府と民間部門の生産者との間で，財・サービス提供に関しあらゆる条件を書き込む完備契約の締結が不可能なこと，である。

完備契約の締結が可能なら，適正な品質の財・サービスを提供することを契約に書き込めばよいので，第1の品質の観察可能性と，第2の利潤最大化という動機付けの問題は，緩和される。しかし契約締結や契約履行のモニタリングにかかる費用が大きくなれば（条件 D2 が不成立），そうした完備契約の締結は現実には困難である。

さらに，消費者とサービスの生産者の交渉力が対等でなく，消費者の立場が弱い場合（条件 D1 が不成立），この問題はさらに悪化する。消費者にとって本来は不要なサービスを追加購入するよう，生産者側が強要する可能性さえある。これはサービスの品質が悪かったと

しても，他のサービス生産者に簡単に切り替えたりすることができない，あるいは苦情を申し立てたり，業者の評判を広めたりすることが難しいため，品質の悪いサービスを市場から淘汰することが難しいからである。

この場合，外部から観察しやすく品質に結び付きが強いと考えられる生産者側の要素（施設，人員配置，資格等）について政府が規制したり，民間部門の生産者が提供できるサービスの種類・範囲を定めたり，利潤最大化という生産者の動機付け自体を利潤配当に規制をかけることで抑制したり，消費者が苦情を申し立てるための第三者機関を設置したりすることで，より効率的な資源配分を達成できる可能性がある。

5 「公平性」と政策介入

純粋交換モデル　政策介入が必要かどうかの判断基準として，前節では市場が効率的な資源配分の機能を果たさないケース，すなわち「効率性」の観点から説明した。しかし，効率性とは別に公平性の観点に基づく政策介入の根拠も存在する。

まず効率性と公平性の相違を，単純化された純粋交換モデルに基づき考えよう。このモデルでは単純化のため，社会はAとBの2人からのみ構成され，財もXとYという2種類しか存在しないものとする。ここで，2人は最初に互いが保有していた2種類の財XとYを交換しあい，どちらかの効用を低めることなしには，どちらかの効用を高めることができない配分（パレート効率）達成をめざす。

ある一定の効用水準（満足度）を達成するため必要な財XとYの

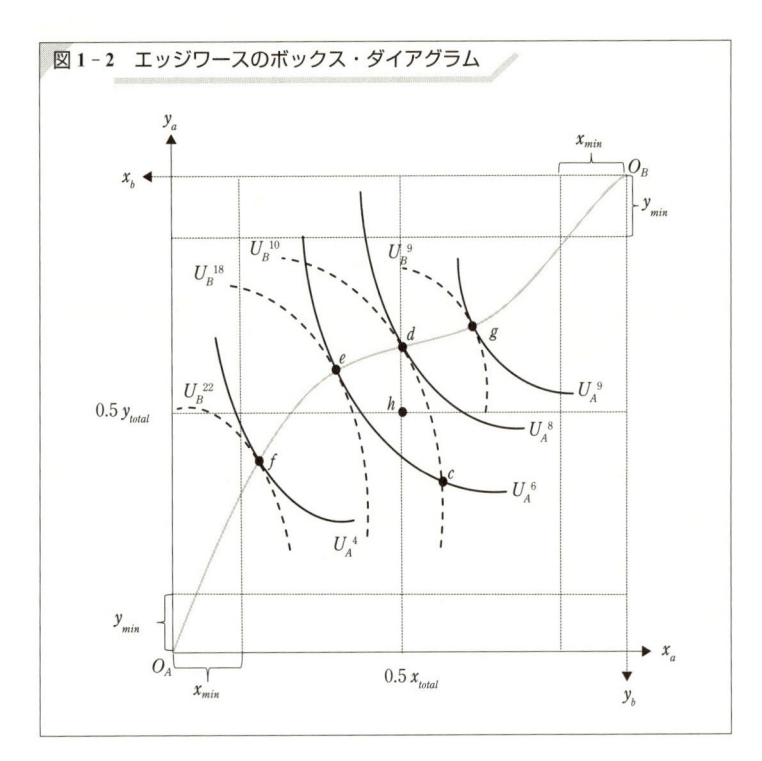

図 1 – 2　エッジワースのボックス・ダイアグラム

組み合わせを表した集合を無差別曲線，Y 財で測った X 財の価値（X 財を 1 単位あきらめた場合に同じ効用水準を保つために必要な Y 財の量）を限界代替率と呼ぶ。定義上，限界代替率は無差別曲線の傾きに等しい。2 人とも財 X と Y の量が多いほど，効用は高いものと仮定する。

　図 1 – 2 はエッジワースのボックス・ダイアグラムと呼ばれるものである。ボックス（箱）の大きさが，2 人がもつ財の総量（x_{total} および y_{total}）を表している。

　まず原点 O_A からの水平方向の線の長さが個人 A の保有する財の量 x_a，垂直方向の線の長さが個人 A の保有する財 Y の量 y_a を表す。原点 O_A では個人 A の両財の保有量は 0 である。個人 A の無差別曲

線は U_A^4, U_A^6, U_A^8, U_A^9 などの実線で描かれた曲線であり，右肩の添え数字が大きいほど効用水準は高い。

この個人Aの財 X と Y の量と無差別曲線との関係を示した図と個人Bに関する同様の図を180度回転させて重ね合わせたのが，エッジワースのボックス・ダイアグラムである。

原点 O_B からの水平方向の線の長さが個人Bの保有する財 X の量 x_b，垂直方向の線の長さが個人Bの保有する財 Y の量 y_b を表す。原点 O_B では個人Bの両財の保有量は0である。個人Bの無差別曲線は U_B^9, U_B^{10}, U_B^{18}, U_B^{22} などの点線で描かれた曲線であり，Aの無差別曲線と同様，右肩の添え数字が大きいほど効用水準は高い。

2人が最初にもっている財 X と Y の量（初期賦存量）が c 点で表されるとしよう。この配分は効率的ではない。2人が財を交換しあい，d 点の配分に至ることで，Bの効用水準は変わらないが，Aの効用水準を高めることができる。反対に e 点の配分に移動することで，Aの効用水準は変わらないが，Bの効用水準を高めることができる。

d 点や e 点では2人の無差別曲線は接している。こうした接点では2人の限界代替率（＝無差別曲線の傾き）は一致しているため，財を交換しても，もはやどちらか一方の効用を低めることなしに，もう一方の効用を高めることはできない。つまり2人の無差別曲線の接点での配分は，パレート効率的である。

こうした2人の無差別曲線の接点の集合（灰色の曲線の de 部分）を（初期賦存量が点 c の場合の）契約曲線と呼ぶ。契約曲線はパレート効率的配分の集まりである。さまざまな初期賦存量を想定すると，それに対応するパレート効率的配分の集合は，原点 O_A と原点 O_B を結ぶ灰色の曲線として表される。

ここで社会的な望ましさを評価するため，社会厚生という概念を導入しよう。社会厚生とは社会の構成員の効用水準あるいは構成員の効用の順位を，社会の望ましさを評価するため集計化（変換）したものである。変換の方法（社会厚生関数）にはさまざまな種類（関数形）がある。

先に述べた図1-2での例のように，初期の資源配分点 c から，個人AとBとの間で自発的な財の交換の結果，新たな資源配分が点 d から点 e までの契約曲線上の点で達成される。この新しく達成された資源配分は，社会厚生からみて初期の資源配分点 c より「社会的に望ましい」と判断されるが，この判断自体，実は2つの暗黙の価値判断を伴っている。第1は，資源配分変更により状況が良くなった人がいる一方，状況が悪くなる人が1人もいなければ社会厚生は上昇するという価値判断である。第2は，各個人は自分の厚生（welfare）について最良の判断をしているとの価値判断である。

つまりパレート効率性という基準自体，望ましい配分に関する一種の価値判断である。

個人AとBの効用は基数的に把握され，効用水準の個人間比較が可能（つまり，長さや温度のように測定可能）だとする。

社会における効用の和を最大化するような資源配分（最大多数の最大幸福）が望ましいとする功利主義の価値判断に基づけば，社会厚生は社会構成員の効用の和として定義できる。こうして定義された社会厚生関数は，ベンサム型社会厚生関数と呼ばれる。

図1-2において，個人AとBの無差別曲線 U_A と U_B の右肩の添え字が，効用水準を表しているものとする。ベンサム型社会厚生関数に基づき，点 d と点 e のどちらが望ましいか考えよう。点 e では個人AとBの効用水準の合計は24（＝ 6 + 18）であり，点 d で

の合計 18（＝ 8 ＋ 10）より大きい。したがってベンサム型社会厚生関数に基づけば，点 d より点 e の方が望ましい。

また点 f での両者の効用水準の合計 26（＝ 4 ＋ 22）が，契約曲線上の最大値なら，ベンサム型社会厚生関数では，この点 f が最も望ましい配分となる。この社会厚生関数に基づけば，点 f の配分に到達できるような，再分配政策が支持されることになる。

これに対し，最も低い社会構成員の効用が，より大きい場合を望ましいとする価値判断もある。この価値判断に基づけば，社会厚生は，最も低い社会構成員の効用と定義できる。こうして定義された社会厚生関数は，ロールズ型社会厚生関数と呼ばれる。

この社会厚生関数に基づくと，ベンサム型社会厚生に基づいた場合とは反対に，点 e よりも点 d の方が社会厚生は高く，望ましい資源配分と判断される。なぜなら点 d では個人 A の効用水準は個人 B より低く 8 で，点 e でも個人 A の効用水準は個人 B よりも低く 6 で，点 e では点 d よりも個人 A の効用水準はさらに低くなっているからである。

また点 g では両者の効用水準は 9 で等しく，両者の効用水準の合計は 18（＝ 9 ＋ 9）となっている。ベンサム型社会厚生関数では，点 d と点 g の社会厚生は同じである。しかしロールズ型社会厚生関数では，この点 g より O_B 側の契約曲線上では，個人 B の効用水準は 9 より小さくなるので，両者の効用水準の等しい点 g が最も望ましい資源配分となる。このロールズ型社会厚生関数に基づけば，点 g の資源配分に到達できるような，再分配政策が支持されることになる。

なお，x_{min} と y_{min} を生活に最低限必要な財 X と Y の量と定義すれば，x_{min} と y_{min} 未満の領域は，どのような公平性の観点からも（リバタリアンの価値観においても）許容されない資源配分となる。また財 X と Y の総量（x_{total} と y_{total}）を等分（0.5 倍）した資源配分である

点 h は，契約曲線上にないため，そもそも効率性の観点から，より望ましい資源配分が存在することになる。

政策介入の是非　現実の政策介入が適切かどうかの判断基準の1つは，その政策介入が，より効率的な資源配分を達成するかどうかである。政府の失敗（たとえば利益団体の介入により過剰な市場参入制限が導入された結果としての過少供給，公共財の過剰供給など）は存在するかもしれないが，その存在が，ただちに市場の失敗の不存在を意味するものでもない。

　政策介入が適切かどうかのもう1つの判断基準は公平性である。しかし公平性については，さまざまな価値判断がある。再分配政策自体が個人の自由に対する重大な挑戦であり，認められないとするリバタリアンの価値観に基づく判断もある（たとえば代表的論者 R. ノージックは，勤労所得への課税を強制労働に等しいとみなす）。それゆえ，基準とする価値観により「望ましい」資源配分もさまざまである。

　公平性に基づく望ましい資源配分が，効率性に基づく望ましい資源配分と一致しない，あるいは異なる公平性の間で一致しない，ということもある。さらに再分配の手段として一括税（第4章）でなく，たとえば高所得者などに累進的に課税すると，就労インセンティブを阻害し，社会全体の財の生産量（エッジワース・ボックス自体）を縮小させるなど，資源配分を歪める問題が生じる可能性もある。こうした課税による資源配分の歪みは最適課税理論の分野でくわしく分析されている。

　以上のように，効率性と公平性との間にあるトレードオフをどのように比較考量するかが実際の政策選択には重要となり，どのような価値を評価基準にしているかを明確にして議論する必要がある。再分配政策（公平性の側面）が，労働供給面で資源配分に歪みをもたらさないか（効率性の側面）については，とくに社会政策がもたらすトレードオフとして重視されている。

Column ③　ロールズの正義論と功利主義，そして「努力」

　ロールズ型社会厚生関数の名前は，1971 年に『正義論』（A Theory of Justice）を発表した J. ロールズの名前に由来する。

　ロールズは，ある種の思考実験に基づき，どのような正義の原理が人々に採択されるのか示した。その思考実験では，人間社会の一般的事実については知っているが，自分の社会的地位，天賦の資産・能力や自分の人生計画の詳細等については知らないという「無知のヴェール」を人々は被っている。そうした状況下で，他人の利益に無関心に自分の利益のみを最大化する前提で，新たに人々が社会のルールを決める場合（原初状態）に選択される正義の原理とは何か考察している。

　その結果，採択される正義の原理は「(a) 各人は，平等な基本的諸自由から成る十分適切な枠組への同一の侵すことのできない請求権をもっており，しかも，その枠組は，諸自由からなる全員にとって同一の体系と両立するものである，(b) 社会的・経済的不平等は，次の二つの条件を充たさなければならない。第一に，社会的・経済的不平等が，機会の公正な平等という条件のもとで全員に開かれた職務と地位に伴うものであること。第二に，社会的・経済的不平等が，社会の中で最も不利な状況にある構成員にとって最大の利益になるということ（格差原理）」となる（第一原理は第二原理に優先）という（ロールズ［2004］13 節，原著［2001］）。

　功利主義は社会厚生の上昇のため，効用が相対的に低い人の配分を減らす可能性がある。そのため無知のヴェールの向こうでは，人々は「現実には効用が相対的に低い人であるかもしれない」ということを考慮するため，功利主義は採用されないことになる。

　また格差原理に基づき，どれほど平等主義になるべきかは現実の社会・経済構造によって異なる。たとえば累進所得課税により貧困層への社会福祉サービスが充実し，貧困層がより豊かになるなら，あるいは才能に恵まれた者がその才能を伸ばし，その成果を社会に還元するなら，所得格差の存在や才能育成の促進はロールズの正義論からは正当化される。

　機会の公正な平等についてロールズは「政治的支配につながりがちな経済力の集中を防止するよう，経済諸力の長期的趨勢を調整する政治的・法的諸制度の中に，自由市場システムは組み込まなければならないこと」や「社会がとくに教育の平等な機会を所得の多寡にかかわらず全

員に保障しなければならないこと」などをあげている（ロールズ［2004］13.2節，原著［2001］）。

ただし，これは機会の公正な平等があれば，市場メカニズムによる配分（いわゆる実力主義社会）が必ずしも正義に適うことを意味しない。機会の公正な平等があっても，所得・富の分配は，偶然により授かった生来の能力・才能，家庭・社会環境で決まってしまうからである。ロールズは「努力しようとする意欲，挑戦する意欲，さらに（普通の意味での）功績や資格を手に入れようとする意欲」でさえ，そうした偶然によるものであると指摘する（ロールズ［2010］12節，原著［1999］）。

なおロールズは，格差原理正当化の議論に関し，「自分に与えられた各選択肢について最悪の結果を同定し，他のすべての選択肢の最悪の結果よりもましな選択肢をとれ」という，形式的に類似する「マキシミン・ルール」には依拠していない，と主張している（ロールズ［2004］第2部注3および28節，原著［2001］）。

参考文献：J. Rawls［1999］*A Theory of Justice*, revised ed., Harvard University Press.（川本隆史・福間聡・神島裕子訳［2010］『正義論（改訂版）』紀伊國屋書店）；J. Rawls（edited by E. kelly）［2001］*Justice as Fairness: A Restatement*, Harvard University Press.（E. ケリー編，田中成明・亀本洋・平井亮輔訳［2004］『公正としての正義 再説』岩波書店）

演習問題 ◆

1　社会政策の学問領域，研究領域としての特徴をまとめなさい。
2　日本社会が直面している社会問題を整理し，社会保障制度と労働政策の連携の重要性について述べなさい。
3　社会保障制度，労働政策の役割と発展の歴史について述べなさい。
4　「市場を機能させ，効率的な資源配分を達成するため，可能な限り規制は緩和・撤廃するほうがよい」という見解について，議論しなさい。

文献案内 ◆

　社会政策の範囲，意義，研究手法については，社会学において多くの研究がある。武川正吾［2009］『社会政策の社会学——ネオリベラリズムの彼方へ』ミネルヴァ書房，同［2012］『政策志向の社会学——福祉国家と市民社会』有斐閣が，学際的な視点からも参考になる。

　経済学的に社会保障にアプローチした文献としては，小塩隆士［2013］

『社会保障の経済学（第4版）』日本評論社，が網羅的である。社会保障制度や労働政策の新しい展開については，宮本太郎［2009］『生活保障 排除しない社会へ』岩波新書，が参考になる。最新の労働政策や社会保障制度については，毎年度の厚生労働白書や労働経済白書を参照されたい。

　第4，5節では，ミクロ経済学に基づき，政策介入の根拠を説明したが，社会政策と関連する部分以外，多くの説明を割愛した。ミクロ経済学を初めて学ぶなら，経済学部以外の初学者にわかりやすい教科書として，安藤至大［2013］『ミクロ経済学の第一歩』有斐閣，が参考になる（より高度な学習のための文献リストも巻末に付属）。また限定合理性や限定意志力に関する行動経済学については，依田高典［2010］『行動経済学——感情に揺れる経済心理』中公新書，大垣昌夫・田中沙織［2014］『行動経済学——伝統的経済学との統合による新しい経済学を目指して』有斐閣，が参考になる。

参考文献 ◆

伊部英男［1979］『新救貧法成立史論—— 19 世紀イギリスにおける福祉国家の転換』至誠堂

国立国会図書館調査及び立法考査局［2013］『わが国が未批准の国際条約一覧（2013 年 1 月現在）』調査資料 2012-3-d（http://dl.ndl.go.jp/view/download/digidepo_8196396_po_201203d.pdf?contentNo=1，2014 年 12 月 5 日閲覧）

スピッカー，P.（武川正吾・上村泰裕・森川美絵訳）［2001］『社会政策講義——福祉のテーマとアプローチ』有斐閣

中村隆英［2007］『昭和経済史』岩波書店

マーシャル，T. H.（岡田藤太郎訳）［1981］『社会政策—— 20 世紀英国における』相川書房

Sunstein, C., and R. Thaler［2003］"Libertarian Paternalism is Not an Oxymoron," *The University of Chicago Law Review*, Vol.70 No.4, pp.1159–1202.

「経済学はロビンソン物語を愛好するから，まず島上のロビンソンに出てきてもらうことにしよう」（マルクス＝エンゲルス全集刊行委員会訳 [1982]『カール・マルクス 資本論』大月書店，102頁，1.14）

『ロビンソン・クルーソー』初版の口絵（1719年，ロンドン）　時事通信フォト提供 Ⓒ Photo12

本章でまなぶこと◆

　社会政策の２つの大きな柱である社会保障と労働政策の根拠について理解する。社会保障は，社会保険，公的扶助，社会福祉で構成される。社会保険は，強制加入および政府による公的供給という２つの特徴を併せもつ保険であるが，なぜそのような特徴をもつのか，民間保険市場が成立する条件および効率的となる条件とともに理解する。また，社会保険，公的扶助，社会福祉の組合せが相互補完的であることを学ぶ。

　後半部では，労働需要・供給曲線の導出や競争的労働市場の概念について学ぶ。そのうえで労働市場が不安定になる場合など，労働政策という介入の根拠を理解する。また，社会保障給付や社会保険料の賦課が労働市場に与える影響を学ぶ。

キーワード

社会保険　　公的扶助　　社会福祉　　リスク回避的　　逆選択　　モラルハザード　　スティグマ　　労働需要　　労働供給　　競争的労働市場

1 社会保障制度の根拠

　第1章では，おもに効率性と公平性の観点から，社会政策を含む一般的な政策介入の根拠および介入に対する評価基準について述べた。本節と次節では社会政策領域に絞り，社会政策という政府介入の根拠について考える。

　社会政策は社会保障と労働政策の2つが大きな柱となる。2つの政策の境界は厳密なものではないが，その機能面から①社会保障は労働市場に一時的・永続的に参加できなくなった人々の生活を保障する政策，②労働政策は労働市場に参加することで人々が自立した生活を送れるよう保障する政策として大別できる。2つの政策は相互補完的であり，人々の生活を支える両輪である。

　本節では社会保障という政策介入の根拠について述べる。社会保障制度は，社会保険，公的扶助，社会福祉（児童・障害者・高齢者福祉，社会手当）に区分できる。

　社会保険は第1に政府による強制加入，第2に政府が公的供給する保険という2つの特徴をもつ。人々は保険料を支払うことで，想定された保険事故が発生した場合に社会保険給付を受ける資格をもつ。

　公的扶助と社会福祉は，税財源や企業の拠出金により財源がまかなわれ，**公的扶助**は資力調査（ミーンズ・テスト）により把握される所得や資産が一定額を下回る場合，**社会福祉**は一般に年齢，世帯類型，障害など一定の要件を満たす場合に給付される。

　社会保険では財源の負担者と受給者が一致し，所得再分配を伴わない制度設計も可能な一方，公的扶助・社会福祉では両者は必ずしも一致せず，所得再分配を伴う制度設計となっている。

こうした社会保障の制度設計を勘案すると，①そもそもなぜ人々は保険に加入するのか，②なぜ国は保険に強制加入させるのか，③なぜ民間ではなく国が保険を提供するのか，④なぜ社会保険・公的扶助・社会福祉を組み合わせているのか，⑤なぜ所得再分配が（財源の負担者と受給者は一致しないにもかかわらず）支持されるのか，という一連の疑問への答えが，そのまま社会保障という政策介入の根拠を説明することになる。

　また社会保障は現金給付（たとえば年金，社会手当）という形態以外にも，現物給付（たとえば医療，介護，福祉サービス）という形態をとる。現金給付では個人の選好に応じ財・サービスを購入し消費可能である。したがって特定の財・サービスに限定され，その消費量も決められてしまう現物給付より，個人の選好を反映できるという点で，一般に現金給付の形態のほうが効率的な資源配分が可能とされる。それにもかかわらず，⑥なぜ現物給付という形態をとるのか，という疑問についても答える必要がある。

　本節では①から④を説明し，⑤と⑥は第 4 章 1 節で説明する。

| リスク回避的な個人 |

　そもそも人々は，どのような場合に保険に加入し，いくらまで保険料を支払うのか。図 2-1 のように，所得の限界効用が逓減する（効用関数の形状は上に凸の曲線）個人を想定する。このような個人はリスク回避的であることを以下に示そう。個人の所得は，それぞれ，確率 p_1 と p_2 で，低い場合 I_1 と高い場合 I_2 があり，それぞれの所得から得られる効用を，$U(I_1)$，$U(I_2)$ とする。このとき期待所得額 $E(I)$ と期待効用 $E(U)$ は，

$$E(I) \equiv \bar{I} = p_1 I_1 + p_2 I_2$$
$$E(U) \equiv \bar{U} = p_1 U(I_1) + p_2 U(I_2)$$

と表される。効用水準 $\bar{U}$ は，所得が上記のような不確実性をもつケースだけでなく，I^* という確実な所得からも得ることができる。

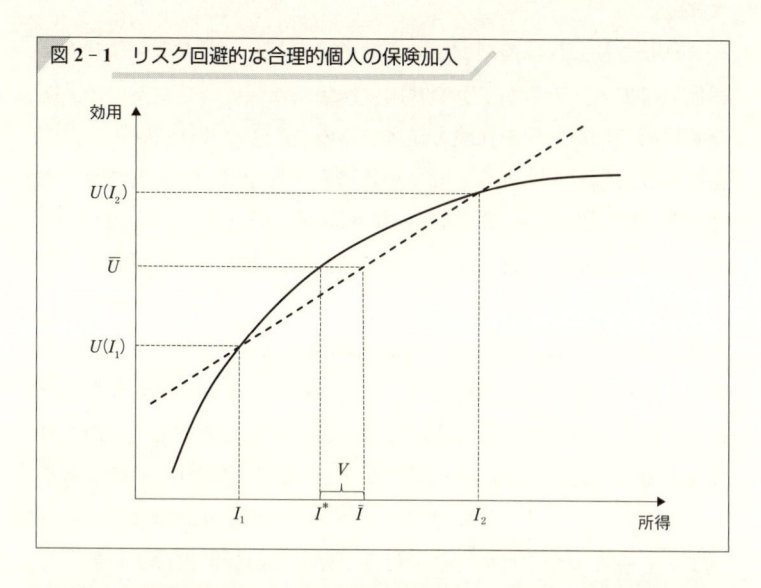

図 2 - 1 リスク回避的な合理的個人の保険加入

このように効用関数が上に凸な形状である場合，不確実な所得の平均値 $\bar{I}$ より，不確実な所得と同じ効用水準 $\bar{U}$ を保障する確実な所得 I^* の方が低くなるから，この個人はリスク回避的である（不確実な所得を避けるため，期待所得より低い確実な所得を選択する）ことがわかる。ここでの確実な所得 I^* を確実同値額と呼び，確実性の価値は $V = \bar{I} - I^*$ となる。そしてリスク回避的な合理的個人は正味の保険料（後述）が $\varphi < V$ である限り，確実な所得 I^* が得られるよう保険に加入することを選択する。

　リスク中立的な個人の場合，効用曲線の形状は図 2 - 1 で描かれた直線（点線）で表される。この場合，確実同値額と期待所得は等しくなり，確実性の価値 V は 0 になる。さらに（図 2 - 1 には示していないが）リスク愛好的な個人の場合，効用曲線の形状は下に凸の曲線として表され，確実同値額より期待所得が低くなり，確実性の価値 V は負の値をとる。このように期待所得と確実同値額の大小関係から，保険加入を選択するのはリスク回避的な個人のみである

ことがわかる。

　また保険加入者の集団が大きいことも，保険を通じて確実性という価値を得るには重要である。極端な例として加入者が2人だけの保険を考える。いま，2人は各々40%の確率で所得が0になるリスクに直面しており，どちらか一方の所得が0となる場合，所得が0とならなかったほうが，所得の一部を相手に支払い，所得補填を行う，という一種の保険契約を結ぶことを想定する。しかしこうした契約を結んでも2人とも所得が0となる確率は16%（＝40%×40%）あり，この確率で2人による保険契約は破綻する。

　しかし保険加入者が増えるにつれ，統計学の大数の法則により所得が0とならない人の割合は60%（＝100% − 40%）に近づいていくため，所得が0とならない人への支払いも破綻せず，保険契約は確実に履行されるようになる。つまり保険加入者の規模が大きいほど，人々は保険によりリスクを互いにプールし，事故に遭わなかった人から遭った人への所得移転を通じ，確実性という価値を得ることが可能となる。

> **保険数理的に公正な保険と保険市場の成立**

保険が想定する事故の生起確率を p，保険事故が発生した場合の損失額を L とする。また a を保険会社の運営費用（事故時に損失額を査定する費用や加入者の記録を維持管理する費用等）や競争的保険市場における利潤確保（付加保険料）のための料率とする。ここで保険会社が個人 i に対し設定する保険数理的に公正な保険料は $\pi_i = (1 + a)\, p_i L$ で，$p_i L$ は個人 i の期待損失額である。このように各人の保険料と期待損失額とが対応していることを給付・反対給付均等の原則という（なお $1 + a$ 部分を省略し，この原則を概念的に $\pi_i = p_i L$ として説明することも少なくない）。

　ここで保険数理的に公正な保険料から期待損失額を引いた差 $\varphi_i = \pi_i - p_i L$ を保険加入者にとっての正味の保険料と定義する。個

人がリスク回避的であるなら，確実性を求め，正味の保険料 φ が $V = \bar{I} - I^* > \varphi$ という条件を満たす場合に保険に加入する。

正味の保険料と保険数理的に公正な保険料を表す両式から $\varphi_i = a p_i L$ である。保険市場が成立するには，$\bar{I} - I^* > a p_i L$ である必要がある。つまり個人にとって確実性の価値が，保険会社の運営費用などのための付加保険料に相当する $a p_i L$ を上回ることが民間保険市場の成立に必要である。

さらに民間保険市場は以下に述べる5つの条件を満たしていないと成立しないか，あるいは成立したとしても非効率である。

条件1 ——各個人の保険事故の発生が独立事象であること
保険市場が成立するためには，保険事故に遭う人と遭わない人の両方が存在し，その確率が一定している（つまり保険事故に遭う人と遭わない人の比率が長期的に一定割合である）必要がある。これは各保険事故の発生が独立事象であることを意味する。

保険事故の発生が何らかの共通要因によって引き起こされる場合，保険は機能しなくなる。たとえば，一般的な火災発生は独立事象とされるが，大地震，噴火，騒擾（破壊行為を伴うデモ，テロ等）という共通要因（保険加入者全員に影響を与えるような総体ショック）があると，保険加入者全員の火災発生確率がいっせいに高まるので，もはやこの場合の火災発生は独立事象ではなくなる。こうした場合，保険という手段で火災発生に対処するのは困難である。

一般に民間保険では，このような天災や騒擾を原因とする火災は免責事項として保険給付を行わないか，保険給付を損失額 L と比較しかなり低く設定している（他に，天災等により保険給付額が高額となった場合に備える保険会社間での再保険という仕組みもある）。保険給付額が低い（あるいは免責事項扱いで0となる）場合，リスク回避的な人々に対する確実性を民間保険市場では提供できないという，一種の非効率な状況が生じる。

条件2 ── 保険事故
の発生確率 p, 損害額
L が計算可能なこと

事故の発生確率や発生時の損害額を計算できない場合，保険料を設定すること自体，不可能になるため保険市場は存在しえない。起こる事象がリスクではなく，不確実性である場合が相当する。

大地震，噴火，騒擾など，発生頻度が少ない事象については確率や損害額を正確に計算するための情報が存在しない（たとえ計算可能であっても分散は大きい）。また物価上昇，賃金上昇，平均寿命の伸長，要介護発生確率，介護予防に結び付く新たな医療技術，医薬品，介護技術が開発される確率や将来の介護費用など，長期間にわたる発生確率・損害額も，年金・介護保険料設定のための必須情報であるが，いずれも正確な計算が難しい不確実性として存在する。

条件3 ── 保険事故
の発生確率 p が1に
近くないこと

保険事故の発生確率が1に近い場合，a 部分があるため，保険料 π_i は損失額 L を上回り，保険加入のメリットはない。たとえば既往症や生活習慣病等（第12章）がある場合，（予防を怠れば）疾病確率は1に近くなる。また先天性疾患の場合，1に等しい。

さらに遺伝子やマイクロ RNA バイオマーカーによる診断技術の革新・普及，個人の診断・治療歴のデータ蓄積などにより，高い精度で疾病確率が予測可能となった場合，疾病確率が1に近い人々が識別されるようになる。こうした情報が保険契約の際，民間保険会社に利用されると，保険事故の発生確率が1に近い人々は高額な保険料のため保険に加入できない可能性がある。

いずれの場合も，リスク回避的な人々が求める確実性を民間保険市場では提供できないという，一種の非効率な状況が生じる。

条件4 ── 逆選択が
存在しないこと

保険加入者自身が自分に事故が起こるリスク p_i を知っている一方，保険会社がその情報を入手できない（情報の非対称性が存在する）場合，保険加入者がリスクの高い人に偏るという**逆選択**が発

生する。逆選択は，保険市場を成立させなくする，あるいは存在しても非効率なものとさせる。

　保険加入者ごとのリスク p_i の情報を保険会社が入手不能な場合，保険会社は保険加入者全体の平均リスク $\bar{p}$ に基づいて，保険加入希望者すべてに同じ保険料 π を設定することが考えられる。

　しかし，実際の保険加入者は，保険会社がもし個別の保険加入者ごとのリスク p_i に基づき保険料を設定できていたとしたら，π 以上の高い保険料 π_i を支払っていた人々に偏る。

　結果的に保険給付総額は保険会社の当初の予想より膨らむので，保険給付総額と保険料総額をバランスさせるという収支相当の原則に従い，保険会社は新たな保険料を π よりも高く設定する。

　しかし今度は，その新たな保険料 $\pi' > \pi$ を高いと評価する人々，すなわち相対的にリスクの低い人々が保険から脱退する。その結果，保険給付総額は保険会社の予想よりさらに膨らむので，保険会社は保険料をさらに高く設定し，さらにその保険料に見合わない，相対的にリスクの低い人々が保険から脱退していく。

　こうした悪循環により，最終的に保険市場は成立しなくなる。解決策として，全員に保険加入を強制し，低リスクの人たちが保険から脱退しないようにしたうえ，平均的リスク $\bar{p}$ に基づき保険料を π に設定する方法が考えられる。

　もちろん，強制加入という解決策では平均リスクより低いリスクの人々は個人ごとのリスクに基づいたものより割高な保険料を支払うことになるが，逆選択のために保険が入手不能となる状況は回避されることになる。

　実際，民間保険市場では，企業，職域，地域単位など一定規模の集団に対し平均保険料を設定し，集団全員が加入する契約を結ぶことで，逆選択の問題をある程度克服している。また，こうした集団では構成員間のリスクのばらつきも相対的に小さく，強制加入によ

りリスクの低い人々が割高な保険料を支払うという問題もある程度軽減されている。

条件5 ——モラルハザードがないこと

保険加入者自身が，自分に事故が起こるリスク p_i や損失額 L の値を操作することができない（外生変数である），または保険加入者が p_i や L の値を操作できるとしても，その操作により得られる期待便益が，p_i や L の値を変化させるための期待費用を下回る，あるいは保険加入者による p_i や L の操作を保険会社が監視・防止できることが必要である。これらの条件が満たされない場合，保険加入者が p_i や L の値を操作する，いわゆる**モラルハザード**が起こる。

たとえば，保険加入者は虫垂炎にかかるリスク p_i を操作できないが，妊娠・出産するリスク p_i は操作できる。また保険加入により保険事故発生リスクへの警戒がうすれ，（たとえば予防行動や安全運転を怠ることなどにより疾病や交通事故などの）リスク p_i が上昇する可能性もある（＝事前のモラルハザード）。

一方，患者がどのような治療を受けても保険会社によって治療費が全額支払われ，患者の自己負担がない場合，医療サービスを過剰に消費する（すなわちこの例では医療費という損失額 L が保険事後発生後に操作される）可能性もある（＝事後のモラルハザード）。

こうしたモラルハザードがある場合，損失額の厳格な査定，保険加入者による損失額の一部自己負担，請求した保険給付に応じ保険料を引き上げるメリット制などの仕組みで問題を軽減する方法がある。

しかしモラルハザードも情報の非対称性から生じる問題であり，保険加入者が p_i や L を操作することを，保険会社が完全に監視・防止できない限り，その発生を防止できない。その結果，保険料と給付のバランスが崩れ，保険制度を維持できない（保険市場が成立しなくなる）可能性がある。

日本には医療保険，年金保険，介護保険，雇用保険，労働者災害補償保険という５つの社会保険（公的保険）が存在する。これらの保険では上述の５つの条件のいずれかを満たさないため，任意加入の民間保険は，市場が存在しないか，存在しても非効率になる可能性がある。

まず民間の医療保険（疾病時の医療サービスを保障）は条件4，5を満たさず，条件1，2，3も場合によっては（新型感染症の世界的流行，診断技術の発展等）満たさない（第12章）。

民間の年金保険（現役時代の実質所得の一定割合を死亡時まで保障する終身タイプの老齢年金）は長期的な寿命伸長や物価・賃金上昇が独立事象でなく，予測も難しいため条件1，2を満たさない。また保険加入者が自分の寿命を予測でき，保険会社が，その情報を得られないのであれば，条件4を満たさない（第14章）。

民間の介護保険（要介護期間中に必要な介護サービスを保障）も，長期的な要介護確率の変化や介護技術の進歩などを勘案すると条件1，2を満たさず，条件4と5も満たさない可能性がある。とくに条件5に関しては，介護サービスの供給者だけでなく，要介護者の家族が家庭内での介護負担を減らすため，事後のモラルハザードを引き起こす可能性もある（第13章）。

民間の雇用保険（就業時の所得の一定割合を失業期間中に保障）では，保険加入者が自らの意志で失職したのか，あるいは失業後に職探しを一生懸命行っているか，保険会社が判定するのは困難であり条件5を満たさない。また大規模な失業発生の予測は困難であり，発生すれば失業者やその扶養家族による財・サービスの消費減を通じ，生産活動を低下させ，さらに失業を増大させる悪循環もある。つまり，大規模な失業発生については条件1，2を満たさないことになる。また新規入職者や長期間労働市場を離れた人の場合，職歴がな

いか職歴が長期間途絶えているため，個人ごとに保険会社が失業確率 p_i を計算するのは難しく，条件 2 を満たさない可能性もある（第 8 章）。

民間の労働者災害補償保険も年金給付を提供するため，年金保険と同様，条件 1，2 を満たさないうえ，いわゆる「労災かくし」の事例が示すように条件 4 を満たすのが難しい可能性もある（第 7 章）。

このように多くの社会保険に共通する第一義的な目的は，強制加入により逆選択の問題を軽減（条件 4）し，政府が保険を公的に提供することで独立事象でない事故や不確実性の問題に対処する（条件 1，2）ことである。また一部の社会保険は，条件 3 や 5 にかかわる問題に対処している。さらに社会保険は，保険加入の意志決定者である消費者が直面する限定合理性や限定意思力の問題（第 1 章第 4 節）にも対処している。こうした点で社会保険は効率性を改善する機能をもっている。

さらに，強制加入という制度設計を利用すれば，所得の高い人から低い人への所得再分配的要素を社会保険に導入することも可能で，その場合，公平性を改善する機能も併せもつことになる。

| 公的扶助・社会福祉による社会保険の問題点の克服 |

社会保険は，先に述べた民間保険市場が直面する問題を軽減する手段の 1 つである。しかし，それ以外にも，社会保障制度を構成する公的扶助・社会福祉と比較した場合，いくつかの長所がある。第 1 に保険料拠出および保険事故発生を条件として給付が行われるため，受給時に恥ずかしさを感じるなど心理的コストによる受給抑制要因がない。第 2 に保険料拠出と保険給付がリンクしているため，給付水準の引上げに関し，政治的合意形成が容易である。第 3 に保険料で財源がまかなわれているため，他の財源と競合することによる財政制約を受けることがない（逆に，社会保険財源に税を入れると他の財源との競合による財政制約を受ける可能性がある）。

一方，社会保険の問題点として，第1に所得が不安定な人々が保険料を払えず保険適用されない，あるいは保険適用されても給付水準が低く生活困窮から脱出できない，という問題を抱える。第2に保険事故として設定されるリスクがあらかじめ規定されているため，それ以外のリスクや不確実性に対応することはできない，という問題も抱える。

　結局，社会保険がもつ上記問題を克服するため，公的扶助や社会福祉（児童・障害者・高齢者福祉，社会手当）が必要となる。

　公的扶助は社会保険では対応できなかった生活困窮者を広く救済することが可能である（第5章）。しかし公的扶助では，申請した人々が資力調査時に強い恥辱（スティグマ）を感じるなら，受給が抑制され漏給につながるという問題を抱える。

　また公的扶助・社会福祉に共通する問題として，財源の負担者と受給者は一致せず，また負担者に比べ受給者は少数である。そのため，政治的に多数の財源負担者により，給付水準・給付範囲が低く・狭く限定され，画一的給付となる可能性がある。さらに税財源である場合，財政状況が厳しくなれば，他の財源と競合することで給付水準・給付範囲が削減・制限される可能性もある。

　一方，社会福祉の長所は必要（ニーズ）に即応可能なことである。公的扶助は，資力調査でニーズの有無を判定するため，スティグマによる受給抑制（漏給）を発生させる可能性がある。しかし，社会福祉のように，ニーズと関連が密接で，相対的に判定が容易な基準（子ども，ひとり親，高齢者，障害者等）によって，給付を行えば，資力調査によるスティグマを回避しつつ，ニーズへの即応が可能となる。

　こうした社会福祉の仕組みは高所得者にも給付するので所得再分配上，問題にみえるが，高所得者に対する社会福祉については累進課税などにより国庫に戻す制度（クローバック）や高所得層に対す

る給付制限（緩やかな所得制限）を適切に組み合わせることで軽減可能である。

このように社会保険と公的扶助・社会福祉の長所やその問題点は相互補完的であり，これらを組み合わせた制度設計は合理性をもっている。

2 労働政策の根拠

労働需要（短期）の決定

まず，**労働需要**と労働供給がどのように決定されるか考えよう。

財・サービス価格が上昇すれば，財・サービス生産は拡大し，派生需要である労働サービスへの需要も増大する。しかし，資本（建物，生産設備等）に関しては，短期的に投入量を自由に変えることはできず固定されている。その場合，賃金率に対して右下がりになる労働需要曲線は，労働サービスを1単位追加的に増やすことで得られる追加的な収入，すなわち労働サービスの限界生産物価値 pMP_L が，財・サービス生産拡大によって，どのように変化していくのか考えることによって説明することができる。

財・サービスを生産する際の利潤最大化問題は(1)式で表わされる。$Q = F(L, \overline{K})$ は財・サービスの生産関数であり，労働 L と資本 $\overline{K}$ を投入したときの財・サービス生産量 Q との関係を表わす。ここでは資本投入量が固定されていることを示すため K に上線が付されている。p は生産されるサービスの価格，w は賃金率（L の要素価格），r は資本レンタル料率（K の要素価格）である。

$$\text{Max} \quad \pi(L, \overline{K}) = pF(L, \overline{K}) - (wL + r\overline{K}) \tag{1}$$

上の式は利潤（左辺 π）が，総収入（右辺第1項）と総費用（右辺第2項）の差であることを表わしている。また，Max とあるのは利

潤 π を最大化（maximize）するという目的があることを表わすための略号である（なお π, p, L の記号は前節とはまったく異なる意味で使用していることに注意）。資本投入にかかる総費用 $r\bar{K}$ は固定されているが，労働サービス投入量を増やせば総費用は増大する。

　さて財・サービス生産をする際，どのようにして利潤 π が最大化されるか考えよう。労働サービス L の投入量（雇用量）を増やしていけば1単位ごとに賃金率 w が費用としてかかる。ここで，労働サービスを1単位追加的に増やせば総収入も増えるが，このとき得られる追加的な収入，すなわち労働サービスの限界生産物の価値 pMP_L は，労働サービスの投入量が増えるにつれ減少（限界生産性の逓減）していくものと仮定する。

　このような関係を表わしたのが図2-2で，横軸に労働サービスの投入量（雇用量 L），縦軸には労働サービスの投入量に対する総費用と総収入をとっている。総収入曲線の傾きは，先述の限界生産物の価値 pMP_L を表すが，この傾きが，L が大きくなるにつれ小さくなる（総収入曲線が上に凸である）ことが，限界生産性逓減の仮定に対応する。

　総費用曲線と総収入曲線の傾きは L^* に対応する点で等しい。そして，総費用から総収入を差し引いた差である利潤 π はその点で最大（図2-2の縦方向の矢印で示された幅，π^*）となり，L^* から労働サービスを増やしても減らしても利潤は減少する。

　また総費用曲線の傾き，すなわち限界費用は労働サービスを1単位増やす L に等しいので，利潤が最大化される労働サービス量 L^* では以下の(2)式の関係（限界原理）が成立する。この式が表しているのは(1)式（利潤）を賃金率 w について偏微分した結果が0に等しいという関係である。すなわち，利潤最大化のため，労働サービスの限界生産物の価値が賃金率と等しくなる所で，最適な労働サービス量 L^* が決められることを表わしている。

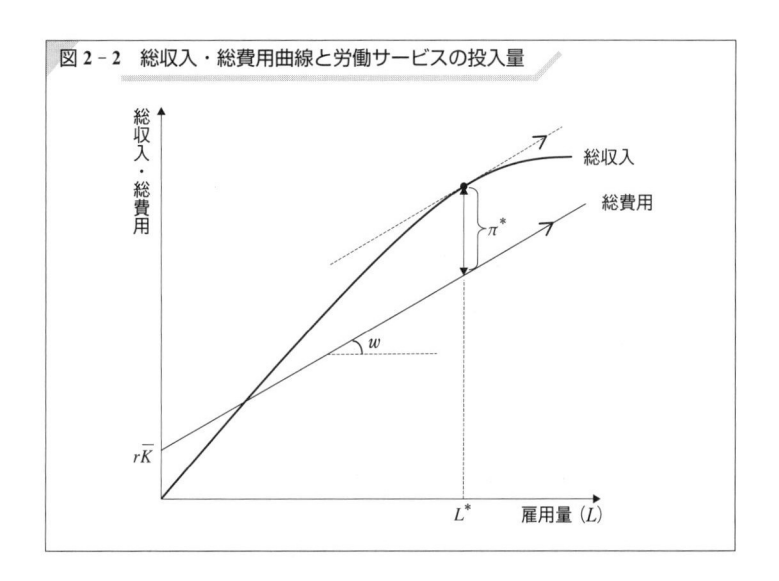

図 2 - 2　総収入・総費用曲線と労働サービスの投入量

（縦軸）総収入・総費用

総収入

総費用

π^*

w

$r\overline{K}$

L^*　雇用量 (L)

$$pMP_L(L^*, \overline{K}) = w \qquad (2)$$

　仮定している労働サービスの限界生産性逓減の条件のもとでは，横軸に雇用量 L，縦軸に労働サービスの限界生産物の価値 pMP_L をとった場合，右下がりの曲線が描かれる。また(2)式より，利潤を最大化する最適雇用量において，つねに労働サービスの限界生産物の価値と賃金率は等しいので，結果として，この右下がりの曲線は横軸に雇用量，縦軸に賃金率をとった場合の右下がりの労働需要曲線と一致する。

　労働供給の決定　　次に労働供給がどのように決定されるのか考えよう。労働供給は，就業の選択（extensive margin）と労働時間の選択（intensive margin）によって決まる。一般に賃金が低くなれば人々は労働供給を減らすと考えられるが，理論的には労働供給を増やす場合も考えられる。

　人々が労働するのは，労働サービスの提供により所得（賃金率は w）を得ることで財・サービス C を購入・消費でき，効用が高くな

るからである。財・サービスの購入量は，所得の制約を受ける（予算制約）。一方，1日の可処分時間 T は限られており，労働サービスの提供時間（労働時間：h）の増加は，その分だけ労働者の余暇時間 l を減少（時間制約）させ，効用を低下させる。

このように，ごく単純化された設定では，労働者は予算制約と時間制約という2つの制約条件と，賃金率 w と財・サービス価格が所与のもと，自分の効用を最大化するよう，余暇時間（その表裏にある労働時間）と財・サービスの購入量を決定する経済主体としてモデル化できる。なお，この単純なモデルでは賃金を得ることが可能な有償労働のみを分析対象とし，家庭内で提供される育児・介護や家事などの無償労働は捨象されているが，家族の経済学ではこの無償労働を含め，モデル化されている（第10章）。

この単純なモデルに基づき，賃金が上昇した場合の影響について説明する。なお単純化のため，所得はすべて財・サービスの消費に使い切り，貯蓄しないものとする。また財・サービスは1種類しかなく，価格は p とする。さらに日常生活を維持するための必要時間（睡眠や家事など）はすべて余暇時間に含めてとらえ，余暇時間が長くなる（＝労働時間が短くなる）ことは効用を増加させるものとする。2つの制約，時間制約は $T=l+h$，予算制約は $pC=w(T-l)+S$ として表わされる。ここで S は資産収入，配偶者の収入，社会保障給付等，自分が勤労しなくても得られる所得，すなわち保証所得である。

予算制約の式を書き換えると，$pC+wl=wT+S$ となる。この式の右辺は総時間 T をすべて労働サービスに割り当てた場合の総収入を表わす。左辺の第1項は財・サービスへの支出，第2項は余暇時間を賃金で評価した金銭的価値である。労働者の効用を高める2つの要素は，ここでは財・サービス量 C および余暇時間 l であり，この2つの要素に対する無差別曲線，予算制約，そして賃金率の関係

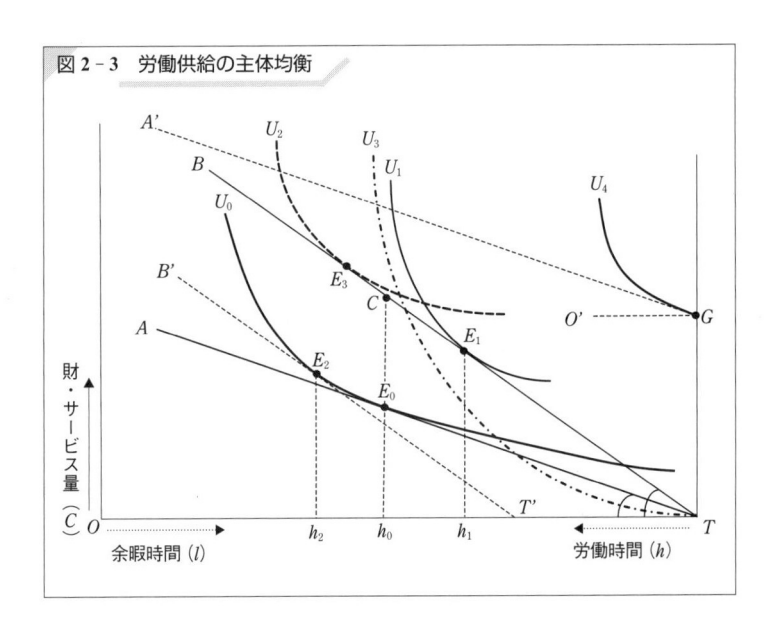

図2-3　労働供給の主体均衡

を表わしたのが図2-3である。

　まず保証所得 S が 0 の場合，次に保証所得 S が $p \times TG$ 分ある場合を考えよう。

　図2-3は横軸の幅が総可処分時間 T となっており，原点 O から右方向に余暇時間の増大を，T から左方向に労働時間の増大を測っている。縦軸は，財・サービス量 C を示している。U は同じ効用水準を達成するための余暇時間と財・サービス消費の組合せ，すなわち余暇時間と財・サービス消費の無差別曲線を示している。実質賃金率 $\frac{w}{p}$ は OTA で表わされるものとする。また保証所得が 0 である場合の予算制約線 TA は，労働時間を増やすにつれ，購入可能な財・サービス量 C が増大する関係を示している。予算制約線 TA と無差別曲線 U_0 が接する点 E_0 で効用は最大化され，労働時間 h_0 が決まる。

　ここで賃金率が上昇し，新たな賃金率が OTB で表わされるとす

れば，予算制約線 TB と，より高い効用水準に対応する無差別曲線 U_1 が接する点 E_1 で労働時間が h_1 に決まる。この図2-3では賃金率は上昇したが労働時間は減少（$h_1 < h_0$）している。

なぜ，このようなことが起きるのか，TB と平行で無差別曲線 U_0 と E_2 で接する補助線 $T'B'$ を使って検討しよう。賃金率の上昇は，たんに労働サービスの価格上昇ばかりでなく，余暇時間の価格上昇も意味している。つまり，財・サービスと余暇の相対的な価格が変化したことになる。そのため，U_0 と同一の効用水準を達成するためには，相対的に高くなった余暇を減らし，代わりにより多くの財・サービス消費を選択する必要がある。これを代替効果と呼び，図中の点 E_0 から E_2 への移動がその効果を表わす。労働時間は，この代替効果により h_0 から h_2 へと増大する。

一方，賃金率上昇により，同一労働時間でも所得は増大するので，労働者はより多くの余暇時間と財・サービスの消費を増大させることになる。これを所得効果と呼び，図中の点 E_2 から E_1 への移動がその効果を表わす。労働時間はこの所得効果による余暇時間増大のため，h_2 から h_1 へと減少する。

このように，賃金率上昇の効果は，所得効果と代替効果の2つの効果に分解することができる。そして賃金率上昇が労働時間を増大させるか，あるいは減少させるかは，代替効果と所得効果のどちらが大きいかによって決まり，無差別曲線の形状に依存する（たとえば U_2 のような形状であれば，賃金率上昇は労働時間を増大させる）。これは，社会保険料を支払うことによる賃金率低下が労働時間に与える効果についてもあてはまる。つまり，社会保険料を課す（あるいは引き上げる）ことで労働時間が増大する場合も減少する場合もある。

代替効果のほうが所得効果より大きい場合，労働者全体を集計し，横軸に労働供給量，縦軸に賃金率を取れば，賃金率の上昇に伴い，労働供給量も増大する右上がりの労働供給曲線を描く事ができる。

次に8時間労働など企業側から決まった労働時間（フルタイム就労等）を就業条件として提示されるケースを考えよう。この場合，むしろ就業しない場合の効用水準が高くなり，就業しないことが最適な労働供給選択となる可能性もある。たとえば，賃金率が OTB で，$h_0 = 8$ 時間とすると，労働時間8時間未満ではフルタイム就労の条件を満たさないため，所得は0となり，予算制約は BCh_0T と屈曲する。そのため無差別曲線が U_2 のような形状だとフルタイム就労するが，U_3 のような形状だと就労（点 C）より非就労（点 T）の効用水準の方が高いため，非就業が選択される。

　最後に保証所得が $p \times TG$ 分あるケースを考えよう。この場合，個人の予算制約は GA' であり，保証所得が0の場合の予算制約 TA を TG 分だけ上方に平行移動させる。この図では G 点において U_0 や U_1 より高い効用水準の無差別曲線 U_4 と接しており，この個人にとっては就業しないことが最適労働供給となる（端点解）。つまり保証所得が高くなると非就業が選択される。

　ただし保証所得があっても賃金率 $O'GA'$ が上昇していけば，この個人をやがて非就業から就業へと行動変化させる賃金率が存在するはずである。このような個人が就業しはじめる最低限の賃金率を留保賃金率と呼ぶ。「市場賃金率＜留保賃金率」の場合，人々は非就業を選択し，「市場賃金率≧留保賃金率」の場合，就業を選択する。

　この留保賃金率は，保証所得以外に，家族内での育児・介護の必要性等にも影響される。家庭内に要介護者あるいは子どもがおり，家庭外からの介護・育児サービスが入手困難である場合，その個人の留保賃金率は上昇し，提示される市場賃金率は同じであっても，非就業が選択されるようになる。

　以上のように労働供給は，就業の選択（extensive margin）と労働時間の選択（intensive margin）によって決まるが，賃金率や保証所

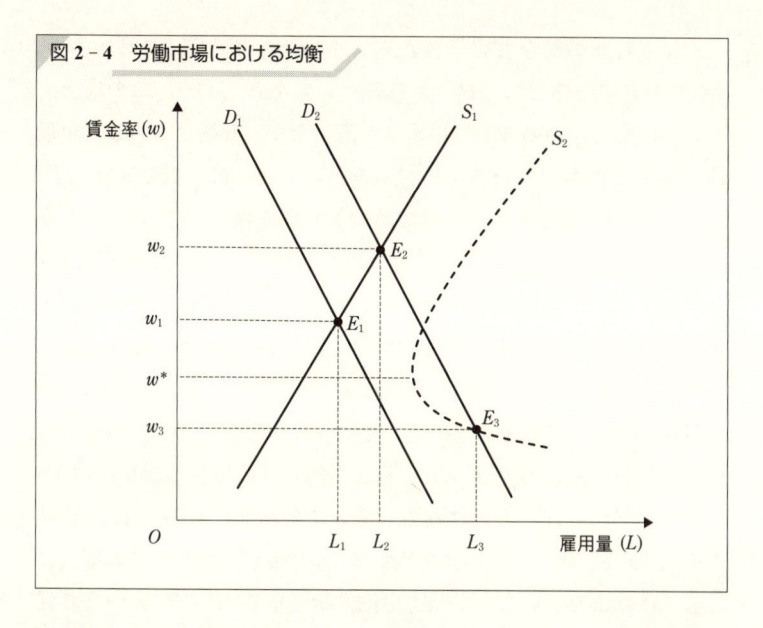

図 2-4 労働市場における均衡

得を変化させる社会保障給付，社会保険料，税，そして労働政策が，両選択のうち，どちらにより大きな影響を与えるかは，その制度設計のあり方と関連し，実証分析上の重要な課題とされる。

労働市場と労働政策　図2-4は横軸に雇用量，縦軸に賃金率をとり，労働供給曲線 S と労働需要曲線 D を示している。賃金率が高いほど労働供給が増大し，反対に賃金率が低いほど労働需要が増大する一般なケースにおいて，労働供給曲線は右下がりに，労働需要曲線は右上がりに描かれる。賃金率を所与とすれば，各企業は労働需要曲線上で利潤を最大化する。同様に，賃金率を所与とすれば，各労働者は労働供給曲線上で効用を最大化する。このような企業（労働需要側）と労働者（労働供給側）双方が賃金率を所与として利潤最大化・効用最大化行動している労働市場を**競争的労働市場**と呼ぶ。

労働供給曲線が S_1，労働需要曲線が D_1 である場合，需給が一致

する点 E_1, すなわち賃金率 w_1, 雇用量 L_1 で労働市場は均衡する。ここで労働市場に何らかのショックがもたらされ, 労働需要曲線が右にシフトし D_2 になったとしよう。労働市場は新たに需給が一致する点 E_2, すなわち賃金率 w_2, 雇用量 L_2 で均衡する。

このように競争的労働市場では, 企業と労働者が賃金率を所与として行動し, また賃金率が需要あるいは供給の変動に対し十分伸縮的である限り, 労働需要量の総和はつねに労働供給量の総和に一致するよう労働市場は機能する。

競争的労働市場が成立するためには, ①企業と労働者双方が, 労働市場で提供される賃金率あるいは労働サービスに関する完全情報を有し, ②労働者と企業双方の交渉上の地歩が等しく, 賃金率は労使双方にとって所与であり, ③労働供給・需要に変化が生じた際には, 賃金率が十分に伸縮的であり, 均衡雇用量が速やかに達成される, などの条件を満たさなくてはならない (第1章4節)。

現実の労働市場は, 労働サービスに特有の性質などもあり, しばしばこれらの条件を満たさないため, 労働政策による介入が行われる。

労働市場の不安定性と
労働政策

労働供給曲線が S_2 のように, 賃金率 w^* 未満で右下がりとなっている場合には, 賃金および雇用量に関する労働市場の自律的な調整機能が失われる可能性がある。このように労働供給曲線が右下がりになる状況は, 労働サービスの特殊性, すなわち労働者はいかなる賃金率であっても, 生存のための財・サービス確保に日々労働サービスを提供せざるをえないことによる。

こうした労働サービスの特殊性により, 賃金率 w^* 未満になると, 生活を維持するため, 労働者はより長時間, 労働サービスを提供するので労働供給は増大する。また, それまで非労働力であった世帯員が世帯主の賃金率低下に伴う所得減少を補うため労働力化して労

働市場に参入することで，労働供給はさらに増大する。たとえ点 E_3 で労働市場が均衡していたとしても，賃金率が w_3 より低下するような何らかの経済ショックが労働市場に発生すれば，こうした悪循環により労働市場は不安定化する。

結局，生活困窮で次世代を育てられないことによる長期的な労働力減少によって，労働市場の機能が回復することになる。

このように，労働市場が自律的な調整機能を果たせない場合，労働政策によって，そうした機能を回復させるための条件を整えることが可能である。たとえば，最低賃金法による最低賃金引上げ，あるいは労働組合法に基づく団体交渉による賃金引上げは，こうした悪循環に対する一定の歯止めとしての役割を担っている。

労働政策のもう1つの役割は，稼働所得による自立した生活を長期的に可能にすることである。最低賃金以外に，長期的に労働サービスを提供することで健康を害さないようにする仕組み，労働基準や労働安全衛生，職場や通勤途上で事故や病気が発生した場合の労災補償やリハビリテーション，失業防止，再就職支援などが，その例である。

このような保障がない場合，人々は労働によって生活を自立させることができないため，結局は社会保障費の膨張を招き，財政的にも立ち行かなくなる。

社会保険料を課すことによる労働市場への影響　社会保障制度の重要な財源の1つである社会保険料（第4章）は，賃金率への影響を通じ，労働市場にも影響を与える。法律上，社会保険料は労使折半あるいは全額企業負担と定められている。しかし，どのような割合で企業と労働者が社会保険料を実際に負担しているかは別問題である。そのことを労働市場における部分均衡分析に基づき，図2-5で説明する。

図2-5では，縦軸に賃金，横軸に雇用量を示し，労働供給曲線

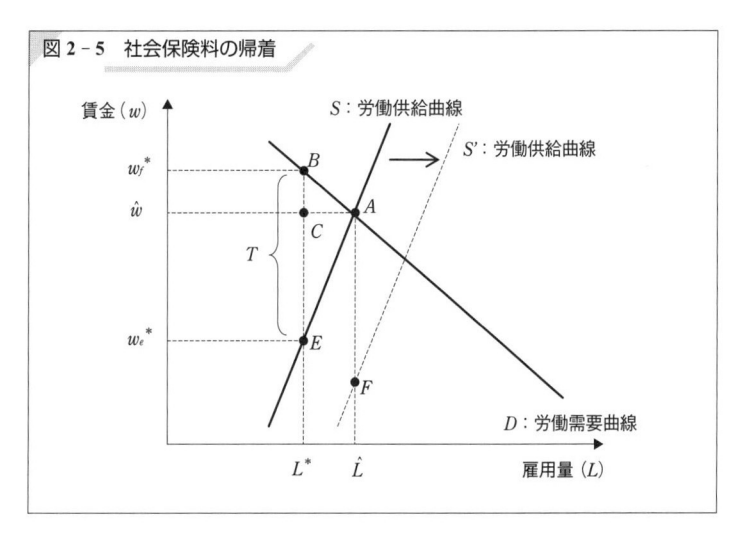

図2-5　社会保険料の帰着

S と労働需要曲線 D が描かれている。社会保険を導入する前の均衡点は A 点であり，均衡賃金は $\hat{w}$，均衡雇用量は $\hat{L}$ とする。

ここで，社会保険制度が新たに導入され，各々の労働1時間当たりの賃金 w に対し，社会保険料が T だけ課せられたとする。しかも，社会保険料 T を「企業側が全額負担する」ことが法律で定められたとする。企業にとっての労働者1人当たりの人件費 w_f は，労働者の1人当たりの手取り賃金 w_e と労働者1人当たりにかかる社会保険料 T の合計となるはずである。すなわち，企業の人件費は $w_f = w_e + T$ となる。企業の労働需要は，w_e ではなく人件費 w_f によって決まる。一方，労働者の労働供給は，w_f ではなく手取り賃金 w_e によって決まる。したがって，社会保険料 T を課した場合の新たな均衡雇用量は L^* に移る。

ここで，企業と労働者が各々，T をどのように負担しているのか，その割合（帰着割合）を考えてみよう。企業にとっての帰着は人件費の増大である BC 分（$= w_f^* - \hat{w}$）であり，労働者にとっての帰着分は，手取り賃金の減少である CE 分（$= \hat{w} - w_e^*$）である。すなわ

ち，T（$= BE$ 分）を課せられた場合の社会保険料の帰着割合は，企業と労働者で各々 $\dfrac{BC}{BE}$，$\dfrac{CE}{BE}$ となる。

このように，社会保険料を企業が全額負担することを法定しても，実際は労働者も負担していることがわかる。そして，その帰着割合は労働需要曲線や労働供給曲線の傾き，すなわち労働需要や労働供給の賃金弾力性に依存する。相対的に賃金弾力性の高いほうの（たとえばフルタイム労働者よりパートタイム労働者のほうが）帰着割合は低くなる。

さらに社会保険料は税とは異なり，対応する社会保険給付が存在する。もし，労働者が，社会保険給付の金銭的価値を認識・評価し，対応する社会保険給付もしくは社会保険加入に伴う不確実性減少による厚生増大を，実質的な賃金上昇とみなすなら，労働供給曲線 S は，新たな労働供給曲線 S' として，右にシフトする。この場合，新しい均衡点は図 2−5 の F になる。図 2−5 ではたまたま AF が社会保険料 T に等しくなるように描かれており，社会保険料を課した後も，社会保険制度導入以前の均衡雇用量 $\hat{L}$ と等しくなっている。ここで，労働者の手取り賃金は，$\hat{w} - T$ となり，労働供給が賃金弾力的であっても，社会保険料が 100％労働者に帰着する可能性を示している。

このように，税とは異なり，社会保険料拠出では，労働需要と労働供給の価格（賃金）弾力性以外の要因によっても，企業と労働者との間の実際の負担割合が左右される可能性がある。もし，企業の社会保険料拠出分を，社会保険給付（あるいは社会保険加入）の対価として労働者側が認識するならば，労働者は企業の社会保険料拠出分をすべて負担する可能性もある。

また，ここでは，労働市場における部分均衡の枠組みで議論したが，一般均衡分析の枠組みで考えれば，社会保険料を財・サービスへの値上げで消費者に転嫁したり，あるいは株主への配当金引下げ

で転嫁したりするなど，財・サービス市場や資本市場を通じた転嫁の可能性も考えられる。

演習問題 ◆

1 民間保険市場において，保険加入者側が付加保険料に関する情報を入手できない場合，どのような状況に陥る可能性があるか議論してみよう。また付加保険料に関する情報開示について調べてみよう。

2 労働供給の主体均衡モデルに基づき，賃金比例の社会保険料を賦課すると労働供給はどのように変化するか，8時間働かなくてはならないフルタイム労働者とパートタイム労働者に分けて議論しよう。

3 外食産業など非正規雇用を多く雇用する企業は，なぜ社会保険の適用拡大に反対するのか，社会保険料の帰着問題から考えられる理由について，図を用いて説明してみよう。

文献案内 ◆

効率的な保険市場が成立する条件は，社会保障制度が効率性に関しても寄与しているとの主張の根拠でもあり，N. バー［2007］『福祉の経済学』光生館（民営失業保険モデルの批判的検討が興味深い）や，N. Barr［2012］*Economics of the Welfare State*, 5th ed., Oxford University Press がわかりやすく，本章も依拠している。

また労働政策の根拠を議論する場合の理論枠組み（労働経済学）についての入門書および標準的なテキストとして，太田聰一・橘木 俊詔［2012］『労働経済学入門（新版）』有斐閣，荒井勝彦［2013］『現代の労働経済学』梓出版社，大森義明［2008］『労働経済学』日本評論社，が参考になる。労働経済学の上級テキストについては各教科書が紹介する文献を参照されたい。

参考文献 ◆

大森義明［2008］『労働経済学』日本評論社

バー，N.（菅沼隆訳）［2007］『福祉の経済学──21世紀の年金・医療・失業・介護』光生館

Barr, N.［2012］*Economics of the Welfare State*, 5th ed. Oxford University Press.

第**3**章 | 所得格差

不平等の測定と評価

上位1%の富裕層に資産が集中している現状に抗議する「ウォール街を占拠せよ」運動の参加者。"We are the 99%"をスローガンとした（2011年10月，ニューヨーク）　Photoshot／時事通信フォト提供

本章でまなぶこと◆

　本章では所得格差の客観的な測定だけでなく，価値判断まで含む社会の不平等について議論する。社会の不平等についての評価は可能であろうか。不平等の測定のため，格差指標に必要な条件はどのようなものであろうか。また，個人間や世帯間の厚生の水準を比較するためには，フローの所得で十分なのだろうか。そして，所得格差が拡大する理由は何であろうか，などについての説明を行う。

キーワード

功利主義	潜在能力	完全所得	可処分所得	等価尺度	変動係数
ジニ係数	ローレンツ曲線	平均対数偏差	アトキンソン指標（AI）		
年齢別所得格差					

1 不平等の長期的趨勢

19世紀のイギリスは，労働者の貧困が深刻化する一方で，資本家や地主は資産を増やし続ける格差の大きな時代であった。人々の働き方や社会的地位による明らかな格差が存在した時代においては，労働者，資本家，地主というグループを「階級」(Class) としてとらえ，経済発展や社会の不平等を分析することができた。

有名な K. マルクスの『資本論』では，生産の増大により資本の蓄積が進み，資本家は裕福になるが，同時に，労働者はより貧しくなると考えられていた（窮乏化理論）。一方で，A. スミスに代表される古典派経済学では，資本家が投資することにより生産力が高まり，社会が豊かになるとされており，当時から，経済の発展と社会の不平等の間には対立する考え方があった。

20世紀に入り，2つの世界大戦を経験するなかで，戦後，福祉国家が成立する。福祉国家は，公共事業により失業を減らすことで「完全雇用」をめざし，税や年金や雇用保険などを通して所得の高い者から低い者に対して再分配を行い，所得を平等化する機能を果たした。このような福祉国家による政策だけではなく，第2次世界大戦後の好景気や労働者のホワイトカラー化などにより，イギリスやアメリカなどの先進国において，経済の発展と社会の平等が同時に達成されるかのようにみえた。

このような 19世紀から 20世紀における経済の発展と不平等の関係を先進国のデータを用いて明らかにしたのが，S. クズネッツであった。クズネッツによると，経済発展以前の農業社会ではすべての人が貧しいという意味で平等な社会であり，産業化により経済が発展することにより農業部門と工業部門の格差が拡大し，社会が不

平等化する。そして，より工業化が進むと，農業部門の生産者が減少し非農業部門の労働者が増加するが，労働者間の賃金格差も大きくなり，不平等が拡大する。しかし，ある程度経済成長が起こった後は，労働者間の賃金格差の縮小，資産所得の相対的な低下，公的な教育制度や社会保障政策による不平等の是正が行われるようになり，不平等が縮小するようになる。このような，経済発展の初期には不平等が拡大し，その後縮小するという理論は，「クズネッツの逆U字仮説」と呼ばれる。

　しかしながら，クズネッツの仮説は，近年の研究において修正されつつある。とくに，T. ピケティらの研究では，アメリカにおいては1930年代から40年代にかけて，上位10%の所得が国民所得に占める割合が大きく低下したが，80年代から再び上昇することが明らかにされた（図3-1）。

　ただし，ピケティらの租税データを用いた研究は，長期的な所得格差の趨勢についての分析としては有効であるが，所得格差についての政策評価としては限界がある。実際に消費できるのは，社会保障給付なども含めた税引き後の所得であり，また，低所得世帯は課税されないため，租税データからは抜け落ちてしまう。政策評価のためには，税や社会保険料がかかる前の当初所得だけではなく，社会保障給付が行われたうえで税や社会保険料が控除された可処分所得の把握が必要となる。なお，可処分所得による所得格差の推移は本章第5節で，社会保障給付による所得格差削減の効果については，第4章4節で行う。

図 3 - 1　アメリカにおける上位 10%の所得が国民所得に占める割合

（%）

国民所得に占める上位10％のシェア

50
45
40
35
30
25

1910　20　30　40　50　60　70　80　90　2000　10（年）

注：アメリカで上位 10%の占める比率は，1910 年代から 20 年代には 45～50%だったのが，50
　　年には 35%以下となった（これがクズネッツの記述した格差低減である）。その後，1970 年
　　代に 35%以下になってから，2000 年代や 2010 年代には 45～50%になった。
　　時系列データは http://piketty.pse.ens.fr/capital21c を参照。
出所：T. ピケティ（山形浩生・守岡桜・森本正史訳）［2014］『21世紀の資本』みすず書房。

2　不平等の評価

社会的厚生と功利主義　　　個人間の幸福度や満足度を客観的に比較す
ることは困難であるため，経済学では効用
水準の個人間比較は避けられてきた。しかし，社会の不平等の評価
には，個人間の効用の比較や社会全体の厚生の判断を欠かすことが
できない。高所得者から低所得者への所得の移転は，社会的不平等
を低下させるため，社会的厚生を高めると考えることができるだろ
うか。

　第 1 章 5 節で説明した**功利主義**は，社会的厚生として，すべての
個人の効用の総和を最大化することを目的としている。この功利主

義の考え方を，個人の効用を足し合わせることができると仮定し，社会厚生関数と呼ばれる定式化を行うと以下になる。

$$W = \sum u_i(y_i) = u_1(y_1) + u_2(y_2) + \cdots + u_n(y_n)$$

　まず，1番目からn番目の個人の所得をそれぞれy_1からy_nとする。そして，社会的厚生Wは，個人iのy_iから得られる効用を$u_i(y_i)$として，n人の効用の合計となる。このWを最大化する所得分配が，功利主義において望ましい。しかしながら，いかなる所得分配であろうと効用の総和の最大化をめざすという考え方そのものは，不平等に関心を払う必要はない。

　しかし，功利主義の社会厚生関数においてある仮定を置くと，同じ総所得なら人々の所得が完全に平等となるとき，最も社会的厚生が高くなる。

　その1つめの仮定は，所得による限界効用の逓減である。これは，所得が高くなればなるほど効用は高まるが，追加的な効用の高まりは，所得が高くなるほど低くなることを意味する。たとえば，1000万円の収入の人は，100万円の収入の人より，1万円もらったときの効用の増加が小さいと考える。そして，もう1つの仮定は，すべての個人が同じ効用関数をもつということである。これは，不自然な仮定であるが，個人の効用関数を測ることは難しいため，全員が同じと仮定することも1つの方法であろう。

　この仮定のもと2人の個人の限界効用について図示したものが図3-2である。横軸の$O_A\,O_B$の長さは，個人Aと個人Bの所得の合計である。O_Aから右方向に移動するほどAの所得が高くなり，Bの所得が低下する。逆に左方向に行くほど個人Bの所得が高く，Aの所得が低くなる。そして，縦軸が限界効用を示している。限界効用は，所得が1単位高くなる場合の効用の増加分であり，所得が高くなるにつれ低下すると仮定する。

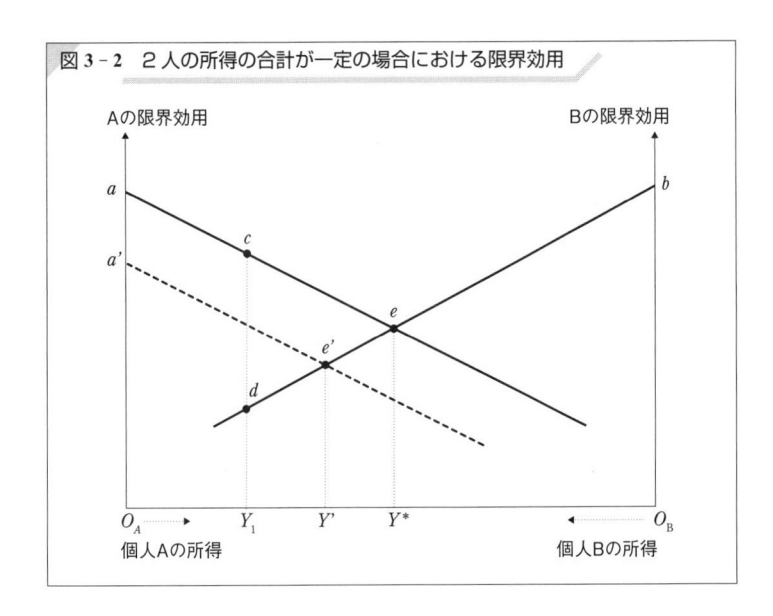

図 3 - 2　2 人の所得の合計が一定の場合における限界効用

Aの限界効用

Bの限界効用

個人Aの所得

個人Bの所得

　したがって個人Aは，右方向に所得が増加するにつれ限界効用は低下し，個人Bは左方向に所得が増加するにつれ限界効用が低下する。Y_1 では，個人Aの所得が $O_A Y_1$ の長さであり，個人Bの所得が $O_B Y_1$ の長さとなり，AよりBの所得が多い。ここで個人AとBの限界効用は，それぞれcとdの高さとなる。そして，個人Aの効用の水準は $O_A a c Y_1$ で囲まれた台形の面積となり，個人Bの効用の水準は $O_B b d Y_1$ で囲まれた台形の面積となる。したがって，Y_1 の所得分配においては，効用の総和は $O_A a c Y_1$ の台形の面積と $O_B b d Y_1$ の台形の面積の合計となる。

　そして，AとBの効用の総和が最も大きくなる所得は，各々の限界効用が等しくなる点 e であり，所得はAとBが同額の Y^* となる。AとBの効用の総和は，Y_1 の場合より cde の三角形の面積だけ大きくなっている。功利主義の考え方においても，各人が同じ効用関数をもつという仮定においては，総所得が一定なら平等な所得

分配が望ましいことが示される。また，所得と効用がいかなる関係であったとしても，限界効用の逓減と各人が同じ効用関数をもつと仮定すると，平等な分配において効用の総和が最大になることがわかる。

しかし，全員が同じ効用関数をもつという仮定を満たさない場合は，平等な分配が効用の総和を最大にするわけではない。個人Aが内臓疾患などの病気や手足に障害などにより消費活動に制限があり，同じ所得であっても効用が低く，Aの限界効用が a' から始まる点線になったとする。AとBの効用の総和が最も大きくなるのは，各々の限界効用が等しくなる e' である。このとき，AとBの所得は Y' となり，Bの所得の取り分が多くなる。したがって，病気や障害により不利な状況にある者の取り分が少なくなる所得分配が，より効用の総和が大きく，より望ましい社会となってしまう。このような社会がより望ましいと考える人は多くないだろう。

潜在能力　功利主義を批判し，効用や所得ではなく，人々の達成できる自由や福祉から不平等について議論したものが，A. センの潜在能力という考え方である。センによると，自転車が与えられたとしても，それに乗ることができなければ，移動という「機能」を達成できない。センは，「機能」の集合を潜在能力と定義し，潜在能力の平等を考えるべきだとした。選択できる財とそこから達成できる仕方や生き方の「機能」を区別し，どのような「機能」を選び取ることができるかという潜在能力を人々の福祉（ウェル・ビーイング）を測るために用いることを提唱している。

所得から効用を測ることも難しいが，潜在能力を測ることも困難である。ただし，潜在能力は，個人の主観的な満足度ではなく，教育の普及，男女の平等，健康状態といった客観的な指標で測られるため，実際に，国際連合開発計画（UNDP）の人間開発指数（HDI:

Human Development Index）においてもこの考え方が取り入れられている。

3 所得の定義

| 完全所得 | 効用は物質的な満足度や幸福度であり、生活上必要な財の消費から得られる。そのような財は貨幣で測ることができるため、所得の多寡が人々の効用の水準を決めることになる。しかしながら、効用が物質的な満足度の指標であったとしても、単なる金銭的所得によって効用の水準を十分に測定することができるのだろうか。

　所得は、年間所得や月間所得というように、一定期間におけるフローの概念で測られる。そのため、一時点の価値で測られるストックの概念である貯金や有価証券などの資産が考慮されない。たとえば、年間の給与が1000万円あるが住宅や貯蓄などの資産がまったくない人と、年間の給与が300万円であるが親から引き継いだ豪邸や莫大な資産がある人とでは、どちらが豊かな生活であるといえるだろうか。

　経済学では、人々の厚生を考えるうえで、このようなことは古くから議論され、**完全所得**という概念で個人の所得をとらえることが考えられてきた。完全所得とは、フローの所得だけではなく、すべてのストック（資産や資本）から得ることのできるフローのサービスを含んだ所得の概念である。

　完全所得は、「金銭所得＋非金銭所得」と定義される。まず、預金や債券などの金融資産からは、利子や配当などの金銭的所得を受けることができる一方、住居や乗用車などの実物資産からは、住居サービスや移動サービスなどの非金銭的サービスを受けることがで

きる。住居サービスを金銭換算したものを帰属家賃と呼んでおり，仮に所有する住居が賃貸であった場合の家賃で換算可能となる。住居や乗用車などの実物資産をもたない場合，賃貸住宅の家賃やタクシーなどの交通サービスの使用料が発生する。このような実物資産から得ることのできるフローのサービスも個人の効用を高めるため，完全所得に含まれる。また，自家生産物や帰属家賃などの金銭換算しやすいものだけではなく，余暇時間や働きがいなども完全所得に含まれる。余暇時間は，1日の時間から労働時間を引いた時間で定義されるため，同じ収入でも，労働時間が短く，余暇時間が長い個人の方が完全所得は大きい。

そして，金融資産や実物資産だけではなく，人的資本からもフローの金銭的・非金銭的サービスが発生する。人的資本投資として，教育や訓練によって技能や技術が高まることで賃金が上昇する。それだけではなく，非金銭的な仕事からの満足度も高まるだろう。一方，家事能力についての人的資本からは，非金銭的な家事サービスが発生する。家事についての人的資本を一切もたない場合は，料理，洗濯，掃除などの家事サービスを購入しなければならない。このような，仕事の満足度や家事サービスなども非金銭的所得に含まれる。

このように個人間の効用の水準の比較には，単なるフローの所得だけではなく，非金銭的所得まで考慮した完全所得による比較が望ましい。しかしながら，非金銭的所得の把握は難しく，完全所得は，実際に測定で用いるというより，フローの金銭的所得のみで人々の効用の水準を測ることの限界を示す概念といえる。

等価尺度

実際の所得格差の測定においては，賃金や事業所得から税や社会保険料を引き，年金などの社会保障給付を加えた可処分所得が用いられる。人々の厚生の水準を測るには，所得よりも消費が望ましいという考え方もあるが，所得の高い人は好んで少ない消費で生活する自由がある一方，

低所得の人は高い消費水準を享受する自由はない。潜在能力の観点からは，不平等の測定には消費より所得のほうがより望ましいといえる。

しかしながら，金銭所得を用いるとしても，単身世帯の所得と複数人世帯の所得を比較できるかという問題がある。同じ世帯所得であっても，世帯人員が多くなるほど，1人当たりの消費可能な所得は少なくなる。

では，世帯所得を世帯人員数で割った1人当たり所得を用いれば問題ないだろうか。世帯の消費では，家賃や光熱費などの共通経費が存在する。そのため，世帯人員数が2倍になったとしても，同じ生活水準を維持する所得額は2倍より少なくてすむ。このような，規模の経済性を考慮し，世帯所得を調整する方法を**等価尺度**と呼び，調整後の1人当たりの所得を等価所得として世帯間の所得の比較を行うことになる。その定義は以下となる。

$$W = \frac{D}{S^e} \qquad 0 \leq e \leq 1$$

e: 等価尺度，W: 等価所得，D: 可処分所得，S: 世帯人員数

等価尺度 e が1となるのは，規模の経済性が存在しない場合であり，可処分所得を世帯人員数で割ったものが等価所得となる。この場合，世帯人員が2倍になったときに同じ生活水準を保つためには2倍の所得が必要となる。そして，等価尺度 e が0に近づくにつれ，規模の経済性が大きくなる。規模の経済性がより大きくなると，世帯人員数が増える場合に，増える前と同じ生活水準を保つために必要となる追加的な所得がより少なくなる。そして等価尺度 e が0となる場合は，世帯人員が何人であっても同じ世帯の可処分所得であれば同じ生活水準と考えることになる。

等価尺度 e は0から1の間をとるが，決められた唯一の値があるわけではない。しかしながら OECD をはじめとし，多くの研究に

おいて等価尺度として，0.5 が用いられている。すなわち，等価所得は，世帯の可処分所得を世帯人員数の平方根で割ったものとなる。たとえば，世帯人員数が 4 人で可処分所得が 400 万円の世帯では，1 人当たりの等価所得は，400 万円を $\sqrt{4}$ で割った 200 万円となる。一方で，生活保護基準などでは，最低生活費の計算として，世帯人員数だけではなく世帯員の年齢構成まで考慮した等価尺度が用いられている。

4 格 差 指 標

　以下では，価値判断を含まない所得格差の測定のための格差指標だけではなく，社会的厚生による評価を伴う指標についても説明を行う。後者では，同じ総所得の場合においては，所得分配が平等なほど社会的厚生が高くなると考える。ただし，前者の単なる測定のための格差指標が価値判断から逃れられているわけではない。社会的厚生の考え方を明示していないものの，不平等の評価という規範的な意味をもつ。

相対平均偏差，分散，変動係数

格差指標として，各個人の所得水準がどれだけ平均と乖離しているのかを社会全体の所得との比で測ったものが相対平均偏差 M である。

$$M = \frac{1}{n\mu} \sum_{i=1}^{n} |y_i - \mu|$$

　ここで，n 人の個人の所得分配について，y_i を個人 i（$i = 1, \cdots\cdots, n$）の所得とし，平均所得を μ としている。M は，各個人の所得と平均所得の差の絶対値を合計し，n 人の総所得 $n\mu$ で割ったものである。完全平等（$y_1 = y_2 = \cdots\cdots = y_n$）の場合は，$M = 0$ となる。

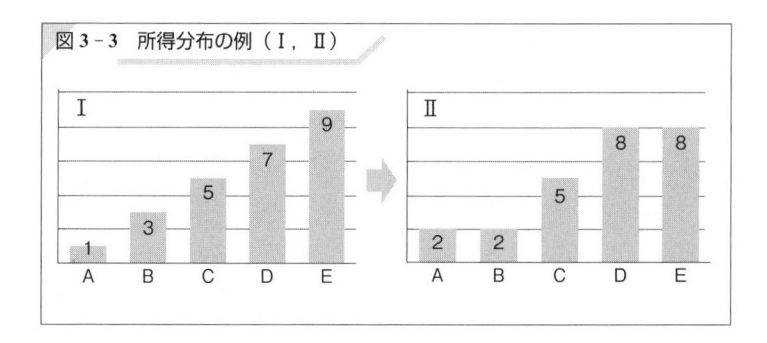

図3-3 所得分布の例（Ⅰ，Ⅱ）

しかしながら，相対平均偏差には，比較的所得が高い者から低い者への所得移転があったとしても，両者の所得が平均よりも高い場合や両者ともに平均を下回る場合には，値に変化がないという問題がある。たとえば，図3-3は，A～Eの個人の所得を並べたものであるが，Ⅰの所得分布においてBからAに1単位，EからDへ1単位移転したものがⅡの所得分布である。この所得移転において，最も所得の低いAの所得が増加し，かつ，最も所得の高いEの所得が低下しており，5人の所得は平等化している。しかし，この所得移転は，それぞれ平均値より低い者同士と平均値より高い者同士の所得移転であるため，Mの値は変化しない。

そこで，単純に平均からの差の絶対値を合計するのではなく，それを2乗してから合計したものが，統計学でデータの散らばりを示すときに用いられる分散である。分散の定義は以下となる。

$$V = \frac{1}{n} \sum_{i=1}^{n} (y_i - \mu)^2$$

分散は，平均からの差を2乗するという操作を行っているため，平均からより離れた水準の格差がよりいっそう強調される。そのため，比較的裕福な個人から貧困な個人への所得移転は分散を低下させる。実際に図3-3におけるⅠの所得分布よりⅡの所得分布におけるVの値が小さい。

しかしながら，分散は所得の単位の影響を受ける。そのため，すべての個人の所得が100倍された場合（たとえばドル表記を1ドル＝100円に換算する），所得分布は変わらないにもかかわらず，分散は1万倍されることになる。

　このような単位への依存を避けるために，分散の平方根をとり平均所得で割った**変動係数 C** が用いられる。その定義は以下となる。

$$C = \frac{V^{0.5}}{\mu}$$

　この操作により変動係数は，単位の問題を避けることができる。また，個人間の所得の差が同一の場合，所得水準にかかわらず，所得移転が変動係数に与える影響は一定という特徴をもつ。図3-3のⅠの所得分布では，1単位の所得移転について，所得の差が2であるEからDへの移転と，DからCもしくはBからAへの移転が変動係数に与える影響が同じになる（ただし，個人間の所得の差が異なるEからDとEからCでは，所得移転1単位の影響が異なる）。したがって，同じ1万円の所得移転が変動係数に与える影響は，所得が1億円の個人から9900万円の個人に対する場合も，所得が200万円の個人から100万円の個人に対する場合も同じになる。これは，不平等に関する直感的な解釈とは矛盾することになるだろう。

　ジニ係数とローレンツ曲線　　分散や変動係数は，各個人の所得について平均からの差をとり，2乗するという手続きをとることにより計算が容易となる利点がある一方，格差指標として単に大小の比較以上の意義を見出すことが難しい。以下のジニ係数 G は，平均との差ではなく，すべての個人間の所得の差を考慮し，0から1の間をとる形に標準化された格差指標である。

$$G = \frac{1}{2n^2\mu} \sum_{i=1}^{n} \sum_{j=1}^{n} |y_i - y_j|$$

まず，各個人間の所得の差の絶対値について，すべての組合せを足し合わせる。n 人の社会の場合，この組合せは重複を許すと $n \times n$ 通りとなる。所得の差の絶対値の合計をその組合せの数 n^2 で割り，平均所得で標準化した指標がジニ係数となる。

　ジニ係数は，所得の単位にかかわらず，0 から 1 の間をとり，1 に近づくほど格差が大きくなる。そして，0 の場合はすべての個人が同じ所得となる完全平等であり，1 の場合は 1 人の個人がすべての所得を保有する完全不平等の状態となる。

　また，ジニ係数は所得分布を示すローレンツ曲線からも算出することができる。図 3-4 にあるようローレンツ曲線は，横軸に 0 から 1 までの人口の累積割合をとり，縦軸には 0 から 1 までの所得の累積割合をとっている。点 a では，所得が下から 40% の人口が，総所得のうち 13% を保有していることを意味する。同様に，点 b では下から 80% の人口が，総所得の 60% を保有していることを示す。そして，ローレンツ曲線が 45 度線と一致する場合，下から40% の人口が総所得の 40% を保有するというように，各人口の割合とその人口が占める所得の割合が一致する。この場合，すべての人が同じ所得である完全平等を表す。したがって，ローレンツ曲線が 45 度線から下側に移動するほど，所得格差が大きくなる。ローレンツ曲線が，外枠と一致する場合，最も所得の高い者だけが総所得を保有する完全不平等の状態となる。

　所得分布からローレンツ曲線を描くことにより，所得格差の大きさを把握することができる。ただし，2 つの所得分布のローレンツ曲線が交わる場合は，格差の大小を判断することはできない。そして，ローレンツ曲線と 45 度線の間の面積がジニ係数を表す。計算方法としては，図 3-4 において網かけ部分の面積と完全不平等となる三角形の面積との比がジニ係数となる。完全不平等の場合の三角形の面積は 0.5 であるため，「網かけ部分の面積 ÷ 0.5」がジニ係

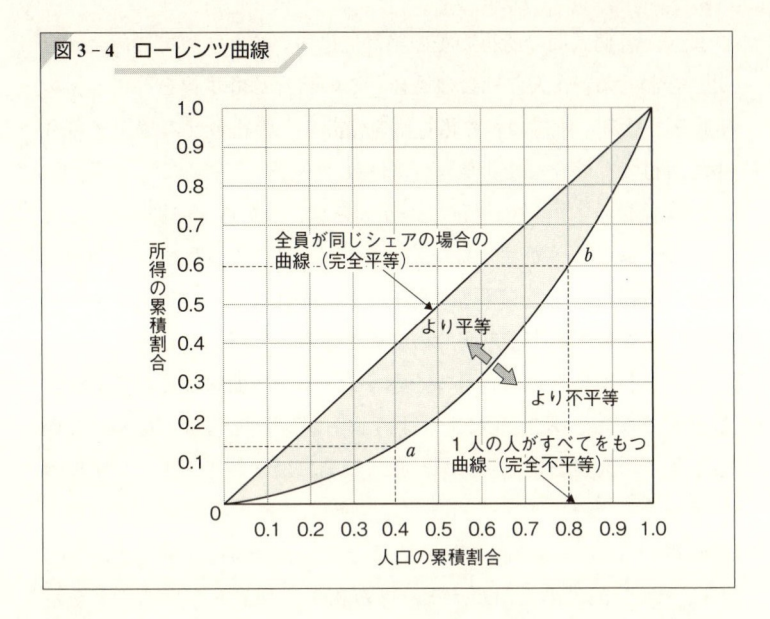

図3-4 ローレンツ曲線

数となる。そのため，ローレンツ曲線が45度線となる完全平等においてジニ係数は0となり，三角形と一致する完全不平等においてジニ係数は1となる。

平均対数偏差とアトキンソン指標

変動係数とジニ係数では，所得が1億円の個人から9900万円の個人への1万円の所得移転と，所得が200万円の個人から100万円の個人への1万円の所得移転が同じ効果となる。所得の限界効用が逓減すると考えると，不十分な指標といえる。

平均対数偏差（Mean Log Deviation: MLD）は，平均所得と各個人の所得との比の自然対数をとり平均した格差指標である。

$$MLD = \frac{1}{n}\sum_{i=1}^{n}\log\left(\frac{\mu}{y_i}\right) = \log\mu - \frac{1}{n}\sum_{i=1}^{n}\log y_i$$

平均対数偏差は，対数の各所得と平均所得の比の形式となるため，所得の単位が指標に影響しない。そして，対数をとることで，積を

和の形に変換できるため，平均対数偏差は，平均所得の対数値から対数をとった各所得の平均を引いたものになる。各個人の所得の対数をとるため，最も所得の低い水準での所得格差が指標に強く影響する。そのため，平均対数偏差は，低所得での所得移転に敏感であり，所得の限界効用の逓減と整合的といえる。しかし，この対数をとるという操作により，低所得層での所得格差を際立たせることは恣意的であろう。

このような特徴があるものの，平均対数偏差は，個人属性による所得格差の分解が容易であるため，多くの研究で用いられている指標でもある。

最後に，所得分配に対する価値判断を社会厚生関数として明示的に組み込んだ格差指標としてアトキンソン指標（AI）を説明する。アトキンソン指標は，不平等度を，現実の所得分配での社会的厚生を達成できる平等な所得から定義する。前掲図3-2の例におけるY_1の所得分配では，完全平等のY^*の場合より，社会的厚生が三角形 cde 分だけ少なくなっている。これは完全平等だったら達成できたにもかかわらず「無駄になった」社会的厚生である。逆に，現実の所得分配と同じ社会的厚生を達成できる完全平等での各人の所得を「均等分配所得 y_e」とし，平均所得 μ との比をとったものが以下のアトキンソン指標である。

$$AI = 1 - \frac{y_e}{\mu}$$

所得を平等化することで社会的厚生が増加するのであれば，同じ社会的厚生を達成するための均等分配所得は，実際の所得分配における平均所得より小さくなる。均等分配所得は，同じ社会的厚生を達成するために，完全平等ではどれだけ1人当たり所得が低くてすむのかを示す。よって，より不平等が大きい，もしくは，小さな不平等でも社会的厚生が大きく損なわれる選好をもつ社会では，同じ

社会的厚生を達成する均等分配所得がより小さくなる。そのため，所得格差が大きく，均等分配所得が小さくなると，アトキンソン指標は1に近づく。アトキンソン指標は，所得の不平等によって社会的厚生が損なわれている度合いを明示的に示した格差指標である。

5 日本の所得格差の推移と要因

日本の所得格差

図3-5は，OECD主要国の所得格差の推移をジニ係数により比較したものである。日本からOECDへは『国民生活基礎調査』に基づくデータが提供されている。また，参考として『全国消費実態調査』による日本のジニ係数も載せている。日本の所得格差の水準は，この2つのデータで異なっているものの，どちらの場合も北欧諸国より大きく，アメリカ，イギリスより小さくなっており，また，格差が拡大傾向にあることは，諸外国，日本の両データで一致している。

格差拡大の理由

多くの先進国において近年所得格差が拡大しているが，この理由として第1に技能偏向的技術進歩，第2に経済活動のグローバル化，第3に家族形成の変化をあげることができる。

まず，技能偏向的技術進歩とは，情報技術等の発達により，それらの技術を使うことができる高学歴者の賃金が相対的に上昇することで賃金格差が拡大するという議論である。

そして，経済活動のグローバル化とは，貿易の自由化により，海外から安い製品が流入し，海外で生産可能な技術をもつ労働者の賃金が相対的に低下することで，賃金格差が拡大することをさす。

最後に，家族形成の変化は，女性の高学歴化と労働力率の上昇に伴い，男女ともに高学歴で高収入のカップルが増加することで，世

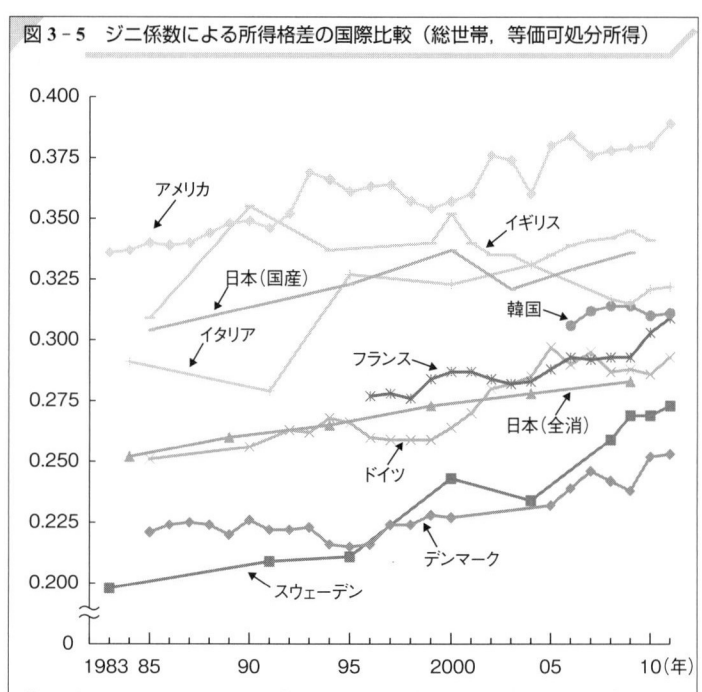

図3-5 ジニ係数による所得格差の国際比較（総世帯，等価可処分所得）

注：日本のデータについて，国生は「国民生活基礎調査」（厚生労働省）を，全消は「全国消費
　実態調査」（総務省）を指す。
出所：「日本（全消）」については，1999年以降は総務省『全国消費実態調査結果報告』，1994
　年以前は経済企画庁経済研究所『経済分析研究の視点シリーズ11』による。それ以外につい
　ては，OECD.Stat（http://stats.oecd.org/）より筆者作成。

帯間の所得格差が拡大することや，離婚率が上昇し，低所得の母子
世帯（シングルマザー）が増加することで低所得層が増加するといっ
たことにより社会全体の所得格差が拡大するという議論である。

　以上の議論は，近年多くの実証研究が発表されているが，それぞ
れの影響については，各国で異なっている。

年齢別所得格差　　日本の所得格差は他の先進国と同様に趨勢
　　　　　　　　　的に拡大している。しかしながら，日本の
所得格差を年齢階級別にみると異なった傾向がみてとれる。図

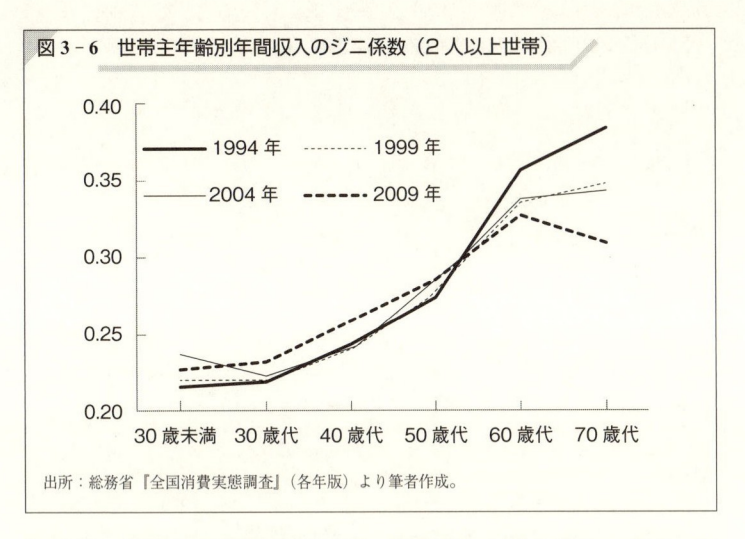

図 3-6　世帯主年齢別年間収入のジニ係数（2人以上世帯）

凡例：1994年　1999年　2004年　2009年

出所：総務省『全国消費実態調査』（各年版）より筆者作成。

3-6は，世帯主年齢階級別にジニ係数をみた図である。まず，どの調査年においても世帯主年齢が高いほど，所得格差も大きくなる傾向にある。すなわち，若年層より中高年齢層での所得格差が大きいことがわかる。

年次の推移としては，30歳代から50歳代では1994年から2004年にかけてほとんど格差の水準に変化がない。くわしくみると，30歳未満では1999年から2004年にかけての所得格差の拡大，30歳代と40歳代では04年から09年にかけての所得格差の拡大がみてとれるが，60歳代や70歳代では，所得格差が縮小傾向にある。

このように，世帯主年齢別にみると所得格差は拡大傾向にあるわけではない。にもかかわらず，全体での所得格差が拡大している理由は，人口の高齢化にあるといわれている。すなわち，**年齢別所得格差**は拡大傾向にないが，各年齢内での所得格差が大きい中高年齢層の人口に占める割合が高くなることで全体での所得格差が拡大することになる。実際に，1990年代や2000年代においては，世帯主年齢が50歳代や60歳代の世帯割合が大きく上昇した。

所得格差の拡大の要因が人口の高齢化であるとすると，所得格差の拡大は大きな問題ではないかもしれない。第6章でみるように，年齢や勤続年数が上がるほど企業規模間格差や非正規雇用と正規雇用の賃金格差が大きくなる。また，年功賃金により賃金が上昇する労働者と賃金が上昇しない労働者の格差もキャリアの後半に発生するため，年齢が高い層で格差が大きくなる。このような，労働市場における格差の結果，年齢別にみた所得格差は生じていると考えられる。図3-6にあるように，年齢別所得格差の変化が小さいということは，全体での所得格差が拡大していたとしても，日本の格差の構造そのものは変化しておらず，若い世代ほど格差が広がっているとはいえないだろう。

　しかしながら，2004年に30歳未満において，09年には30歳代や40歳代においても所得格差が拡大している。1990年代後半以降の雇用の非正規化や家族の変化により，若年層を中心として所得格差が拡大している可能性もある。また，世帯主年齢別にみたジニ係数では，所得が低いために親と同居している若年層や子と同居する高齢者の状況が把握できないといった，世帯単位でみた所得格差の限界も指摘できる。

演習問題 ◆
1　図3-3 Ⅰ，Ⅱの数値例から，相対平均偏差，分散，変動係数，ジニ係数，平均対数偏差を計算しなさい。
2　所得が高い人から低い人への所得移転は，いかなる場合においてもジニ係数を低下させるかどうかについて答えなさい。
3　日本において年齢別の所得格差を拡大させる要因と縮小させる要因について考えなさい。

文献案内 ◆
　本章の格差指標の説明の多くは，セン［2000］によっている。よりくわしい議論は同書を参照してほしい。日本の所得格差の現状については

大竹［2005］が必読である。先進国の所得格差拡大の理由については，OECD［2014］がくわしい。所得格差について経済学からの議論については小塩［2010］が参考になる。

参考文献 ◆

OECD 編（小島克久・金子能宏訳）［2014］『格差拡大の真実——二極化の要因を解き明かす』明石書店

大竹文雄［2005］『日本の不平等——格差社会の幻想と未来』日本経済出版社

小塩隆士［2010］『再分配の厚生分析——公平と効率を問う』日本評論社

セン，A.（鈴村興太郎・須賀晃一訳）［2000］『不平等の経済学——ジェームズ・フォスター，アマルティア・センによる補論「四半世紀後の『不平等の経済学』」を含む拡大版』東洋経済新報社

第4章 社会保障の財政

再分配の機能と規模

税と社会保障一体改革法案が衆院を通過し，本会議後の挨拶回りで
握手をする民主党の野田首相（当時）と自民党の谷垣総裁（当時）
（2012年6月）毎日新聞社提供

本章でまなぶこと◆

　本章では，政府が再分配政策を行う根拠について明らかにし，また再分配政策の
手法としての現金給付と現物給付を用いる意義，再分配政策における国と地方自治
体の位置付けを考察する。すなわち政府がなぜ再分配を行い，なぜその方法として
現金給付と現物給付があるのか，さらに供給主体としては国と地方自治体のどちら
が望ましいのかを考える。次に，再分配政策のもう1つの支柱である租税政策に
ついて，租税原則や効率性・公平性などの基本概念を学ぶ。最後に，社会保障財政
の現状や再分配政策の効果について，国内外のデータとともに確認する。

キーワード

自発的再分配　　現金給付　　現物給付　　分権化定理　　水平的公平　　垂直
的公平　　超過負担　　社会支出　　国民負担率　　リカード＝バローの中立命
題

1 再分配政策の根拠

自発的再分配とその限界

政府による再分配政策とは，強制的に税や社会保険料をとり，社会保障給付を行うものである。その一方で，利他的な個人が自発的に再分配を行うことも考えられる。以下では，**自発的再分配**の可能性とその限界について説明し，政府の強制的な再分配が必要となることの根拠付けを行う。

自発的再分配とは，H. ホックマンとJ. ロジャースによって定式化された，次のような議論である。まず，高所得者と低所得者の2人からなる社会を想定する。高所得者の効用が自らの所得だけでなく，低所得者の所得によっても影響を受けるとしたとき，高所得者の効用関数は $U_r = f_r(Y_r, Y_p)$ で表される（U：効用，Y：所得，r：高所得者，p：低所得者）。

図4-1に基づいて，高所得者から低所得者に自発的に再分配がなされることをみてみよう。図4-1の縦軸 Y_r は高所得者の所得であり，横軸の Y_p は低所得者の所得である。当初の高所得者の所得を A，低所得者の所得を O としたとき，当初の所得格差は $A - O$ となる。また高所得者から低所得者への所得移転後の2人の所得の組合せは A と B を結ぶ45度線となるが，所得移転により高所得者と低所得者の所得が逆転しないようにするために，原点 O と Z を結ぶ45度線より下（BF）までの所得移転は生じないものと考えられる。

図4-1では，所得移転前の点 A に無差別曲線 I_1 が接している。しかし，所得分配が AE 上にある場合，高所得者が点 E の水準まで所得移転を行えば，I_1 より上位に位置する無差別曲線 I_2 上の効用

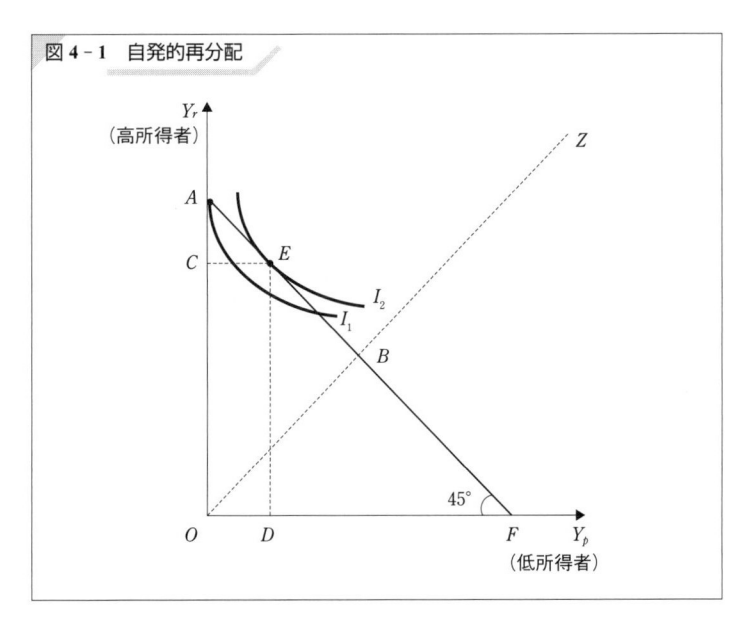

図 4-1　自発的再分配

を得ることができる。そのため，高所得者は自発的に再分配を行う。またこのとき，高所得者から低所得者に対して $AC = OD$ だけの所得を移転したことになる。このように効用が相互依存している2人の場合，高所得者の選好に基づく自発的再分配により，パレート改善がなされる可能性がある。

　次に，多人数の場合に拡張して考えてみよう。自発的再分配として寄付をする高所得者がおり，また寄付の総計によって効用が高まるとした場合，高所得者の効用関数は，$U_r = f_r(Y_r, G)$ として表わされる（G：寄付の総計）。

　G は i 人の高所得者の寄付の総計であり，$G = g_1 + g_2 + \cdots + g_i$ となる。このとき他の高所得者の寄付は，自分の寄付と同様に効用を高める。したがってこの寄付の総計は，公共財のように非排除性と非競合性といった性質を帯びる（公共財については第1章で確認してほしい）。そのため，自分では寄付を行わず効用を高めるという

フリーライダーを生み出してしまう。

　以上のように多人数のモデルの場合は，自発的再分配は過少供給となってしまい，パレート最適は達成されない。そのため，自発的再分配には限界があり，政府による強制的な再分配が必要となるといえる。

　　<u>現金給付と現物給付</u>　次に，政府が再分配政策を行う際，**現金給付と現物給付**という形態があることの根拠を考えたい。現金給付とは金銭の給付のことであり，年金や児童手当，生活扶助などがある。現物給付とは，医療や介護などのサービスの給付である。

　現金給付と現物給付には，それぞれ給付形態としての利点がある。ここで図4-2に基づき，現金給付と現物給付という供給形態の違いによって，個人の消費がどのように変化するのかを検討してみよう。横軸の財 X を福祉サービスとして，縦軸の財 Y を一般の財とする。給付前では，個人は予算制約線 AB と無差別曲線 I_1 との接点 $E_1(x_1, y_1)$ を選択することとなる。

　ここで政府が財 X について現物給付を行うことを考えてみよう。その際は日本の医療サービスと同様に定率の自己負担があると仮定する。現物給付により財 X の価格が低下することになるから，予算制約線の傾き（すなわち財 X と財 Y の価格の比）は変化し，予算制約線は AC となる。このとき個人は，予算制約線 AC と無差別曲線 I_2 との均衡点 $E_2(x_2, y_2)$ を選択することとなる。したがって，現物給付によって，福祉サービスの消費量は x_1 から x_2 へと増加する。

　今度は，現金給付を行うことを考えてみよう。x_2 の消費量を達成するのに必要だった財源と同じだけの現金給付を行うとした場合，予算制約線は AB から E_2 を通る DF へとシフトする。このとき個人は予算制約線 DF と無差別曲線 I_3 との均衡点 $E_3(x_3, y_3)$ を選択することとなる。無差別曲線 I_3 は I_2 よりも上位にあることから，個

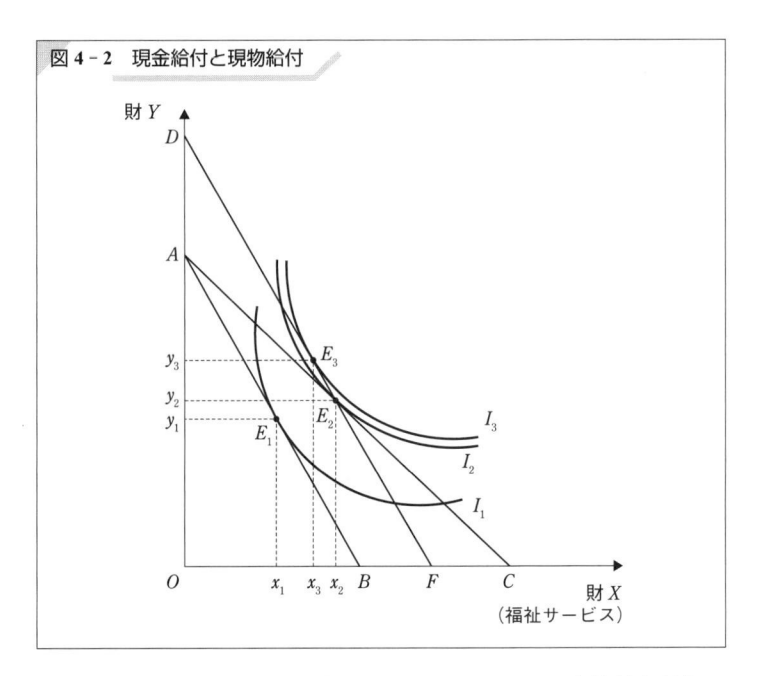

図4-2 現金給付と現物給付

人の効用を高めることを政策目標としたならば，現金給付を行うほうが利点があるといえる。

　その一方で福祉サービスの最低保障水準の達成を政策目標とし，またその最低保障水準を x_2 としたときは，現金給付を行うときの均衡点 E_3 における福祉サービスの消費量 x_3 は x_2 より過小となる。そのため，現金給付では政策目標を達成していないこととなる。これは現金給付の場合は，現物給付とは異なって他の財 Y の消費の購入にもあてられるため，さらに大きな財源を必要となることを意味している。限られた財源で福祉サービスの最低保障水準の達成することを政策目標とした場合は，現物給付のほうが，利点があるといえる。

　現金給付と現物給付の供給方法上の利点の比較は，次のようになる。①現金給付のほうが，同じ財政規模の場合は，個人が得られる

効用が高い。②現物給付のほうが，政府がサービスの最低保障水準の達成を目的としていた場合，少ない財政規模で実現可能である。

　一般に現金給付のほうが，消費者主権に基づき最適な資源配分が達成されるため効率的となる。しかし次のような場合，現物給付のほうが効率的となることがある。①価値財：消費者に情報があまりなく行政の決定のほうが良い状況で，個人の消費が社会で望ましいとされる価値財（例：義務教育）は，現物給付のほうが望ましいことがある。②外部性：現物給付でしか達成されない外部性がある。③消費者主権に限界がある場合：個人の選好を反映させるような選択があまりない状況である。④独占が生じている場合：サービスの生産者が少なく，市場メカニズムが働かない状況である。

社会保障における国と地方の役割

次に再分配政策を行う際，国や地方自治体のどちらが担うべきだろうか。まずW. E. オーツの**分権化定理**に代表される，国と地方自治体の役割分担の伝統的な議論についてみてみよう。

　分権化定理とは，地方公共財に対して異なる選好をもつ住民1と住民2がいる場合，中央政府が住民1と住民2の平均的な選好に基づき画一的に公共財を供給するよりも，住民1と住民2が居住するそれぞれの地方自治体が公共財を供給したほうが社会厚生が高まるという定理である。そのため便益の範囲が当該の自治体外へとスピルオーバー（漏出）してしまう公共財や供給に際し規模の経済が働く公共財を除き，地方公共財（例：警察，消防，水道等）は地方自治体によって供給したほうが効率的であるとされる。このことから，地方自治体の役割は地方公共財の供給に限定的に議論されることが多い。

　一方で，所得再分配機能は，底辺への競争の懸念があり，伝統的な議論では地方自治体ではなく国の役割とされる。底辺への競争とは次のような議論である。地域Aで高い水準の福祉サービスの提

供がなされる場合，低所得者は地域Ａへ移動する。低所得者の流入により地域Ａでは，福祉サービスの追加供給のための増税が必要となり，高所得者の負担が増加してしまう。こうした低所得者の流入による財政負担の増加を避けるために，地方自治体間で福祉の水準の引下げ競争が生じてしまうことが考えられている。

　しかしこの議論では，住民の地方自治体間の自由な移動が想定として置かれており，それも必ずしも現実的とはいえないだろう。また日本の地方自治体の実際の歳出を検討してみれば，医療や生活保護などに代表されるように再分配機能を担っており，伝統的な議論の理論的想定とは異なっている。

2　租 税 政 策

租 税 原 則

　租税政策は，再分配機能を果たすと同時に政府部門の財源調達機能もあることから，社会政策においても重要な役割を果たす。また租税政策は各経済主体に影響を与えるため，その立案に際しては，「公平・中立・簡素」と呼ばれる租税原則が参照される。

　公平の原則には，**水平的公平**と**垂直的公平**がある。水平的公平とは，負担能力が同じ者には同じだけの税負担とするという考え方である。この観点から，所得捕捉の問題（いわゆるクロヨン問題）が指摘される。給与所得者の場合は源泉徴収で課税所得が捕捉されるが，自営業者や農業所得者の場合は申告納税であり，給与所得者と比べ所得捕捉が十分になされない。公平な所得捕捉は再分配政策を実施するためのインフラであり，その改善は税制だけでなく社会保障制度においても重要な問題である。一方，垂直的公平とは負担能力が大きい者ほど税負担を重くするという考え方である。所得が大きい

ほど負担率が高くなる場合を累進的，反対に所得が小さいほど負担率が高くなる場合を逆進的という。たとえば，日本の所得税は課税所得が大きいほど税率が上昇するので累進的である。消費税は比例税であるが，低所得者ほど所得に対する消費の比率が大きくなるため負担率が高くなり，逆進的である。したがって，垂直的公平の観点からは，累進的な所得税が推奨されるであろう。

また中立の原則とは，税制を各経済主体の選択に対して中立であり，資源配分を歪めないようにすべきであるという原則である。とくに，租税政策が資源配分を歪めることで生じる厚生損失を**超過負担**（Excess Burden）と呼ぶが，その最小化が求められる（この点は後述する）。

さらに簡素の原則とは徴税コストを抑え，また国民に理解しやすく，脱税や租税回避行動を誘発させないような税制とするという原則である。

| 租税政策の効率性と公平性 | 租税政策の目標を，公平性（公平の原則）と効率性（中立の原則）としたとき，その両立を図ることは可能だろうか。 |

図4-3で物品税 T（ただし，取引量に基づき税額が決定される従量税とする）が経済に与える影響をもとに，租税政策の効率性について検討する。なおここでの議論は，商品 Z に課せられる物品税 T が，他の財に影響を及ぼさないと仮定した部分均衡分析である。図4-3の縦軸は商品 Z の価格，横軸は商品 Z の取引量を示している。物品税 T を課す前の商品 Z の市場均衡は E_1 であり，市場価格は P_E である。

まず総余剰（Total Surplus），消費者余剰（Consumer Surplus），生産者余剰（Producer Surplus）の説明を行う。

消費者余剰とは，消費者がその商品の購入によって得られる純便益の総和のことをいう。これは，消費者がその商品に支払ってよい

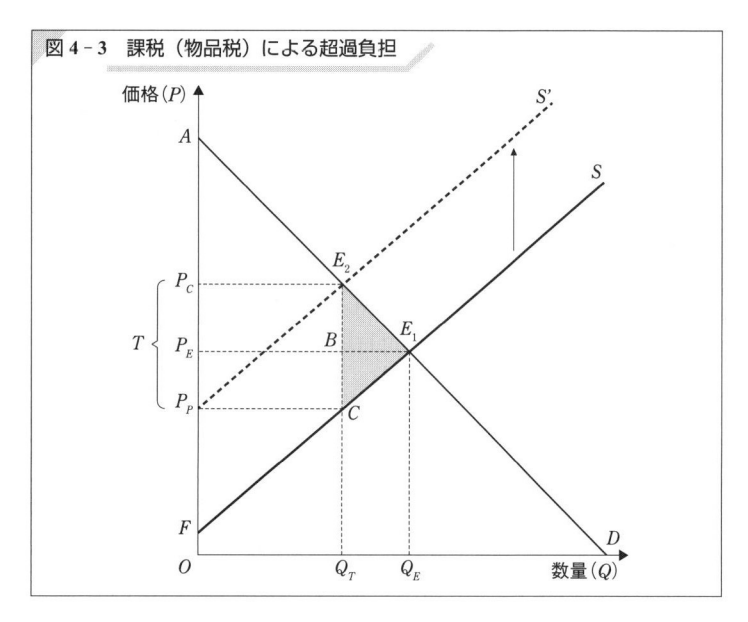

図4-3 課税（物品税）による超過負担

という金額と市場価格の差の総和であり，課税前は三角形 AE_1P_E で表される。一方，生産者余剰とは，生産者がその商品の販売によって得られる純便益の総和のことをいう。これは，生産者が販売してよいと考える最低価格と市場価格の差の総和であり，課税前は三角形 FE_1P_E で表される。また総余剰とは消費者余剰と生産者余剰の合計，すなわち社会全体の純便益であり，三角形 AE_1F で表される。市場均衡 E_1 が最も効率的と考えられるのは，このとき，総余剰が最大となるためである。

　ここで物品税 T を生産者に課すとき，生産者はその税額分，供給価格を上昇させるため，供給曲線 S は S' へとシフトする。このとき新たな市場均衡 E_2 となり，商品 Z における消費者の支払価格は Pc に上昇する。一方，生産者の受取価格は，Pc から物品税 T を差し引くことで得られる P_P に下落する。その結果，取引量も市場均衡の Q_E から Q_T へ減少する。そのとき消費者余剰は三角形 AE_2P_c

になり，生産者余剰は三角形 FCP_P となり，ともに減少する。また税収は販売量に課税を掛け合わせればよいので，四角形 $P_CE_2CP_P$ が税収となるが，課税したときの消費者余剰，生産者余剰，税収を足し合わせたものは，課税前の総余剰よりも小さい。このときの網掛けの総余剰の減少分（三角形 E_1E_2C）を超過負担という。

　租税政策の効率性を目標とする場合，課税により生じる超過負担を最小化することが求められる。ここまでみたように物品税の場合は，取引量は減少しており，経済行動に歪みを生じさせ，超過負担を発生させている。租税の効率性を達成する方法としては一括税（Lump-Sum Tax）が提案される。一括税とは納税者がどのような経済行動を行っても納税額が変更できない税である。よく知られる具体案としては人頭税がある。しかしすべての個人に対して同額の税を課す人頭税は，公平性の観点から問題となるであろう。

　反対に租税政策の公平性を目標とする場合，前述の通り累進所得税が推奨される。累進所得税を支える論理としては，所得の限界効用逓減の法則からの議論がある。すなわち所得の限界効用が逓減する場合，税負担による効用の犠牲を均等にするために，高所得者には負担を重くして，低所得者の負担を軽くすることが正当化される。しかし，この議論は，家計の労働供給が所得税によって影響を受けることについては考慮していない。所得税の累進性が，どの程度認められるかについては，所得税が労働供給に与える影響の程度に依存するだろう。すなわち労働供給の減少により大きな厚生損失が生じてしまう場合，今度は効率性の観点から問題になるだろう。このように実際の租税政策には，公平性と効率性のトレードオフが存在するといえる。

3 財　政

社会保障給付費　図 4 – 4 は戦後の社会保障給付費の推移を示している。1973 年の福祉元年以降，社会保障給付費は高齢化等の影響も反映し急速に増加している。

　2010 年の社会保障給付費は 104.7 兆円である。そのうち，年金は 53.0 兆円（構成比 50.6%），医療は 32.9 兆円（構成比 31.4%），福祉等 18.8 兆円（構成比 17.9%）となっている。1 人当たりの社会保障給付費も 81.8 万円となっており，一国経済および家計に与える影響も大きい。1973 年を 100 としたときの指数でみても 2010 年の 1 人当たりの社会保障給付費は 14.3 倍にもなり，その伸びが確認できる。

社会保障財源　社会保障財源には，社会保険料，公費（税），資産収入等がある。2014 年度予算ベースでは，社会保険料は 64.1 兆円で，そのうち被保険者拠出は 34.4 兆円，事業主拠出は 29.7 兆円となっている。公費は，国庫が 31.1 兆円，地方が 11.9 兆円である。このほかに，資産収入等（積立金から受取りも含む）もある。こうした社会保障財源に加えて，利用者負担によって各制度が運営されている。

　図 4 – 5 は社会保障財源の概要を示しているが，制度別の財源構成は複雑なものである。社会保険でも保険料収入だけでなく，公費が入っている制度が少なくない。たとえば，加入者の年齢構成が高く所得水準も低い国民健康保険には，国庫負担と都道府県の公費が投入されている。また後期高齢者医療制度には，75 歳未満が加入する医療保険からの支援金（図 4 – 5 では保険料の〔75 歳未満 4/10〕で表示）があるなど，財政調整も図られている。これは皆保険の維持という目標のなかで，低所得者や高齢者が多く十分な保険料収入が

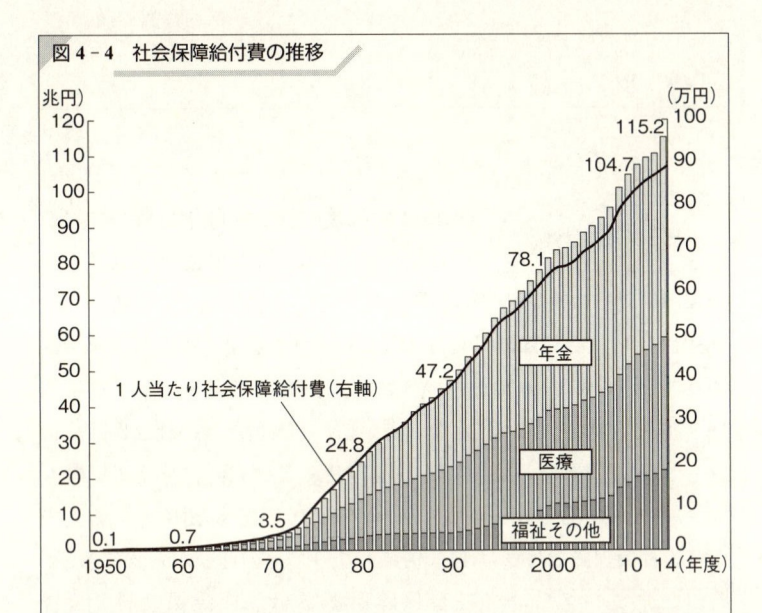

図4-4　社会保障給付費の推移

注：図中の数値は，1950，1960，1970，1980，1990，2000および2010年度ならびに2014年度
　　（予算ベース）の社会保障給付費（兆円）である。
出所：厚生労働省［2014］『平成26年版厚生労働白書』。
資料：国立社会保障・人口問題研究所「平成23年度社会保障費用統計」，2012年度，2013年度，
　　2014年度（予算ベース）は厚生労働省推計，2014年度の国民所得額は「平成26年度の経済
　　見通しと経済財政運営の基本的態度（平成26年1月24日閣議決定）」。

望めない，あるいは医療費がかさむ保険者に対して，財政的な支援が必要となっているためである。一方で，こうした公費負担や財政調整は受益と負担の一致を歪めているという批判もある。

また地方の財源がある制度も少なくない。医療保険や生活保護など多岐にわたり，社会保障財源における国と地方の分担についても検討する必要がある。

社会保障の給付と負担の国際比較

次に，日本の社会保障財政の特徴を国際比較からとらえてみたい。表4-1は2010年の主要先進国の社会支出と国民負担率（ともにGDP比）を示している。社会支出とはOECDで統一化された

図4-5 社会保障財源の全体像（イメージ）

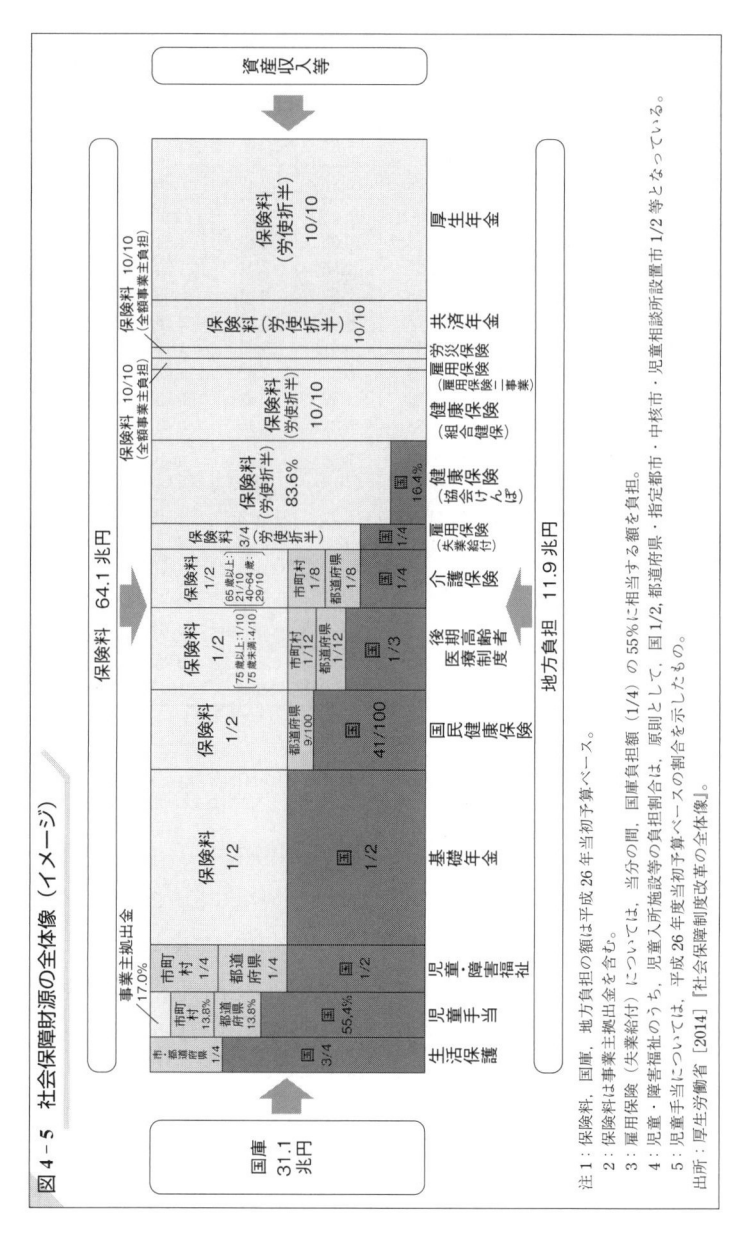

注1：保険料、国庫、地方負担の額は平成26年当初予算ベース。
　2：保険料は事業主拠出金を含む。
　3：雇用保険（失業給付）については、当分の間、国庫負担額（1/4）の55%に相当する額を負担。
　4：児童・障害福祉のうち、児童入所施設等の負担割合は、原則として、国1/2、都道府県・指定都市・中核市・児童相談所設置市1/2等となっている。
　5：児童手当については、平成26年度当初予算ベースの割合を示したもの。
出所：厚生労働省［2014］『社会保障制度改革の全体像』。

表4-1 社会保障の給付と負担の国際比較（2010年，対GDP比）

	日本	アメリカ	イギリス	ドイツ	フランス	スウェーデン
社会支出	22.68	19.56	23.80	28.03	31.69	28.22
高　齢	10.78	5.93	6.75	8.89	12.40	9.59
遺　族	1.42	0.73	0.09	2.12	1.84	0.49
障害,業務災害,傷病	0.95	1.57	2.50	3.21	1.54	4.92
保　健	7.30	8.15	7.80	8.24	8.69	6.65
家　族	1.28	0.75	4.01	2.29	2.98	3.63
積極的労働市場政策	0.28	0.13	0.41	0.95	1.14	1.17
失　業	0.30	1.09	0.55	1.52	1.65	0.60
住　宅	0.11	0.34	1.47	0.68	0.82	0.46
他の政策分野	0.26	0.88	0.21	0.15	0.63	0.71
国民負担率	28.3 [36.5]	25.4 [34.8]	36.6 [46.8]	38.8 [43.0]	45.0 [52.1]	42.8 [42.8]
社会保障負担	12.0	6.9	8.4	16.8	18.6	8.7
租税負担	16.2	18.6	28.2	22.0	26.4	34.1
財政赤字	8.3	9.5	10.1	4.1	7.1	0.0
【参考】社会経済状況						
失業率	5.1	9.6	7.8	7.1	9.7	8.6
合計特殊出生率	1.39	1.93	1.98	1.39	2.00	1.99
高齢化率	23.0	13.1	16.6	20.8	16.8	18.2

注：国民負担率の［ ］内の数字は潜在的国民負担率である。
出所：財務省［2013］『財政関係基礎データ』；国立社会保障・人口問題研究所［2014］『人口統計資料集（2014年版）』；国立社会保障・人口問題研究所［2014］『社会保障費用統計（平成24年度版）』労働政策研究・研修機構［2014］『データブック国際労働比較2013』より筆者作成。

社会保障費用の基準であり，各国で制度が異なるものを調整し，政策分野ごとに把握できるのが特徴である。**国民負担率**とは，租税負担と社会保障負担が国民所得に占める割合をいう。また潜在的国民負担率は国民負担率に財政赤字の対国民所得比を足したものである（ただし，表4-1では統一を図るためGDP比としている）。

表4-1の参考にある社会経済状況に示されるように，主要先進国のなかで，日本の高齢化率（65歳以上人口割合）は最も高く，また合計特殊出生率は最も低いため，最も少子高齢化が進んでいる国

といえる。また失業率は，主要先進国のなかでは最も低い水準となっている。

この点をふまえたうえで，社会保障の給付と負担をみてみれば，日本は高齢化が進んでいるのにもかかわらず，社会支出の規模が小さいことがわかる。また国民負担率も，主要先進国において低い水準となっており，財源調達機能も小さいことが読みとれる。

公債の世代間負担　先進国のなかで，日本の債務残高は最悪な状況にある。2013年度末の国と地方の長期債務残高は972兆円であり，対 GDP 比も 200％を超えている。高齢化が進むなかで，さらなる社会保障費の増加も見込まれ，財政運営に関する視点も欠かせない。

公債による財源調達は，公債を発行する世代（現在世代）とその償還のために増税をする世代（将来世代）が異なれば，一般にその負担が将来世代に転嫁されると考えられる。しかし遺産を通じた世代間移転を考慮に加えると，財源調達において租税と公債発行は同じであり，家計行動に影響を与えないというリカード＝バローの中立命題がある。この議論のエッセンスを説明すれば，まず前提として利他主義的な遺産行動が仮定されている。そのため公債発行がなされると，現在世代は将来世代に課せられる公債償還の際の増税を考慮し，将来世代への遺産を増やす。その遺産により，将来世代での増税の負担が相殺されるという議論である。

この中立命題が成立するならば，公債発行による家計や経済に対する影響はなくなり，公債の世代間負担は重要な問題でなくなる。しかし中立命題の成立のためには，以下のような厳しい条件を満たす必要があり，その妥当性が問われている。①利他的な遺産行動：寿命により偶発的な遺産が生じる可能性がある。また老後の世話の対価として財産を残すという戦略的な遺産行動となる可能性もある。遺産行動が利他的な動機でない場合，将来世代への遺産が十分にな

らず，中立命題は成立しない。②流動性制約：現在世代の所得水準が十分でなく，また借入れができないために望ましい水準の消費ができていないケースも考えられる。その場合，現在世代において，公債発行で減税がなされたとしても，貯蓄せずに消費にあててしまう可能性がある。③課税方式：中立命題が成立するためには課税が一括税である必要がある。比例税や累進税のもとで，公債発行による税率の引下げおよび将来に税率の引上げがなされる場合，税制の変化が家計の労働供給に影響を及ぼすことになり，中立的でなくなってしまう。④不確実性：中立命題では，家計は将来の増税と所得について完全情報を有していることが想定されている。しかし実際は，それらには不確実性があり，遺産行動にも影響を与えるため，中立命題が成立しない可能性がある。

4 再分配政策の効果

計測方法　　税制や社会保障の再分配効果は，再分配前後のジニ係数や相対的貧困率等の変化でとらえられる。その際，重要なのは所得概念である。具体的には，再分配前の所得である「当初所得」（市場所得），当初所得に現金給付を加え，所得税と社会保険料を差し引いた「可処分所得」，さらに可処分所得に，現物給付を加えた「再分配所得」（拡張所得）が用いられる。それぞれの所得でジニ係数や相対的貧困率等を推計し，その変化から，所得税や社会保険料，現金給付，現物給付の再分配効果を計測する。

　しかし，現物給付を可処分所得に加える方法（再分配所得の算出）については，議論がある。たとえば，医療や介護の現物給付を可処分所得にそのまま加えてしまうと，再分配前は同じ所得の個人間で

表 4-2 税と社会保障の所得格差縮小効果（1999～2011 年）

調査年	ジニ係数				ジニ係数の改善度		
	当初所得 ①	①＋社会保障給付金－社会保険料 ②	可処分所得（②－税金）③	再分配所得（③＋現物給付）④	再分配による改善度（%）	社会保障による改善度（%）	税による改善度（%）
1999	0.4720	0.4001	0.3884	0.3814	19.2	16.8	2.9
2002	0.4983	0.3989	0.3854	0.3812	23.5	20.8	3.4
2005	0.5263	0.4059	0.3930	0.3873	26.4	24.0	3.2
2008	0.5318	0.4023	0.3873	0.3758	29.3	26.6	3.7
2011	0.5536	0.4067	0.3885	0.3791	31.5	28.3	4.5

注 1：1999 年の現物給付は医療のみであり，2002 年以降については医療，介護，保育である。
　2：再分配による改善度＝ 1 －④／①。
　3：社会保障による改善度＝ 1 －②／①×④／③。
　4：税による改善度＝ 1 －③／②。
出所：厚生労働省［2011］『平成 23 年所得再分配調査報告書』。

も，病気や要介護状態になり現物給付を多く受ける個人のほうが，再分配後の所得が高くなってしまう。そのため厚生水準が低下していると考えられる個人で再分配所得が高くなるという現象が生じてしまう。したがって，現物給付を加える際，サービスの種類によって帰着の方法を変更することがある。たとえば保健医療の分野では，同じ属性を持つ個人は同じ便益を得られると考え，年齢階級別などの現物給付の平均値を，すべての個人の所得に加える方法が用いられる。このことにより，病気等で厚生水準が低下している個人だけに現物給付を加えることを回避することができる。一方で教育や公営住宅などの分野では，実際の利用者の所得に，その現物給付の価値を加える方法が用いられる。

時系列変化　最後に，日本の再分配政策による所得格差縮小効果をみてみよう。表 4-2 は 1999 年から 2011 年の所得格差（ジニ係数），税と社会保障の再分配効果（ジニ係数の改善度）の推移を示している。2000 年代は，当初所得の格

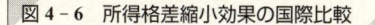

図 4-6　所得格差縮小効果の国際比較

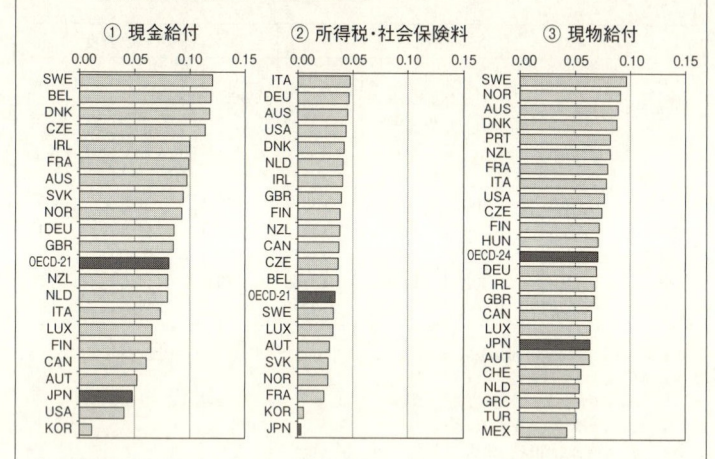

① 現金給付　　② 所得税・社会保険料　　③ 現物給付

注1：国名は，SWE：スウェーデン，BEL：ベルギー，DNK：デンマーク，CZE：チェコ，IRL：ア
　　イルランド，FRA：フランス，AUS：オーストラリア，SVK：スロバキア，NOR：ノルウェー，
　　DEU：ドイツ，GBR：イギリス，NZL：ニュージーランド，NLD：オランダ，ITA：イタリア，
　　LUX：ルクセンブルク，FIN：フィンランド，CAN：カナダ，AUT：オーストリア，USA：アメリカ，
　　KOR：韓国，PRT：ポルトガル，HUN：ハンガリー，CHE：スイス，GRC：ギリシャ，TUR：ト
　　ルコ，MEX：メキシコ，JPN：日本。
　2：パネル①・②とパネル③で対象国に違いがある。
　3：①現金給付の効果は市場所得のジニ係数と総所得のジニ係数の差，②所得税・社会保険料
　　の効果は総所得のジニ係数と可処分所得のジニ係数の差，③現物給付の効果は可処分所得の
　　ジニ係数と現物給付を考慮した場合のジニ係数の差で測定している。ただし①・②は個票デー
　　タに基づく推計であるが，③は所得階層別データに基づく推計であり，そのまま比較はで
　　きない。
出所：OECD [2010] により筆者作成。①と②は図 4.2 のデータ（21 カ国）を元に作成。③は図
　　11.2 のデータ（24 カ国）より算出。

差は拡大しているが，再分配所得の格差はほぼ横ばいに推移してい
る。このことから 2000 年代に再分配効果が大きくなり，格差を相
殺していると考えられる。しかし，その再分配効果の多くが，税制
による改善ではなく，社会保障による改善であることも特徴である。

　　　　国 際 比 較　　　　図 4-6 は再分配政策の格差縮小効果の国
　　　　　　　　　　　　　際比較である（再分配前後のジニ係数の差）。
パネル①は現金給付，パネル②は所得税・社会保険料（被保険者拠

出），パネル③は現物給付の格差縮小効果を示している。この図によれば，日本の再分配効果の順位はOECD諸国のなかで，①現金給付は下から3番目，②所得税・社会保険料は最下位，③現物給付は下から7番目であり，全体的に再分配効果が小さいといえる。また，現物給付のおもな目的は再分配ではなく，教育，保健医療，許容できる生活水準の普遍的な提供と考えられるが，結果として多くの国で一定程度の格差縮小効果がみられる。さらに今後高齢化が進むなかで，現金給付・現物給付が世帯所得に占める割合が大きくなり，結果として再分配効果が高まる可能性がある。

演習問題 ◆

1 子育てに関連する社会保障の充実は現金給付，現物給付のどちらで実施したほうがよいか，検討しなさい。
2 地方公共財がクラブ財（第1章を参照）としての性格をもつことについて，説明しなさい。
3 社会保障財源の調達方法として，所得税，消費税，社会保険料の長所と短所について，議論しなさい。

文献案内 ◆

再分配政策の根拠や論点については，N. Barr ［2012］*Economics of the Welfare State,* 5th ed., Oxford University Press において議論されており，本章も参照している。

財政学の教科書は充実しており，小塩隆士［2002］『コア・テキスト財政学』新世社，畑農鋭矢・林正義・吉田浩［2008］『財政学をつかむ』有斐閣などで，税制や社会保障の理論的説明や十分に紹介できなかった議論（例：分権化定理，中立命題など）について補ってほしい。

データは，国内では，厚生労働省［各年版］『所得再分配調査』，国立社会保障・人口問題研究所『社会保障費用統計』（各年版），国際比較では，OECD編（小島克久・金子能宏訳）［2010］『格差は拡大しているか——OECD加盟国における所得分布と貧困』明石書店，OECD編（小島克久・金子能宏訳）［2014］『格差拡大の真実——二極化の要因を解き明かす』明石書店が有益である。

参考文献 ◆

Hochman, H. M. and J. D. Rodgers [1969] "Pareto Optimal Redistribution," *American Economic Review*, Vol.59, No.4, pp. 542-557.

Thurow, L. C. [1971] "The Income Distribution as a Pure Public Good," *Quarterly Journal of Economics*, Vol. 85, No. 2, pp. 327-336.

第5章 貧困

路上で眠る浮浪児の母子（1948年8月） 毎日新聞社提供

本章でまなぶこと◆

　現代日本では，ワーキング・プアの増加，ホームレス，孤独死など，貧困問題が深刻化している。本章では，貧困とは何か，どのように貧困計測するのか，多様なアプローチについて学んだうえ，最後のセーフティー・ネットとして貧困を救済する生活保護制度の仕組み，現状と課題，近年の政府の取組み等を説明する。

　さらに貧困の罠と，就労インセンティブを阻害しない制度設計のあり方（負の所得税等），日本の貧困率の特徴とそこから示される日本の社会政策全般にわたる課題についても理解する。

キーワード

| 社会的排除 | 貧困線 | 欠格条項 | 資力調査 | 貧困の罠 | 勤労控除 |
| 負の所得税 | ベーシック・インカム | スティグマ | 最低所得保障水準 |

1 貧困とは

> 貧困とは何か——貧困の定義

貧困は多様な概念である。何をもって貧困と考えるかはきわめて重要な問題であるが，貧困の唯一普遍的な定義は難しい。ただし貧困を定義，測定するために一元的な基準として所得データや消費データを用いれば，貧困の把握と定義はかなり容易になる。

しかし所得や消費という一元的な基準だけで貧困をとらえると重要な問題を見落とすことになるので注意しなければならない。所得や消費では必ずしも把握しきれない，物的状態，社会的地位といった面から多元的な基準で貧困をとらえる必要があり，失業していないこと，良好な雇用機会，適切な住宅を適切な負担で確保できること（アフォーダビリティー），基礎的な教育，適切な医療などの社会サービスおよび近隣社会との交流にアクセスできているかといった点にも関心を払う必要がある。

そうしたことから近年では社会的排除の概念が注目されている。「社会的排除」は，その対応策の意味をもつ「社会的包摂」と対で使われることが多い。

「社会的排除」の概念は，「必要な社会関係の関係者であることが拒否される，主要な社会関係から特定の人々をしめ出す構造」とされる（岩田［2008］）。「社会的排除」は，社会そのものへの問いかけであり，「社会と個人との双方の関係」に焦点を当てている（同書）。つまり「社会的排除」は状態だけではなく，その「排除のプロセス」に着目したアプローチであり，これまでの福祉国家による社会問題への対処そのものへの問題提起を含む概念である。

> **どのように貧困を計測するのか——絶対的・相対的貧困**

貧困を計測するには厚生（welfare）に関する基準（**貧困線**）が必要となる。この基準の設定に用いられる指標にはいくつか組合せがあり，①絶対的か相対的か，②客観的か主観的か，③一元的（消費や所得などの1変数のみに着目する）か多元的（他の複数の変数にも着目する）か，で分類できる（後述するように，社会的排除は，相対的，客観的，多元的な指標に基づく）。

まず，絶対的，客観的，一元的指標に基づくものとして，絶対的貧困線がある。具体的には生存に必要な最低摂取カロリーを満たす食費，および食費以外に最低限必要な物品にかかる費用の合計額が相当する（市場で取引されてない財を考慮するため金額ではなく財の量として設定されることもある）。

この絶対的貧困線は，おもに発展途上国での貧困把握に用いられる。しかし「絶対」という名称にもかかわらず，発展途上国のなかでも平均所得が高いほど貧困線は高い。これは，平均所得の上昇とともに，食事内容（たとえば，芋から小麦・穀類，肉・魚が多い食事）が変化したり，食品以外の最低限必要な財の範囲が広がるためである（Ravallion [2012]）。このように，生活するために基本的に何が必要か（たとえば祭事等，貧困に対処するために必要な地域社会への参加費用等）は，その時代や社会の発展の度合いや社会規範により異なり，不変の値を設定することは困難であり，事実上，絶対的貧困線であれ，相対的な要素を含む。

一方，相対的，客観的，一元的指標に基づくものとして，相対的貧困線がある。相対的な指標に基づく基準は，いずれも各人の効用が，属する社会（あるいはその社会の特定の準拠集団）での一般的な厚生水準（より具体的には，一元的指標では所得・消費の平均値や中央値，後述する多元的指標では標準的な生活様式など）を参照し，決まっているとの考え方が背後にある。

この相対的貧困線は，おもに先進国での貧困把握に用いられる。国際比較でよく用いられる相対的貧困線として，具体的には等価可処分所得の中央値の50％（EU では60％）がある。しかし，たとえば経済状況が大きく変化した場合（極端な例として，相対的な所得分布は変化しないが，全員の実質所得が等しく2分の1になったような場合），相対的貧困率は変化しないにもかかわらず，相対的貧困者の絶対的な生活水準は下がっている可能性に留意する必要がある。

　さらに社会参加に最低限必要な費用が存在していた場合，（こうした費用を考慮しない単純な）相対的貧困線では，その費用を下回る可能性にも留意する必要がある。こうした可能性に対処するには，相対的貧困線であれ，社会参加に最低限必要な費用という，絶対的な要素を含む必要がある（*Column* ④を参照）。

　以上のように，実際には絶対的貧困線は相対的要素を，相対的貧困線は絶対的要素を含まざるをえず，名称とは裏腹に，その境界はさほど明確でないことに注意が必要である。

相対的剥奪と社会的排除　P. タウンゼンドの研究（Townsend［1979］）に始まる相対的剥奪の考え方は，社会的排除という考え方へと発展した。相対的剥奪や社会的排除は，相対的，客観的，多元的指標に基づく。相対的剥奪では，自分が属する社会で最低限期待される生活様式からの排除，社会的に最低限必要とされる必需品の不足の有無に着目する。さらに，社会参加，属するコミュニティー，長期的状況にも着目するのが，社会的排除である。

　具体的には，衣食住，空調設備，日常生活に必要な耐久消費財（電話，調理器具等）の欠如，休暇取得や余暇活動の欠如，親戚・友人との交流の欠如，適切な住居設備や社会環境の欠如（犯罪，学校・病院へのアクセス制限），金銭的困窮，社会的ネットワーク（必要な支援を受けることができるか等）の欠如などの多元的な指標（複数の変数）

　現代の経済学では，L. ロビンズ，J. ヒックス，N. カルドアらの新厚生経済学の考え方に従い，個々人の効用関数の独立性，比較不可能性を前提としているため，格差や貧困問題への関心は低い。しかし，それ以前の経済学者，A. スミスや A. C. ピグーらは，格差への関心，貧困問題への情熱をもっていた。

　まず 18 世紀の古典派経済学の父であるスミスは，「リネンのシャツは厳密に言えば生活必需品ではない。ギリシア人やローマ人はリネンをもたないで極めて快適に生活していた……しかし，現在においてはヨーロッパの大部分を通じて信望のある日雇労働者はリネンのシャツを着ないで人前に顔出しすることは恥じるであろう。それを着ていないとその人は非常に悪いことをした人がおちるほどの貧乏におちているように……」（A. スミス〔水田洋監訳・杉山忠平訳〕［2001］『国富論』第 4 巻，岩波書店，217 頁）と一般市民が当然と思っている生活水準との比較で貧困をとらえる相対貧困の概念を指摘している。

　一方，ピグーはケンブリッジ大学経済学教授就任講演「実践との関わりにおける経済学」のなかで，経済学を学ぶ動機に触れ，「ロンドンのスラムを歩き，彼の同胞を少しでも助けようと心を動かされて経済学にやってくるならば，私はずっと嬉しいであろう。驚きは哲学の始まりである，とカーライルは述べた。だが社会への情熱は経済学の始まりである，と付け足せるであろう」と述べ，またその主著『厚生経済学』（初版）序文では，「経済学者がやり遂げようとしている複雑な分析は単なる鍛練ではない。それは人間生活の改良の道具である。われわれを取りまく悲惨とけがれ，数百万のヨーロッパの家庭において消えようとする希望の炎，一部富裕家族の有害な贅沢，多数の家族をおおう恐るべき不安，これらのものはあまりにも有害で無視するわけにはいかない。われわれの学問が追求する知識によってこれを制御することは可能である」と述べていた（A. C. ピグー〔気賀健三ほか訳〕『ピグウ 厚生経済学』第 1 巻，東洋経済新報社，61 頁）。

に基づき，相対的剥奪あるいは社会的排除に陥っているかどうかを判定する。

　両アプローチには，生活様式，必需品あるいは参照する所得階層

を専門家が選択する際の恣意性，また何らかの欠如があると判定される場合にも，それが経済的制約によるものか選好によるものかを識別する必要性などの問題が存在する。そのため，最低限の生活の定義，必需品の選定，購入先などを一般市民と専門家との協働により決めていく手法も考案されている。

主観的貧困　相対的，主観的，一元的指標に基づくのが主観的貧困である。主観的な厚生水準（効用水準）が個人間で比較可能であること，その社会の一般的な基礎的ニーズについて市民の間で合意形成されていることを前提としている。具体的には，市民に対し，許容される最低限の生活を送るのに必要な所得水準（それ以下では家計収支を合わせることができない所得水準），あるいはさまざまな所得水準の人々に実際の各財・サービスの消費水準が十分かどうかを尋ね，その主観的回答に基づき，貧困線を設定する。

　以上のように，貧困とされる厚生水準（貧困線）の設定には，さまざまなバリエーションが存在し，推奨される唯一の方法があるわけではない。日本でも近年さまざまな研究が試みられており，得られた貧困線は，現行の社会保障給付や最低賃金水準を評価するための参照点にもなりうるため，今後の研究蓄積が期待されるところである。

実際の貧困計測の際に直面する問題　貧困線を設定することで，ようやく貧困計測が可能になる。しかし，実際の計測にあたっては3つの問題を考慮する必要がある。

　第1に，世帯規模，子どもの有無，世帯構成員の性別，年齢の相違，障害や傷病の有無などの異なる世帯属性ごとに，どのように貧困線を設定すればよいかという問題がある。等価可処分所得の中央値の50％という，国際比較でもよく用いられる指標（相対的貧困線）では，世帯人員 n の 0.5 乗（$\sqrt{n}$）を世帯人数調整のための等価尺度

としている（第3章3節）が，等価尺度の計算はこれが唯一の方法ではない。さまざまなアプローチに基づき，異なる世帯属性に特有の基礎的ニーズを考慮した等価尺度が提案されている。貧困線と同様，等価尺度についても膨大な研究が存在する。

　第2は，貧困の深刻さをどのようにとらえるのかという問題である。最もよく使用される貧困率は，人口に占める貧困線以下にある人々の割合を示しているが，これは貧困の一指標にすぎない。たとえば，貧困率は一定であっても，貧困線以下の人々の平均所得が低下する，あるいは極貧層が出現するような深刻な状況が生じている可能性がある。この場合，貧困線以下の人々の所得が貧困線とどれほど乖離しているか，あるいは貧困線以下の人々の間での所得格差がどれほど広がっているかについても別途，計測する必要がある。

　第3は，貧困の持続性をどのようにとらえるのかという問題である。一時点では同じ貧困率であっても，長期にわたる持続的貧困，世代を超える貧困（貧困の連鎖）が存在していれば，より深刻な社会問題である。したがって，貧困動態（一定期間における貧困突入・脱出の頻度）や世代間で貧困連鎖を計測することも重要である。それには，同一個人を追跡した縦断調査（パネル調査），親子双方を対象とした調査，あるいは子どもの頃の経済状況を把握する回顧調査が必要となる。

| 貧困研究の系譜 |

　初期の統計的な貧困調査・研究として，イギリスにおける 19 世紀末から 20 世紀初頭の C. ブースや B. S. ラウントリーの調査が有名である。ブースの調査は，労働者の収入と支出との関係をとらえ，生活と雇用能力の標準に関する統計的方法と事例研究を組み合わせるなど，貧困調査や社会調査の先駆的研究とされている。ラウントリーは，ヨーク市において，栄養基準を基礎として，絶対的な肉体的能率の維持にも収入が不足する一次貧困および二次貧困に関する調査を行い，労働者

のライフサイクルと生活水準の間に周期的な変動があることを明らかにした。

　日本でも戦前は『職工事情』『日本之下層社会』など下層労働者の劣悪な労働条件，貧困階層の研究・調査は存在した。戦後は江口英一らが保護基準を貧困線として使った貧困率の測定を行い，中野区の課税台帳調査を使った研究では高い貧困率が見出され，論争になった（近年までの日本における貧困研究の系譜については橘木・浦川 [2006]；阿部 [2014] を参照されたい）。

2 生活保護制度

　貧困状態の国民・住民を救済する国の制度として古くから各国に救貧制度があったが，今日では，先進国の多くで貧困状態を救済する具体的な社会保障制度として公的扶助（public assistance）あるいは社会扶助（social assistance）がある。M. オデコン編 [2012]『世界格差・貧困百科事典』によると，両者の区別はあまり明確ではないが，英米などの英語圏の国では公的扶助が北欧では社会扶助と呼ばれることが多く，後者のほうが，権利性が高いという説明もあるが本書では公的扶助の語に統一している。

一般扶助とカテゴリー別扶助　日本の公的扶助である生活保護制度は，国民が生活困窮に陥ったときに，国が最低限度の生活を支えるために，税（公費）を財源にして，現金給付や必要なサービスの給付を行う制度である。留意すべき点は，日本の生活保護制度は，すべての貧困者を給付対象にした一般扶助制度であるが，諸外国では貧困者のタイプ別，すなわち障害者，失業者，高齢者といったカテゴリー別の公的扶助を組み合わせた制度設計となっている国も少なくない。

　　　　　　明治維新以前は公的な救済措置がほとんど行われず，天災や飢饉が起こったときに，臨時に各藩・村落が窮民救済をするにすぎなかった。政府による公式の貧困者救済は，1874年の明治政府による恤救（じゅっきゅう）規則の公布に始まる。救済の条件は，極貧であることに加え，単身生活の13歳以下の子ども，障害，病気，老衰の70歳以上の者などが対象となった。

　その後，1929年に救護法が制定された。そこでは，貧困者救済を行政の義務としたが，実質的な対象者は65歳以上の老衰者，幼児，妊婦，障害者で，かつ扶養義務者が扶養できない場合に限定されていた。また，素行不良な者，勤労を怠る者は除外するという**欠格条項**や受給者の選挙権を認めないという制限もあった。

　戦後，日本には大量の戦災者，浮浪者が発生し，制限の強い救護法では対処しきれず，政府は1946年旧生活保護法を制定した。しかしこの法律は，救護法と同様，欠格条項があり素行不良な者と勤労を怠る者は除外されていた。このため，欠格条項の削除などGHQから見直すよう指摘され，1950年に現行の生活保護法が施行された。

生活保護法の基本的な考え方　　　　　　日本の生活保護制度は，憲法第25条の「すべて国民は，健康で文化的な最低限度の生活を営む権利を有する」という生存権にその基礎を置いている。

　生活保護制度には次の4つの基本原理がある。①生活に困窮する国民に対する国の責任により最低生活を保障するとともに自立助長を求めている（＝国家責任による最低生活保障の原理），②生活保護の受給は，国民の権利であり，性別，年齢，社会的身分などに関係なく，無差別平等に保障される。貧困の理由が何であろうと，貧窮の事実が明らかになれば，保護が開始される（＝無差別平等の原理），

③生活保護法で保護される最低生活の内容は，憲法で定める生存権の保障を実現するためのものであり，この水準は「健康で文化的な生活水準を維持することができるものでなければならない」と規定している（＝最低生活保障の原理）。つまり生存に必要なぎりぎりの生活保障水準ではなく，福祉国家の国民としてふさわしい最低水準ということである。

　しかし，まったく無条件で生活保護を受けることができるわけではない。④保護の前提として，国民の果たすべき自助努力が求める。保護を受けるにあたって，能力や資産の活用，他法他施策の利用（失業給付や年金制度など），扶養義務者による扶養をまず求められ，それらを活用してもなお最低限度の生活ができない場合に，保護が行われることになる（＝補足性の原理）。このため，生活保護は「最後の砦」「セーフティ・ネット」と呼ばれる。保護の必要を判断するために**資力調査**（ミーンズ・テスト）が行われる。

　資産の活用については，貯蓄を使うこと，また保険の解約などが求められることがある。また宅地や家屋は処分価値と利用価値を比較して決められ，処分価値が小さく，居住しているものはそのまま保有が認められる。それ以外の家電製品などの耐久消費財は，その地域の普及率が70％を超えるものについては，保有が認められる。しかし，乗用車の保有・運転は，公共交通機関がなく，通勤，通学，通院で必要な場合以外は，原則認められない。公共交通機関があったとしても便数が少ないような地域で乗用車の保有・使用が制限されることになると生活が困難になるので，生活保護の申請をあきらめるようなケースもある。

　能力の活用については，働くことができる者は，まず働くことが求められる。このほか，民法に定める扶養義務に基づき，生活保護より親族からの援助が優先される。現行の民法では，最大3親等までの親族の扶養義務があるとされる。

　実際に生活保護を実施するうえで，実施上の基本的な原則が4つある。まず，保護の開始は，要保護者本人，もしくは扶養義務者，同居の親族の申請に基づいて行われる（＝申請保護の原則）。ただし，緊急のときは，申請がなくとも行政の判断で必要な保護（急迫保護）ができるものとされている。

　具体的な保護の基準は，厚生労働大臣が定め，要保護者の収入などがそれに達しない場合にその不足分を補う部分について保護を行う（＝基準および程度の原則）。

　保護は要保護者の年齢，性別，健康状態など個々の事情を考慮したうえで，必要な程度行われる。機械的，形式的な運用ではなく，要保護者の実情を理解したうえで行われることを定めている（＝必要即応の原則）。

　生活保護は，世帯単位で要保護の決定や給付が行われる（＝世帯単位の原則）。例外として，世帯単位で取り扱うことがかえって問題になる場合は，「世帯分離」となる。たとえば，家族の一員に働ける能力があるにもかかわらず，収入を得るための努力をしていない場合，通常は保護の対象外となるが，他の世帯員がやむをえない理由で保護を要する状態にあるときは，その一員を切り離して他の世帯員だけ保護することがある。

　生活保護制度は，生活扶助，教育扶助，住宅扶助，医療扶助，出産扶助，生業扶助，葬祭扶助，介護扶助の8種類の扶助から構成されている。実情に応じて，1種類の扶助または複数の扶助を組み合わせ支給される。2011年度の生活保護の総支出額は3.5兆円に達している。現金給付のイメージが強い生活保護であるが，各扶助のなかで最も大きな割合を占めるのが医療扶助であり全体支出の47％で，次に生活扶助が35％，住宅扶助が15％の順になっている。

生活扶助 生活扶助は生活費に相当し，扶助のなかでも基本的なものである。食費，被服費，光熱費，新聞・通信代，文化的費用，交通費などが含まれる。生活扶助は，第1類費と第2類費，さらに母子世帯，妊産婦，障害者などの特別な需要に対しての加算（妊産婦加算，母子加算，障害者加算）で構成される。第1類費は，個人単位の飲食費，被服費など，第2類費は光熱費，家具什器などの世帯単位で消費される経費を想定しているが，実際には家計の判断で支出できる。この他，冬季の暖房費などを考慮した冬季加算もある。

住宅扶助 住宅扶助は，借家等に居住する場合，居住地別に定められた家賃，地代などのために給付される。住宅扶助は住まいを保障するもので，住宅改造，改築，住宅の取得は対象としていない。このほか，保護施設である宿所提供施設を利用することもできる。住宅扶助の金額は，居住地の家賃実態に合わせ特別基準額が上乗せされている。

医療扶助 生活保護受給者は国民健康保険加入対象外としているため，医療扶助が給付される。診察，投薬，医学的措置を受けるには，毎月発行する医療券を指定医療機関へ提出し，治療を受けることになる。給付は，現物給付で行われ，自己負担はない。

その他の扶助 このほかの扶助として，教育扶助は，義務教育の修学に必要な費用を給付する。学用品費，通学用品費，学校給食費などが含まれる。なお，2005年度から高等学校の就学経費は生業扶助から支給されるようになった。出産扶助は，出産前後の助産の費用を給付する。生業扶助は，自立を助長するねらいから，暮らしをたてる仕事をするための費用や技能の修得，就労準備に必要な費用を給付する。葬祭扶助は被保護者が死亡した場合，検案，遺体の運搬，火葬，納骨など葬儀にかかる

表5-1　世帯類型別生活扶助基準額（2014年度）

（単位：円）

	3人世帯 33歳男・29歳 女・4歳子	高齢単身世帯 68歳女	高齢夫婦世帯 68歳男・65歳 女	母子世帯 30歳女・4歳 子・2歳子
1級地-1	165,840	81,760	122,380	192,650
1級地-2	159,050	78,200	117,050	186,430
2級地-1	151,800	74,070	110,860	177,520
2級地-2	146,570	71,680	107,290	173,310
3級地-1	140,140	68,290	102,230	165,710
3級地-2	134,060	65,120	97,480	160,160

注：冬季加算（VI区×5/12），児童養育加算および母子加算を含む。
出所：厚生労働省［2014］『平成26年版 厚生労働白書』。

費用を保障する。　介護扶助は介護保険の自己負担分1割および施設介護の食費分を給付する。なお，40歳から64歳までの人は介護保険に加入しないが，65歳以上は介護保険に加入し，保険料は生活扶助分で給付される。

級地制度　食費，被服費，光熱費に充当されるのが生活扶助であり，表5-1のように世帯人数，家族構成，物価の違いに応じて，地域を3級に分け，さらにそれを2つに分類し，計6種類に区分している。1級地は大都市，2級地は県庁所在地などの地方都市，3級地はその他の市町村である。

生活扶助の改定方式の変遷　「健康で文化的な最低限度の生活」を支える生活保護制度であるが，その給付水準は厚生労働大臣が定める。生活扶助の水準は，かつては，生存・活動するのに最低限のカロリー計算に基づく食費と被服費，家具什器などを1つひとつ積みあげる「マーケット・バスケット方式」で計算され，絶対貧困水準に設定されていた。その後，栄養所要量を満たす食費をエンゲル係数で除することで総生活

費を算出する「エンゲル方式」に変更された。

　高度経済成長に入っていた 1965 年からは，一般の生活水準との
バランスを考慮した相対貧困水準の考えにしたがって，生活保護受
給世帯と一般世帯の格差を積極的に縮小することを目標に「格差縮
小方式」が設定された。現在は，一般国民の生活水準の向上に応じ
て，基準を改定する方式である「水準均衡方式」で設定される。お
おむね一般標準世帯（親子 3 人世帯）の基礎的消費支出の 6～7 割程
度をめどに設定されている。

　今日，生活扶助の水準は一般低所得世帯の消費水準と均衡するよ
うに全国消費実態調査に基づきおおむね 5 年間隔で検証され，給付
の見直しが行われることになっている。

最低生活費と勤労控除
──貧困の罠

　生活保護による給付額（扶助額）は，図
5-1 のように最低生活費が計算され，各
世帯の収入充当額との差額が実際に給付さ
れる。そのため，収入充当額が高いほど給付額は小さくなる。

　一般に経済学では，就労収入の増加で社会保障給付が削減され，
可処分所得が増加しないために，社会保障の受給者が就労意欲を失
うことを**貧困の罠**と呼ぶ。こうした貧困の罠に関し，生活保護制度
では，就労収入については，**勤労控除**という仕組みがあり，その控
除分を差し引いた額が収入認定される。

　仮に就労収入の全額を収入認定すると，その増加分がそのまま給
付額の削減となり（すなわち，就労収入の限界税率が 100％となる），被
保護者は就労意欲を失ってしまうだろう。勤労控除は，そうした状
況を防ぎ，就労意欲の増進を図ることを 1 つの目的としている。

　図 5-2 は，生活保護制度の勤労控除（ここでは基礎控除分のみ）
の仕組み（2011 年）を示している。第 2 章 4 節の労働供給の決定で
解説した図 2-3 とともに検討するとよいであろう。

　単身世帯 41～59 歳，東京都 1 級地─1 の場合の最低生活費は 13

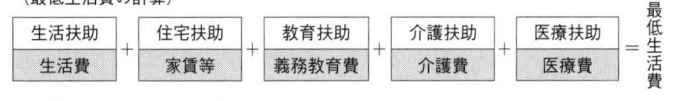

図 5-1 生活保護費の決め方

（最低生活費の計算）

生活扶助		住宅扶助		教育扶助		介護扶助		医療扶助		最低生活費
生活費	+	家賃等	+	義務教育費	+	介護費	+	医療費	=	

＊このほか，出産，葬祭等がある場合は，その基準額が加えられる。

（収入充当額の計算）
　　平均月額収入−（必要経費の実費＋各種控除）＝収入充当額

（扶助額の計算）
　　最低生活費−収入充当額＝扶助額

出所：厚生労働省［2014］『平成 26 年版 厚生労働白書』。

図 5-2 最低生活費と勤労控除の関係

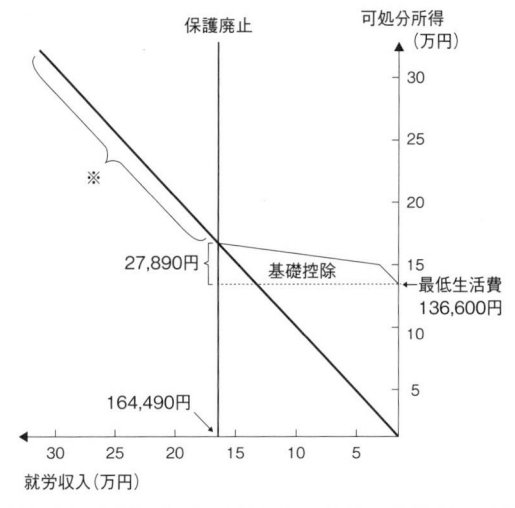

注1：最低生活費は，2011 年，単身世帯 41〜59 歳，東京都 1 級地―1 の生活扶助および住宅扶助（上限額 5 万 3700 円の場合）の合計額。
　　2：保護廃止後の可処分所得（※）は，税，社会保険料，医療費負担等により影響を受ける。
出所：筆者作成（ただし，値などは厚生労働省社会保障審議会生活保護基準部会 2011 年 7 月 12 日資料に基づく）。

万 6600 円であり，就労収入が 16 万 4490 円に到達すると保護廃止となる。なお，その際の勤労控除額は 2 万 7890 円である。この図から，基礎控除により，就労収入の増加が可処分所得の増加となることがわかる。ただしその金額は，限界税率を十分に引き下げているとは言い難いだろう。年次は異なるが最新の 2014 年の基礎控除の金額は，就労収入 1 万 5200 円までは全額控除，それを超えると，おおむね 10% 控除である（1 人目の場合）。したがって，勤労控除（基礎控除）があっても生活保護制度下では，1 万 5200 円を超えるとき，就労収入の限界税率は 90% ということになる。

さらに生活保護受給から就労自立する際に，生活保護では免除されていた新たに社会保険料などの負担が発生し，かえって手取り収入が生活保護受給額よりも下がる可能性もあり，就業インセンティブを阻害するおそれもある。

就労自立給付金の創設 そこで政府は，2013 年の生活保護制度改革により，生活保護受給中の就労収入のうち，収入認定された金額のうち一定額を仮想的に積み立て，安定的に就労した後，保護が廃止されるときにその金額を支給する「就労自立給付金」を導入した。

支給額は，保護脱却前最大 6 カ月分の収入認定額の一定額（最初の 1～3 月 30%，4～6 月目 27%，7～9 月目 18%，10～12 月目 12% と逓減）である。そこで，稼働世帯などからなるその他世帯の平均就労収入月額 7 万 6800 円を使って，制度を 6 カ月使って一括給付を受ける場合を説明すると，以下のようになる。

収入認定額（A）＝ 7 万 6800 円 − 基礎控除 2 万 1200 円
　　　　　　　　＝ 5 万 5600 円

収入認定額の 30%（5 万 5600 × 0.3 ＝ 1 万 6680 円）× 3 カ月分 ＋収入認定額の 27%（5 万 5600 × 0.27 ＝ 1 万 5012 円）× 3 カ月分 ＝ 9万 5076 円が積み立てられ支給される。ただし，単身世帯 10 万円，

多人数世帯 15 万円が上限額である。

　この制度は，就労自立を高めるためのボーナスという評価もできるが，その効果は今後評価されることになる。

貧困の罠と新たな所得保障

　貧困の罠を防ぐ具体策として，**負の所得税**がしばしば提案される。また近年では，負の所得税に類似した新しい所得保障として，給付付き税額控除やベーシック・インカム（Basic Income）の提案がなされることがある。どちらも資力調査が必要ないため（給付付き税額控除は所得調査がある），貧困者というレッテルつまり**スティグマ**（貧困の恥辱）を避けられることが，これらの制度の 1 つの利点とされる。

　まず，負の所得税とは，課税最低限以上の所得がある場合は通常の所得税と同様に税負担を課すが，反対に課税最低限未満の所得しかない場合は「負」の税負担，すなわち現金給付を支給するという仕組みである。

　次に給付付き税額控除とは，税額から税額控除を差し引き負の値になったとき，通常の税額控除では税額がゼロとなるところ，ある一定の条件（就労している，子どもがいる等）を満たしていれば，負の所得税と同じように，その負の値の分を社会保障給付として支給する（ただし実際は税額から差し引かず，税額控除額をそのまま支給する国々もある）。各国ではワーキング・プアの所得保障，子育て世帯への経済的支援，消費税の低所得者対策など，さまざまな目的で導入されている。

　またベーシック・インカムとは，資力調査や就労要件などがなく無条件で，個人単位で支給される最低所得保証である。その際には生活保護や児童手当，年金や失業給付などの他の所得保障を廃止し，ベーシック・インカムの財源にあてることとなっている。

　負の所得税も他の所得保障を廃止し所得保障を一元化する仕組み

であるが，課税最低限未満の低所得者にしか給付されない点で異なる。

　負の所得税のアイディアが給付付き税額控除という形で現実の政策として部分的に実現されている一方，全国民を対象とした普遍的な一律の所得保障を目指すベーシック・インカムの実現は，給付水準や財源など具体的な制度設計についてさらに議論が必要なアイディアの段階にとどまる。負の所得税では，貧困の罠を避けるため，かなり相対的に所得が高い人々にも制度を適用するため，税率が高くなる，という問題点がある。同様にベーシック・インカムも，現実には巨額の財源が必要（ごく単純化すれば平均所得の50％水準のベーシック・インカムを保障する財源を所得税でまかなうとすれば50％の税率が必要）となるため，追加的な課税による厚生損失が生じる可能性がある。またベーシック・インカムの給付水準が高すぎると，低所得者の労働供給は（ベーシック・インカムがない場合と比較し）減少する可能性がある。結局，社会の総生産量は減少し，ベーシック・インカムの財源も減少する可能性がある。

| 戦後の生活保護受給者の動向と課題 |

　生活保護受給世帯，受給者数は，社会・経済状況の変動，人口構造，他の社会保障制度の動向に左右される。

　生活保護受給世帯，受給者数を示した図5−3による長期的な動向をみると，戦後まもない1950年頃は，受給者数は200万人を超えていたが，65年には160万人以下にまで減少している。この背景には，高度経済成長に加え，生活保護以外の社会保障制度の充実がある。すなわち他法・他施策が優先されるため，各福祉法など社会保障制度の充実が生活保護制度への負荷をやわらげる。60年代前半に児童扶養手当法，老人福祉法が相次ぎ創設された影響もある。

　その後は，高度経済成長期の影響などもあり，1970年には，生活保護受給者は130万人台にまで減少した。

図 **5-3** 生活保護受給世帯数、受給者数、受給率の年次推移

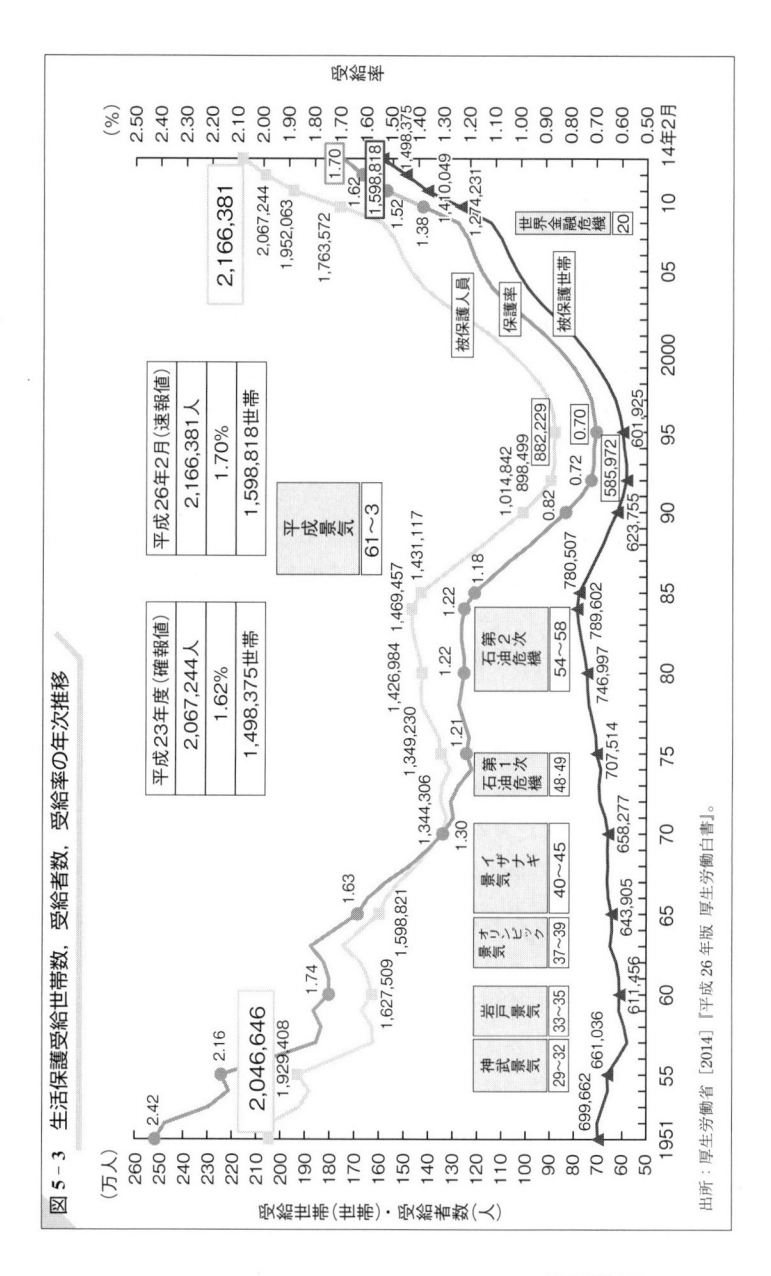

出所：厚生労働省［2014］『平成26年版 厚生労働白書』。

しかしその後，1973 年のオイル・ショックによる不況を受け，再び受給者は増加傾向に転じ，84 年には 147 万人弱となった。

　1980 年代後半になると，再び受給者の数は減少傾向を示す。この背景には，好景気であったこと，85 年の年金改正において障害基礎年金が創設されたことも影響しているが，81 年に出された「123 号通知」いわゆる生活保護の「適正化」が図られたこともある。その結果，暴力団関係者などの不正受給が社会問題化し，資力調査が強化された。

　生活保護を適切に行うためには資力調査を適切に行うことは必要であるが，いきすぎた調査が受給者に屈辱感，すなわちスティグマを与えることや，「水際作戦」と呼ばれる新規受給者を福祉事務所で申請を取り下げるような働きかけをすることが批判を受けた。

　バブル崩壊後もしばらく生活保護受給者数は減少傾向が続き，1995 年には，受給者数は 90 万人程度にまで減少した。しかし 96 年度以降は増加傾向に転じ，2007 年のリーマン・ショック以降，現役世代の受給者が急増した。とくに 90 年代後半からは非正規労働者が増加し，景気動向の影響を受けやすい状況になってから，稼働世帯などからなるその他世帯（傷病や障害，高齢などの就労阻害要因が少ない）の増加率は高くなっている。ただし，図 5 - 4 でみるように，高齢者，母子，障害，傷病，その他世帯と生活保護受給世帯を世帯類型別にみると，高齢者世帯が全体の 4 割を占めていることがわかる。とくに高齢者世帯が多いのは，高齢者世帯はもともと稼働所得が少ないため貧困率が高いことに加え，無年金者，低年金者が増加していることもある。今後，年金水準の見直しによりさらに高齢者世帯の生活保護受給者が増加する可能性もある。

　2014 年 7 月時点で生活保護受給者（被保護者）数は過去最高の約 216 万人，約 161 万世帯で，保護率は 1.7％まで上昇している。

　このように現在，生活保護受給者が増加しているが，それでも先

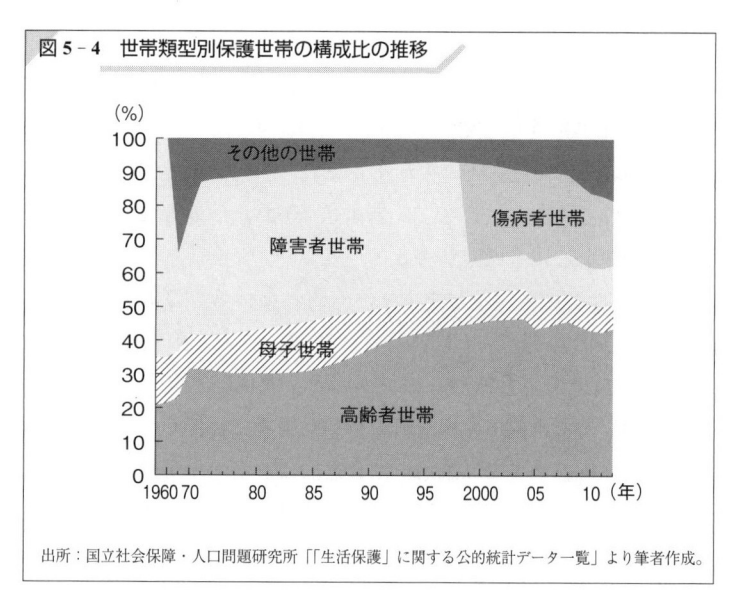

図 5-4 世帯類型別保護世帯の構成比の推移

(%)

- その他の世帯
- 傷病者世帯
- 障害者世帯
- 母子世帯
- 高齢者世帯

1960 70 80 85 90 95 2000 05 10 (年)

出所：国立社会保障・人口問題研究所「「生活保護」に関する公的統計データ一覧」より筆者作成。

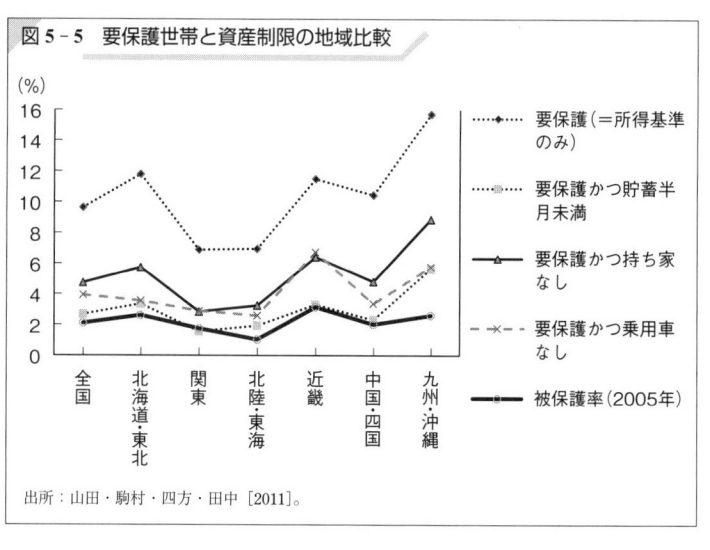

図 5-5 要保護世帯と資産制限の地域比較

(%)

全国／北海道・東北／関東／北陸・東海／近畿／中国・四国／九州・沖縄

- 要保護（＝所得基準のみ）
- 要保護かつ貯蓄半月未満
- 要保護かつ持ち家なし
- 要保護かつ乗用車なし
- 被保護率（2005年）

出所：山田・駒村・四方・田中［2011］。

進国のなかではきわめて低い保護率になっている。

　生活保護が定める最低限度以下の生活をしている人のなかで，実際に生活保護を受給している人の率（捕捉率）は，20％弱という研究が多い。最低限度以下の生活をしながら，生活保護を受給しない理由は，資力調査が厳しく，スティグマがある，地方部における乗用車の制限などにも原因がある。

　図5-5は資産要件などをまったく問わない場合の生活保護基準未満の所得の世帯率（＝要保護率）と貯蓄，持ち家，乗用車を考慮した場合の世帯率をみたものであるが，北海道，九州・沖縄，中国・四国などで乗用車の保有制限をした場合に要保護率が低下することがわかる。地方では乗用車は必需品に近いため，低所得世帯でも保有しているが，生活保護受給の条件に乗用車の利用を制限される場合，生活保護をあきらめざるをえなくなることになる。

　　貧困，生活困窮者をめ　　　図5-6は年齢別の貧困率の動向である。
　　ぐる最近の政策動向　　　　近年は，現役世代の貧困率が上昇傾向にある。また，それに応じて子どもの貧困率も上昇している。厚生労働省によると2014年の子どもの相対的貧困率は16.3％，ひとり親世帯では5割以上が貧困状態とされている。国際比較でも日本はOECD加盟国30カ国中高いほうから4番目である。

　また生活保護を受けている母子世帯できわめて深刻な世代間の貧困の連鎖が存在していることや，子ども時代の貧困経験が，健康，学力，価値観，生活習慣といったルートで成人後も深刻な影響を与えていることが確認されている。

　こうしたなか，子どもの貧困対策法が2013年に成立し，①貧困な子どもに健やかな生育環境を保障し，教育の機会均等を保障する，②政府は子どもの貧困や対策の実施状況を公表し，子どもの貧困対策を総合的に推進するための措置を行うこととしている。

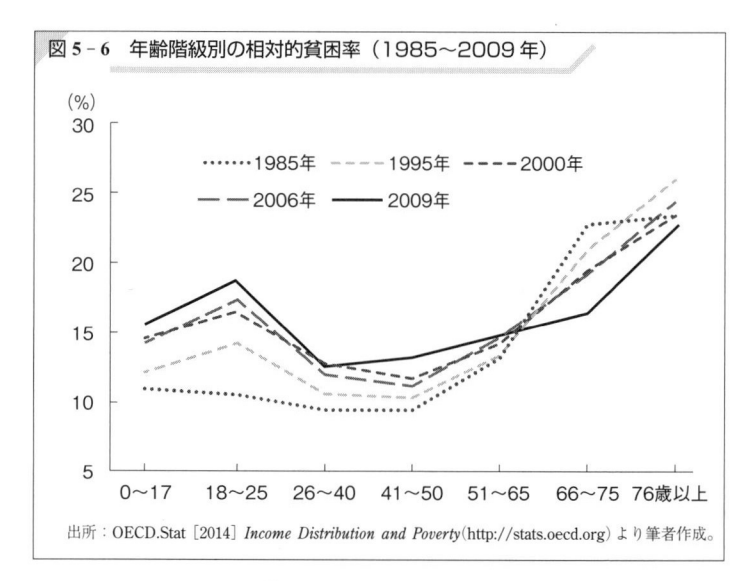

図 5-6　年齢階級別の相対的貧困率（1985～2009 年）

（%）

凡例：・・・・・・1985年　----1995年　- - -2000年　―　2006年　―2009年

出所：OECD.Stat［2014］*Income Distribution and Poverty*（http://stats.oecd.org）より筆者作成。

　また経済的困窮，引きこもりやゴミ屋敷，多重債務問題などを含め，多様化する社会的排除の問題に対応する必要もでてきた。2013年に生活困窮者自立支援法が成立し，自立相談支援，住宅確保給付金といった必須事業，就労準備支援，就労訓練，一時生活支援事業，家計相談，子どもの学習相談支援などの多様な任意の困窮者支援政策が 15 年度から実施されることになる。日本においてもようやく貧困問題に包括的かつ積極的に対応する動きが出てきている。

3　相対的貧困線と生活保護基準

●貧困脱出に十分な給付水準か

最低所得保障水準の国際比較

　日本の生活保護制度は，貧困を脱出するのに実際に十分な給付水準となっているだろうか。

　表 5-2 の左 4 列で税・社会保険料控除後の最低所得保障水準（資

力調査等を経て公的扶助等を満額受給できるモデル・ケース）が中位等価可処分所得の何％に相当するか（50％超なら相対的貧困線を上回ることになる）を世帯類型ごとに示している。

最低所得保障には，住宅給付，家族給付を含む。日本の場合，1級地1（大都市圏）の生活扶助と住宅扶助特別基準（上限額）の合計額が相当する。

OECD中央値でみると，最低所得保障はいずれの世帯類型でも中位等価可処分所得の4割であり，相対的貧困線を下回る。しかし，日本は大都市圏かつ住宅扶助特別基準額上限を満額受給という，国内で最も高い最低所得保障水準を比較に用いているという留意点はあるものの，イギリスと同様，いずれの世帯類型でも相対的貧困線を上回っている。

最低所得保障水準と相対的貧困率

ところが，表5-2の中3列をみると，そのような最低所得保障水準にもかかわらず，日本の相対的貧困率はOECD平均より高い。とくに，ひとり親世帯の相対貧困率は51％と，OECD平均を20％ポイントも上回っており，突出して高い。

さらに表5-2の右3列で示すように，日本では実質的な相対的貧困線が長期的に低下している。物価で調整した（実質的な）中位等価可処分所得は，比較対象国で1995年前後から2010年前後までに6〜45％ポイント上昇した。一方，日本は13％ポイント下がり，実質的な相対的貧困線は低下（厚生労働省『国民生活基礎調査』によれば1985年基準物価で2012年では年額111万円）しているにもかかわらず，同期間に相対的貧困率はむしろ上昇している。

最低所得保障水準（公的扶助）が充実していても，相対的貧困率が必ずしも低くならない理由として3つ考えられる。第1に，相対的貧困線以下の所得でも，一定額以上の資産があれば資力調査により公的扶助を受けられない。第2に，資力要件を満たしていても，

表 5-2　最低所得保障水準と相対的貧困率

	税・社会保険料控除後の最低所得保障水準（中位等価可処分所得＝100%, 2012年時点の制度）				相対的貧困率（相対的貧困線＝中位等価可処分所得の50%, 2010年前後）			1995年前後の中位等価可処分所得（物価調整済）＝100%		
	単身	夫婦のみ	ひとり親＋子2人	夫婦＋子2人	全人口	18歳未満	ひとり親	2000年前後	2005年前後	2010年前後
カナダ	21	26	37	35	12	14	40	110	118	132
フランス	38	36	37	36	8	11	25	105	111	117
ドイツ	43	45	51	51	9	9	34	107	106	109
イタリア	0	0	0	0	13	18	35	107	109	111
日　本	61	61	70	63	16	16	51	94	90	87
韓　国	25	31	34	34	15	9	－	－	－	－
オランダ	66	59	53	49	8	10	31	112	121	116
スウェーデン	52	45	41	42	9	8	19	114	122	145
イギリス	58	50	60	58	10	10	17	114	130	130
アメリカ	8	10	23	25	17	21	45	111	110	106
OECD平均／中央値	38	39	41	39	11	13	31	－	－	－

注1：各国の比較条件をそろえるため，最低所得保障水準のモデル世帯については，成人は40歳，子どもは4歳と6歳を想定．住宅手当（家賃補助）を含む．
　　2：イタリアでは稼働年齢層に対する普遍的最低所得保障制度がないため公的扶助が0となっている．アメリカの公的扶助給付はフード・スタンプを含んでいる．
出所：OECD.Stat [2014] *Income Distribution and Poverty*（http://stats.oecd.org, 2014年3月30日アクセス），OECD Directorate for Employment, Labour and Social Affairs [2014] *Benefits and Wages: Statistics*（http://www.oecd.org/els/benefitsandwagesstatistics.htm, ver. 2014/3/12）

扶養義務者への照会があるため親戚に申請を知られたくない，あるいはいきすぎた資力調査等があればスティグマにより申請自体を躊躇する，といった可能性もある。第3に，公的扶助制度以外の一般低所得世帯を対象とする住宅手当（日本には存在しない），家族手当（日本では児童手当等），雇用保険が切れた人々を対象とする失業扶助（日本には存在しない），各種社会保障給付の家族対象加算の有無，それらの給付水準，最低賃金水準など，公的扶助制度以外のさまざまな制度設計も貧困率に大きな影響を及ぼすためである。

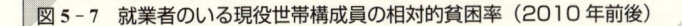

図5-7　就業者のいる現役世帯構成員の相対的貧困率（2010年前後）

A：社会移転前後での貧困率　　　　B：就業者数と貧困率

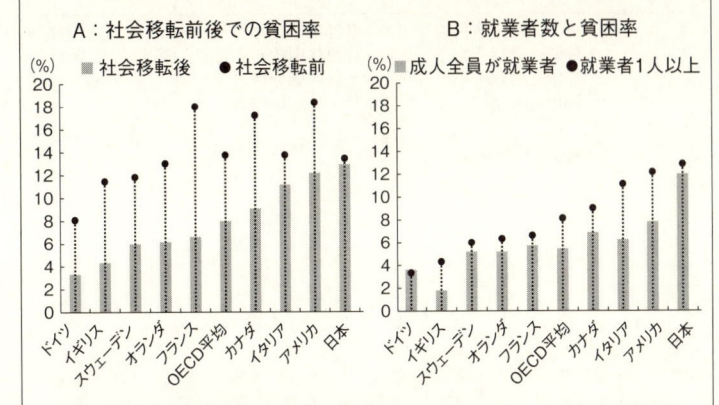

注：就業者がいる現役世帯構成員の相対的貧困率（原典では in-work poverty）とは，世帯主が18
　　～64歳の世帯でかつ就業者が1人以上いる世帯の構成員（世帯主を含む）のなか，等価可処
　　分所得が中位可処分所得の中央値の50％未満の人の割合と定義される。社会移転前（直接
　　税・社会保険料控除前かつ社会保障の現金給付受給前）の相対貧困率も同様に等価可処分所
　　得に基づく。日本のデータのみ2009年時点。OECD平均は加盟国全体の平均である。
出所：OECD [2013] *How's Life 2013*, OECD Paris (Figure 5.7 より抜粋)。

就業者のいる世帯にお
ける高い貧困リスク

就業者がいる現役世帯構成員（世帯主を含む）の相対的貧困率はとりわけ日本で高い。ここで現役世帯とは世帯主が18～64歳の世帯を指し，世帯構成員には世帯主を含む。図5-7の左パネルAは就業者が1人以上いる現役世帯構成員の相対的貧困率が社会移転（直接税と社会保険料控除・社会保障の現金給付受給）前後でどのように異なるか，右パネルBは就業者が1人以上いる場合と世帯内の成人全員が就業している場合とで現役世帯構成員の相対的貧困率がどのように異なるか示している。

　図が示す日本の特徴は，①就業者のいる現役世帯においても相対的貧困率が高く，②社会移転後でも，③世帯にいる成人すべてが就業していても，相対的貧困率はほとんど低くならないことである。これらは，就業している現役世代に対する日本の社会保障の防貧機

能が相対的に脆弱で，また世帯内で2人以上就業しているような人々が就く仕事（たとえば非正規雇用）からの収入が相対的に低いことを示している。いずれも日本の社会政策全般にかかわる重要課題である。

演習問題 ◆

1　等価可処分所得の中央値の50%を相対的貧困線と定義した場合，相対的貧困率が0%となるような所得分布は存在するのか，存在するとすればどのようなものか（たとえば5人からなる社会の数値例として）具体例を示そう。
2　今日の日本における最低限の生活とはどのようなものか定義し，そこに何を含むべきか議論しよう。
3　生活保護制度の課題について，就労意欲，資力調査の点から議論しよう。

文献案内 ◆

　OECD加盟国における多様な貧困・格差指標を用いた国際比較研究として，OECD［2008］*Growing Unequal?: Income Distribution and Poverty in OECD Countries*, OECD Paris（小島克久・金子能宏訳［2010］『格差は拡大しているか── OECD加盟国における所得分布と貧困』明石書店）や，OECD［2011］*Divided We Stand: Why Inequality Keeping Rising*, OECD Paris（小島克久・金子能宏訳［2014］『格差拡大の真実──二極化の要因を解き明かす』明石書店）が参考になる。

　また日本で最近行われた一連の最低生活費研究の簡潔なレビューとして，阿部［2014］，岩田正美・岩永理恵［2012］「ミニマム・インカム・スタンダード（MIS法）を用いた日本の最低生活費試算」『社会政策』第4巻第1号61〜70頁，を手始めに読むとよい。

　また日本の貧困問題，低所得者向け政策に関しては，駒村康平編［2011］『最低所得保障』岩波書店，諸外国の政策との比較については山田篤裕・布川日佐史・『貧困研究』編集委員会編［2014］『最低生活保障と社会扶助基準──先進8ヶ国における決定方式と参照目標』明石書店がある。

参考文献 ◆

阿部彩［2014］「生活保護・貧困研究の 50 年——『季刊社会保障研究』
　掲載論文を中心に」『季刊社会保障研究』第 50 巻 1・2 号，4〜17 頁

岩田正美［2008］『社会的排除——参加の欠如・不確かな帰属』有斐閣

オデコン，M. 編集代表（駒井洋監修，穂坂光彦監訳者代表）［2012］『世
　界格差・貧困百科事典』明石書店

橘木俊詔・浦川邦夫［2006］『日本の貧困研究』東京大学出版会

山田篤裕・駒村康平・四方理人・田中聡一郎［2011］「資産の考慮によ
　る要保護世帯率の変動——保護率の地域差と資産保有の関係」『三田
　学会雑誌』第 103 巻第 4 号，573〜586 頁

Ravallion, M.［2012］"Poverty Lines across the World," Philip N.
　Jefferson ed. *The Oxford Handbook of the Economics of Poverty*,
　Oxford University Press.

Townsend, P.［1979］*Poverty in the United Kingdom*, University of
　California Press.

第**6**章 労働市場

日本型雇用システムと労働問題

合同企業説明会で企業担当者の話に耳を傾ける学生ら（2015年3月，東京都江東区東京ビッグサイト） 時事通信フォト提供

本章でまなぶこと◆

　本章では，長期雇用や年功賃金と呼ばれる日本の労働市場の特徴を国際比較から明らかにし，人的資本理論などの経済学理論や，ジョブ・ローテーションといった雇用慣行から説明する。このような日本の労働市場の特徴により，企業規模間賃金格差，非正規雇用と正規雇用の格差，男女間賃金格差や若年労働問題が発生することを指摘する。

キーワード

定年　長期勤続　年功賃金　人的資本投資　OJT　Off-JT　一般人的資本投資　企業特殊人的資本投資　機会費用　ジョブ・ローテーション　有期雇用　派遣労働　M字型就業　統計的差別　間接差別　新規学卒一括採用　世代効果

1 日本の労働市場の特徴

終身雇用と年功賃金　　アメリカの経営学者である J.C. アベグレ
ンは，日本の経営の特徴として「終身雇
用」を指摘した（J.C. アベグレン［1958］『日本の経営』，ダイヤモンド
社）。文字通りの意味としての「終身雇用」は，新規学卒で採用さ
れ，**定年**まで同一企業で勤めることであるが，実態としての「終身
雇用」は，低い離職率や長い平均勤続年数により特徴づけられる。

図 6−1 は，男女別の平均勤続年数の国際比較である。同じ産業
であっても，日本の男性の平均勤続年数は，欧米各国よりも長いと
いえる。しかしながら，日本の女性の平均勤続年数は，大陸ヨーロ
ッパ諸国よりも短く，**長期勤続**は日本の男性において特徴的なもの
であるといえる。

次に，日本の賃金制度は**年功賃金**であるといわれている。これは，
年齢もしくは勤続年数により賃金が上昇していく賃金構造をさす。
図 6−2 は，製造業における男女別にみた勤続年齢による賃金の変
化についての国際比較である。勤続年数が「1〜4 年」を 100 とし
た各勤続年数での月当たりの賃金を載せている。男性については，
どの国でも勤続年数が長くなるほど賃金は上昇している。とくに日
本の男性では，10 年以上の勤続での賃金の上昇が他国より大きく
なっており，長期勤続による賃金が上昇する傾向が顕著である。一
方，女性についてはどの国においても男性より勤続年数による賃金
の伸びは小さい。日本の女性の賃金は，勤続が 10 年以上の場合他
国よりも賃金の上昇幅が大きいが，日本の男性ほど大きくは伸びて
いないことがわかる。

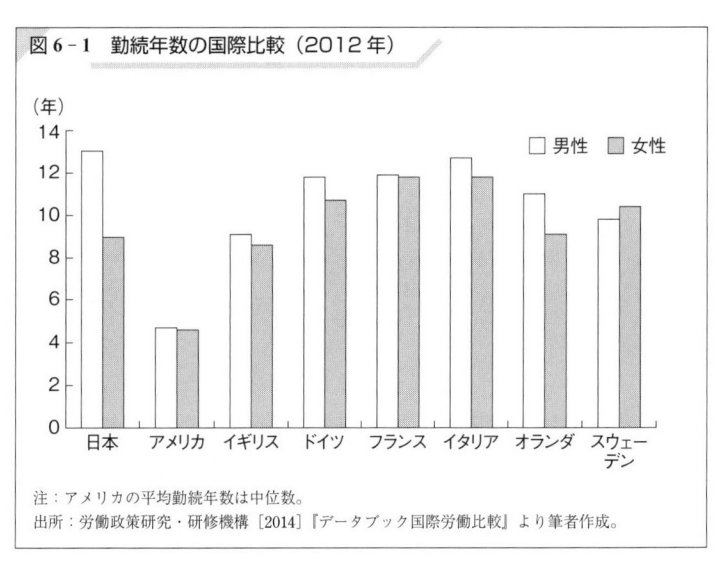

図6-1 勤続年数の国際比較（2012年）

注：アメリカの平均勤続年数は中位数。
出所：労働政策研究・研修機構［2014］『データブック国際労働比較』より筆者作成。

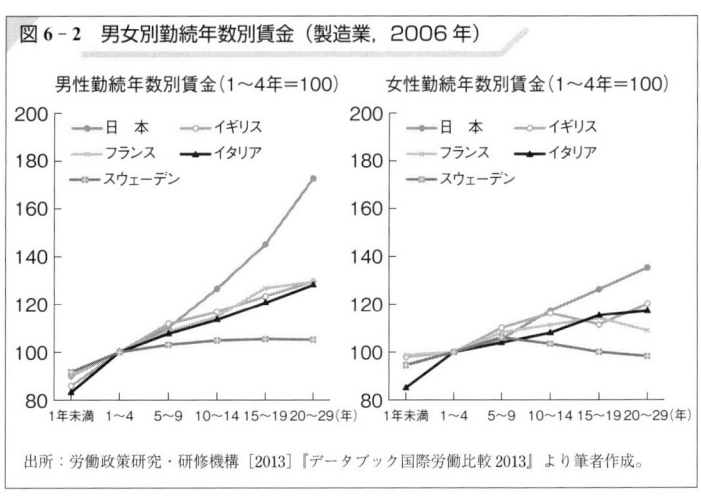

図6-2 男女別勤続年数別賃金（製造業，2006年）

出所：労働政策研究・研修機構［2013］『データブック国際労働比較2013』より筆者作成。

　　　　このような年功賃金は，**人的資本投資**により賃金が上昇すると説明されることが多い。企業内で働きながら技術や技能を習得する訓練（OJT：オン・ザ・ジョブトレーニング）や研修などの職場を離れた訓練（Off-JT：オフ・ザ・ジョブトレーニング）が行われることで，労働者の生産性が高まるため，勤続年数が長くなるにつれ賃金が上昇するという考え方である。

　人的資本投資は，それによって蓄積される技能や技術の違いから，語学やコンピューターの操作など特定の企業にかかわらず汎用性のある**一般人的資本投資**と，所属する特定の企業内でのみ通用する**企業特殊人的資本投資**とが区別される。一般人的資本投資は，おもにOff-JTとして座学により訓練されるが，企業特殊人的資本投資はOJTによる場合が多い。

　ここで，労働者の生涯のうち，就労を行う期間を1期，2期に区分し，1期では人的資本投資が行われるとしよう。そして，2期の終了時に引退するため，2期において訓練を行うメリットはないとする。人的資本投資を行うと，訓練にかかる直接費用だけでなく，労働者が訓練にあてた時間の**機会費用**が発生するため，1期での労働の限界収入（「限界生産物の価値」と同じ）は，訓練を行わない場合より低くなる。その一方で，1期で人的資本投資が行われると，2期での労働の限界収入が高まる。

　図6-3は，一般人的資本投資について，賃金と労働の限界収入についてみたものである。実線が賃金，点線が労働の限界収入を表している。第2章でみたように，競争的労働市場においては，賃金Wは労働の限界収入$pMPL$によって決まる（$w = pMPL$）。ここで，訓練による人的資本投資を行わない場合，労働の限界収入は一定となり，1期，2期ともに変わらず水平の労働の限界収入と賃金となる。一方，1期において人的資本投資が行われ訓練を受けると，機

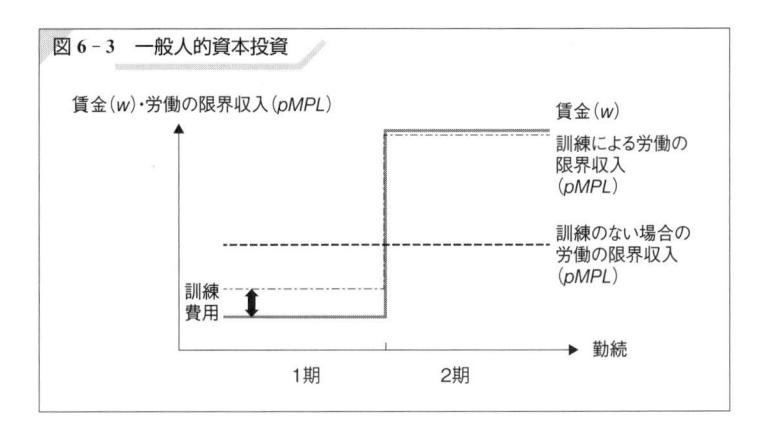

図6-3　一般人的資本投資

賃金(*w*)・労働の限界収入(*pMPL*)

賃金(*w*)

訓練による労働の
限界収入
(*pMPL*)

訓練のない場合の
労働の限界収入
(*pMPL*)

訓練
費用

勤続

1期　　　　2期

　会費用が発生するため行わない場合よりも労働の限界収入は低くなる。そして，賃金はその低い労働の限界収入から，さらに講習料など訓練にかかった直接費用が差し引かれた水準となる。これは，訓練費用をすべて労働者が負担することを意味する。なぜなら訓練の結果，どの企業においても通用する技能や技術を得られ，2期で他の企業に移っても，高い賃金が得られるため，企業が訓練費用を負担するメリットがないためである。

　したがって，一般人的資本の場合，1期から2期にかけて賃金が上昇するため年功賃金となるが，2期では1期で訓練を受けた企業以外の企業においても高い賃金を受けることができるため，長期勤続になるとは限らないであろう。

　次に，企業特殊人的資本投資の場合どのように賃金が決まるであろうか。1期では，訓練にあてられる時間の分だけ労働の限界収入が低くなると考えるが，OJTであることから直接の訓練費用は考慮しない。ただし，実際には，OJTであっても指導する役目の労働者が必要になるため，直接の訓練費用はかかるだろう。ここで，企業特殊人的資本投資においても，一般人的資本投資と同様に，1期において訓練にかかった分低下する労働の限界収入にあたる賃金

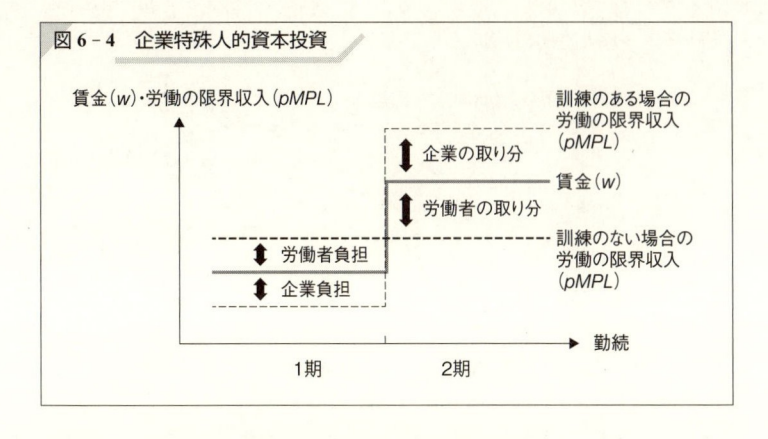

図6-4 企業特殊人的資本投資

が低下し，2期では限界収入の上昇した分だけ賃金が上昇すると考える（すなわち，各期で $w = pMPL$）。この場合，労働者にとって，1期では訓練を受けない場合より賃金が低くなるが，2期では1期と同じ企業にいる限りにおいて高い労働の限界収入となる。しかしながら，他の企業では訓練を受けていない場合と同じ賃金の水準しか提示されないため，1期と同じ企業も他の企業と同じか，それより若干高い賃金しか提示する必要はない。したがって，企業が2期において高い賃金を支払う約束を行わない限り，労働者は訓練を受けることによる1期での低い賃金を受け入れないだろう。

　しかしながら，将来のことについての確実な取り決めは難しく，企業にとっては約束を破るインセンティブが存在する。そこで，図6-4のように，1期においては，賃金を，労働の限界収入より高く，2期においては労働の限界収入より低く設定することで，企業が2期で高い賃金を支払わないでおこうとするインセンティブを防ぐことができる。すなわち，1期では，訓練のある場合の労働の限界収入より高い賃金となるため，訓練費用の企業負担が発生する。2期でその企業負担を回収するためには，労働者に辞められないように，訓練のない場合の労働の限界収入より高い賃金を提示することにな

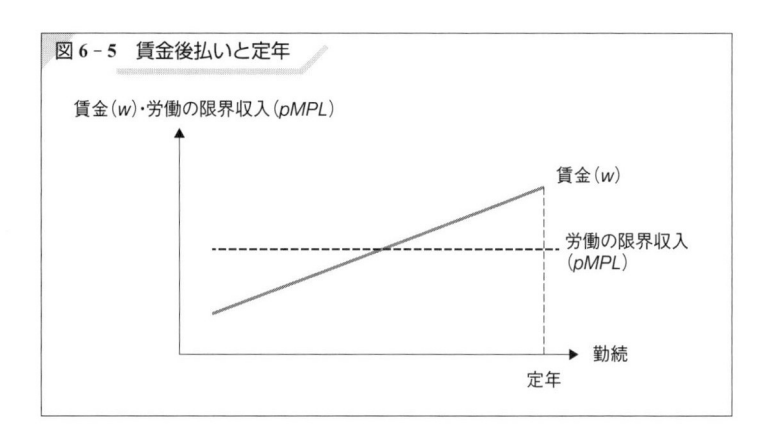

図6-5 賃金後払いと定年

賃金(w)・労働の限界収入(pMPL)

賃金(w)

労働の限界収入
(pMPL)

勤続

定年

る。ここから，年功賃金と長期雇用の関係が同時に導かれる。

定年制と年功賃金　　ただし，教育訓練を行うキャリア初期に労働の限界収入より高い賃金を支払う一方で，訓練終了後において労働の限界収入より低い賃金を支払うという賃金支払い方法は，日本の労働市場の特徴とはやや異なっている。図6-4にある企業特殊人的資本投資の賃金の支払い方が行われているとすると，企業の収益が下がったときに，労働の限界収入より賃金が低く設定されているはずの中高年齢層はできる限り仕事を続けさせ，労働の限界収入より賃金が高いはずの若年層の雇用を削減するはずである。しかし，日本企業においてはその逆に，業績不振による解雇や早期退職の募集は，比較的年齢の高い中高年齢層に集中しており，若年層はその影響を受けにくい。

　企業特殊人的資本の理論とは異なり，訓練が存在しない場合においても年功賃金と長期勤続が生じる場合がある。図6-5で示すようにキャリアの初期においては，生産性より低い賃金が支払われるが，キャリアの後半には生産性より高い賃金が支払われる「賃金後払い」である。この「賃金後払い」により，労働者にとっては，解雇されないように努力して長期勤続を行う誘因となり，企業にとっ

ては，労働者が怠けたり不正を行ったりすることを防ぐためのモニタリングコストを減らす。その一方で，キャリアの後半においては，労働者の生産性以上の賃金を企業が支払うため，労働者を解雇する誘因が存在する。したがって，労働者が賃金後払いを受け入れるためには，定年までの雇用の保障が必要となる。長期間存続してきた企業については，互いに信頼が生じ，また，政府による解雇規制により，一方的な解雇ができない場合も賃金の後払いは信頼されるだろう。一方で，定年が設定されない場合，企業は生産性より高い賃金を払い続けることになる。そのため，労働者と企業の「約束」として定年が設定されることとなる。

ジョブ・ローテーション　以上の考え方では，どのような国の企業でも，長期勤続と年功賃金が発生すると考えられるが，日本の企業における雇用慣行から，年功賃金と長期勤続の関係について考察を試みる。

　まず，解雇規制については，OECD 加盟国のなかで日本の解雇規制が強いとはいえない（第8章3節参照）。それにもかかわらず，日本企業では大規模な整理解雇が少ない。その理由は，日本の多くの企業は，ジョブ・ローテーションという仕組みを採用していることにある。ジョブとは個別の仕事内容である職務をさしている。日本の企業の特徴に，その職務や勤務地が定期的に変わるジョブ・ローテーションの存在があげられる。ジョブ・ローテーションにより事業の変化や景気により特定の職務や事業所がなくなったとしても，解雇されるとは限らない。たとえば，経理を担当していた者が，数年後に営業の部署に移されることや，東京の本社から地方の支社に異動することがある。経済状況や産業が変化することで，企業の事業内容が変わり不要な事業や部署が出る。特定の職務や事業所の削減や廃止に伴い，企業内に余剰人員が発生したとしても，ジョブ・ローテーションを採用している企業は，その人員を別の職務や部署

に移すことが可能となる。

　また，このジョブ・ローテーションは特定の職務と賃金を切り離す。もし，職務と賃金が明確に一体となっていたら，労働者は賃金の低下を伴う職務への異動を拒むであろう。そこで，職務とは関係のない年功賃金が採用される。図6-2でみたように，勤続年数を重ねると賃金が上昇するのは日本だけの特徴ではない。日本以外の国では数年で賃金の伸びが鈍化するが，各職務に対応した技能を積み重ねることで賃金が上昇する場合は，徐々に上昇の幅は低下するからであろう。しかし，日本では賃金が伸び続ける。これは，ジョブ・ローテーションにより，職務とは関係なく勤続年数を重ねることで賃金が上昇するため賃金の上昇が続くと考えられる。この職務と賃金が対応しない賃金の決め方が，日本の年功賃金の背景にある。

企業規模間格差　ジョブ・ローテーションが可能となるためには，人員配置が入れ替え可能なだけの労働者と職務の数が必要となる。したがって，ジョブ・ローテーションを定期的に行うことができる企業はおもに大企業となる。図6-6は，厚生労働省が実施した『平成14年　雇用管理調査』からみた，労働者を企業内の他の部門に異動させる配置転換を行っている企業の企業規模別の割合である。企業規模が大きくなるほど配置転換を行っており，大企業ほどジョブ・ローテーションを採用していることがわかる。

　また，同調査では，配置転換の目的について企業規模が大きくなるほど「既存部門の拡大・縮小」や「多様な仕事の経験による労働者の能力の向上」と回答する割合が高くなっている。すなわち，大企業におけるジョブ・ローテーションの目的は，必要のなくなった職務を縮小し別の職務へ人員を配置することや，キャリア形成の一環と位置付けている。

　図6-7は，企業規模別にみた平均勤続年数である。男性におい

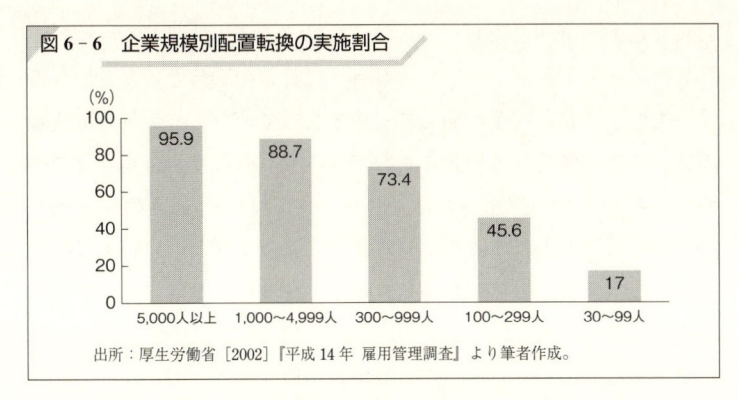

図6-6 企業規模別配置転換の実施割合

（%）

5,000人以上	95.9
1,000〜4,999人	88.7
300〜999人	73.4
100〜299人	45.6
30〜99人	17

出所：厚生労働省［2002］『平成14年 雇用管理調査』より筆者作成。

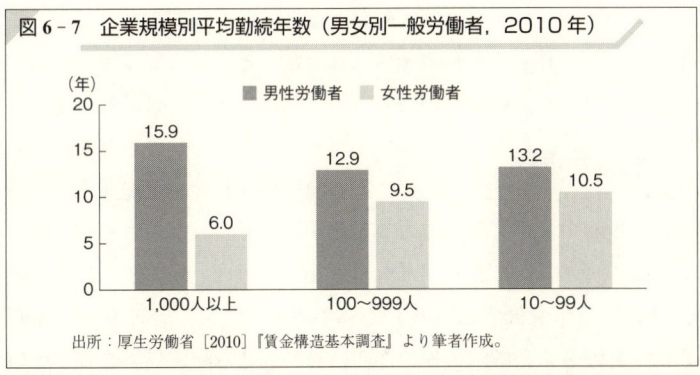

図6-7 企業規模別平均勤続年数（男女別一般労働者，2010年）

（年）　■男性労働者　□女性労働者

	男性労働者	女性労働者
1,000人以上	15.9	6.0
100〜999人	12.9	9.5
10〜99人	13.2	10.5

出所：厚生労働省［2010］『賃金構造基本調査』より筆者作成。

ては，企業規模が1000人以上の大企業で勤続年数が長くなっている。ただし，女性については大企業で平均勤続年数が短い。ジョブ・ローテーションに男女差が発生している可能性がある。男女の雇用格差については，第3節で再び考察する。

　図6-8は，企業規模別にみた月当たり給与である。ここからも勤続年数が長くなるにつれ大幅に給与が上昇する年功賃金の特徴は主に企業規模が1000人以上の大企業の特徴であるといえる。

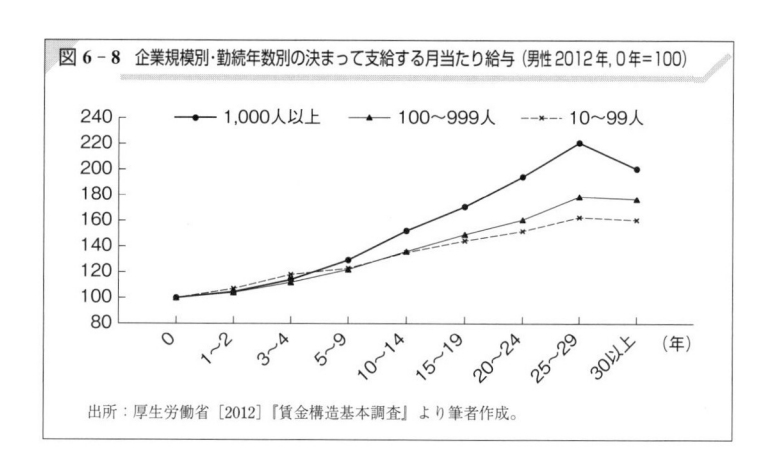

図6-8 企業規模別・勤続年数別の決まって支給する月当たり給与 (男性2012年, 0年=100)

出所：厚生労働省 [2012]『賃金構造基本調査』より筆者作成。

2 非正規雇用の労働問題

非正規雇用の定義 　非正規雇用とは，正規雇用や正社員との対比で一般的に用いられている言葉であるが，さまざまな働き方をさしている。第1節でみた長期勤続や年功賃金は，おもに大企業の男性労働者の働き方の特徴であったが，非正規雇用は，このような働き方とは逆の特徴をもつ。すなわち，勤続年数は比較的短く，また，年功賃金ではなく，勤続年数に応じた賃金の伸びは小さい。

　非正規雇用と正規雇用を，法的な契約の形態や短時間労働などの客観的な属性により区分を行うことは難しく，実態として個別企業の「呼称」により把握されることが多い。図6-9は，現在の雇用形態別の就業者数である。非正規雇用のうち，25%以上が有期労働契約ではなく，また，労働時間でみても，パート・アルバイトのなかにも週40時間以上働く者が存在する。したがって，法的な契約の区分や労働時間により正規雇用と非正規雇用が明確に区分されて

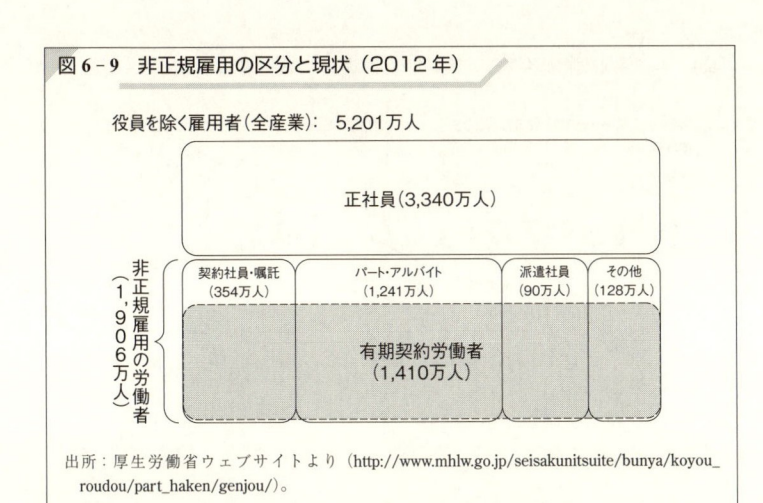

図 6 – 9　非正規雇用の区分と現状（2012 年）

役員を除く雇用者(全産業)：　5,201万人

正社員(3,340万人)

非正規雇用の労働者（1,906万人）

契約社員・嘱託 (354万人)	パート・アルバイト (1,241万人)	派遣社員 (90万人)	その他 (128万人)

有期契約労働者
（1,410万人）

出所：厚生労働省ウェブサイトより（http://www.mhlw.go.jp/seisakunitsuite/bunya/koyou_roudou/part_haken/genjou/）。

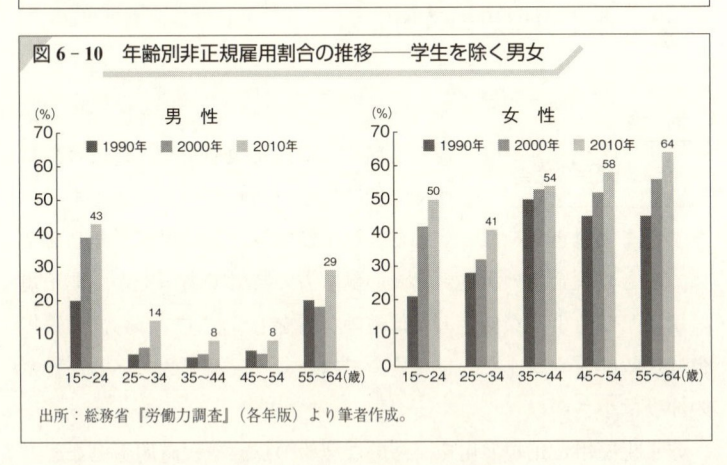

図 6 – 10　年齢別非正規雇用割合の推移——学生を除く男女

出所：総務省『労働力調査』（各年版）より筆者作成。

いるわけではない。図 6 – 10 は，性別・年齢別にみた非正規雇用割合の推移である。一見して女性の非正規雇用割合が高いことがみてとれる。ただし 15 歳から 24 歳層に関しては男性も高い水準にある。女性においては，35 歳以降の中高年齢層において非正規雇用の割合が高くなっているのは，多くの女性が出産や結婚を機に離職し，子育て後の再就職としてパートなどの非正規雇用を選択するからで

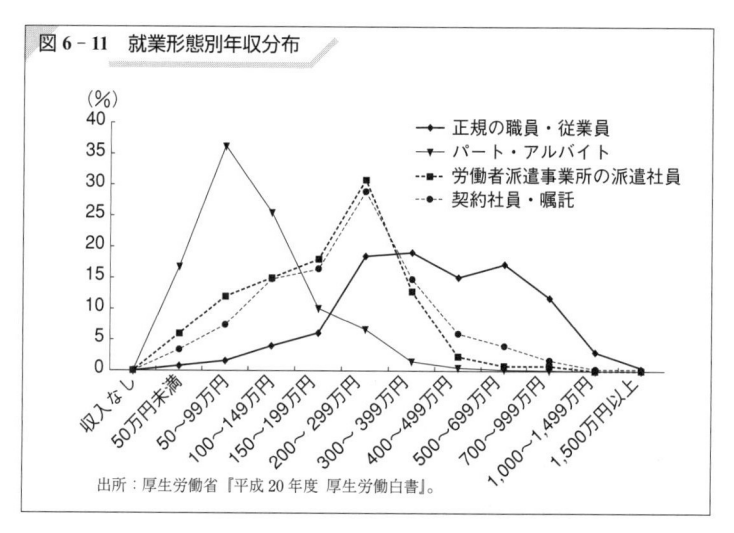

図 6-11　就業形態別年収分布

(%)

- ◆— 正規の職員・従業員
- ▼— パート・アルバイト
- ■-- 労働者派遣事業所の派遣社員
- ●-- 契約社員・嘱託

横軸：収入なし、50万円未満、50〜99万円、100〜149万円、150〜199万円、200〜299万円、300〜399万円、400〜499万円、500〜699万円、700〜999万円、1,000〜1,499万円、1,500万円以上

出所：厚生労働省『平成 20 年度 厚生労働白書』。

ある。

　図 6-11 は，各雇用形態別にみた年間収入の分布である。パート・アルバイトは，50〜99 万円の割合が高く，200 万円未満の低い収入に集中している。派遣社員と契約社員・嘱託では，200〜299万円をピークとした似通った形状をしている。そして，正規雇用の場合は，200 万円から 1000 万円の範囲で台形の形状であり，分散が大きい。すなわち，非正規雇用は，低収入に偏っているが，非正規雇用内での格差が小さい一方で，正規雇用の場合平均収入は高いがその中での格差が大きい。

有 期 雇 用

　次に，**有期雇用**と期間の定めのない雇用の差について考える。期間の定めのない雇用の場合，解雇が規制される一方，有期労働契約の場合，契約期間が満了する時点で雇用が終了する「雇い止め」により職を失う可能性が高くなる。日本の有期労働契約は，1 回の契約期間の上限が 3 年（専門的知識を有する労働者や高齢者の場合は上限が 5 年）となっている。しかしながら，契約更新回数に上限の規制がないため，有期雇用で

あっても長期の勤続年数となる場合がある。このような有期労働契約の反復更新を行うことで，企業は長期的な雇用を目的としつつ，「雇い止め」により実質的に解雇が容易な労働者を雇うことができる。すなわち，解雇法理が適用されない雇用となるため，労働者にとって不確実性が高い労働環境となってしまう（くわしくは第8章3節で述べる）。

派遣労働と業務請負　派遣労働は，直接の雇用関係のある派遣元企業から派遣され，実際に業務を行う事業所で派遣先企業の指揮命令に従う働き方である（図6-12①,②）。派遣労働では指揮命令と雇用関係が別になるため，労働災害を防ぐための労働安全衛生法でも派遣元と派遣先のそれぞれの企業に責任が発生する。派遣労働法では，医療業務や建設業務などへの派遣，派遣先への事前面接，元の勤務先への派遣が禁止されている。

　また，一部の業務（機械設計，通訳，ファイリングなど「26業務」）を除き，原則1年，最長3年間の派遣受入れ期間の制限があった。しかし，2015年の改正により，同一業務であっても人を代えることにより3年以上の派遣労働の受入れが可能となる。ただし，これまで無期限で受入れ可能であった「26業務」についても，1人の派遣労働者の受入れ期間の上限が3年までとなる。

　派遣労働には，常用型派遣と登録型派遣の2種類が存在する。常用型派遣は，派遣元と期間の定めのない労働契約を結び，派遣先との契約が終了しても雇用状態にある（図6-12①）。一方，登録型派遣は，派遣先が決定してから派遣元と雇用関係を結び，派遣期間が終了した時点で雇用関係が終了する（図6-12②）。登録型派遣は，派遣先企業との契約が終了すると雇い止めとなるため，不安定な雇用となりやすい。

　派遣労働に近い働き方に，請負がある。請負労働は，派遣と同様に事業所に出向くが，発注主の指揮命令に従うものではない（図

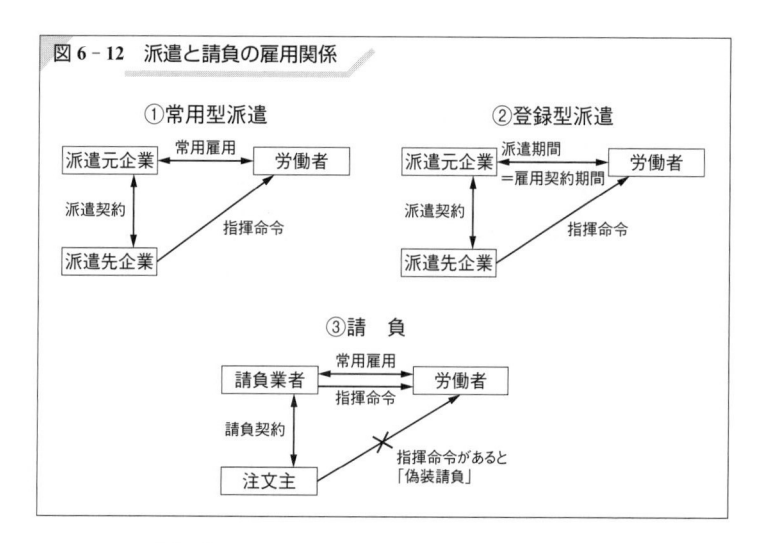

図6-12 派遣と請負の雇用関係

①常用型派遣

派遣元企業 ―常用雇用→ 労働者

派遣契約　指揮命令

派遣先企業

②登録型派遣

派遣元企業 ―派遣期間＝雇用契約期間→ 労働者

派遣契約　指揮命令

派遣先企業

③請　負

請負業者 ―常用雇用・指揮命令→ 労働者

請負契約

注文主 ―×―指揮命令があると「偽装請負」→

6-12③)。請負労働でありながら，実質的に発注主の指示に従った業務を行うことはできない。しかし，このような状況が製造業などで違法に行われる「偽造請負」が問題となった。この場合，実質的に派遣労働と変わらないにもかかわらず，発注主の企業が労働者の安全保護の責任をもたないことが問題となる。

　また，個人で仕事を請け負う個人事業主でありながら，実質的に請負先の指示に従っている場合により深刻な「偽装請負」となる。この場合，実質的に直接の雇用関係にあるにもかかわらず，労働基準法も労働安全衛生法も適用されないだけではなく，社会保険料など労働者を雇うことで生じる負担を免れるという問題が生じる。

3　女性の労働問題

男女間の雇用格差

長期勤続と年功賃金が日本の労働市場の特徴であると説明されるが，図6-1で明ら

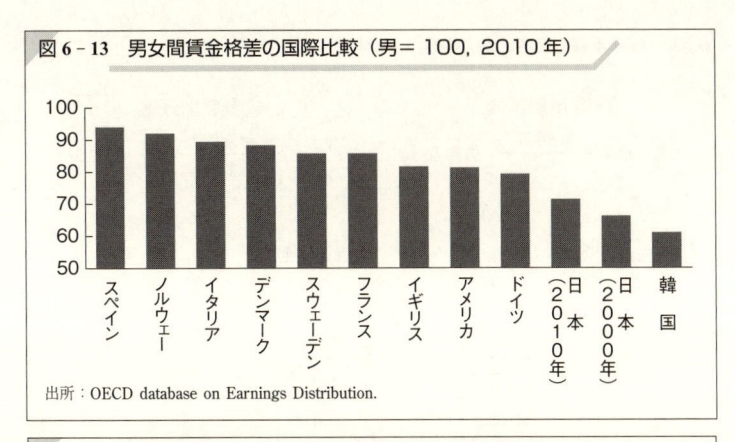

図6-13 男女間賃金格差の国際比較（男＝100，2010年）

出所：OECD database on Earnings Distribution.

表6-1 女性管理職割合および女性就業者割合の国際比較

(単位：%)

	女性管理職割合			女性就業者割合		
	1985年	2005年	差 (%ポイント)	1985年	2005年	差 (%ポイント)
日 本	6.6	10.1	3.5	39.7	41.4	1.7
ノルウェー	22.0	30.5	8.5	42.9	47.1	4.2
スウェーデン	27.7	29.9	2.2	47.9	47.8	-0.1
ドイツ	25.8	37.3	11.5	41.9	44.9	3.0
イギリス	32.9	34.5	1.6	44.7	46.5	1.8
アメリカ	35.6	42.5	6.9	44.1	46.4	2.3
オーストラリア	17.6	37.3	19.7	38.4	44.9	6.5
韓 国	3.7	7.8	4.1	39.0	41.7	2.7
フィリピン	21.9	57.8	35.9	37.2	38.5	1.3
シンガポール	12.0	25.9	13.9	36.4	41.5	5.1
マレーシア	8.7	23.2	14.5	34.5	34.7	0.2

出所：内閣府［2007］『平成19年版 男女共同参画白書』より筆者作成。

　かなように，女性に関してはヨーロッパ諸国より平均勤続年数が短く，また，図6-2にあるように勤続年数が長くなったとしても賃金の上昇幅は小さい。長期勤続と年功賃金は日本の男性労働者に特有のものであるといえる。

　図6-13は，男女間賃金格差の国際比較である。日本の男女間賃金格差は近年縮小しているが，先進諸国のなかで最も格差の大きな

国の1つであることがわかる。なぜ男女間賃金格差が生じるのだろうか。また，日本における男女間の雇用格差には，どのような特徴があるのだろうか。

表6-1は，管理職に占める女性割合の国際比較である。日本の女性管理職割合は韓国に並び非常に低い水準にある。女性就業者割合の各国の差に比べ，女性管理職割合の差は大きく，日本は1985年から2005年にわずか3.5%ポイントしか上昇していない。

女性の就業状況　次に，図6-14の年令別女性の労働力率をみると，日本では20歳代で高く，30歳代で低下し，40歳代で再び上昇することがみてとれる。この，女性の労働力率のパターンはM字型就業と呼ばれる。これは女性が結婚・出産時に離職し，育児期間に無業となり，子どもが大きくなった時点で再び労働市場に参入するパターンとなっているために，M字型の年齢別労力率となる。この労働力率の特徴は日本と韓国でみられるが，スウェーデン，アメリカ，ドイツではみられない。また，図6-10でみたように女性は年齢が高くなるほど非正規雇用割合が上昇しており，再就職時には多くが非正規雇用となる。

男女間の雇用差別の経済学　男女間賃金格差を説明する理論モデルとして，G.ベッカーの「雇用主の嗜好」による差別が有名である。雇用主が女性差別的な嗜好をもつ場合，女性を雇ったり男性と平等に扱うと自身の効用が下がる。まず，競争的労働市場を仮定すると，第2章2節でみたように，労働者には限界生産性と一致する賃金が支払われる。しかし，差別的な嗜好により女性を雇うことを避ける雇用主は，限界生産性よりも低い賃金でないと女性を雇わないと考える。女性の労働供給量が一定であり，かつ，差別的嗜好をもたない雇用主の労働需要よりも供給量が多い場合，女性労働者は差別的な雇用主の提示する限界生産性より低い水準の賃金で雇われることになる。この場合，

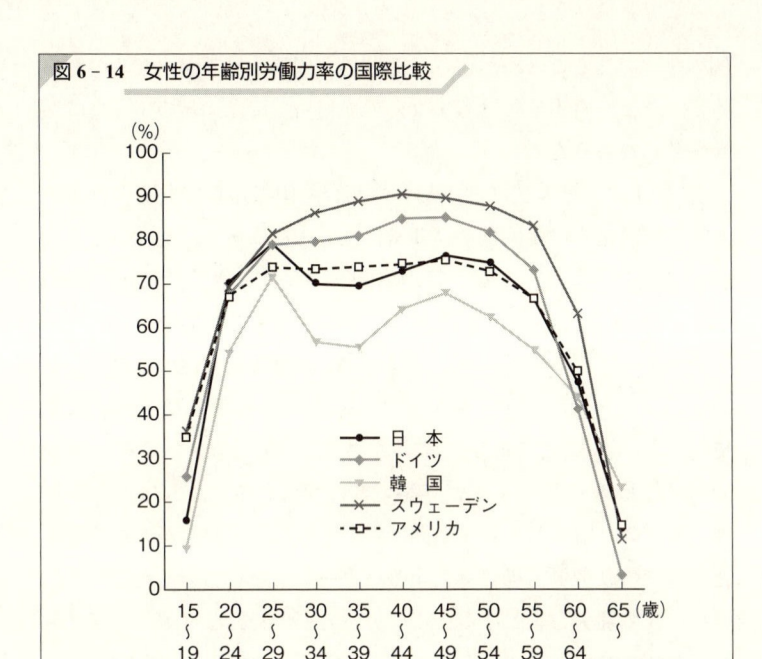

図6-14　女性の年齢別労働力率の国際比較

注1：「労働力率」は，15歳以上人口に占める労働力人口（就業者＋完全失業者）の割合。
　2：日本は総務省「労働力調査（基本集計）」（平成25年），その他の国はILO"ILOSTAT"より作成。
　3：日本とアメリカは2013年，その他の国は2012年時点の数値。
出所：内閣府［2014］『平成26年版男女共同参画白書』。

差別的な嗜好をもたない雇用主も，低い賃金で女性を雇うことが可能であり，すべての女性に限界生産性より低い賃金が支払われることになる。したがって，男性と女性の生産性が同じであっても，差別的な嗜好をもつ雇用主が存在することで，女性の賃金がより低くなる。

　しかしながら，女性に対し限界生産性より低い賃金が支払われる場合，女性を多く雇い入れる企業の利潤が大きくなる。逆に，女性を雇い入れない企業の利潤は低くなる。差別を行う企業は，その利潤が低下することで，競争により淘汰されるのであれば差別的な嗜

好をもつ雇用主が減少し，女性に対しても限界生産性に合致した賃金が支払われるようになる。

ただし，消費者が差別的嗜好をもち，女性の生み出す生産物やサービスに低い価値しか置かない場合は，雇用主が差別的嗜好をもっていなくとも，女性の賃金は低くなる。たとえば，外食において男性の料理人が好まれる場合や，商談や営業において女性より男性が信頼を得られやすい傾向がみられることなどが考えられるだろう。

| 統計的差別 |

次に，雇用主が差別的嗜好をもっていなくとも，企業にとって労働者の能力や離職行動が事前には知ることができないという情報問題がある場合に，女性差別が発生することが考えられる。

企業は特殊人的資本投資を行うが，投資後に労働者が離職する場合，その投資の費用が回収できない。しかしながら，企業は労働者が離職するかどうか，投資を行う前にはわからない。この場合，企業は労働者の平均的な属性によって，企業特殊人的資本投資を行うかどうかを判断することになる。女性は結婚や出産時に離職する確率が高いので，男性により多くの人的資本投資を行う。その結果，男女間の賃金格差が発生することとなる。たとえ，ある女性が結婚や出産にかかわらず就業を継続する意思をもっていたとしても，企業がどの労働者が就業を継続するか知ることができない場合は，性別による平均的な差を用いて人的資本投資の判断を行うことになる。このような，集団間の平均的な差を用いて個人属性による差別を行うことを統計的差別と呼ぶ。

統計的差別の問題点は，就業を継続して訓練による賃金の上昇を望んだとしても，女性であることを理由に人的資本投資を受けることができないだけではなく，そのことを理由に賃金上昇の見込みがなくなることで女性の離職率が高まり，企業はより女性への人的資本投資を控えるという悪循環が生じる可能性があることである。

企業が合理的行動をとることで性別による差別が発生する統計的差別の存在は，明らかな賃金差別だけでなく，教育訓練についての差別も禁止しない限り，男女差別が解消されないことを示唆している。

　　男女雇用機会均等法　1985年に男女雇用機会均等法が施行され，教育訓練，福利厚生，定年・退職および解雇について，女性であることを理由とした差別が禁止された。しかしながら，募集・採用，配置・昇進の差別的取扱いについては，禁止規定ではなく努力義務規定となっており，不十分なものであった。その後，1997年の改正で，努力義務規定が禁止規定に強化された。また，この改正均等法では，ポジティブ・アクション，セクシュアル・ハラスメントに関する規定が創設された。

　しかしながら先にみたように，男女の賃金格差や昇進格差は現在でも大きい。その理由の1つは，均等法以降，大企業を中心として，昇進の機会があるものの転勤や職務異動が行われる「総合職」と，管理職への昇進や転勤のない「一般職」を区別して人事管理を行う「コース別雇用管理」と呼ばれる人事制度が導入されたことにある。表6-2にあるように，従業員数5000人以上の大企業においては，46.8％がコース別雇用管理制度を導入しており，そのうち「総合職」の雇用区分での採用の80％以上が男性である企業が48.6％となっている。その一方，従業員数が100人を超えると，6割以上の企業において「一般職」採用の80％以上が女性となる。このように，「総合職」と「一般職」で大きく男女の偏りがあることがわかる。

　総合職と一般職で賃金や昇進の機会に差があり，コースへの割り振りに男女差があるため，男女に昇進と賃金の格差が生じる。このような，女性だけに偏った職種，雇用形態，雇用区分に対し労働条件に格差をつけることを**間接差別**と呼ぶ。そして，2006年の均等法の改正では，この間接差別も禁止規定となった。その結果，コー

表6-2　コース別雇用管理の導入割合と男女の採用状況

（単位：%）

企業規模 （人）	コース別雇用管理制度あり（計）	総合職 （全国転勤あり）		男性が 80%以上	男女が 20～80%	女性が 80%以上
5000人以上	46.8	44.4	(100.0)	(48.6)	(51.4)	(－)
1000～4999	44.5	39.4	(100.0)	(53.4)	(44.7)	(1.9)
300～999	31.7	26.9	(100.0)	(65.7)	(33.8)	(0.6)
100～299	17.5	13.6	(100.0)	(75.3)	(20.0)	(4.7)
30～99	7.5	4.5	(100.0)	(82.0)	(16.4)	(1.5)
10～29	4.2	2.2	(100.0)	(73.2)	(26.8)	(－)

企業規模 （人）	コース別雇用管理制度あり（計）	一般職		男性が 80%以上	男女が 20～80%	女性が 80%以上
5000人以上	46.8	28.6	(100.0)	(4.7)	(32.6)	(62.8)
1000～4999	44.5	33.2	(100.0)	(10.3)	(23.9)	(65.9)
300～999	31.7	23.7	(100.0)	(13.3)	(21.3)	(65.4)
100～299	17.5	14.1	(100.0)	(7.3)	(26.9)	(65.8)
30～99	7.5	7.2	(100.0)	(16.5)	(29.3)	(54.1)
10～29	4.2	3.7	(100.0)	(25.5)	(37.9)	(36.6)

出所：厚生労働省［2013］『平成24年度雇用均等基本調査』より筆者作成。

ス別人事管理による間接差別は減少したかもしれないが，一般職で行われてきた職務が，派遣労働や契約社員といった非正規雇用に置き換えられるようになった。間接差別が禁止されているにもかかわらず，第2節でみたように，非正規雇用が女性に偏っていることから，男女の雇用格差の縮小は限られたものとなる。

　男女雇用機会均等法などの法律での規制があったとしても，日本の男女間の賃金格差や昇進格差は大きい。その理由の1つに，先に説明した，日本の雇用慣行においては職務が特定化されておらず，ジョブ・ローテーションを繰り返し，年功賃金が適用されるため，同じ職務であっても賃金が異なることが常態化することがある。男性同士でも同じ職務で同一の賃金が支払われているわけではない。そのため同一労働同一賃金となりにくく，同一の職務を理由とした男女間賃金格差を禁止することが困難となっている。

4 若年者の労働問題

若年労働市場と失業問題

労働市場に参入しはじめる若年層は，それまでの職歴がないために，企業から評価されにくい。そこで，どのように労働市場に参入していくのかが大きな問題となる。

図6-15は，年齢ごとの失業率の国際比較である。若年層である15歳から24歳の失業率を低い国から並べている。どこの国でも，若年層の失業率は他の年齢層よりも著しく高くなっていることがわかる。若年層は，職歴が浅く人的資本が蓄積されていないため，企業からの評価が低く，他の年齢層より失業リスクが高い。

日本の若年失業率は，ここで比較している国のなかで2番目に低い。これは，日本全体の失業率が高くないことも1つの要因ではある。しかし，25歳から54歳の失業率が日本より低いにもかかわらず，若年層の失業率が日本を上回る国が多くあることがみてとれる。したがって，日本の若年層の失業率は比較的低い水準にあるといえよう。

新規学卒一括採用

日本の若年層の失業率が相対的に低くなる理由として，**新規学卒一括採用**をあげることができる。新規学卒一括採用では，学校から就職までに「空白期間」が存在せず，高校や大学への在学期間中に就職活動を開始して採用の「内定」を受ける。そのため，3月31日に卒業し，4月1日に会社に所属して働き出すために，卒業と就職の間に期間が存在しない。

また，人事部が毎年一定人数の新規学卒者の採用を行っており，採用後，一定の研修期間終了後に企業の各部署に配置されることに

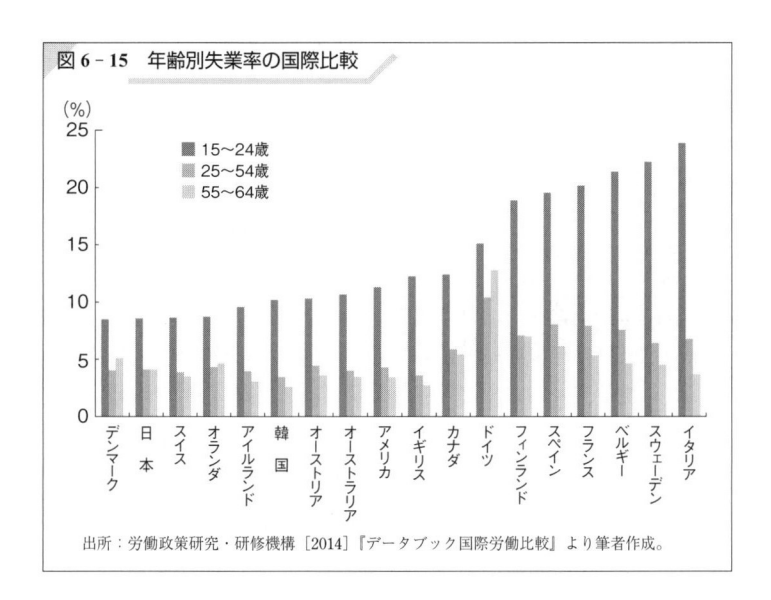

図6-15 年齢別失業率の国際比較

（%）
15〜24歳
25〜54歳
55〜64歳

出所：労働政策研究・研修機構［2014］『データブック国際労働比較』より筆者作成。

なる場合が多い。そのため，採用段階においては，職務が確定しておらず，望み通りの会社へ就職したとしても希望の職務や勤務地となるとは限らない。

このような，人事担当部署が一括して採用し職務を配置するやり方は，前述したジョブ・ローテーションと関連する。ジョブ・ローテーションでは，労働者は定期的に別の職務に移ることで会社内でのさまざまな部門でOJTを経験し，技能を蓄積することになる。もし，離職者が生じた時点や新たな業務が生まれた時点でその都度採用するのであれば，大量の新規学卒者が卒業後に「空白期間」なしで就職することは困難であろう。企業内で定期的な人事異動が行われているからこそ，新規学卒一括採用が可能となる。

新規学卒者の賃金（「初任給」と呼ばれる）は，年功賃金との関係で低い水準となり，企業間の差も小さい。したがって，新規学卒一括採用は，賃金による雇用量の調整が働きにくいと考えられる。

新規学卒者の採用人数は，企業は業績の変動に大きく影響を受けることになる。長期雇用との関係で，いったん採用した場合の解雇が難しく，解雇による雇用調整が難しい。そのため，新規学卒者の採用数で調整することになる。

新規学卒一括採用のメリット

若者が学卒後に初職を得るまでの平均期間は，デンマークで15カ月，ドイツで19カ月，イギリスで19カ月，スペインで35カ月と，ヨーロッパでは非常に長い期間を要する（OECD［2010］）。これは，新規学卒者といえどもすでに職業経歴があるものと同じく求職活動を行っているためである。それに対し日本の新規学卒一括採用では職歴が問われず，卒業と就職の間に「空白期間」が生じない。

新規学卒一括採用のメリットはそれだけではない。高校，短大，大学別の卒業予定者が，いっせいに就職活動を行い，あらゆる企業に応募することができる。出身校や地域により採用されやすさに差はあるものの，基本的には同じ条件で筆記試験や面接等により企業に審査，選別されることになる。応募の機会が開かれているという意味で，公平な採用システムであるといえる。

図6-16は，新規学卒採用とそれを含むすべての企業に採用された者の入職経路である。新規学卒者は，入職者計と比較して学校を通じた入職割合が高く，縁故による割合が低い。本人の能力ではなく親族等の経済活動に強く影響を受ける不公平な採用が多くなりやすい縁故による就職の割合が低いことからも，新規学卒採用が公平性を高めていることがわかる。

なお，一般に有名大学や入試難易度の高い大学の学生が就職活動において有利であると考えられているが，実際には，幅広い大学や学部から採用を行っている。とくに企業規模の大きい企業は，できるだけ多くの応募者を望むため，さまざまな地域や大学から採用している。各大学からの採用人数が，翌年の新たな学生の就職活動に

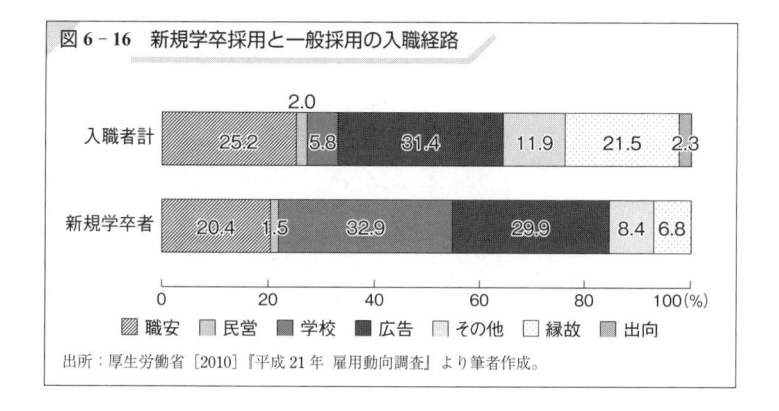

図6-16　新規学卒採用と一般採用の入職経路

出所：厚生労働省［2010］『平成21年　雇用動向調査』より筆者作成。

おけるシグナルとなることから，できるだけ多くの応募者を集める
ことにつながる。

　また一般的に，企業は特定の職務に限定した募集を新規学卒者に
行わないため，職務をこなすために必要な技能や資格が評価の基準
となりにくい。そのため，新卒採用では，「コミュニケーション能
力」や「胆力」といったみえにくい能力により採用が決まる傾向が
ある。

若年雇用の世代効果　　このように，日本の労働市場において，新
規学卒一括採用という制度は，若年労働者
の失業率を低くし，また，採用においてより公平な機会を提供して
いるといえよう。しかしその反面，労働市場への参入が，学卒時と
いうライフコースのなかでの特定の時期を有利に扱うため，学卒時
に希望通りの就職がかなわなかった場合，その後の雇用環境に問題
が生じる。しかも，学卒年は生まれた年度にほぼ規定されるため，
学卒時の景気や雇用環境という個人ではどうしようもない要因がそ
の後の職業生活に強く影響する可能性がある。

　図6-17は，大学卒業時点の未就職率と大卒求人倍率の関係であ
る。まず，1990年代初頭のバブル経済崩壊以降，大卒求人倍率が

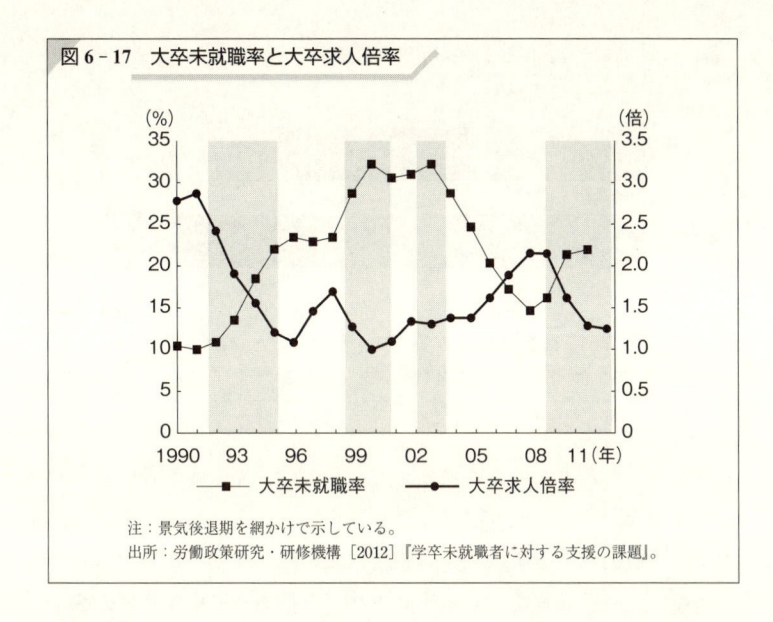

図6-17 大卒未就職率と大卒求人倍率

注：景気後退期を網かけで示している。
出所：労働政策研究・研修機構［2012］『学卒未就職者に対する支援の課題』。

大きく低下し，97年に若干回復するものの，同年のアジア通貨危
機の影響で再び低下することになった。一方で，大卒未就職率も大
卒求人倍率の低下に伴い大きく上昇した。この90年代中頃から
2000年代初頭までは，就職氷河期と呼ばれ，多くの若年層が学卒
後非正規雇用に就くようになった。2000年代中頃に入ると，大卒
求人倍率は回復し，大卒未就職率も低下した。しかし，08年に発
生したいわゆるリーマン・ショックと呼ばれる金融危機の影響によ
り，再び大卒求人倍率が低下し，大卒未就職率が上昇した。このよ
うに，学卒時に就職できるかどうかについては，直近の経済状況の
影響を強く受ける。

　また，学卒時に経済環境が悪い場合においては，たとえ就職でき
たとしても希望通りの企業や業種への就職は難しく，仕事との適合
性が悪くなり，その後離職が起きやすくなる。また，非正規雇用で
の就職が増加するだけではなく，正規雇用であっても低い賃金の職

に就きやすい。このように学卒時点の経済状況により，その後の生涯にわたる雇用環境が左右されることになる。この効果を**世代効果**と呼び，とくに不況期に企業が新卒採用人数を絞ることで，特定の生まれた年の世代が賃金や雇用の安定について負の影響を受けてしまうことをさす。

演習問題 ◆

1　日本の年功賃金について，企業特殊人的資本投資と賃金後払い仮説のどちらが妥当かについて考えなさい。また，その両方の仮説が両立する賃金の支払い方についても考えなさい。
2　日本において男女の昇進格差が発生する理由を考察しなさい。
3　日本の雇用慣行と世代効果の関係について考察しなさい。

文献案内 ◆

　日本の雇用システム全般については濱口［2009］，経済学による雇用慣行や賃金の支払い方については，江口［2010］，男女間の雇用格差については川口［2008］，若年雇用については太田［2010］，がそれぞれ必読である。

参考文献 ◆

江口匡太［2010］『キャリア・リスクの経済学』生産性出版
OECD 編（濱口桂一郎監訳・中島ゆり訳）［2010］『日本の若者と雇用──OECD 若年者雇用レビュー：日本』明石書店
太田聰一［2010］『若年者就業の経済学』日本経済新聞出版社
川口章［2008］『ジェンダー経済格差──なぜ格差が生まれるのか，克服の手がかりはどこにあるのか』勁草書房
濱口桂一郎［2009］『新しい労働社会──雇用システムの再構築へ』岩波書店

第7章　労働条件

炭坑の切羽で働く女性作業員（1942 年 11 月）　毎日新聞社提供

本章でまなぶこと◆

　本章では，最低賃金，労働組合，労働時間規制（割増賃金等），労働安全衛生法と労働者災害補償保険（労災保険）を扱う。

　競争的労働市場の場合，最低賃金，労働組合，労働時間規制による雇用減少の可能性があるが，労働の買手独占の場合や労働組合の交渉力次第では雇用増大の可能性もある。また割増賃金が労働時間を短縮させない可能性もある。

　労災保険は，企業が労働基準法に定める業務上災害の補償責任を，経営悪化等で十分果たせない可能性に対応した社会保険である。社会保険方式により，民間保険会社が各事業所の労災リスクを完全把握できないことで生じる逆選択の問題等を回避している。労働安全衛生法は労災保険を相互補完している。

キーワード

最低賃金　労働の買手独占　労働組合　不当労働行為　企業別組合　労使交渉　労働協約　労使協定　契約曲線　労働時間規制　36（サブロク）協定　割増賃金　不払残業　労働安全衛生法　過労死・過労自殺　労災かくし　補償賃金格差理論　業種別労災保険率　メリット制

1 最 低 賃 金

最低賃金の成り立ち 企業は労働者に対し法律で定められた**最低賃金額**以上の賃金を支払わなければならない。一般に最低賃金の決め方には，政府により決められる場合と経営者団体と労働組合による集団的労使交渉により決められる場合がある。日本は，前者にあたり，労使それぞれを代表する委員と中立の委員から構成される審議会において最低賃金の水準が決定され，法律によって規制される。ドイツやデンマークでは，労働者と使用者による集団的労使交渉により決められている。政府により決められる場合は，ほとんどすべての労働者に最低賃金が適用されるが，労使交渉による場合は，各産業と職種での交渉が及ぶ範囲となるため，すべての労働者がカバーされるわけではない。

　日本では，都道府県ごとの地域別最低賃金とその地域別最低賃金より上の水準で産業別に決められる特定最低賃金の2種類がある。地域別最低賃金の例として，東京都および秋田県の短時間労働者の時給の分布をみたものが図7-1である。東京都では最低賃金付近の労働者は少なく左右対称に近い分布になっている。一方秋田県の賃金の分布は，最低賃金付近に多く分布しており，最低賃金により下支えされていることがみてとれる。このように最低賃金は，賃金の最低限度として定められ，実際に雇用や賃金に影響を与えていると考えられる。以下では，最低賃金が雇用に与える影響について，理論的，実証的に考える。

競争的労働市場における最低賃金の効果 最低賃金を引き上げることへの反対理由として，最低賃金の引上げにより，低い賃金であることを理由に雇われていた労働者を

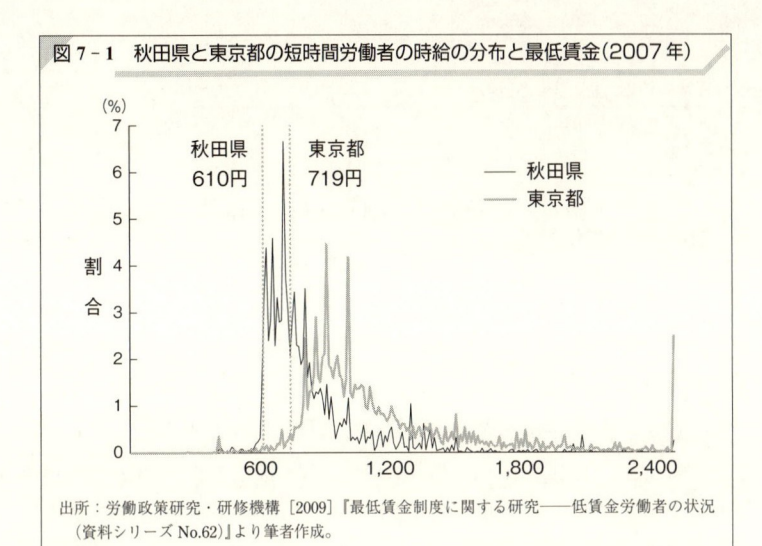

出所：労働政策研究・研修機構［2009］『最低賃金制度に関する研究——低賃金労働者の状況（資料シリーズ No.62）』より筆者作成。

企業が雇い入れなくなるため，とくに低賃金労働者の雇用減少が主張される。まず，競争的労働市場では，各企業が賃金をコントロールできないため，最低賃金の引上げは雇用量を減少させることが理論的に示される。

　図7-2は，第2章2節の競争的労働市場の考え方に基づき，横軸を雇用量，縦軸を賃金とし，労働需要曲線 D と労働供給曲線 S を描いている。競争的労働市場では，最低賃金がない場合，賃金率が上昇すると企業の雇用量が減少する右下がりの労働需要曲線と，同じく賃金率が上昇すると労働者の供給量が増大する右上がりの労働供給曲線の2つが均衡する賃金水準において雇用量が決定する（点 E_1）。図7-2では，2つの曲線が交わる点，すなわち賃金が w^*，雇用量が L^* となる。ここで，最低賃金 $\underline{w}$ を導入した場合，賃金が引き上げられるため，利潤最大化を行う企業の雇用量は，労働需要曲線 D に沿って L_1 まで減少する。これは第2章第2節でみたように，企業の利潤最大化として，限界生産物の価値 pMP_L と賃金を一

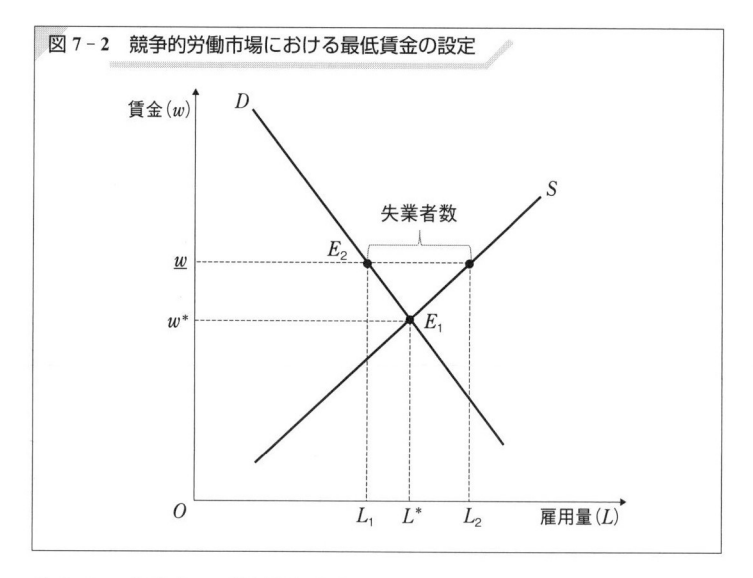

図7-2　競争的労働市場における最低賃金の設定

賃金(w)
D
S
失業者数
$\underline{w}$　E_2
w^*　E_1
O　L_1　L^*　L_2　雇用量(L)

致させる水準まで雇用量を減少させることによる（$w = pMP_L$）。

　その一方で，市場賃金 w^* より最低賃金 $\underline{w}$ が高くなる場合，雇用を希望する労働者数は労働供給曲線 S に沿って L_2 まで増加する。しかしながら，企業が雇い入れる雇用量は L_1 なので，$L_2 - L_1$ が失業者数となる。すなわち，競争的労働市場では最低賃金が上がるとその分，働きたい者は増加するが，企業は雇用を減らすので失業者が増加する。

独占的労働市場における最低賃金の効果

　次に，企業が賃金を自由に設定できる独占的労働市場の場合には，最低賃金の導入により雇用量を増加させうることを説明する。たとえば，学生や主婦など通勤時間をかけることが難しい者が働くとき，通勤圏の企業が特定の企業に限られ，他の企業の選択肢がなく独占的労働市場が生じる可能性がある。

　財・サービスの生産を行う生産関数を $F(L, \overline{K})$ とし，ここで L は労働投入量，K は資本投入量をさすが，K は固定されているため，

上線が付されている。そして，p は生産する財・サービス価格，r は資本の単位当たり価格とする。ここで，第2章2節の(1)式と異なり，**労働の買手独占**の企業では，賃金を自由に設定できるため，$w = w(L)$ としている。このとき企業の利潤関数は，

$$\pi (L, \overline{K}) = pF(L, \overline{K}) - [w(L)L + r\overline{K}]$$

となる。労働の投入量による利潤 π の最大化の一階の条件を考えると，資本投入量 $\overline{K}$ が固定化されているため，

$$pF'(L, \overline{K}) - w(L) - w'(L)L = 0$$

となる。すなわち，

$$pF'(L, \overline{K}) = w(L) + w'(L)L$$

を満たす労働投入量 L で利潤が最大化される。このとき，左辺は労働による限界生産物の価値 $pMPL$ となる。右辺の $w(L) + w'(L)L$ は，労働者を1人雇い入れた場合の追加的コストである。つまり，1人分の賃金 w と，1人雇い入れるために必要であった賃金の上昇分 $w'(L)$ を労働者数に掛け合わせた労働コストの上昇分とを足し合わせたものであり，労働の限界費用 MCL となる。したがって，この式からは，買手独占企業の利潤最大化では，労働の限界費用が，労働による限界生産物の価値と一致する賃金を設定することになる（$pMPL = MCL$ と表現できる）。

　企業自らが賃金を設定することができる買手独占のモデルを図示したものが図7-3である。まず，買手独占であれ競争的労働市場であれ，利潤最大化を行う企業は，労働による限界生産物の価値 $pMPL$ と賃金 w が一致する労働需要曲線 D を描くことができ，労働が増加するにつれ限界収入が逓減するため，右下がりの曲線となる。

　一方，企業が追加的に雇用を増やすためには，$w = w(L)$ となる右上がりの労働供給曲線 S に沿って，賃金を上昇させる必要がある。そして，労働の限界費用の曲線 MCL は，賃金の上昇幅分をすべて

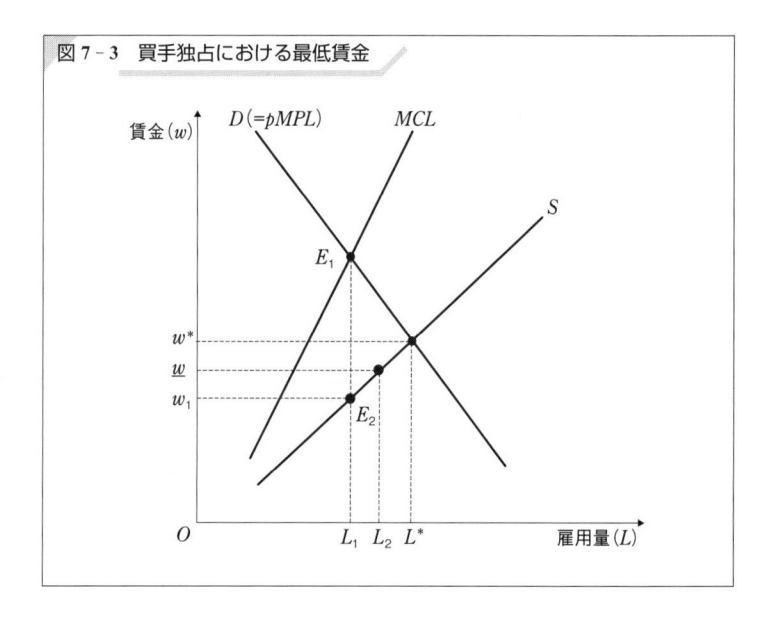

図 7 - 3　買手独占における最低賃金

の労働者に適用する分 $w'(L)L$ だけ労働供給曲線より上方に位置する。買手独占の企業は，労働の限界費用と限界生産物の価値が一致する点 E_1（$pMPL = MCL$）における労働投入量である L_1 を雇用する。この L_1 を達成するためには，企業は w_1 の賃金を提示すればよい。この買手独占の場合の雇用量 L_1 は，競争的労働市場における雇用量 L^* の水準より低くなっていることがわかる。

　この買手独占のもとで，最低賃金 $\underline{w}$ を設定すると雇用はどのように変化するであろうか。最低賃金が w_1 より低い場合，企業は賃金を w_1 に設定するため，雇用量と賃金には影響がない。次に，最低賃金 $\underline{w}$ を w_1 より高く設定する場合，労働供給曲線 S に沿って雇用量が上昇し，雇用量が L_2 となる。すなわち，w_1 より高い最低賃金は，雇用量を増加させることがわかる。しかし，w^* より高い最低賃金を設定すると，$\underline{w} = pMPL$ となる労働需要曲線 D に沿った水準の雇用量を雇う。この場合，L^* より雇用量は少なくなり，競争

的労働市場と同様に失業が生じることになる。

最低賃金の実証分析 以上のように理論的には，最低賃金の引上げにより雇用が減る場合だけではなく，増加することも考えられる。したがって，最低賃金による雇用への影響については，統計データを用いた実証研究によって判断される。しかしながら，最低賃金の引上げの雇用への影響については実証研究においても見解が分かれている。

アメリカでは，長い論争の歴史があり，先行研究も膨大な量となっている。そのなかで，とくに有名なのが，D. カードとA.B. クルーガーに対する，D. ニューマークとW.L. ワッシャーの論争である。

アメリカでは，最低賃金の引上げがとくに10代の若者の雇用を減らすという研究が多く報告されてきた。それらの研究は，おもに時系列の集計データを用いたものであった。

しかし，カードとクルーガーによる1995年の研究では，それまでの研究とは分析手法も結果も異なる画期的なものであった。カードとクルーガーは，最低賃金が引き上げられたニュージャージー州と引き上げられなかった隣接するペンシルバニア州で，最低賃金が引き上げられた前後のファーストフード・レストランの雇用量の変化について分析を行った。その結果，最低賃金が引き上げられたニュージャージー州において雇用量が若干増加した一方で，ペンシルバニア州では雇用量が減少したことが明らかにされた。このことから，最低賃金の引上げは必ずしも雇用の減少を生むものではないことを指摘している（Card and Krueger [1995]）。

一方で，ニューマークとワッシャーは，自身の実証研究だけではなく，アメリカ，カナダ，ヨーロッパ各国における最低賃金と雇用の関係についての約100件に及ぶ論文のレビューを行った。その結果，最低賃金の引上げが雇用を減少させると結論付ける論文が多数であるとしている（Neumark and Wascher [2007]）。ただし，その後

も実証研究が多く発表されており，最低賃金と雇用の関係について，決着がついておらず，今後の研究の進展が望まれる。

　さらに最低賃金の雇用への影響については，性別および年齢階層別で影響が異なることから，貧困対策および低賃金対策としての最低賃金の引上げについては，高齢者，若年層，ひとり親などの政策対象別に，他の税制および社会保障給付とセットで考えたうえでの政策が必要となる。

2　労 働 組 合

労働組合の目的

　労働の売手である労働者は，個々では立場が弱く，買手である雇用主（使用者）と十分な交渉ができない。そこで，**労働組合**を組織し，労働者の利益の最大化を図る。ただし，何が労働者の利益であるかを特定することは難しい。労働組合は，賃上げ（賃金を上げること）や組合員の雇用維持のための交渉はもちろん，職場の安全衛生や労務管理のあり方についても雇用主に要求している。ときには，ストライキやサボタージュ，ロックアウト，などの手段を用いて交渉を行う。

　労働組合の活動は「労働三権」（団結権，団体交渉権，争議権）として法律で保障されている。労働者が組合員であることや労働組合を組織することにより，解雇やその他不利益な取扱いを受けることは，**不当労働行為**として禁止されている。

日本の労働組合

　日本の労働組合の特徴は，**企業別組合**といわれている。日本の組合加入者の約9割は，特定の企業の従業員のみから構成される企業別組合に加入している。ただし，企業別組合は大企業が中心で多くの中小企業に勤める労働者は加入していない。そのため，日本の2010年における労働者の

表 7-1　組合加入率と賃金に関する労働協約の適用割合

	組合加入率		賃金に関する労働協約の適用労働者割合	
	1990 年	2008〜10 年	1990 年	2008〜09年
スウェーデン	80.0	68.4	89.0	91.0
フランス	9.9	7.6	92.0	90.0
イタリア	38.8	35.1	83.0	80.0
ドイツ	31.2	18.6	72.0	62.0
イギリス	38.2	26.5	54.0	32.7
日　本	25.4	18.4	23.0	16.0
アメリカ	15.5	11.4	18.3	13.6

出所：OECD［2012］*Employment Outlook 2012.*

労働組合への加入率は 18.4％と低い水準になっている。一方欧米では，職種別に地域で企業横断的な組合である職業別組合（クラフト・ユニオン）や同一産業に従事する労働者が加入する産業別組合が一般的である。

　また，日本の労働組合が海外の労働組合と異なっている点は，使用者側との**労使交渉**で決定した労働条件（**労働協約**）が及ぶ範囲である。表 7-1 にあるように，日本の組合加入率は高くないが，アメリカやフランスはさらに低い水準となっている。しかし，組合加入率が低いフランスやドイツにおいては，労使交渉による労働協約により取り決められた賃金決定の及ぶ範囲が組合加入率よりはるかに高くなっている。その一方，日本では労使交渉による賃金の妥結が及ぶ範囲は，組合加入率よりも低くなっている。ヨーロッパでは，組合に属さない労働者も組合による労使交渉による労働協約が適用される場合が多い。一方，日本では各組合に加入している労働者のみの労働協約がおもとなっている。

　また，使用者と労働組合との労働協約は，産業別最低賃金など法定の最低基準を超える労働条件のために結ばれるが，**労使協定**は労働基準法を適用しない例外を認める場合の書面による協定をさす。

3節で説明するように，労働基準法で決められた労働時間を超える時間外労働の上限を定める場合やフレックスタイム制の導入など，規制の解除や柔軟化を行うためには，使用者は従業員の過半数代表と労使協定を締結しなければならない。なお，事業所に労働者の過半数を組織する労働組合が存在する場合は，その労働組合（過半数組合）が過半数代表となる。

労使交渉の理論① 労働組合の目的は組合員の利益であるが，要求や交渉の方法はさまざまである。ここではまず，賃金の水準のみを労働組合と雇用主との交渉で決定するモデルを考えてみよう。これは，「経営権」（"right to manage"）モデルと呼ばれ，賃金のみを労使交渉により決定し，そこで決まった賃金により企業が雇用量を決定するモデルである。

では，労使交渉により賃金水準はどのように決まるのであろうか。競争的労働市場の場合は，労働者の留保賃金と市場賃金は一致していた。交渉による場合は，労働者は留保賃金以上の賃金を要求し，交渉力により賃金が決定される。すなわち，労働者にとって賃金は高ければ高いほど望ましいので，働いてもよいと思う賃金より高い賃金を企業に要求する。そして，労働者の交渉力は，賃金交渉が破綻した場合に，企業が被る損失の大きさによって決まると考えられる。たとえば，労働者のストライキやサボタージュにより生産が止まり企業に大きな損失が出る場合，労働者の交渉力が高くなる。また，ストライキなどにより労働者が直接的に企業に損失を与える行動に出なくとも，労働者が企業を辞めたときに代わりの労働者を簡単に確保できず，企業の利益が大幅に減少してしまう場合においても，労働者の交渉力は高くなる。一方で，労働市場で代わりの労働者がいくらでもみつかる場合は，労働者の交渉力は弱くなる。したがって，組合が労働供給を独占しているほど，もしくは企業が他の労働者を確保するためのコストが高いほど，労働組合の交渉力は高

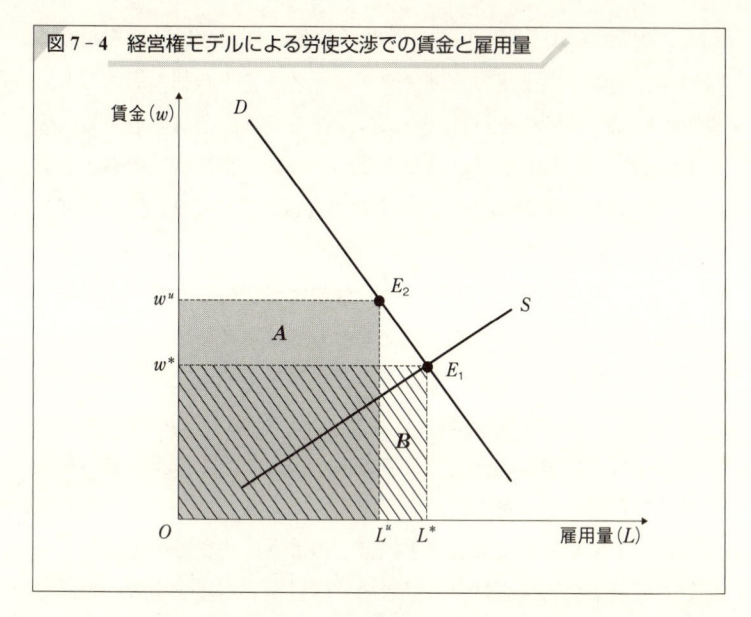

図7-4　経営権モデルによる労使交渉での賃金と雇用量

くなる。一方で，労働組合とは関係なく企業が労働市場から容易に労働者をみつけることができる場合や，労働者が次の職をみつけるコストが高くなる場合には労働組合の交渉力は弱くなる。

　図7-4は経営権モデルでの賃金と雇用量を図式化している。企業はそれぞれの賃金 w において利潤を最大化する雇用量を考えるため，労働需要曲線に沿った雇用量で労働者を雇うことになる。集団的労使交渉を経ずに完全競争により決定される賃金を w^* とし，労使交渉で決定される賃金を w^u とする。w^u の水準で賃金が妥結されると，企業は需要曲線 D に対応する雇用量 L^u の労働者を雇うことになる。

　ここで，労働組合の目的が企業の賃金支払い総額の最大化である場合を考えてみよう。賃金が上がることで雇用を失う労働者に対しても，賃金支払総額から組合が公平に分配できる場合は，個々の組合員の厚生を高めると考えられる。たとえば，デンマーク，スウェ

ーデン，フィンランドでは，失業保険は，「ゲント方式」と呼ばれる労働組合が運営する任意加入の保険となっている。このゲント方式では，労働者は失業しても組合員の資格を失わずに失業給付を受けることができる。

図7-4において，完全競争の場合の賃金E_1では，賃金支払い総額がB（太い線で囲まれた部分）の面積となる。ここで，労働側の交渉力が最も弱い場合の賃金は，この完全競争市場での賃金水準E_1となる。逆に，労働側の交渉力が最も強い場合は，支払総額（網かけのAの面積）が最も多くなるw''の水準に賃金が妥結される。賃金水準だけが交渉の対象となり，雇用量を企業が決定する場合は，労働需要曲線に沿った雇用量L''となる。このように，賃金だけを労使交渉により決定し賃上げを行った場合，競争的労働市場での雇用量より雇用が減少してしまうと考えられる。

労使交渉の理論② 次に，労働組合が賃金だけではなく，雇用量も交渉するモデルを考える。労働組合のおもな目的は，賃金水準をより高く引き上げ，かつより多くの雇用を確保することにある。そのため組合は，選択可能ななかで最も好ましい雇用量Lと賃金wの組合せをめざして交渉するであろう。この場合，労働組合の選好する雇用量Lと賃金wの組合せについての無差別曲線を考えることができる。図7-5では，原点に凸の曲線（実線の弧）が無差別曲線であり，労働組合にとって同一の無差別曲線上の雇用量と賃金の組合せは同程度に望ましいものとなる。そして，原点からより遠い無差別曲線上の雇用と賃金の組合せほど賃金が高く雇用量が多いため，労働組合にとってより好ましい。なお，図7-4の賃金支払総額の最大化は，この労働組合の選好の特殊ケースである。

図7-5では，企業における賃金と雇用の組合せから（短期の）等利潤曲線を上に凸の形状になる点線であらわしている。それぞれ，

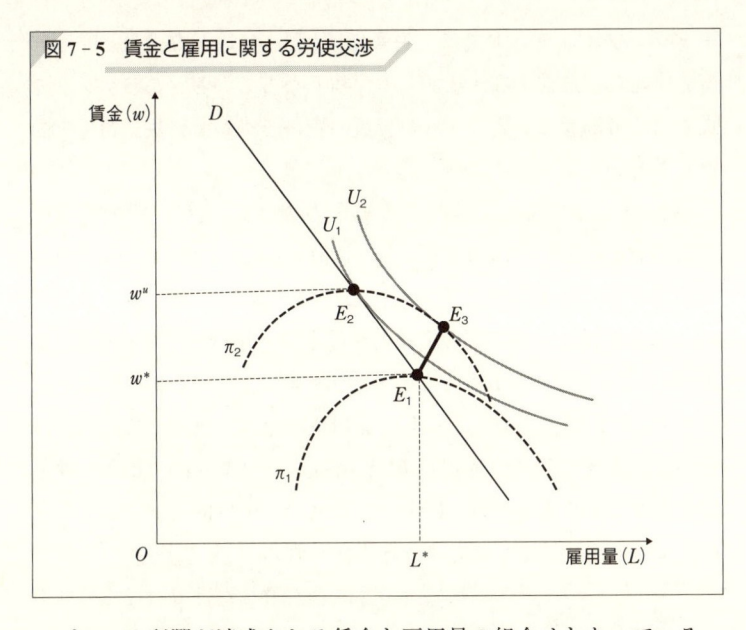

図7-5 賃金と雇用に関する労使交渉

π_1 と π_2 の利潤が達成される賃金と雇用量の組合せとなっている。

　企業にとって，同じ雇用量なら，賃金が低いほど利潤が高くなるため，より下方の等利潤曲線ほど利潤が高い（$\pi_1 > \pi_2$）。賃金が上昇するとその分雇用を増やして生産量を増加させないと同じ利潤を維持することができないため，雇用量が少ないときには等利潤曲線は右上がりとなる。しかし，短期においては，雇用を増やしても収入が逓減するため，雇用を増やすほど利潤が増加するとは限らない。そのため，ある一定以上の雇用量では，それ以上雇用を増やすと同時に賃金も下がらないと同じ利潤を達成することができなくなる。したがって等利潤曲線は，上に凸の形状になる。価格（賃金）を所与として行動するプライス・テイカーの企業にとって，等利潤曲線は下方ほど利潤が高くなるため，所与の賃金を頂点とする等利潤曲線での利潤が最も高くなる。この等利潤曲線の頂点をつないだものが労働需要曲線 D と一致する。組合の交渉力が最も弱い場合，競

争的労働市場における均衡 E_1 となり，達成可能な賃金と雇用量の組合せのなかで最も企業の利潤が高くなる（π_1）。

賃金だけを集団的労使交渉で決定し，雇用量は企業が決める経営権モデルでは，労働需要曲線上で雇用が決定される。そのため，組合の交渉力が強く，組合が賃金を設定できる場合，無差別曲線 U_1 が労働需要曲線 D と接する雇用と賃金の組合せが最も選好される。したがって，経営権モデルで，組合の交渉力が最大の場合，賃金と雇用の水準は点 E_2 となり，企業の利潤は π_2 の水準となる。

次に，賃金だけでなく雇用量も労使交渉により決定する場合，等利潤曲線 π_2 と組合の無差別曲線 U_1 で囲まれたレンズ型の部分は，企業にとってより高い利潤が達成可能で，かつ組合にとってもより好ましい雇用と賃金の組合せとなる。これを第1章5節でみたエッジワースのボックス・ダイアグラムで考えると，企業と組合の双方にとって好ましいパレート効率な組合せが存在することとなる。すなわち，企業の等利潤曲線と組合の無差別曲線が接するときにパレート効率な雇用と賃金の組合せとなる。

ここで，組合の交渉力が最も強い場合，企業の利潤が π_2 の等利潤曲線と組合の無差別曲線とが接する点 E_3 で交渉が妥結する。この E_3 は，賃金のみを交渉した E_2 よりも賃金は若干低くなるものの，雇用量が大きくなる。一方で，組合の交渉力が最も弱い場合，交渉の妥結点は競争的労働市場における点 E_1 となる。そこで，E_1 と E_3 の間をつなぐパレート効率な組合せの契約曲線を描くことができる。

以上のように，労使交渉により，競争的労働市場における賃金よりも高い賃金水準が達成されるだけではなく，雇用量も競争的労働市場よりも多くなる可能性が示されることとなる。

3 労働時間規制

労働時間規制　　　長時間労働は，労働者の日常生活に支障を
きたすだけでなく，心身の健康状態に悪影
響を及ぼす可能性がある。労働者に発症した脳・心臓疾患を労働災
害として認定する際の基準として，残業時間は1つの指標となって
いる。長時間労働による過労死や過労自殺は，大きな社会問題であ
ることは指摘するまでもない。また，近年では，仕事によるうつ病
などの精神疾患が増加しており，労働災害としての認定が大幅に増
加している。

　しかしながら，労働者が長時間労働により健康を害し，働くこと
ができなくなったとしても，企業にとっては新たな労働者を雇用す
ることで生産活動の継続に支障はない。一方で，労働者個人にとっ
ては健康問題や収入の低下などの影響が大きいだけでなく，医療費
や失業など社会的なコストとしての負の外部性も発生する。これら
は，政府が市場に介入して**労働時間規制**を行う理由となる。

　また，労働時間規制を行う理由として，各労働者の労働時間を減
らすことで，より多くの労働者を雇い入れることが可能となり，失
業問題の解決策になる可能性も指摘できる（ワーク・シェアリングと
呼ばれる）。

　日本においては，労働基準法において1週40時間，または，1
日8時間を超えて働かせてはいけないことになっている。この上限
の労働時間を法定労働時間といい，それ以上働かせることは禁止さ
れている。しかし，第2節で説明したように，使用者は労働者の過
半数代表と労使協定を締結することで，法定労働時間を超える労働
時間で労働者を働かせることができる。この手続きは，労働基準法

表7-2　各国の年間平均労働時間と法定労働時間と割増賃金率

	年間平均労働時間（2011年）	法定労働時間（週当たり）	法定時間外労働時間を含めた労働時間の上限	時間外労働時間における割増賃金率
アメリカ	1787	40	なし	50%
日　本	1728	40	なし	25～50%
韓　国	2090	40	52[2]	50%
フランス	1482	35	48	25～50%
ドイツ	1406	48	60	25～100%[1]
スウェーデン	1636	40	52	50～100%[1]
イギリス	1625	48	48	50～100%[1]

注1：法定ではなく，労使協定もしくは慣例による。
　2：休日労働は法定労働時間に含まれないため，1週の労働時間は土日各8時間を加えた最長68時間まで延長できる。
出所：OECD, *Employment and Labour Markets Statistics*, JETRO「欧州各国の雇用制度一覧」（2009年8月）より筆者作成。

第36条に規定されているため，36（サブロク）協定と呼ばれる。36協定は，法定外労働時間（残業時間）の上限も決めるが，その上限は何時間でもよいため，無制限に働かせることが可能になる。ただし，法定外労働時間については，通常25％以上の**割増賃金**を支払う必要がある。また，法定外労働時間が月60時間を超える場合は50％以上の割増賃金を支払うこととなる。そして，深夜労働（午後10時から翌日午前5時まで）では25％以上，休日労働は35％以上の割増賃金を支払う必要がある。

　表7-2は各国の年間平均労働時間と労働時間規制である。この法定労働時間を超えると残業時間となり，規制の対象となる。この残業時間については，各国で25％から100％の間で割増賃金を支払う義務が課される。また，日本とアメリカを除く国々では，残業時間についても上限規制が定められており，長時間労働が法律により強く規制されている。

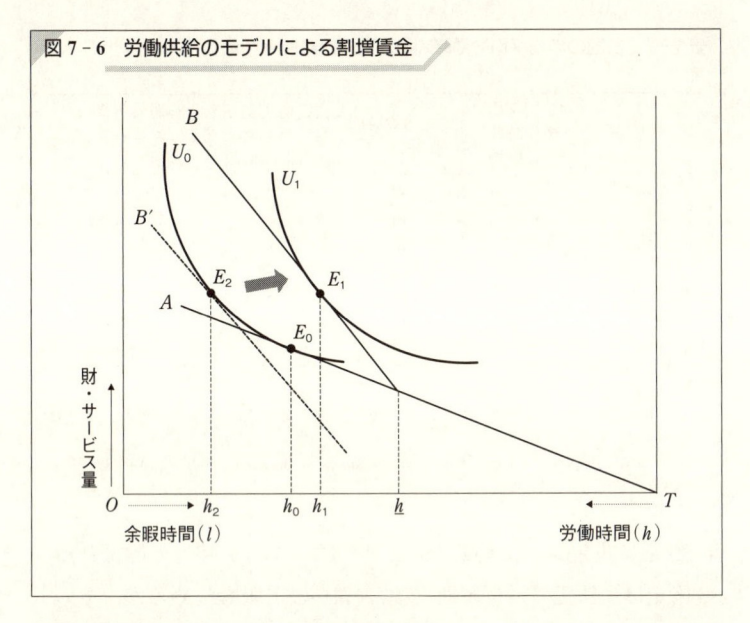

図7-6 労働供給のモデルによる割増賃金

労働時間選択モデルと割増賃金

労働時間規制のおもな方法として、法定労働時間以上の労働の禁止や割増賃金があり、日本では、割増賃金の方法がとられていることをみてきた。では、残業時間に対して定率の割増賃金を課す労働時間規制により労働時間が減少する理由について、労働供給モデルから説明しよう。

図7-6は、第2章2節と同じく、横軸の幅が最低限必要な睡眠、食事、身の回りの世話に要する時間を除いた総可処分時間Tであり、縦軸が財・サービスを示している。原点Oから右方向に余暇時間を、Tから左方向に労働時間を測っており、労働時間hはTからの距離となる。TAの傾きは、労働時間hを1単位増加させると購入して消費することが可能な財・サービスの量を示しており、hが増加するほど多くなる。余暇時間（$l = T - h$）は、労働時間が増大するほど減少する。そして、Uは同じ効用水準を達成するための余暇時間

と財・サービス消費の組合せの無差別曲線を示している。

　第2章2節と同じく，代替効果と所得効果から労働時間の変化について説明を行う。まず，割増賃金がない場合，予算制約線 TA と無差別曲線 U_0 が接する点 E_0 で労働時間 h_0 が決まる。ここで，$\underline{h}$ 時間以上働くと時間外労働として割増賃金が発生し，その結果，予算制約線は TB となる。割増賃金による新たな予算制約線と点 E_1 で接する無差別曲線は U_1 となり，労働時間として h_1 が選択される。これは，賃金率の上昇により，財・サービスより余暇の価値が相対的に高まるため，代替効果として U_0 と同じ無差別曲線にとどまる場合の労働時間は h_0 から h_2 に増加する。その一方，賃金率の上昇により，少ない労働時間でも多くの財・サービスを購入することができ，余暇も増やすことができる。この所得効果により，図中の点 E_2 から E_1 へ移動することとなり，結果として労働時間が h_0 から h_2 へ減少する。

　労働者の効用関数の形状にもよるが，一般に，労働時間が短く賃金率が低い場合に代替効果が大きくなり，逆に，労働時間が長く賃金率が高い場合において所得効果が大きくなる。したがって，もともとの状態での賃金率が十分に高く，かつ，労働時間が長い場合に，割増賃金による労働時間の削減が期待される。しかし，もともとの賃金率が低く，労働時間も割増賃金が発生する $\underline{h}$ あたりの場合，割増賃金による代替効果が所得効果を上回り，労働時間が増加する可能性もある。

不払残業　日本の労働時間規制の問題は，労働時間の上限に対する規制がないだけではなく，残業時間（法定外労働時間）の一部に賃金が支払われない，「サービス残業」もしくは**不払残業**が常態化していることもある。このような，割増賃金はおろか賃金そのものが支払われない不払残業はもちろん労働基準法違反となる。

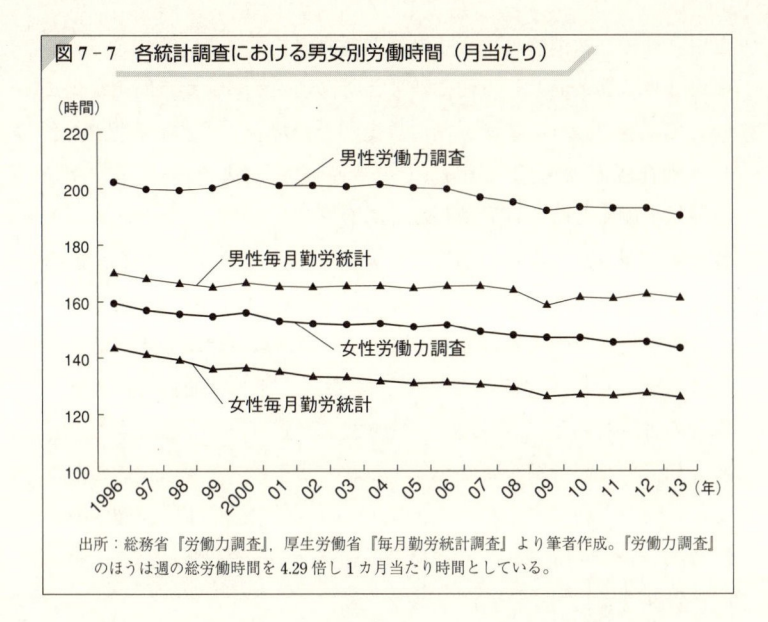

図 7 - 7　各統計調査における男女別労働時間（月当たり）

（時間）

男性労働力調査

男性毎月勤労統計

女性労働力調査

女性毎月勤労統計

出所：総務省『労働力調査』，厚生労働省『毎月勤労統計調査』より筆者作成。『労働力調査』
　　　のほうは週の総労働時間を 4.29 倍し 1 カ月当たり時間としている。

　ただし，管理的部門の労働者は自身で労働時間を管理できるとし
て，経営側と一体と考え，労働時間規制の対象外とされる。しかし
ながら，名目としては管理職であっても，実際には労働時間に裁量
がない場合は，不払残業の問題が生じる。そのため管理職の名目で
残業代が支払われない状態は「名ばかり管理職」「名ばかり店長」
と呼ばれ社会問題となった。

　このような不払残業時間については，公表統計から推計すること
ができる。労働者が直接回答する『労働力調査』（総務省）と，事業
所の賃金台帳から企業が回答する『毎月勤労統計調査』（厚生労働省）
の労働時間の差が，「不払残業時間」と考えることができる。ただ
し，労働時間規制が適用されない管理職などが統計に含まれる点に
ついての問題は残る。

　図 7 - 7 は，調査ごとの月当たり労働時間を男女別にみたもので
ある。労働時間は，どの調査においてもゆるやかな減少傾向にある。

総労働時間は短くなっているものの，2つの調査の差が不払残業時間と考えることができ，不払残業時間はこの間，男女ともに月平均30時間程度存在し続けている。ただし，男女ともに2000年あたりから2つの調査の差が拡大したが，2000年代後半からその差が縮小している。したがって，不払残業時間は，近年若干の減少傾向にある。

4 労働災害の防止と補償
●労働安全衛生法と労働者災害補償保険

| 労働安全衛生 |

労働安全衛生法は，労働安全（＝労働災害防止）のための最低基準の確保だけではなく，快適な職場環境の促進も目的としている。産業発展，技術革新により，新しい労働災害リスクが増大したことを背景に，労働基準法から職場の安全と衛生について定める部分が発展的に独立し，1972年に労働安全衛生法として成立した。

具体的には，職場の安全衛生管理体制の整備，労働者の危険または健康障害を防止するための措置，労働者に対する安全衛生教育，作業環境測定，事業者（事業主）への健康診断等の実施義務付け，機械や危険物・有害物に関する規制を行っている。

一定規模以上の事業場で選任が義務付けられている産業医も労働安全衛生法上の制度であり，近年，その重要性が増している。産業医は，労働者の健康管理，作業環境の維持管理，衛生教育，健康診断の実施や保健指導などにあたる。

また健診結果により労働者の健康のため必要だと判断された場合，労働安全衛生法は，医師の意見を聴取したうえで就業場所の変更，作業の転換，労働時間の短縮，深夜業の回数の減少等の措置を講ずることを事業主に義務付けている。

さらに労働契約法（第5条）では，労働者がその生命，身体等の安全（健康への配慮も含むと解される）を確保しつつ働けるよう，労働契約に伴う必要な安全配慮義務を使用者に課している。

　労災保険が対象とするリスクは，業務上の事由または通勤による労働者の負傷，疾病，障害，死亡等であり，その目的は，被災労働者の社会復帰促進，被災労働者やその家族の援護，適正な労働条件の確保等を図り，労働者の福祉増進に寄与することである。

労災保険の目的

　労働基準法は事業主側の過失の有無にかかわりなく業務上災害の補償責任を負うこと（事業主の無過失賠償責任）を規定している。しかし労災発生に伴う経営悪化や倒産などの理由により，使用者が十分な補償責任を果たせない可能性がある。そうした可能性への対応として労働者災害補償保険（労災保険）が，1947年に労働基準法と同時に成立した。

　労災保険により被災労働者等に対する保険給付が行われた場合，その範囲で事業主は労働基準法の補償責任を免れる。とはいえ労災保険による災害補償が行われたとしても，被災労働者の精神的苦痛に対する慰謝料など，労災保険の範囲を超える部分は民事上の責任が事業主にある。また労働安全衛生法で定める労働災害防止を怠っていた場合，事業主は業務上過失致死傷罪などの刑事責任が問われる。

　なお労災保険成立までは業務災害に対する医療・所得保障は，健康保険，厚生年金保険，労働者災害扶助責任保険が担っていた。

労災保険の運営

　労災保険は国が運営し，原則として労働者を使用するすべての事業が労災保険の強制加入対象となる（公務員については別途，公務員災害補償の枠組みがある）。工事現場など有期事業でも適用される。またこれに該当しない中小事業主，一人親方（建設業，個人タクシー・貨物運送業など），

特定作業従事者（農作業従事者など），海外派遣者には特別加入制度がある。

　保険料徴収は，雇用保険と一体で行われ，労災保険率（その設定については後述）と雇用保険率を足し合わせ，各事業場における賃金総額にかけて算出した額が保険料となる。労災保険率は原則3年ごとに改定され，全54業種の保険料平均（後述）は2015年現在0.47％である。他の社会保険とは異なり，労災保険では法律上は事業主が全額を負担する（ただし第2章で説明したように実際に全額事業主に帰着しているかどうかはまた別問題である）。なお01年の厚生労働省推計で最大14％が未加入であったことをふまえ，05年に労災事故が発生した未加入事業所に対する費用徴収制度（未加入期間中の労災発生に対する保険給付額を事後的に事業主から徴収する制度）も強化された。

　労災認定は労働基準監督署が行う。また労災が発生した場合，事業主は労働基準監督署長への速やかな報告義務を負っている。また労働者が直接調査を求めることも可能である。

　給付は被災労働者や遺族が労働基準監督署長に請求し，署長が支給の可否を決定する。不支給決定に対して，行政上の不服申し立て（審査請求・再審査請求）を経たうえで，行政訴訟を起こすことができる。

労災保険による給付　労災保険は，事業主が負う災害補償責任を保険化したという経緯から「保障」ではなく「補償」の語を用いている。しかし，1960年以降，労災保険の適用範囲は拡大され，また給付面でも労災年金，特別支給金，通勤途上災害に対する保険給付などが導入され，制度は拡充されていった。その結果，現在では事業主の災害補償責任のみならず，被災労働者やその家族・遺族の生活保障を広く担う制度となっている。

　労災保険給付の概要を図7-8に示した。給付は2つに大別され，

図7-8 労働者災害補償保険給付の概要（2014年）

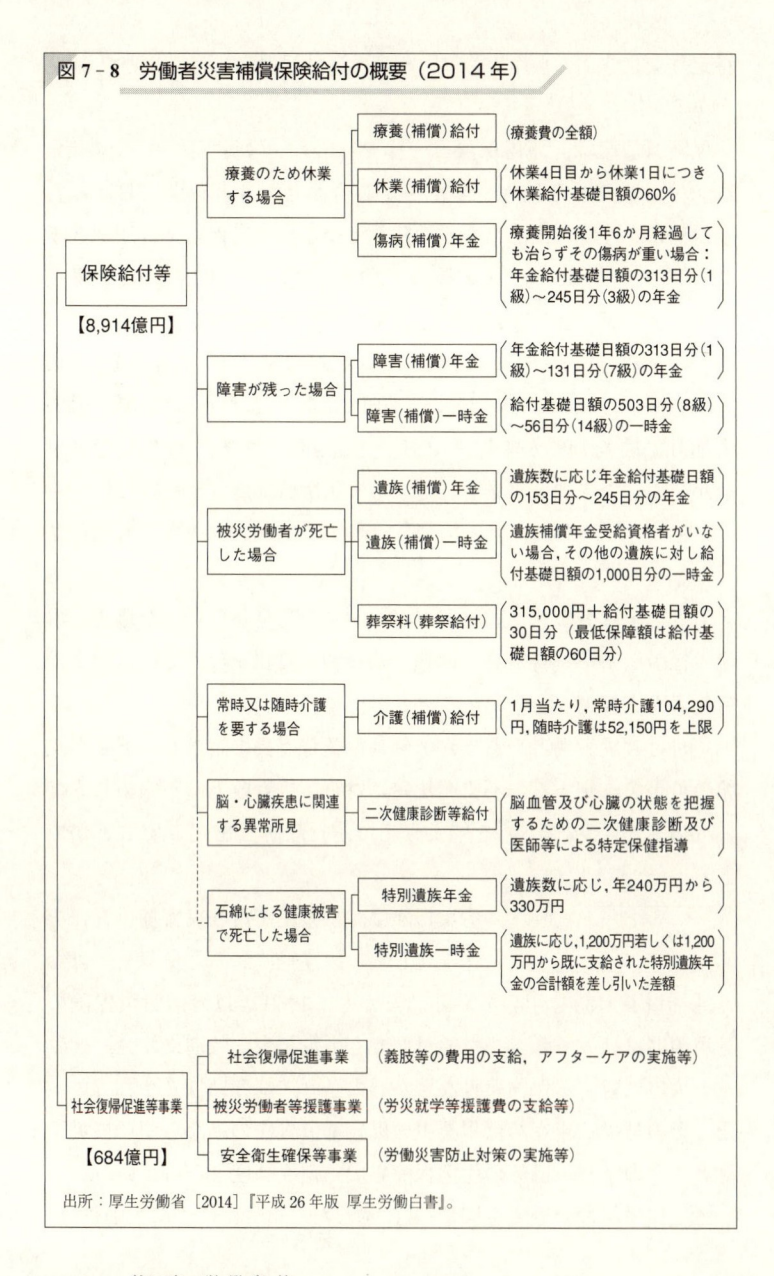

保険給付等【8,914億円】

- 療養のため休業する場合
  - 療養（補償）給付：（療養費の全額）
  - 休業（補償）給付：（休業4日目から休業1日につき休業給付基礎日額の60%）
  - 傷病（補償）年金：（療養開始後1年6か月経過しても治らずその傷病が重い場合：年金給付基礎日額の313日分（1級）～245日分（3級）の年金）
- 障害が残った場合
  - 障害（補償）年金：（年金給付基礎日額の313日分（1級）～131日分（7級）の年金）
  - 障害（補償）一時金：（給付基礎日額の503日分（8級）～56日分（14級）の一時金）
- 被災労働者が死亡した場合
  - 遺族（補償）年金：（遺族数に応じ年金給付基礎日額の153日分～245日分の年金）
  - 遺族（補償）一時金：（遺族補償年金受給資格者がいない場合，その他の遺族に対し給付基礎日額の1,000日分の一時金）
  - 葬祭料（葬祭給付）：（315,000円＋給付基礎日額の30日分（最低保障額は給付基礎日額の60日分））
- 常時又は随時介護を要する場合
  - 介護（補償）給付：（1月当たり，常時介護104,290円，随時介護は52,150円を上限）
- 脳・心臓疾患に関連する異常所見
  - 二次健康診断等給付：（脳血管及び心臓の状態を把握するための二次健康診断及び医師等による特定保健指導）
- 石綿による健康被害で死亡した場合
  - 特別遺族年金：（遺族数に応じ，年240万円から330万円）
  - 特別遺族一時金：（遺族に応じ，1,200万円若しくは1,200万円から既に支給された特別遺族年金の合計額を差し引いた差額）

社会復帰促進等事業【684億円】

- 社会復帰促進事業：（義肢等の費用の支給，アフターケアの実施等）
- 被災労働者等援護事業：（労災就学等援護費の支給等）
- 安全衛生確保等事業：（労働災害防止対策の実施等）

出所：厚生労働省［2014］『平成26年版 厚生労働白書』。

業務災害と通勤災害に対応している。業務災害に対するおもな給付としては，療養のために休業した場合に療養補償給付（全額無料の医療サービス），被災労働者の平均賃金の60％に相当する休業補償給付，休業が長引き1年6カ月を超える場合に傷病の程度に応じた額の休業補償年金，さらに障害が残った場合には障害の程度に応じた額の障害補償年金や障害補償一時金，常時介護が必要になった場合には介護補償給付，被災労働者が死亡した場合には遺族の数に応じた額の遺族補償年金や遺族補償一時金などがある。通勤災害に対するおもな給付は業務災害に対する給付と同じであるが，「補償」の文字がない（療養給付，休業給付，傷病年金，障害年金など）。

また別途，上乗せ給付として特別支給金があり，被災労働者の平均賃金の20％分をさらに上乗せする休業特別支給金，ボーナス分相当を上乗せする各種特別一時金，特別年金などがある。特別支給金は，労災保険による社会復帰促進等事業からの給付である。これらの事業には労働災害防止対策以外に，労災病院の設置・運営，義肢などの費用支給，子ども等にかかる学費等の支弁が困難な場合の労災就学等援護費支給などの事業のほか，企業倒産による未払賃金の立替払事業などがある。

このように労災保険給付は，健康保険や年金保険による給付より手厚く，同じ傷病・障害・死亡であっても労災と認定されるかどうかで大きな給付格差が生じる。

また被災労働者の稼得能力の損失を長期にわたって補償するため，賃金スライド制を採用し，給付の種類により実施方法の詳細は異なるが，基本的に賃金水準の変動に応じて給付額が改定される。

業務上認定と過労死・過労自殺　業務災害に対する労災保険による補償を受けるには，労働基準監督署長が行う業務上認定が必要となる。業務災害と認定されるのは，①事業主の支配管理下にあるという業務遂行性が認められる

状況下で発生した災害で，②業務に内在する危険が現実化したという業務起因性が認められる場合である。職業病かどうかについては業務起因性のみで判断される。

　高血圧や動脈硬化などの基礎疾患を抱える労働者が過重な労働により脳出血や心筋梗塞などを発症し死亡した場合（いわゆる**過労死**），過重な労働や強い心労（パワー・ハラスメント，セクシュアル・ハラスメントなど）により精神障害（うつ病など）を負った場合，さらに過重な労働により自殺した場合（いわゆる**過労自殺**）についても，業務災害として認められる。

　その判断基準は厚生労働省の通達（行政認定基準）により示されている。しかし裁判にまでもち込まれてようやく業務上認定される事例も少なくなく，基準が厳しすぎるとの批判もあり，過労死については 1995 年と 2001 年に，精神障害と過労自殺については 99 年に基準が緩和された。

　また 2001 年からは，業務上の事由による脳・心臓疾患発生リスクが高いと定期検診で判断された場合，労災保険給付として医師による二次健康診断と保健指導（二次健康診断等給付）が提供されるようになった。

　近年，労働安全衛生法でも重要な改正が行われている。2005 年改正では，週 40 時間超の労働が 1 カ月 100 時間を超え，疲労蓄積がみられる長時間労働者の申し出に対し，医師による面接指導実施を義務付けた。

　また 2014 年改正により，ストレスチェック制度が義務化され，対策が強化されることになった（2015 年施行）。この新制度は，労働者の心理的負担の程度を把握するため，医師または保健師による検査実施を事業者に義務付けている。さらに，検査結果を通知された労働者の希望に応じ，事業者は医師による面接指導を実施し，その結果，医師の意見を聴いたうえで，必要な場合，作業の転換，労働

時間の短縮その他の適切な就業上の措置を講じなければならないこととなった。

労災保険はなぜ社会保険なのか　民営労災保険での逆選択の問題は，個々の事業所の過去の労災発生情報を民間保険会社が入手可能なら，それに応じ各事業所の労災保険率を設定すればよいので，それほど深刻とはならない。

　しかし，現行の社会保険方式による労災保険でも労災かくしが発生していることを考えれば，労働基準監督官が有する司法警察権をもたない民間保険会社が，各事業所の労災発生状況を正確に把握するのは困難であり，逆選択が発生する可能性がある。

　少なくとも民営労災保険においても，保険未加入の事業所で労災が発生したにもかかわらず労働者に適切な補償がなされない事態を避けるため，自賠責保険のように，すべての事業所に労災保険の強制加入を義務付け，逆選択を防止することが最低限必要となる。

　こうした逆選択の問題以外にも，民営労災保険で生じる可能性のある問題は3つ存在する。

　第1に，民営労災保険の場合，保険購入者である企業はより安い保険料を求め，保険会社も給付費用を最小化するよう行動する。そのため，業務上認定の範囲を極力狭く，厳しく査定することで給付を絞り込み，保険料を安くするインセンティブが保険会社と保険に加入した企業双方に共通に働く可能性がある。その結果，労災に遭った労働者にとっては，不十分な補償しか行われない非効率な保険となる可能性がある。

　第2に，現行の労災保険制度では，賃金スライドにより実質的給付水準を保障する年金部分があるが，予期せぬ賃金上昇が生じた場合，民営保険制度であれば事後的に不足した保険料を集める手段がないため，年金給付用の積立金と給付のバランスが崩れ破綻する可能性がある。

第3に，保険料徴収・保険運営コストの増大である。現行の労災
保険制度では，労災保険料は雇用保険料と一体徴収されており，国
が1つの保険者として機能しているため，運営コストはかなりの程
度節約されている。民間保険会社であれば，各社分の営業・宣伝費
用，保険料徴収費用，労災の査定費用などの運営コストが追加的に
かかる。

　その他に，そもそも査定時に，司法警察権をもち労災発生企業へ
の強制立入り調査が可能な労働基準監督官と同等の能力を，民間保
険会社がもつことが可能なのかという問題もある。また事後的に発
生要因（たとえば石綿による健康被害）が特定化された職業病あるい
は労災保険未加入事業所で被災した労働者でも，事後的な救済が可
能なことなども，国が一元的に労災保険を運営することの副次的利
点としてあげられる。

労災保険導入が労働者の仕事選択に与える効果　労働者の効用水準は，一般的に，賃金率のみならず，賃金率とセットで提示される仕事内容からも影響を受ける。たとえば，労災リスクが高い仕事は，より高い賃金率でなければ，危険回避的な労働者は別の仕事に就いてしまう。

　労働者にとっての仕事内容（ここでは労災リスク）を表す指標を z
とし，労働者は z に関して十分な情報をもっており，z の値が大き
いほど労働者の効用は低下するものとする。単純化のため，タイプ
m と n の2種類の労働者が存在し，その無差別曲線は各タイプの
労働者について u_m と u_n で表されるものとする。ここでタイプ m
の労働者は，等しい効用水準を維持するためには，1単位の労災リ
スク z の上昇に対し，より高い賃金率が提示されなければならない
ものとする。

　また A と B の2タイプの企業が存在し，各タイプの企業の等利
潤曲線は π_a と π_b で表されるものとする。ここで，タイプ A の企

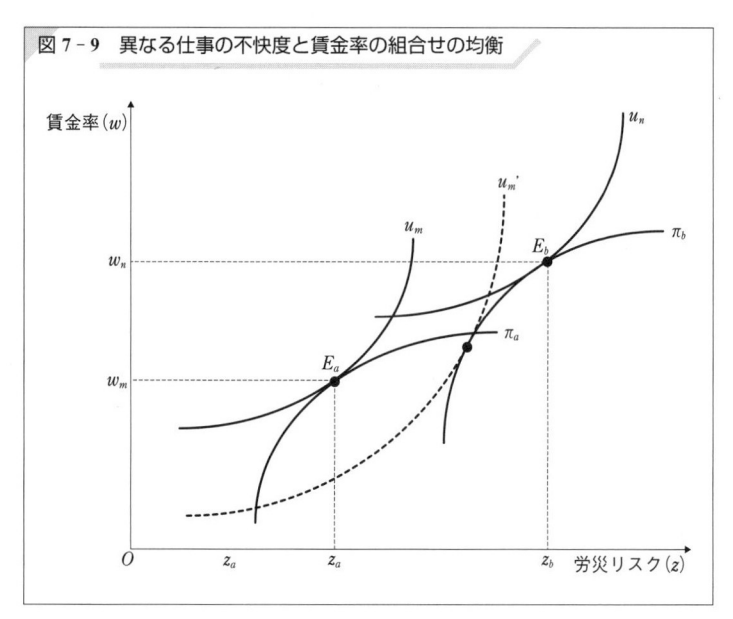

図7-9　異なる仕事の不快度と賃金率の組合せの均衡

業では，1単位の z を引き下げる場合，その費用をまかない，等し
い利潤を維持するために必要な賃金引下げは，相対的に小さく済ま
せられるものとする。

　こうした仮定のもと，2種類のタイプの労働者と2種類のタイプ
の企業は図7-9のように等利潤曲線と無差別曲線が接する点，す
なわち E_a と E_b の2点で各々 z_a と w_m，z_b と w_n という組合せでの
雇用契約を結ぶ。ここで，点線で描かれた u_m' と π_b にも接点があ
るが，u_m のほうの効用水準が高いので，この点はタイプ m の労働
者に選択されない。

　以上では単純化のため，2種類の仕事と2種類の労働者しか考え
なかったが，複数のタイプの労働者と複数のタイプの仕事の存在を
仮定すれば，2つの均衡点（E_a と E_b）を含む，滑らかな曲線が得ら
れる。この曲線をヘドニック賃金関数と呼ぶ。ヘドニック賃金関数
の傾きは，仕事の不快度の1単位上昇に対し企業が支払わなくては

ならない賃金プレミアム，すなわち補償賃金を表す。

　以上の枠組みは**補償賃金格差理論**と呼ばれる。賃金率と仕事内容との間にどのようなトレードオフ関係が存在しているかというこの理論仮説の検証自体，1つの重要な研究テーマである。

　労災保険が導入されれば，労災発生時のリスクが補償される分，より労災リスク（z）の高い仕事を労働者が選択するようになり，それに対応して賃金率も高くなるので，労働者の効用も増大する。一方，より高いzが選択されることにより，あるいは労災保険導入が労災回避の努力を怠るモラルハザードをもたらすなら，労災発生件数は増加する可能性があり，そうした事態の回避には労働安全衛生に関する規制が重要となる。

労働安全衛生に関する規制の根拠

前項の補償賃金格差理論の枠組みでは，仕事内容（ここでは労災リスク）を表す指標zについて事業主・労働者双方が十分な情報をもち（＝情報の非対称性がなく）合理的に行動していること，また労災予防に関する労使の交渉力は等しいことを前提としていた。

　しかし，事業主あるいは労働者が労災リスクに関する十分な情報をもたない場合，労災リスクを認識していても事業主の交渉上の地歩が強いため労災予防措置にかかる費用を過少にされてしまう場合，あるいは予想される労災発生（たとえば職業病など）が遠い将来であるため，事業主や労働者が適切な予防行動をとらない場合，労働安全衛生法による規制により，両者に長期的に合理的な行動を選択させる効果が期待される。

　なお労災リスクに関する情報が労働者に十分に行き渡れば，仕事を選択する際に労災リスクをより敬遠する労働者が増大するので，労災リスクの高い仕事への労働供給は減少し，そうした仕事では賃金率を引き上げなければ労働者を確保できなくなる。その結果，ヘドニック賃金関数の傾斜はきつくなる。

労災保険が他の社会保険と比較して特徴的
なのは，法律上，保険料が全額事業主負担
であること以外に，労災防止への動機付け
を意図した保険率設定となっている点である。

その具体的な設定方法として①業種ごとの災害率に応じて業務災
害分にかかる保険率が上下する**業種別労災保険率**の設定と，②個別
事業の災害率に応じて上下する**メリット制**の2つがある。

業務災害分の労災保険料は，短期給付分（療養補償給付，休業補償
給付等）と長期給付分（労災年金給付等）にかかる保険料とに分けら
れる。短期給付分については一定期間（3年間）の収支が均衡する
よう事業の種類ごとに純賦課方式で算定される。長期給付分につい
ては労災発生時点に将来給付分も含め労災年金給付に要する全額費
用を一気に積み立てるよう，事業の種類ごとに積立金方式で算定さ
れる。なお積立金方式は1989年から採用され，それ以前は修正賦
課方式であった。積立金は財政投融資資金として預託運用されてい
る。

労災保険率は2015年度で，全54業種平均で0.47%に設定されて
いるが，最低の金融・保険業等で0.25%，最高の水力発電施設・ト
ンネル等新設事業で7.9%と，業種別に差がある。こうした業種別
の労災保険率に差を設けている理由として，業種ごとに異なる労災
リスクに対応した公平な労災保険率設定ということ以外に，業界団
体等を通じて業界全体での労災防止への取組みを促進させることが
あげられる。なお産業構造の変化に伴い業種区分も変更されてきた。

メリット制は，一定要件（一定以上の事業規模あるいは予想労災発生
数の規模）を満たす事業に対し，一定期間における業務災害分の保
険給付と特別支給金が，それに対応する保険料の何%に相当するか
というメリット収支率という指標に基づき，保険率（非業務災害分
を除く）を最大40%増減させる制度である。さらに労災発生率が相

対的に高い中小企業に対しては，より強い労災防止インセンティブ
となるよう，所定の安全衛生措置を講じることを条件に最大45%
の保険率増減を行う特例メリット制もある。

メリット制がもたらす
負の効果

実態としてメリット制が適用されるほとん
どの事業所が，保険料減額の恩恵を受けて
いる。メリット制は事業主に対する労災防
止への動機付けという正の効果が期待される一方，労災防止に関し，
労使あるいは元請け・下請け企業間の交渉上の地歩が等しくない場
合，労災かくしを誘発してしまう負の効果が懸念される。

　具体的な労災かくしとして，労災にもかかわらず健康保険で治療
するよう事業主が労働者に強要する事例がある。また工事現場での
労災は元請建設会社の労災保険で補償することになっているため，
下請建設会社が将来仕事を受注できなくなることをおそれ，現場で
の自社の労働者の労災を隠す事例などもある。

　いずれも労働安全衛生法違反であり，発覚すれば労働基準監督署
により送検される事例である。しかし，労働基準監督署に発覚する
確率が低い場合，事業主が労災かくしを行う期待便益に対し，その
期待費用は相対的に小さくなるため，メリット制が負の効果をもた
らす可能性は高くなる。こうした負の効果を排除するためにも，労
働基準監督署の果たすべき役割は大きい。

　また，何を労災認定するかという基準自体（とくに精神障害，過労
死や過労自殺）が明確化されることも重要である。

演習問題 ◆

1　最低賃金を上げた場合，どのような属性の労働者が影響を受けるか
　　議論しよう。
2　日本の企業別組合と失業率との関係について議論しよう。
3　厚生労働省のサイトで「『労災かくし』の送検事例」を検索し，いく

つかの事例を検討したうえで，どのような制度設計にすれば，「労災かくし」が抑制できるのか議論しよう。

4 マイケル・ムーア監督の『シッコ（SiCKO）』（2007 年）の前半を観たうえで，民営労災保険により起こりうることを予測しよう。

文献案内 ◆

　本章は，Boeri and Van Ours［2013］によるところが大きい。発展的な議論については，同書を参照されたい。最低賃金の研究動向や日本の実証研究については，大竹・川口・鶴光編［2013］が充実している。労働組合については，荒井［2013］が歴史的経緯と経済学理論をくわしく説明している。労働時間については，山本・黒田［2014］がまとまった分析を行っている。日本の労災保険に関する研究は限られており，太田［2001］が参考になる。民営労災保険が直面する問題は，海外事例として品田編［2005］が参考になる。

参考文献 ◆

荒井勝彦［2013］『現代の労働経済学』梓出版社

大竹文雄・川口大司・鶴光太郎編［2013］『最低賃金改革──日本の働き方をいかに変えるか』日本評論社

太田聰一［2001］「労災保険の課題──経済学の視点から」猪木武徳・大竹文雄編『雇用政策の経済分析』東京大学出版会

品田充儀編［2005］『労災保険とモラルハザード──北米労災補償制度の法・経済分析』法律文化社

山本勲・黒田祥子［2014］『労働時間の経済分析──超高齢社会の働き方を展望する』日本経済新聞出版社

Boeri, T. and J. van Ours［2013］*The Economics of Imperfect Labor Markets*, 2nd ed., Princeton University Press.

Card, D. and A. B. Krueger［1995］*Myth and Measurement: The New Economic of the Minimum Wage*, Princeton University Press.

Neumark, D. and W. L. Wascher［2007］*Minimum Wages and Employment*, Now Publishers.

第8章 失 業

雇用保険，能力開発と雇用保護法制

東日本大震災後，失業手当の申請に行列を作る人たち（2011年4月，宮城県石巻市ハローワーク）　毎日新聞社提供

本章でまなぶこと◆

　失業は労働市場が不完全である場合に生じる。現実の労働市場では，失業者が再就職するまで，さまざまな摩擦があるため，失業と欠員が同時存在している。こうした失業と欠員の関係はベヴァリッジ曲線として古くから知られる。民営保険では失業リスクへの対処は困難であるため，社会保険（失業保険）と雇用保護法制を組み合わせ，不完全な労働市場を補完している。積極的労働市場政策と適切に組み合わされた失業保険は失業時の生活保障ばかりでなく，よりよい条件での再就職を支援する。また失業保険と同様，雇用保護法制も失業リスクに対処するための社会政策であり，異なる雇用契約間でバランスのとれた制度設計が，二重労働市場化を防止するうえで重要である。

キーワード

就業意欲喪失効果　　追加的労働力効果　　賃金の下方硬直性　　構造的・摩擦的失業　　ベヴァリッジ（UV）曲線　　失業保険　　不完全な労働市場　　求職活動の強度　　積極的労働市場政策　　雇用保護法制　　取引費用　　二重労働市場

1 失業の経済学

大量失業の発生と社会保障

社会保障制度は大量失業により危機にさらされる。もしも日本で数千万人規模の失業者が発生し，失業が長期化するなか，本人やその家族に対する所得保障に加え，失業者に再就職斡旋や職業訓練を行うことになれば，社会保障制度は財政的に破綻することになるであろう。実際，1929 年の大恐慌を引き金に，各国の社会保険制度は危機に瀕した。社会保障制度が維持され，機能するには，大量失業の回避，安定的な雇用確保が前提となる。

ベヴァリッジ報告（1942 年）でも，完全雇用の維持が社会保障計画の 3 つの大前提の 1 つとされた。W. H. ベヴァリッジは，そうした前提のうえで，景気・季節変動による失業はやむをえないとしつつ，同一個人が長期（より具体的には 26 週以上）にわたり失業することもなくすべきと考えていた。さらに，不況期には社会保険料を引き下げ，企業の労働需要と雇用者の消費を喚起することで，雇用を安定化させる機能も社会保障に期待していた。

失業者とは

失業者とは，仕事はしていないが就労する意思があり，仕事を探している人のことである。統計としては，国際労働機関（ILO）による 3 要件，①仕事に就いていない，②仕事があればすぐに就くことができる，③仕事を探す活動をしていた，に準拠し，日本では総務省が『労働力調査』に基づき失業の規模を把握している。ILO による失業者の要件に従うと「仕事がみつかりそうもないので仕事を探していなかった」という人は，失業者には含まれない。なお ILO は失業の基準を 2013 年に改定し，③に「過去 4 週間または 1 カ月以内に求職活

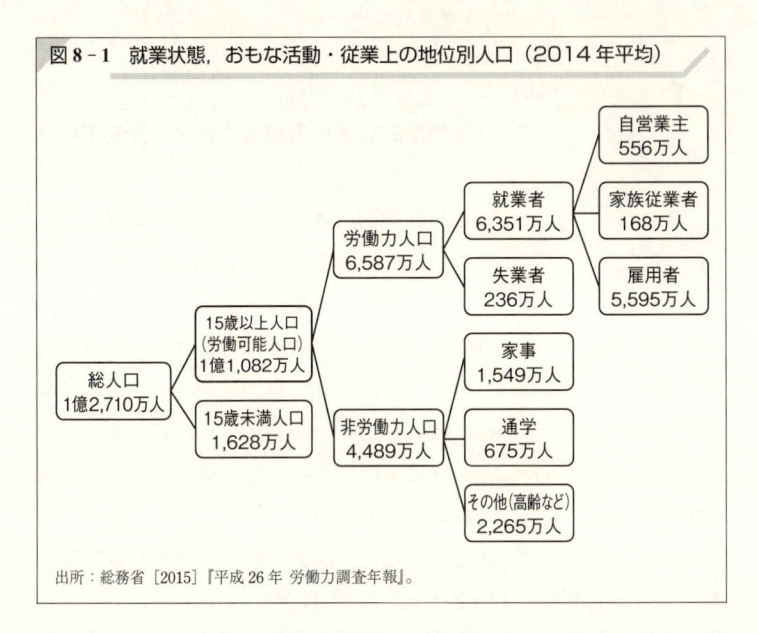

図8-1 就業状態，おもな活動・従業上の地位別人口（2014年平均）

```
                                                        ┌─ 自営業主
                                                        │   556万人
                                          ┌─ 就業者      ├─ 家族従業者
                          ┌─ 労働力人口    │   6,351万人  │   168万人
                          │   6,587万人    └─ 失業者      └─ 雇用者
           ┌─ 15歳以上人口 │                  236万人        5,595万人
           │ （労働可能人口）│
           │  1億1,082万人  │               ┌─ 家事
 総人口     │               │               │   1,549万人
 1億2,710万人┤               └─ 非労働力人口  ├─ 通学
           │  15歳未満人口      4,489万人     │   675万人
           └─ 1,628万人                     └─ その他(高齢など)
                                               2,265万人
```

出所：総務省 [2015]『平成26年 労働力調査年報』。

　動を行ったもの」と求職活動期間の限定を加えた。従来の日本の統計では③は「月末の1週間」であったが，ILO新基準に合わせ，今後見直される。

　図8-1は日本の就業状態，おもな活動別，従業上の地位別人口を示している。義務教育を終了した15歳以上人口が労働可能人口である。そのうち，調査対象となった月末1週間に，①仕事をしていた人（従業者，家事や通学のかたわらに仕事をしていた人を含む）と②仕事を休んでいた人（休業者）の合計が就業者，さらに③失業者との合計が労働力人口となる。ILO基準に準拠し，家業を手伝っている人（家族従業者）は給与を受け取っていなくても就業者に分類し，調査対象となった月末1週間に1時間でも働いた人や仕事を休んでいた人も就業者に分類する。

　就業者は，さらに従業上の地位別に，自営業主，家族従業者，雇用者に分類できる。就業者に占める割合は雇用者が最も多く，9割

を占める。

ストック概念とフロー概念による失業の把握

失業率はある時点における労働力人口に占める失業者のストックの大きさを示す指標であり，労働力人口（＝就業者＋失業者）で失業者を割った値である。

失業の発生は辞職・解雇によるものばかりでない。不況時，仕事がみつかりそうもないので職探しをあきらめると非労働力人口になる（**就業意欲喪失効果**による失業者減少）が，好況になり仕事を探しはじめると，失業者になる。また，不況時，世帯主の賃金低下に伴い，非労働力人口に分類されていた専業主婦（夫）が家計補助のため仕事を探しはじめると，失業者になる（**追加的労働力効果**による失業者増大）。

このように，失業者（ストック）の増大・減少は，①非労働力状態 N，②就業状態 E，③失業状態 U という３つの状態間のフローにより決まる。失業者（ストック）だけでなく，そのフローにも着目することが，どのような失業対策が必要か判断する際，重要である。同じ失業率でも，$U \rightarrow E$ フローが大きい場合，失業期間は短く，職探しは相対的に容易な状況と考えられる。

また，これらのフローに与える労働需要側の要因として重要なのが雇用創出・雇用消失である。雇用創出率（雇用消失率）は，それぞれ，１年間で創出された（消失した）雇用者数を，前年末の雇用者数に対する割合で表したもので，近年，厚生労働省『雇用動向調査』により把握されるようになった。

失業はなぜ生じるのか①――賃金の下方硬直性

労働需要が減少しているにもかかわらず，何らかの理由で賃金が柔軟に調整されない場合，労働市場での均衡は成立せず，失業が発生する。図8-2では，一般的な右上がりの労働供給曲線 S_1 と右下がりの労働需要曲線 D_1 を示している。この労働市場での均衡

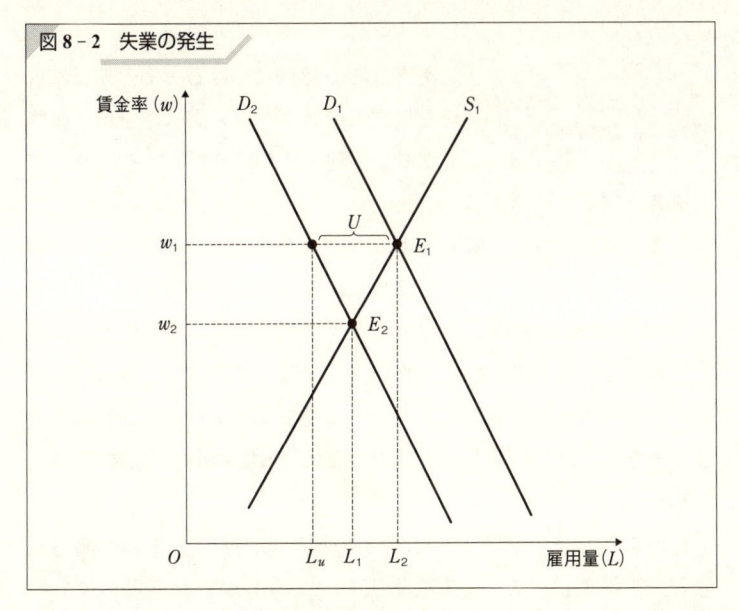

図8-2 失業の発生

賃金率 (w)

D_2　D_1　S_1

w_1　U　E_1

w_2　E_2

O　L_u　L_1　L_2　雇用量 (L)

点は E_1 であり，その場合の均衡賃金率は w_1 となる。不況により企業の生産活動が落ち込み，労働需要が減少した（労働需要曲線が D_2 にシフトした）場合，新たな均衡点は E_2 となり，その場合の均衡賃金率は w_2 となる。このように賃金率が労働需要の増減に応じて柔軟に下がる場合，失業は発生しない。

　ところが何らかの理由で，賃金が下がらず，w_1 の水準にとどまる場合，労働供給は L_2 のままである一方，この賃金率での労働需要は L_u であるので，$U = L_2 - L_u$ 分の失業が発生する。

　賃金率が労働需要の減少に応じ，柔軟に下方に調整されないことを**賃金の下方硬直性**と呼ぶ。この硬直性の要因にはおもに3つが考えられる。第1は，労働者や労働組合の交渉力が強いため，労働需要の減少に応じ，賃金率を引き下げにくい場合である（第7章2節）。

　第2は最低賃金の水準が w_2 より高く設定されており制度的に賃金率を下げられない場合である。賃金の不利益変更（賃金引下げな

ど）を認めない判例なども，最低賃金の効果と同様，賃金率引下げを困難にする制度的要因となる。

第3は，効率賃金仮説が成立する場合である。この仮説では，企業は自社の労働者のため，均衡賃金（＝市場賃金）より高い賃金（＝効率賃金）を設定し，自社の労働者の失業コストを高め（＝失業するとより低い市場賃金しか得られない），不完全にしかモニタリングできない職務怠慢行為を防止している。そのため，効率賃金未満の市場賃金で働くことを望む人がいたとしても，企業はそうした人々を採用しないため，失業が発生する。

> **失業はなぜ生じるのか②──構造的・摩擦的失業**

企業に欠員があっても失業者によってそれが直ちに埋められない場合がある。そうした状況が生じる理由としてはおもに4つある。①企業における欠員の情報が失業者にすぐ伝わらないこと（労働市場における情報の不完全性），②欠員がある仕事に必要な技能・知識を失業者がもっていないこと，③欠員がある仕事に就くため地域間移動が困難であること，④労働契約を結ぶための交渉に一定の時間がかかること，これらの理由で発生する失業を**構造的・摩擦的失業**と呼ぶ。

これに対し，一時的な景気変動による労働需要減少により生じた失業を需要不足失業と呼ぶ。この2種類の失業の区別は政策的に重要である。

景気が回復し，需要不足失業がなくなったとしても，構造的・摩擦的失業はなくならないからである。そのため，どちらの失業でも，失業時の所得保障政策は重要であるが，構造的・摩擦的失業では，求人情報と求職者を結び付ける職業紹介，失業者の技能・知識のミスマッチを解消する教育訓練，地理的移動を促進する移動費補助や住宅政策，なども重要な政策となる。

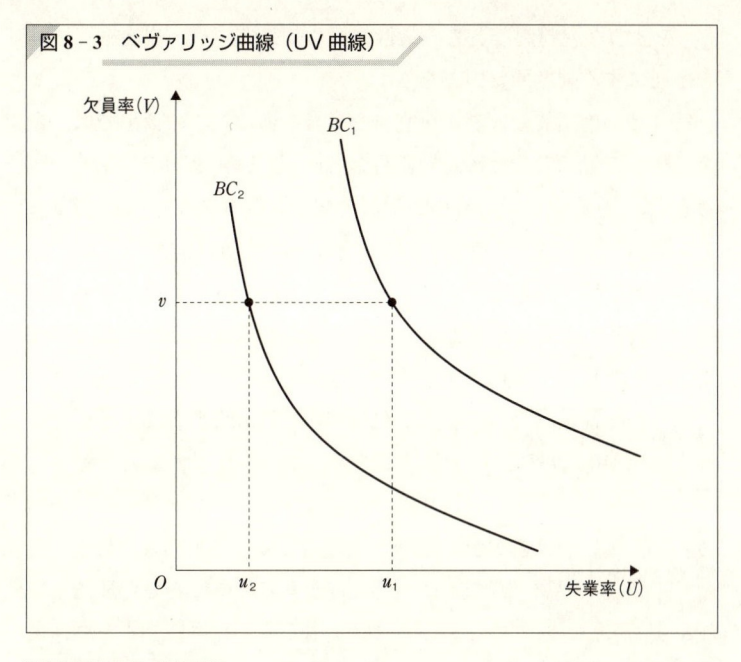

図 8 - 3　ベヴァリッジ曲線（UV 曲線）

グラフ：縦軸　欠員率(V)、横軸　失業率(U)。BC_1、BC_2 の 2 本の右下がり曲線。横軸上に u_2、u_1、縦軸上に v。原点 O。

| ベヴァリッジ曲線（UV 曲線） | 失業率（Unemployment）が減少（上昇）すると欠員率（Vacancy）が上昇（減少）するという経験則は，古くからベヴァリッジ曲 |

線，2 つの語の頭文字をとった UV 曲線として知られてきた。

　欠員が失業者によって直ちに補充され，欠員がなくなれば失業が直ちに発生するような労働市場では，UV 曲線は図 8 - 3 の縦軸・横軸に張り付くはずである。しかし，現実の労働市場のデータでは，原点に対し凸の右下がりの曲線を描く。こうした UV 曲線の形状は，労働者が職を探し，そうした求職者を企業が採用し欠員を埋めるという，サーチとマッチング，労使の賃金交渉，雇用創出・雇用消失などを織り込んだ均衡失業理論により根拠付けられている（この学術的貢献で，2010 年アルフレッド・ノーベル記念経済学スウェーデン国立銀行賞は P. ダイアモンド，D. モーテンセン，C. ピサリデスの 3 氏に授与さ

れた）。

　UV 曲線は理論的には以下のように導出される。まず，企業が欠員を補充できる確率は $q(\theta)$ であり，有効求人倍率 $\theta = \dfrac{v}{u}$ の上昇（労働市場の逼迫）により確率 q は低下する。失業者の就職確率は，失業者に対する欠員数と企業の欠員補充確率により決まるので $\theta q(\theta)$ と表すことができ，θ の上昇（相対的に欠員が多くなること）により高くなる。また各労働者が仕事を失う確率を λ とする。全労働力を 1 とすると，失業率の増減 $\dot{u}$ は(1)式のように示される。

$$\dot{u} = \lambda(1-\text{u}) - \theta q(\theta)u \tag{1}$$

　ここで，$\dot{u} = 0$ となる均衡失業率 u を(1)式から求めると，

$$u = \frac{\lambda}{\lambda + \theta q(\theta)} \tag{2}$$

が得られる。この式は u と v の関係を示し，UV 曲線を表す関数である。この式から，①経済的ショック（好況）による λ の減少，あるいは② $q(\theta)$ の増大（シフト）により，UV 曲線は BC_1 から BC_2 へ移動することがわかる。求職者と企業のマッチングを効率化させる労働政策（失業者の再訓練や職業紹介など）は，$q(\theta)$ をシフトさせ，UV 曲線を原点側に移動させるので，同じ欠員率 v でもより低い失業率（$u_1 > u_2$）を達成可能にする。

　失業率の国際比較　経済協力開発機構（OECD）によるデータに基づき，図 8-4 では 1995 年から 2013 年までの，日本，アメリカ，ユーロ圏，OECD 加盟国平均の失業率の推移を比較している。なお失業率は ILO の定義に準拠し，国際比較可能なように調整されている。

　アメリカ，ユーロ圏や OECD 加盟国平均の失業率が低下するなか，いわゆるバブル経済が崩壊して以降，日本は 2000 年にかけて上昇する傾向にあった。しかし 2000 年以降については，OECD 加盟国平均とほぼ同じ傾向で増減している。

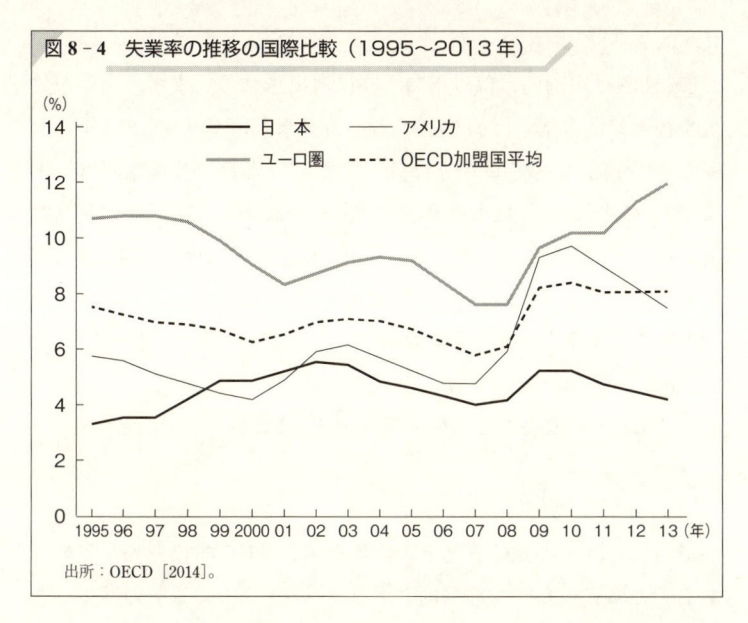

図8-4 失業率の推移の国際比較（1995〜2013年）

出所：OECD［2014］。

　またユーロ圏で失業率は高くなっており，日本は2000年前後に一時的にアメリカの失業率を上回った時期を除き，相対的に低い。2000年代，日本の失業率とユーロ圏平均，OECD加盟国平均との差は，一時，各々3％ポイント，1％ポイントまで縮まったが，13年では各々8％ポイント，4％ポイント下回る。

2 失業保険制度

●失業給付，求職活動と積極的労働市場政策

失業保険はなぜ社会保険なのか

失業保険のおもな機能は，失業時の所得保障である。雇用されている時に保険料を支払い，失業した時には，一定期間，生活費のことを心配せず求職活動に専念できるよう，失業給付が支給される。

政府が公的に失業保険を社会保険として提供する理由は第2章で説明したように，モラルハザードの問題が深刻なためである。

　民間保険会社でも（新規就職や長期的に労働市場を離れていた人が再就職する場合を除き）失業保険加入希望者の職歴を（費用はかかるにせよ）調査し，失業リスクを割出し，それに見合う保険料を加入者ごとに設定することは可能かもしれない。つまり，逆選択問題をある程度回避することは可能かもしれない（その場合も第2章1節でみたように apL を構成する調査費用が大きければ保険市場は成立しない）。

　しかし，雇用されている間に解雇回避のための努力を十分しているか，あるいは失業中に再就職のための努力を十分しているか，保険者がそうした加入者の努力水準を不完全にしかモニタリングできない場合，失業保険により加入者がそうした努力を十分しなくなるという，モラルハザードが発生する（極端な例として，失業保険加入者全員が，加入直後に失業して失業給付を受給した挙句，求職活動をまったく行わない場合が考えられる）。その結果，保険料収入を上回る保険給付費が発生し，民営の失業保険は成立しなくなる。

　このような理由で，民営の失業保険が提供されない場合，政府が社会保険として失業保険を提供することで，失業リスクに直面する（リスク回避的な）雇用者の厚生を改善することが可能である。

　さらに好況時に失業保険料を積み上げ，不況期にこの積立金を取り崩し，失業手当の給付により失業者の消費水準を一定程度維持することで，失業保険は経済の自動安定化機能（ビルト・イン・スタビライザー）も果たす。

**失業給付の効果①
──競争的な労働市場
の場合**

1節で述べたように，競争的労働市場では，不況などにより労働需要曲線が左にシフトしても，賃金率低下と雇用量減少により，新たな均衡点に移動するだけで，失業は発生しない。

　このような競争的労働市場において，失業保険を導入し，失業給

付を支給することは，労働者が就業しなくても得られる所得（保証所得）を増加させ，非就業から就業へと行動変化させる賃金水準（留保賃金）を上昇させ，結果的に非就業を選択させることになる（第2章2節）。その結果，労働市場全体でみると，就業率は低下し，労働供給曲線は左にシフトするため，失業保険導入後の新たな均衡では雇用量は減少する。

このように，競争的労働市場では失業保険導入により，雇用量を減少させるが，失業者を増大させることはない。さらに，労働需要の変動に対し，賃金率が十分伸縮的であれば失業自体発生しないので，そもそもなぜ失業保険が必要なのか，という疑問が生じる。

失業給付の効果②
——不完全な労働市場の場合
失業者が求職活動を行い，企業の欠員を埋めていく過程ではしばしば摩擦が生じる。このような**不完全な労働市場**に，失業保険を導入した場合，おもに3つの影響が考えられる。

第1は失業期間への影響である。失業給付の存在により，失業者の**求職活動の強度**（＝求職活動に対する熱心さや活動実績）は低くなり，その結果，失業期間が長くなる。こうした失業給付の存在が失業者の求職活動の強度に与える負の影響は，失業給付の水準や給付期間を制限したり，後述する**積極的労働市場政策**との組合せにより緩和することが可能である。

第2は賃金率への影響である。労働者の企業に対する賃金率に関する交渉力は，失業保険導入により，失業しても失業給付があるため，相対的に強くなり，その結果，賃金率を上昇させる。

第3は失業給付の受給権付与のあり方により生じる影響である。もし失業給付の受給権を，職を探している人のみに付与し，職を探していない人（非労働力）には付与しない場合，失業給付の受給権を得ようと，非労働力状態から失業状態への移行（N→Uフロー）が生じる。したがって，前項で説明した競争的労働市場での効果と

は逆に，失業保険導入は失業者を増大させ，（定義上，失業者は労働者としてカウントされるので）労働力率を上昇させる可能性もある。

失業保険を設計する際に考慮すべき2つのトレードオフ

以上のように不完全な労働市場では失業保険導入による影響があるため，具体的制度設計ではその相互作用（トレードオフ）を考慮する必要がある。とくに考慮すべき相互作用は2つ存在する。

第1のトレードオフは，雇用されている時と失業している時の消費水準の平滑化という雇用保険の保険機能と，高水準（すなわち長期の給付期間や高い給付水準）の失業給付がもたらす求職活動の強度の低下である。失業給付のため，意図的に失業したのか，あるいは求職活動に十分努力しているのか，第三者が完全な情報を得るのは難しい。そのため，失業給付のための意図的失業を防止し，求職活動の強度を適切に保つため，失業給付の水準は，雇用時の消費水準より低く設定せざるをえない。その結果，雇用保険は「不完全な保険」とならざるをえない。

第2のトレードオフは，高水準（たとえば給付期間が長期）の失業給付は，失業者がより高度な生産性の仕事（＝より高い賃金の仕事）をみつけ出すことを助けるため，高い生産性をもつ仕事の欠員が失業者によって埋められる確率が上がり，企業もそうした仕事をより多く創出する可能性がある。一方，その結果として，生産性の高い仕事しか作られなくなることで，全体として求人数は減少し，失業がより長期化する可能性もある。

これまで，雇用保険の設計に関しては失業給付水準や給付期間が求職活動の強度や失業期間に与える点（第1のトレードオフ）が注目されてきた。しかし，第2のトレードオフも重要であり，どのように雇用保険を制度設計すれば，より高い生産性をもつ仕事への再就職が促進され，さらにそうした仕事が創出されるのか，という点についても考慮することが重要である。失業者が再就職までにかかる

期間のみを失業給付水準・期間の適正さの判断根拠とすべきでない。

　なぜなら，失業給付水準が低い，あるいは給付期間が短いため，失業者が高い生産性の仕事を探し出すことができず，企業も高い生産性の仕事に対する採用ができず，また欠員を維持し続けるにはそれに伴うコスト（＝求人広告費用，採用のためのスタッフ体制を維持する費用等）もかかるなら，求人自体をやめ，そうした仕事の創出は行われなくなる。その結果，労働市場全体でみると（失業が生じている低い生産性の仕事から）より高い生産性の仕事への人的資源の再配置は不可能となるからである。

積極的労働市場政策と
その効果　失業者を労働市場に復帰させる政策はとくに積極的労働市場政策と呼ばれ，①職業能力開発（訓練コースの実施，訓練給付等），②補助金付き雇用（雇用創出プログラム，雇用助成金や賃金補助等），③公共職業紹介，④アクティベーションの4種類の政策に細分できる。

　アクティベーションとは「活動的にすること」という意味である。失業者に対する再就職カウンセリング，職業能力開発や補助金付き雇用プログラムへの参加義務付け，およびそうした参加や求職活動を怠った場合に課す失業手当削減・打切りなどの制裁措置が該当する。言葉の通り，再就職に向け，失業者を活動的にすることを目的とした施策の総称である。

　先に述べたように失業保険による失業給付は，失業者の求職活動の強度を低下させる可能性がある。また失業者の扶養家族向けの付加給付（日本には存在しない）の制度設計が不適切だと，失業給付の合計額が失業者の再就職時の可処分所得を上回り，失業の罠を発生させる可能性もある。

　高水準の失業給付を保障する失業保険では，こうした負の影響を取り除くため，積極的労働市場政策との連携強化が重要となる。

　もちろん誤った積極的労働市場政策の設計がもたらす影響にも留

意しなければならない。不適切な制度設計が労働市場にもたらす悪影響としておもに5つあげられる。第1は補助金がなくとも創出されていた雇用に対し，補助金を支給してしまう可能性である。第2は企業が補助金の支給対象である労働者のみを雇い入れることで，支給対象とはならない労働者を代替してしまう可能性である。第3は，失業前賃金と再就職後の賃金の差額を一定割合補填するような賃金補助の給付水準が不適切に高い場合，長時間働いたり，高い賃金率の仕事に転職したりするとかえって給付と賃金の合計所得額が減少するため，それを避けるよう低賃金の職にとどまるという，低賃金の罠を発生させる可能性である。第4に求職活動の不適切な監視強化の結果，失業者はたんにインフォーマルな職探しをフォーマルな職探しにシフトさせ，求職活動の強度自体は上げない可能性もある。第5は，職業能力開発プログラム・補助金付き雇用プログラムへの参加への不適切な義務付けが，求職活動の強度を低下させる（プログラムに参加させられたため肝心の求職活動を十分に行えない）可能性である。

　これまでの多くの研究では，積極的労働市場政策のなか，職業訓練については，不況期でも，失業給付が高水準であっても，再就職を促進する効果を確認している。しかし，それ以外の積極的労働市場政策の効果について一致した結論が得られておらず，具体的な個別制度の設計如何（いかん）により効果は大きく異なっていることが示唆される（OECD［2006］）。

雇用保険制度の概要
――失業等給付

現行の日本の失業保険制度は雇用保険である。雇用保険法はそれまでの失業保険法に代わり，1974年に成立した。労働者を雇用する事業所は原則すべて雇用保険に強制加入となり，その事業所の雇用者は（一部例外を除き）すべて被保険者となる。年金・医療保険と異なり，雇用者のみ対象で，保険者は1つ（国）である。

現行制度は，保険給付である失業等給付（図8-5参照）と保険事業である雇用安定事業・能力開発事業（雇用保険二事業）の2つに大別できる。2014年度では，失業等給付にかかる保険料は賃金（含賞与）の1%で労使折半，二事業にかかる保険料は0.35%で事業主が全額負担する（ただし第2章で説明したように実際に全額事業主に帰着しているかどうかは別問題である）。保険料以外にも国庫負担が雇用保険財政を支える。

　また給付費は景気動向により増減し，景気が良い（悪い）場合には積立金（二事業の場合は雇用安定資金）が増える（減る）ため，その増減に応じて保険料率も改訂される。

　全国に約600カ所ある公共職業安定所（ハローワーク）が雇用保険業務（失業の認定，雇用保険の給付），求人開拓，職業紹介，就職支援サービスなどを行っている。

　失業等給付は求職者給付，就職促進給付，教育訓練給付，雇用継続給付の4種類があり，積極的労働市場政策関連給付を含んでいる。

　求職者給付は失業時の所得保障機能を果たす。給付期間（所定給付日数）は離職理由，年齢，被保険者期間により90日～360日（障害者等の就職困難者で最長）の間で決められる。倒産・解雇等による45歳以上60歳未満での離職では，最長330日である。一方，自己都合による離職では，受給開始まで3カ月間の給付制限があり，最長150日間となっている（2014年度）。

　就職促進給付のうち，就業促進手当は早期の再就職者に対し，求職者給付の残期間分の給付額の一定割合を支給し，必要以上に求職期間を長期化させないインセンティブとしての機能が期待されている。また，教育訓練給付は，教育訓練・受講費用の一定割合を負担し，再就職に必要な技能・知識が欠けていることで発生する，労働市場における摩擦を軽減する効果が期待されている。

　雇用継続給付は雇用者に対する賃金補助機能を果たす。3種類の

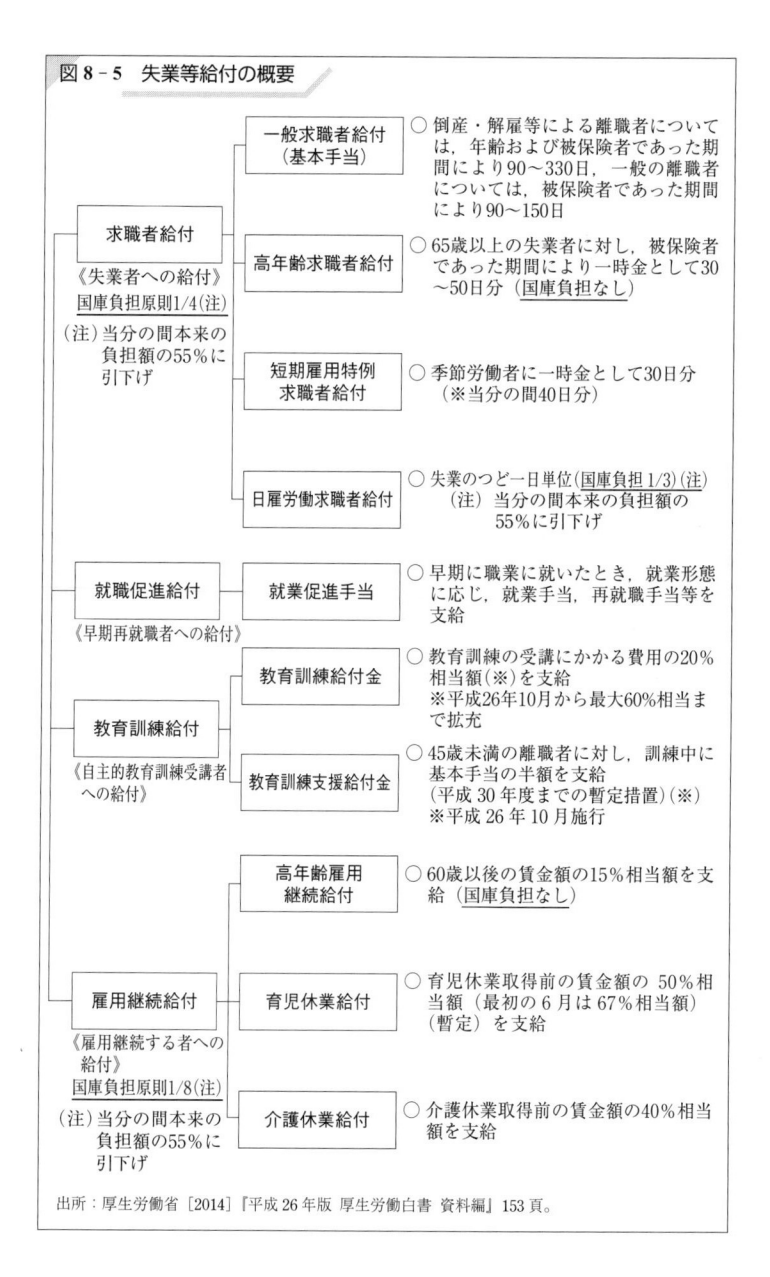

図 8 − 5　失業等給付の概要

求職者給付
《失業者への給付》
国庫負担原則1/4(注)
(注) 当分の間本来の負担額の55%に引下げ

- 一般求職者給付（基本手当）
  ○ 倒産・解雇等による離職者については，年齢および被保険者であった期間により90〜330日，一般の離職者については，被保険者であった期間により90〜150日

- 高年齢求職者給付
  ○ 65歳以上の失業者に対し，被保険者であった期間により一時金として30〜50日分（国庫負担なし）

- 短期雇用特例求職者給付
  ○ 季節労働者に一時金として30日分（※当分の間40日分）

- 日雇労働求職者給付
  ○ 失業のつど一日単位(国庫負担1/3)(注)
    (注) 当分の間本来の負担額の55%に引下げ

就職促進給付
《早期再就職者への給付》

- 就業促進手当
  ○ 早期に職業に就いたとき，就業形態に応じ，就業手当，再就職手当等を支給

教育訓練給付
《自主的教育訓練受講者への給付》

- 教育訓練給付金
  ○ 教育訓練の受講にかかる費用の20%相当額(※)を支給
    ※平成26年10月から最大60%相当まで拡充

- 教育訓練支援給付金
  ○ 45歳未満の離職者に対し，訓練中に基本手当の半額を支給（平成30年度までの暫定措置）(※)
    ※平成26年10月施行

雇用継続給付
《雇用継続する者への給付》
国庫負担原則1/8(注)
(注) 当分の間本来の負担額の55%に引下げ

- 高年齢雇用継続給付
  ○ 60歳以後の賃金額の15%相当額を支給（国庫負担なし）

- 育児休業給付
  ○ 育児休業取得前の賃金額の50%相当額（最初の6月は67%相当）（暫定）を支給

- 介護休業給付
  ○ 介護休業取得前の賃金額の40%相当額を支給

出所：厚生労働省 [2014]『平成26年版 厚生労働白書 資料編』153頁。

給付があり，60歳以降に賃金が大幅低下した高齢者に対する高年齢雇用継続給付，育児休業や介護休業期間中に，休業前賃金の一定割合を補償する育児休業給付と介護休業給付がある（第10，13章）。

雇用保険制度の概要──二事業

雇用安定事業と能力開発事業の二事業はおもに積極的労働市場政策の役割を果たす。

雇用安定事業には，特定求職者雇用開発助成金，雇用調整助成金，労働移動や地域雇用開発を支援する助成金等がある。予算規模（2014年度）が最も大きい特定求職者雇用開発助成金は高年齢者，障害者，ひとり親，東日本大震災による被災離職者等の就職困難者に対する賃金を補助する。次に予算規模が大きいのが雇用調整助成金である。この助成金は，景気変動・産業構造変化により生産活動を低下させた企業が，休業・教育訓練・出向により従業員の雇用維持を図る場合，その賃金を補助し，失業を予防する効果が期待されている。

また能力開発事業には，公共職業訓練（高齢・障害・求職者雇用支援機構の運営費等），民間教育機関を活用した職業訓練，事業主が行う教育訓練への助成などがある。

以上のように二事業を通じても，多くの給付・助成・事業が展開されている。しかし，雇用保険の個別制度が労働市場にどのような影響を与えているか学術的知見は少なく，定量的政策評価のための研究蓄積が待たれるところである。

国際比較からみた日本の雇用保険制度

失業保険制度を国際比較したのが表8-1である。各国の制度は少なくとも4つの点で多様性がある。第1に給付水準が失業前賃金に比例しているかどうかである。イギリス以外，給付水準は失業前賃金に比例する。なかでも日本はフランスと同様，低所得者ほど雇用保険の代替率（失業前賃金所得に対する給付水準の割合）は高く，再分配的な制度設計となっている。

表8-1　失業保険制度の国際比較（2010年）

	雇用期間（E）および拠出期間（C）要件	待機期間（日数）	最長給付期間（月数）	給付水準（失業前賃金比%）		最低給付額（平均賃金比%）	最大給付額（平均賃金比%）	扶養家族への付加給付の有無	失業扶助制度の有無
				開始時	終了時				
カナダ（オンタリオ州）	E+C:595時間／1年間	14	11	55		--	53	有	無
フランス	C:4カ月／28カ月間	7	24	57-75		28	228	無	有
ドイツ	E:12カ月, C:12カ月／2年間	0	12	60			92	有	有
イタリア	C:52週間／2年間	7	8	60	50（6カ月後）		46	無	無
日　本	E+C:6カ月／1年間（各月11日以上）	7	9	50-80			53	無	無
韓　国	E+C:6カ月／18カ月間	7	7	50		21	39	無	無
オランダ	E+C:26週間／過去36週間かつ過去5年間のうち4年間は52日間	0	22	75	70（2カ月後）	30	80	有	無
スウェーデン	E:6カ月／1年, C:12カ月の保険基金の加入者であったこと	7	35	80	70（9カ月後）	23	48	無	有
イギリス	C:12カ月／2年	3	6	定額		--	--	無	有
アメリカ（ミシガン州）	E:20週間(かつ最低所得要件あり)	0	23	53		13	41	有	無

出所：OECD［2013a］。給付水準は長期間の雇用歴のある40歳単身者の受給を想定。カナダの最長給付期間は失業率・地域により相違。スウェーデンの終了時の失業給付水準は14カ月以降の就職・発展保証制度では65となる。イギリスの給付水準（定額）は平均賃金比で10%。

　第2は失業保険受給期間が長くなった場合に，給付水準が減額されるかどうかである。日本の給付水準は期間中一定であるが，イタリア，オランダ，スウェーデンでは一定期間後に減額される。

　第3と第4は，扶養家族に対する付加給付と失業扶助制度の有無である。両制度とも日本には存在していない。扶養家族に対する付加給付とは，失業者の扶養家族に対する給付加算のことである。また失業扶助は失業保険の給付期間が終了した失業者を対象（スウェーデンでは新規学卒者も対象）とする給付で，資力調査を伴い（所得・資産額が一定基準未満でないと受給できない），一部の例外を除き，給

付期間の長さは無制限である。

　また労働市場政策関連の社会支出（対GDP比）はOECD平均で1.8%である一方，日本は失業率の低さも反映し0.6%と小さい。しかし，そのなか，積極的労働市場政策への支出は4割を占め，OECD平均とほぼ同じ割合となっている（OECD［2013b］）。

　　求職者支援制度　　　　　2010年に，短時間就労者と派遣労働者への雇用保険の適用範囲が拡大され，厚生労働省の試算によれば約221万人が新たに雇用保険に加入した。

　それでも，雇用保険の適用がない，保険加入期間が足りない，雇用保険の受給が終了した，学卒未就職，自営廃業などの理由で，求職者給付や教育訓練給付を受けられない失業者は少なくない。

　こうした問題に対処するため，2011年に雇用保険を受給できない人々を対象とする求職者支援制度が設けられた。この制度は，求職支援訓練と訓練期間中の所得保障の一部を職業訓練受講給付金によって行うものである。職業訓練受講給付金は資力調査付給付で，世帯収入・資産が一定額以下であること，訓練への原則全参加が支給要件である。受給可能なのは同一世帯1人までである。職業訓練受講手当は月額10万円で原則1年が最長給付期間で，過去に受給した場合，6年間空ける必要がある。

　給付は公共職業安定所（ハローワーク）が個別に就職支援計画を作成し，就職支援を行い，前月の訓練の出席状況等の確認を経て行われる（就職支援を受けるため，定期的にハローワークに通う必要があり，ハローワークに来ない場合，以後不支給）。また，訓練実施機関に対しては，就職実績や受講者数に応じ，奨励金が支給される。

3 雇用保護法制

雇用保護法制はなぜ存在するのか

景気変動や技術革新により，最適な雇用量は変動する。しかし，その変動に合わせ雇用者を随時解雇することは，労働者の所得水準や仕事を通じた訓練機会（人的資本形成）に負の影響を与え，また失業期間中に，人的資本・健康資本の劣化を招く可能性がある。

こうした社会的費用を最小化するため，雇用保険と同様，**雇用保護法制**は，民間保険市場では対応できない失業リスクから雇用者を保護する機能を有する。

労働者がリスク回避的で資本市場へのアクセスが制限されている一方（たとえば失業時に再就職後＝将来の賃金収入を元手に借入れを行うことができない），企業側がリスク中立的で資本市場へのアクセスが制限されておらず景気変動に対するリスク分散が可能な場合，雇用時の賃金を低く設定し，その代わり，労働者の所得水準が大きく変動しない契約（不況時に解雇しない等）を結ぶことは，労使双方にとって合理的である。

雇用保護法制が課す2種類の解雇コスト

雇用保護法制は経済的ショック等に対し雇用水準を維持しない企業に対し，雇用関係解消時にペナルティー（解雇コスト）を課すものである。

雇用保護規制による解雇コストは概念的に2種類に分類できる。第1は労使間の所得移転であり，たとえば解雇時に従業員に対して企業が支払う解雇予告手当などが該当する。

第2は雇用関係解消に伴う手続き的な困難さに関連するコストで，解雇可能な要件，一定期間以上前もって行わなくてはならない解雇

予告，有期雇用で可能な契約更新回数・期間等や裁判手続きなどに伴う費用などがあげられる。

雇用保護法制と失業保険の関係

失業リスクへの対応という意味で失業保険と雇用保護法制は類似した機能を有する一方，両者は2つの点で大きく異なる。雇用保護法制は，①雇用者間・企業間の保険原理によるリスク・シェアリングがなく，解雇コストは解雇した企業が基本的に負う点，②解雇した従業員の失業期間中の生活を保障する機能や再就職を促す機能はない点，である。

このような機能の相違から，類似した機能が一部あるとはいえ，雇用保険制度と雇用保護法制は代替的ではなく，補完的制度と位置づけられる。とはいえ，アメリカのように過去の保険給付実績が多い（つまり解雇が多い）と雇用保険料率が高く設定される（これを経験料率と呼ぶ）制度設計下では，①に関する相違点は小さくなる。

雇用保護法制による労働市場への効果

雇用保護法制導入により課されるコストにより，労働市場にどのような影響（雇用・失業率と賃金率）が生じるか，理論的に確定的なことはいえない。

まず雇用保護法制により，失業率が上昇する可能性は，インサイダー・アウトサイダー理論により説明できる。まず，雇用保護法制により，解雇されにくくなることで，すでに雇用されている人々（インサイダー）の賃金交渉力は高まり，インサイダーの賃金率が上昇する。その結果，より安い賃金率で就労を希望する失業者・新卒者（アウトサイダー）がいたとしても，企業はインサイダーの雇用維持を優先せざるをえず，失業率は上昇する。

また企業は不況時に発生する解雇コストを織り込み，採用を手控える（労働需要は減少する）ため，失業率は上昇する。さらにアウトサイダーは就職しにくいため，仕事を通じた教育・訓練機会を得ら

れず，人的資本が劣化し，失業期間も長期化する。

　一方，雇用保護法制が導入されても，失業率や賃金率は変化しない可能性もある。まず，雇用保護法制により不況時の解雇が抑制される。したがって，景気循環全体を通してみれば，平均的な失業率は変わらない可能性がある。また企業が好況期に労働者を採用する時点では，不況期は遠い将来のことであると予測しているため（さもなければ合理的な企業は採用活動を行わない），採用時点では解雇コストが重視されない可能性もある。

　さらに企業は好況時に雇用者の賃金率を引き下げることで，不況時に解雇しないことにかかるコストを雇用者に転嫁しておくことも可能である。雇用保護法制により再就職が難しくなれば（失業期間が長くなれば），失業をおそれる雇用者の賃金交渉力は弱くなり，賃金率は低下する可能性もある。

　以上のように雇用保護法制が失業率，賃金率に与える影響は理論的には確定しない。理論的にいえるのは，① U⇔E フローが減少することによる失業期間の長期化，②不況・好況期の各時点で利潤最大化可能な最適な雇用量を選択できないことによる企業の利潤低下である。

| 労働契約と解雇 |

日本における雇用保護法制は OECD 加盟国と比較して厳しいのであろうか。OECDでは，期間の定めのない雇用契約（いわゆる「正社員」の多くが結んでいる労働契約）に関しては①個別的解雇に対する規制と②集団的解雇（整理解雇など）に対する追加規制，期間の定めのある雇用契約（いわゆる非正規労働者の雇用契約）に関しては③標準的な有期雇用契約に対する規制，④労働者派遣事業による雇用に対する規制，という 4 領域の規制（法律以外に，労働協約，判例上のルールを含む）について，計 21 項目を数値化した雇用保護指標を公表している（OECD［2013b］）。この 4 領域に関する日本の状況をみていき，そ

の後で OECD の指標に基づき，日本の雇用保護法制が強いかどうか確認する。

そもそも雇用保護法制が保護の対象とする労働契約（雇用契約）とは，①使用者（企業）の指揮命令・具体的指示のもと，②労働者が労働サービス（労務）を供給し，③使用者がこれに対し報酬を支払う契約のことである。

こうした労働契約が必要になるのは，労働サービスが必要になったつど（たとえば毎日）労働市場から調達すると，そのたびに採用や面接などの取引費用がかかるためである（第1章4節）。こうした取引費用を節減するため，一定期間の雇用契約を結ぶことは労使双方にとって合理的である。

労働契約には期間の定めの (a) あるものと (b) ないものとがある。前者の契約（有期労働契約）は，契約期間満了とともに終了する。なお使用者が有期労働契約の更新を拒否し，契約期間満了により雇用が終了することを雇い止めという。

また後者の契約（無期労働契約）も，当事者双方とも2週間前の申し入れにより，いつでも解約できる。さらにやむをえない事由がある場合には直ちに解約することも可能である。

労働契約の解約申し入れのうち，①労働者の一方的意思表示により行うものを辞職，②使用者（企業）の一方的意思表示により行うものを解雇という。また③両者の合意により行うものを合意解約という。

辞職，解雇，合意解約，そして労働契約の期間満了による終了（雇い止め）以外にも，合法的な労働契約の終了事由としては，傷病休職期間の満了による終了や定年などがある。

契約自由の原則のもと，民法では解雇の自由を前提としている。しかし現実には労働者より企業の交渉力が強く，労働者はその働き方を使用者から指揮命令により一方的に規定されており，解雇は労

働者の生活に多大な影響を及ぼすため，民法とは別に労働法によって一定のルールが存在する。そうしたルールは，①解雇手続きに関するものと②解雇理由に関するものとに大別できる。

解雇手続きに関する
ルール

解雇手続きに関するルールは，おもに3つある。

第1に，労働者の責めに帰すべき事由に基づき解雇する場合を除き，使用者は少なくとも30日前に解雇予告するか，予告しない場合には30日分以上の平均賃金（解雇予告手当）を支払わなければならないというものである（労働基準法）。

第2に，業務上の傷病による休業期間＋30日間と，産前産後休業期間＋30日間は，労働者を解雇できないというものである（労働基準法）。

第3に，労働協約や就業規則上，解雇を行うときに労働組合との事前協議や同意を必要としている場合，これに違反する解雇は無効となる。

解雇理由に関する
ルール

解雇理由に関するルールはおもに3つに分類できる。いずれも恣意的で非合法な解雇を制限するためのルールである。

第1は，法令によるもので，国籍・信条・社会的身分，性別，婚姻・妊娠・出産，労働組合員，正当な組合活動，育児・介護休業取得，裁量労働制の拒否を理由とする解雇，労働者による法違反の申告や紛争解決に関する申請を理由とする解雇を禁止している。

第2は就業規則・労働協約によるものである。就業規則は労働条件や職場規律を定めるもので，常時10人以上の労働者がいる事業場では，使用者は就業規則を作成して労働基準監督署長に届け出なければならない。このなかに，必要記載事項として解雇事由を定める規定がある。これが解雇事由を限定する役割を果たす。

第3は，「解雇は，客観的に合理的な理由を欠き，社会通念上相

当であると認められない場合は，その権利を濫用したものとして，無効とする」という解雇権濫用法理である。この法理は，2003年の労働基準法改正で条文化後，07年に労働契約法に移された。

一方，「客観的に合理的な理由」として解雇が合法的に認められるのは，①労働者の労務提供不能による解雇，②能力不足，成績不良，勤務態度不良，適格性欠如による解雇，③職場規律違反，職務懈怠による解雇，④経営上の必要性による解雇（整理解雇），⑤ユニオンショップ協定（雇用時の労働組合加入が必須で，組合に加入しない，組合から脱退・除名されたりした場合，解雇される制度）による解雇である（雇用指針）。

しかし，こうした「客観的に合理的な理由」に加え，さらに「社会通念上相当」な解雇でなければ，解雇権濫用とされ，その解雇は無効となる。過去の判例ではこの点が厳格に判断されてきた。

整理解雇の4要素（要件）　整理解雇は，（労働者側の理由ではなく）経営上の理由による解雇であるため，客観的合理性と社会的相当性が，より厳しく問われ，判例上のルールでは4要素（要件）が設定されてきた。

具体的には①人員削減の必要性（経営上の理由があるか），②解雇回避努力（残業の削減，配転・出向，新規採用抑制，非正規従業員の雇い止め，希望退職の募集などの解雇回避措置を講じたか），③被解雇者選定の合理性（過去の懲戒処分歴，欠勤・遅刻日数，勤続年数，扶養家族や他の生計の途の有無，従業上の地位などの客観的基準によるものか，それにより公正に選定が行われているか），④手続きの妥当性（労働者側との協議）である。

有期労働契約に対する雇用保護法制　ヨーロッパ諸国では，期間の定めのある労働契約（有期労働契約）や派遣労働（第6章および次項）を，臨時的な業務，一時休業者の代替など，合理的理由がある場合に制限している。こうした制

限を入口規制と呼ぶ。

しかし，日本ではこうした制限はなく，有期労働契約は，非正規典型雇用（パート，契約社員，派遣社員など，いわゆる正社員以外の労働形態）に多くみられ，約 1200 万人が有期労働契約のもと，雇用されている。

有期労働契約では，長期にわたる人身拘束を防止するため，契約の最長期間について，いくつかの例外（高度な専門性を有する労働者や 60 歳以上の高齢者は 5 年以内）を除き，3 年を超えることを禁止している（労働基準法）。

しかし，有期労働契約で働く人の約 3 割は，通算 5 年を超えて有期労働契約を反復更新している実態があった。このため，2012 年に労働契約法が改正され，同一使用者との間で，通算 5 年を超えて有期労働契約が反復更新された場合（ただし，高度専門職と継続雇用の高齢者には特例あり），労働者の申込みにより，無期労働契約に転換することとされた（労働契約法）。

また有期労働契約の雇い止めについてもルールが従来から存在していた。具体的には①反復更新された有期労働契約で，その雇い止めが無期労働契約の解雇と社会通念上同視できる場合，②有期労働契約の契約期間の満了時に労働者が契約更新を期待することに合理的な理由がある場合，これを無効とする判例上のルール（雇い止め法理）が確立していた。2012 年の労働契約法改正では，この雇い止め法理を条文化した。

派遣労働者に対する
雇用保護法制

労働者を他人の指揮命令のもとで労働させる契約（労働者供給契約）を事業として行うことは，中間搾取や労働の強制を防止するため，原則禁止されていた。しかし，1985 年の労働者派遣法により，労働者派遣が労働者供給の概念から除かれ，労働者派遣法による規制のもと，認められることになった。労働者派遣とは，派遣元

（＝派遣事業会社）が雇用する労働者を，その雇用関係のもと，派遣先企業からの指揮命令を受け，派遣先企業のために労働に従事させることをいう（業務請負，登録・常用型派遣の相違は第6章参照）。

労働者派遣対象業務は，当初，専門的業務や特殊な雇用管理を要する業務に限定されていた（ポジティブリスト方式）が，段階的にそうした限定が緩和されていった。とくに1999年改正により，派遣先企業における無期雇用契約労働者との代替（いわゆる「常用代替」）が起きないよう，派遣の上限期間（1年）を設ける一方，特定業務（港湾運送，建設，警備，製造業務等）を除き，派遣対象業務を原則自由化した（ネガティブリスト方式への転換）。さらに2004年改正では製造業務への労働者派遣を認めるとともに，過半数組合（ない場合は労働者の過半数代表者）の意見聴取のうえ，派遣期間を3年以内まで設定可能にした。

2012年の法改正では，①雇用期間30日以内の日雇派遣を原則禁止し，②派遣会社のグループ企業への派遣割合を全体の8割以下に制限し，③離職後1年以内の人を元の勤務先に派遣することを禁止し，④有期雇用の派遣労働者（雇用期間が通算1年以上）の希望に応じ，派遣会社が無期雇用への転換推進措置をとるよう努めることとした。

こうした有期労働契約や労働者派遣に関する近年の一連の法改正が，就業率や非正規雇用率を上昇させたか，常用雇用への転換を促進したか，不況期の雇用調整速度に影響を与えたか，労働生産性を上昇させたか，（労働生産性上昇の源泉となる）教育訓練機会を拡大させたか，などは重要な論点である。

雇用保護指標の国際比較　先にも述べたように，OECDの雇用保護指標は，期間の定めのない雇用契約に関する①個別的解雇に対する規制と②集団的解雇（整理解雇など）に対する追加規制，期間の定めのある雇用契約

表 8-2　雇用保護指標の国際比較（2013年）

	無期労働契約の解雇規制		③標準的な有期労働契約に対する規制	④労働者派遣事業による雇用に対する規制
	①個別的解雇に対する規制	②集団的解雇に対する追加規制		
カナダ	0.66	0.85	－	0.21
ドイツ	1.94	1.04	0.38	1.38
フランス	1.86	0.96	2.00	1.75
イタリア	1.72	1.07	1.13	1.58
日　本	1.16	0.93	0.13	1.13
韓　国	1.63	0.54	0.38	2.17
オランダ	2.03	0.91	0.50	0.67
スウェーデン	1.80	0.71	0.38	0.79
イギリス	0.80	0.82	0.13	0.42
アメリカ	0.35	0.82	－	0.33
OECD 平均	1.45	0.83	0.83	1.26

出所：OECD［2013b］より筆者作成。OECD 平均は加盟国全体の平均。

に関する③標準的な有期雇用契約に対する規制，④労働者派遣事業による雇用に対する規制，という 4 領域の規制の強さを数値化している。

表 8-2 は領域ごとの指標値を示している。値が大きいほど，雇用保護の程度が高い（たとえば解雇が難しい）ことを表す。4 指標中，日本は集団的解雇に対する追加規制のみ OECD 平均を上回っているが，個別的解雇に対する規制と集団的解雇に対する追加規制を合計した無期雇用契約全体の雇用保護指標は 2.09 で，OECD 平均を下回っている。なお，個別的解雇規制の強い（弱い）国では集団的解雇規制は相対的に弱い（強い）傾向にあるため，両規制の合計値を無期雇用契約の解雇規制の強さとして評価するのが妥当である。

雇用保護の強さの格差と二重労働市場化

標準的な有期雇用契約に対する日本の規制は OECD 平均を大幅に下回り，無期雇用契約の解雇規制とそれ以外の雇用保護の強

さを，比較すると後者がかなり弱い。

　無期雇用とそれ以外との雇用との間での雇用保護の強さに差があると，両契約間での労働移動を難しくし，高賃金，豊富な教育訓練・昇進機会で特徴付けられる無期雇用契約による労働市場と，低賃金，少ない教育訓練・昇進機会で特徴付けられるそれ以外の雇用契約による労働市場とに分断される可能性がある。すなわち**二重労働市場化を招く可能性がある。**

　二重労働市場化は，とくに若年雇用や非熟練雇用に影響を及ぼす（OECD［2004］）。また日本では，女性の多くが出産・育児を機に，正規雇用を離れ，非正規雇用で再就職する傾向が強く（雇用形態の男女格差），両契約間での雇用保護規制の強さの差が原因と指摘されている（OECD［2013b, 2014］）。

　こうした二重労働市場化の解消には，雇用保護法制にとどまらず，①非正規雇用者に対する教育訓練機会の確保を含む処遇改善，そうした改善に向けた，②非正規雇用者の交渉力強化と使用者側の対話促進（非正規雇用者による労働組合の組織化や非正規雇用者の意見を反映可能な民主的手続きに基づく労働者代表制等），③失業時の社会保障（所得・住宅保障）整備による非正規雇用者の交渉力強化，など他施策との組合せも重要となる。

　さらに日本の場合，非正規雇用者の多くが，制度上，被用者保険（とくに厚生年金）に適用されておらず（第14章参照），企業にとっては，社会保険料を免れるため非正規雇用を増大させるインセンティブとなっている。そのため，二重労働市場化が，老後の社会保障の二重化（＝非正規雇用職歴だと公的年金額が低くなり貧困リスクが高くなる）と結び付いてしまうことも深刻な問題である。諸外国と比較し，非正規雇用への被用者保険適用が限定的である日本の場合，とくに④非正規雇用に対する被用者保険の適用拡大も，二重労働市場化回避のための重要施策となる。

| 雇用保護法制に関連するその他の制度的要素 | OECD の雇用保護指標ではとらえきれていない，制度的要素は 2 つ存在し，雇用保護法制が課すコストに影響を与えている。 |

第 1 に，労働義務の内容（勤務地や仕事内容）が相当程度大きく変更可能な場合（いわゆる無限定正社員が該当），同じ経済ショックであっても，雇用保護規制により発生するコスト（労働者を不況時に抱え込むことによる費用）は小さい可能性がある。

第 2 は労働紛争解決に特化した（裁判以外の）解決方法が存在する場合も，労働紛争解決の効率化により，雇用保護法制が課すコストは小さくなる可能性がある。

日本では，2001 年の個別労働関係紛争解決促進法と 04 年の労働審判法制定により個別労働紛争解決制度が整備され，さらに 2007 年労働契約法制定により，紛争解決ルールも明確化された。これらは，労働紛争解決を効率化する新しい仕組みとして注目される。

演習問題◆

1　各国の失業保険制度の設計（表 8-1 参照）が，受給者の求職活動の強度および再就職先の選択にどのような相違をもたらす可能性があるのか議論してみよう。

2　雇用保険の積立金・雇用安定資金の増減に応じて保険料率を変更することで景気動向にどのような影響を与えるのか，また実際に日本において保険料率を変更した際，どのような経済状況であったのか確認し，議論してみよう。

3　総務省『労働力調査』や『就業構造基本調査』を用い，正規雇用・非典型雇用の比率がどのように変化してきたのか，雇用形態の種類ごと・男女別に整理・確認してみよう。

文献案内◆

本章での政策効果に関する理論はおもに，P. Cahuc and A. Zylberg [2004] *Labor Economics*, MIT Press と，T. Boeri and J. van Ours [2008] *The Economics of Imperfect Labor Markets*, Princeton University Press

に依拠している。2つとも中・上級テキストだが，より詳細な理論的説明に関心がある場合，参照されたい。

第3節は本章に関連する部分の最小限の労働法に関する説明であり，体系的ではない。初学者でもわかりやすい体系的な解説書としては山川隆一［2013］『労働法の基本』日本経済新聞社（日経文庫），浜村彰・唐津博・青野覚・奥田香子［2015］『ベーシック労働法（第6版）』有斐閣を参照されたい。

また雇用保護法制のなか，とくに解雇規制に関する経済分析は，大竹文雄・大内信哉・山川隆一編［2004］『解雇法制を考える——法学と経済学の視点（増補版）』勁草書房や，神林龍編［2008］『解雇規制の法と経済——労使の合意形成メカニズムとしての解雇ルール』日本評論社がまとまっており参考になる。

参考文献 ◆

OECD ［2004］*Employment Outlook 2004*, OECD Publishing.

OECD ［2006］*Employment Outlook*, OECD Publishing.

OECD ［2013a］*Benefits and Wages: Policy Overview Tables*
（www.oecd.org/els/social/workincentives）2013年7月19日改定版

OECD ［2013b］*Employment Outlook 2013*, OECD Publishing.

OECD ［2014］*Employment Outlook*, OECD Publishing.

生活保障と社会参加支援

障害者権利条約に署名する高村外相（2007年9月，ニューヨーク国連本部）　時事通信フォト提供

本章でまなぶこと◆

　すべての人にとって，病気や事故によるけがにより，安定した暮らしやさまざまな社会参加ができなくなってしまう可能性がある。障害とは，心身の機能障害および社会的障壁によって，継続的に，日常生活や社会生活が相当な制限を受けることをいう。

　障害に対する社会政策（本章では障害者政策と呼ぶ）としては，おもに，障害者福祉，所得保障（障害年金や社会手当等），障害児教育，障害者雇用政策がある。本章では，障害をめぐる認識の変化と変革期にある障害者政策について学ぶ。

キーワード

医学モデル　　社会モデル　　障害者総合支援法　　障害支援区分　　特別支援教育　　雇用率制度　　差別禁止法　　脱施設　　合理的配慮

1 障害のとらえ方と障害者の現状

障害概念のモデル
——医学モデルから社
会モデルへ障害のとらえ方には，医学モデルと社会モデルという考え方がある。障害の分類（把握方法）の国際的な基準として，2001年に世界保健機関（WHO）で採択された国際生活機能分類（ICF）はその2つのモデルを次のように説明する。**医学モデル**は，障害を個人の問題ととらえ，病気・外傷等から直接生じるものとして考える。一方，**社会モデル**では，障害を個人に帰属するものではなく，その多くが社会環境によって作り出されたものとしてとらえる。

国際生活機能分類は，障害の理解を従来の医療モデル中心から社会モデルを取り入れた構造的理解へと変化させたものとして評価されている。

この障害観の転換は，障害者政策においても重要である。障害を医学モデルからとらえれば，障害者政策も，個人の問題として，施設や病院での医学的な対応が中心となってしまう。一方で社会モデルからとらえれば，障害者政策は，社会の責任として，障害者の地域生活を支える生活保障（障害者福祉・所得保障）や社会参加の支援（障害児教育・障害者雇用政策）等を行う必要がある。

障害者数の推移　障害者数は，どの障害種別（身体障害，知的障害，精神障害）においても，1990年代以降，増加傾向にある（図9-1）。身体障害については，高齢になるほど障害をもちやすく，人口構造が高齢化することで障害者数が増加することが考えられる。知的障害は，発達期に現れるものであるが18歳以上で増加していること等から，それまで障害者福祉を利用していなかった知的障害者が認識の変化や制度の利用などを通

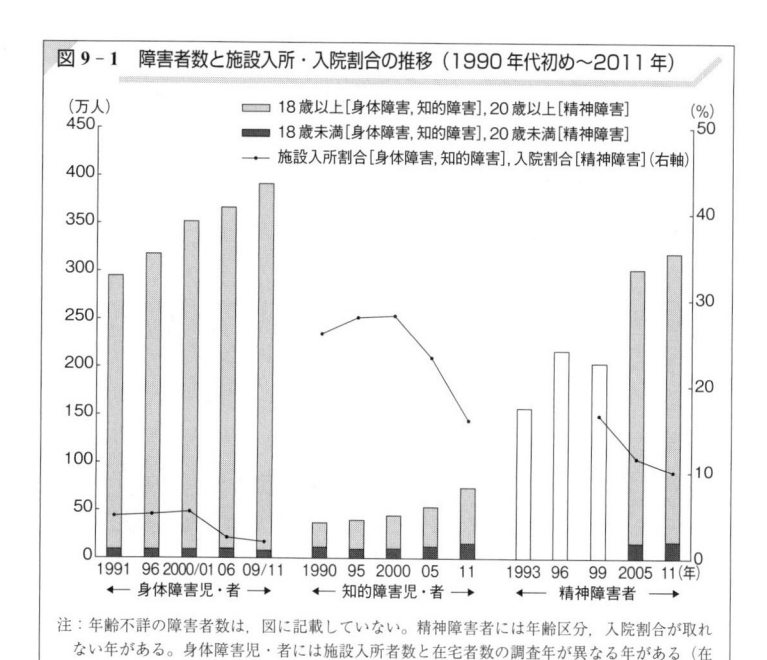

図 9-1　障害者数と施設入所・入院割合の推移（1990 年代初め〜2011 年）

注：年齢不詳の障害者数は，図に記載していない。精神障害者には年齢区分，入院割合が取れない年がある。身体障害児・者には施設入所者数と在宅者数の調査年が異なる年がある（在宅者数：2001 年と施設入所者数：2000 年，在宅者数：2011 年と施設入所者数：2009 年）。
出所：内閣府『障害者白書』（各年版）より筆者作成。

じて顕在化したこと，また障害をもった胎児・新生児に対する医療技術の進歩や，30 歳代後半以降の高齢出産が増えており障害をもった子どもが生まれる確率が高くなったこと等も増加要因として考えられる。さらに精神障害についても，精神疾患により医療機関に受診する患者は増加しており，とくに近年はうつ病と認知症等で著しい増加がある。障害者の住まいの現状は，身体障害者・児における施設入所者の割合は 1.9%，知的障害者・児における施設入所者の割合は 16.1%，精神障害者における入院患者の割合は 10.1% となっている。現在，施設や病院から地域生活へ移行することがめざされている。

障害者福祉を利用するためには，基本的に障害者手帳（身体障害者手帳，療育手帳，精神障害者保健福祉手帳）による確認がなされる。なお障害者手帳の取得により，各種サービスや税金・公共料金の軽減等も受けられる。また障害年金を受給するためには，障害認定基準による認定が必要となる。

社会政策の対象とされる障害の範囲は拡大してきた。たとえば身体障害は，当初，視覚障害，聴覚障害，言語障害，肢体不自由等をおもな対象としてきたが，後に心臓機能障害，呼吸器機能障害，じん臓機能障害やヒト免疫不全ウイルス（HIV）等の内部障害にも拡大されてきた。精神障害は，1993 年の障害者基本法により法的に「障害者」として位置付けられ，さらに 95 年の精神保健福祉法によって，従来の保健医療だけでなく福祉の対象となることが明確化された。また自閉症，アスペルガー症候群，学習障害（LD），注意欠陥・多動性障害（ADHD）等の発達障害についても，04 年に発達障害者支援法が制定され，さらに精神障害の一部として，障害者自立支援法の対象となった。

また治療が難しく慢性的経過となる難病は，障害と同様に日常生活を制約するものと考えられるが，症状が不安定な難病患者の場合は障害者に該当せず，障害の定義から抜け落ちてしまうことがあった。このような「谷間」の人々が生じる問題についても，2013 年の**障害者総合支援法**の施行により，130 疾患の難病を障害者の定義に追加して（15 年 7 月には 332 疾患に拡大），障害者手帳の所持の有無にかかわらず障害者福祉の対象とした。また医療面でも 14 年の難病法により，従前の 56 疾患から 306 疾患へと対象を拡大した新たな医療費助成制度を導入することとなった。

2 障害者政策の根拠

　障害には，先天性障害と中途障害があり，人生のあらゆる期間で生じる可能性がある。また障害者となった場合，働けなくなったり，医療費や介護のコストがかかる等の影響も大きく，政策的対応が必要となる。障害者政策の根拠については，他にも，民間保険の困難性，潜在能力などによって説明がなされる。

民間保険の困難性

　障害が発生する場合，働けなくなる等によって所得が大幅に低下するおそれがある。第2章でみたように，リスク回避的な個人は，障害が発生した場合に所得を維持するため，事前に保険をかけると考えられる。

　しかしながら，障害のリスクは，保険市場では十分にカバーできない。障害は回復可能な疾病とは異なり，永続的なものであるが，永続的であるかの確認には十分な時間が必要である。また死亡までの長期間の保障も必要となる。民間の保険会社にとっては，障害の長期的な確認業務および終身年金という維持管理コストの高い給付となってしまう。

　また，先天性障害については，そもそも自分自身では保険をかけることができない。それだけではなく，障害をもってしまうと，民間保険の加入が難しくなることもある。

潜在能力の保障

　さらに，障害のリスクは，所得保障のみでは対応できない。仮に同じ所得があったとしても，障害者と健常者では，得られる厚生水準がまったく異なると考えられる。健常者は，自由に買い物に行き自身で料理して食事をすることができるが，自由に移動できず，自身で料理することができない者にとっては，宅配サービスなどにより費用がかかる食事

しかとることができない。また，咀嚼（そしゃく）に障害がある場合や手に障害がある場合など，食事にだれかの助けが必要となる場合は，介護サービスが必要になる。

さらに障害者が日常生活を送るためには，介護サービスだけではなく，バリアフリーのためのインフラ整備も必要となる。実際に，公共サービスでは，視覚障害者のための点字，聴覚障害者のための手話通訳が提供されている。また公共施設等では，障害者用のトイレや段差をなくすスロープ等，障害者の移動の妨げにならない設備も導入されている。しかしながら，商業施設等の民間施設では，それらが整備されるとは限らない。障害者が日常生活を送るためには，政府の介入によりバリアフリーのためのインフラを整備する必要がある。

3 障害者政策の変遷

**障害者政策の形成
——戦後〜1960 年代**

戦前の障害者福祉は，傷痍（しょうい）軍人を除き，障害者を対象とした福祉政策ではなく，一般の貧困者を対象とした救貧対策によって対応がなされてきた。さらに，精神障害者に対しても，親族の監護責任が強調され，また精神医療機関の不足もあり，私宅監置が行われていた。

戦後，障害者福祉を目的とする法律は，1949 年の身体障害者福祉法に始まる。制定当初，同法は軽度の身体障害者の職業的自立である「更生」を目的としており，67 年の改正まで重度の身体障害者は対象から外れていた。

知的障害者については，1947 年の児童福祉法により知的障害児に対する福祉政策が始められ，60 年の精神薄弱者福祉法によって

成人の知的障害者にも福祉政策がなされることとなったが，その中心は入所施設の整備であった。

　精神障害者については，1950年に精神衛生法が成立し，私宅監置は廃止され，各都道府県に公立精神病院や精神衛生相談所が設置されることになったものの，同法は医療を目的としており，福祉を目的とするものではなかった。一方，精神科病床は，民間精神病院への国庫補助や医療金融公庫の低利融資，64年のライシャワー事件（統合失調症患者による刺傷事件）後の精神衛生法改正等を契機に急増した。

　このように1960年代の日本の障害者福祉は，障害種別の縦割りに，施設整備を重点的に進めていった。また国際的には「ノーマライゼーション」や「脱施設」といった理念が生み出されたが，日本の動きはそれと反対になってしまった。

　障害者の所得保障は，1959年の国民年金法により，拠出制の障害年金と無拠出制の障害福祉年金が整備されることとなった。障害児をもつ父母に対する社会手当（現在の特別児童扶養手当）は，64年に重度の知的障害児を対象に支給され，その後，対象を拡大していった。

　障害児教育は，1947年の学校教育法において，盲学校，聾学校，養護学校（盲学校，聾学校は翌年度に義務制実施）を位置付け，また特殊学級の規定についても整備した。これにより，義務教育の対象でなかった障害児に対して，特殊教育という形で教育機会が提供されることとなった。

　また障害者雇用は，1960年の身体障害者雇用促進法により，一般就労の促進をめざして雇用率制度の導入がなされた。官公庁には義務雇用とされたが，この時点では民間事業所については努力義務であった。また59年に最低賃金法が成立したが，障害者については適用除外規定が置かれることとなった。

1970 年には，障害者政策の基本方針を示すものとして，心身障害者対策基本法が制定された。

障害児教育では，養護学校の義務制が，1979 年から実施された。長い時間を要したが，重度の障害児に対する教育機会の保障が進められることとなった。

障害者雇用は，1976 年の身体障害者雇用促進法の改正により民間事業所への義務付けと納付金制度が導入され，一般雇用の推進がなされた。また 87 年には障害者雇用促進法に改められ，知的障害者も雇用率の算入が可能となり，97 年には雇用義務化された。

1980 年代に，障害者政策は大きな変革期を迎える。81 年の「国際障害者年」や 83〜92 年の「国連・障害者の 10 年」の国際的要請のなかで，ノーマライゼーションの理念を政策に反映することが求められた。また同時期に，宇都宮病院事件（入院していた障害者が看護職員による暴行で死亡した事件）等も生じ，障害者の人権侵害に対する批判も生じた。

これらの影響のもと，1987 年に精神衛生法が精神保健法に改められ，社会復帰施設の創設，任意入院制度の導入や権利擁護等が進められた。また 85 年の年金改正により，障害福祉年金は障害基礎年金へ移行し，給付水準の引上げを行った。また重度の障害者に支給されていた福祉手当を特別障害者手当と障害児福祉手当に改編した。

地域福祉の推進として，1990 年の福祉関係八法改正において，障害者福祉では，在宅福祉サービスの法定化と市町村への権限移譲を行った。95 年には障害者プランが策定され，ノーマライゼーションの達成のために，障害者政策の総合的な充実をめざして，具体的な数値目標を掲げるようになった。

2000 年の社会福祉基礎構造改革により，福祉サービスは「措置から契約へ」という理念のもと，行政が決定する措置制度から，利用者が事業者からサービスを選択する制度に大きく変化した。

障害者福祉の分野では，2003 年に支援費制度，05 年に障害者自立支援法，13 年に障害者総合支援法へと改編した。

支援費制度では，障害者は，利用者として事業者にサービス利用を申し込み，その費用については応能負担（負担能力に応じた負担）で徴収することとした。しかし支援費制度では，①利用者が急増し，その財源確保が難しくなったこと，②障害種別ごとのサービス提供が使いづらく，また精神障害者が支援費制度の対象外であること，③サービスの提供体制の地域差，④就労支援が不十分であること，⑤支給決定のプロセスが不透明であり，サービス利用手続きが規定されていないこと等の問題が生じた。

そこで障害者自立支援法では，①障害種別にかかわらず，共通のサービスを共通の制度で提供すること，②サービス提供主体を市町村に一元化，③支給手続きの明確化，④就労支援の強化，⑤安定的な財源確保として，在宅サービスの義務的経費化（国庫負担は2分の1）と応益負担の利用者負担の導入（利用したサービス費用の定率 10% の負担。ただし負担上限もある）等の改革を行った。しかし応益負担の利用者負担は，障害者団体から大きな反発を受けることになった。そのため，数次の利用者負担の軽減を行ったが，さらには 2010 年に同法を改正し，費用徴収の原則を再び応能負担とした。

障害者総合支援法は，障害者自立支援法を引き継ぐものであるが，具体的には，①基本的理念に，「自立」に代わって「基本的人権を享受する個人としての尊厳」の明記，②「制度の谷間」を埋めるために，難病等を「障害者」の範囲に追加，③障害程度区分から障害支援区分へ変更し，知的障害・精神障害の特性を適切に反映するこ

と，④重度訪問看護の対象者を拡大，ケアホームのグループホームへの一元化，地域移行支援の対象拡大，地域生活支援事業の追加，⑤障害福祉計画に目標値を定め，定期的な検証と見直しの法定化等を行った。

4 障害者政策①

●生活保障

次に障害者の生活基盤である，障害者福祉（サービス）と所得保障の制度概要について説明する。

障害者総合支援法のサービスの種類と利用

障害者総合支援法のサービス（図9-2）には，障害者へ支給される自立支援給付として，①介護給付，②訓練等給付，③自立支援医療，④補装具，⑤相談支援がある。また地方自治体が独自に行う地域生活支援事業がある。

サービスの利用は，まず障害者本人・障害児の保護者が市町村に申請を行う。その際，相談支援事業者に申請の代行を依頼することもできる。次に介護給付の利用の場合は，訪問による認定調査，コンピューターによる一次判定，市町村審査会の二次判定がなされ，市町村が障害支援区分の認定を行う。障害支援区分とは，障害者への介護給付の必要度を示したもので，区分1〜6（6が最も重い）の基準である。その後，サービス利用意向や相談支援事業者が作成するサービス等利用計画案等を勘案して，支給決定がなされ，サービス支給量も決まる。また支給後もサービス等利用計画の利用状況のモニタリングや見直し等を通じて，適切なサービスが受けられるよう，ケアマネジメントが実施される。

利用者負担

障害福祉サービス（①介護給付，②訓練等給付）の利用者負担は，世帯収入等に応じた

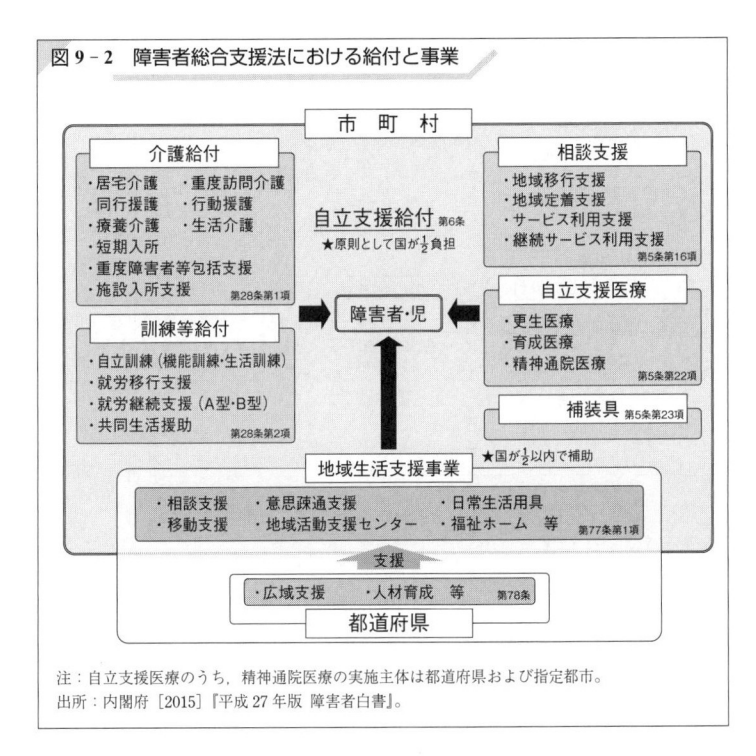

図 9 - 2　障害者総合支援法における給付と事業

市　町　村

介護給付
・居宅介護　・重度訪問介護
・同行援護　・行動援護
・療養介護　・生活介護
・短期入所
・重度障害者等包括支援
・施設入所支援　　第28条第1項

訓練等給付
・自立訓練（機能訓練・生活訓練）
・就労移行支援
・就労継続支援（A型・B型）
・共同生活援助　　第28条第2項

自立支援給付 第6条
★原則として国が$\frac{1}{2}$負担

障害者・児

相談支援
・地域移行支援
・地域定着支援
・サービス利用支援
・継続サービス利用支援
第5条第16項

自立支援医療
・更生医療
・育成医療
・精神通院医療
第5条第22項

補装具 第5条第23項

地域生活支援事業
★国が$\frac{1}{2}$以内で補助

・相談支援　・意思疎通支援　　・日常生活用具
・移動支援　・地域活動支援センター　・福祉ホーム　等　第77条第1項

支援

・広域支援　・人材育成　等　第78条

都道府県

注：自立支援医療のうち，精神通院医療の実施主体は都道府県および指定都市。
出所：内閣府［2015］『平成27年版 障害者白書』。

利用者負担の上限があり，その負担上限が利用したサービス費の
10％を超えるときに10％負担となる。2015年の障害者の居宅・通
所サービスの負担上限（月額）は「生活保護」「低所得」で0円，
「一般1（住民税所得割16万円未満）」で9300円，「一般2」で3万
7200円である。さらには同一世帯内に複数の利用者がおり，世帯
での合算額（介護保険の負担額も含む）が高額になる場合は，高額障
害福祉サービス等給付費が支給される。また療養介護や医療型障害
児入所施設を利用する場合，福祉の利用者負担，医療費と食費の合
算額の上限額がある。

　別途，施設入所者の食費や光熱費は，実費負担が求められる。た
だしこれらも，低所得者の負担軽減のため補足給付が受けられる。

図 9-3　障害年金（2015年度）

〔1級〕	〔2級〕	〔3級〕
配偶者加給年金 18,708円	配偶者加給年金 （1級に同じ）	
障害厚生年金 [障害厚生年金(2級)×1.25]	障害厚生年金 [老齢厚生年金と同様の算定 ただし、300月みなし規定あり]	障害厚生年金 [障害厚生年金(2級)に同じ ただし、最低保障額48,758円]
子の加算額 第1子、第2子　18,708円 第3子　　　　　6,233円	子の加算額 （1級に同じ）	
障害基礎年金 65,008円×1.25	障害基礎年金 65,008円	

出所：内閣府［2015］『平成 27 年版 障害者白書』を一部修正。

所得保障①——障害年金

（1）障害基礎年金（図 9-3）

障害基礎年金は，国民年金の被保険者あるいは 60 歳から 64 歳で被保険者であった者が，障害者になったときに受給できる。保険料納付要件としては，①初診日のある月の前々月までの公的年金の加入期間の 3 分の 2 以上の期間について保険料が納付または免除されていること，または②初診日において 65 歳未満であり，初診日のある月の前々月までの 1 年間に保険料の未納がないことが求められる。なお 20 歳未満で障害者になった場合も，20 歳以降に受給することができる。ただし，所得制限がある。

障害基礎年金は 1 級と 2 級の障害等級がある。年金額は 2 級の場合，老齢基礎年金の満額と同額である。1 級は 2 級の 1.25 倍である。また 18 歳到達年度末日までの子，あるいは 20 歳未満で 1 級・2 級の障害の状態にある子がいる場合には加算がなされる。

（2）障害厚生年金（図 9-3）

障害厚生年金は，厚生年金の被保険者が障害者になったときに受給できる。保険料納付要件は，障害基礎年金と同様である。

表 9 - 1 障害者の社会手当（2015 年度）

	特別児童扶養手当	特別障害者手当	障害児福祉手当
支給対象者	精神または身体に中程度以上の障害を有する 20 歳未満の障害児を監護している父母または養育者（その児童と同居して監護し，生計を維持している者）	精神または身体に重度の障害があるため，日常生活において常時特別の介護を必要とする状態にある在宅の 20 歳以上の人	精神または身体に重度の障害があるため，日常生活において常時介護を必要とする状態にある在宅の 20 歳未満の児童
手当額月額（平成 27 年度）	○児童 1 人　1 級（重度）　　51,100 円　2 級（中度）　　34,030 円	26,620 円	14,480 円
所得制限額（収入ベース）（平成 27 年度）	○本人（4 人世帯）　770.7 万円○扶養義務者等（6 人世帯）　954.2 万円	○本人（2 人世帯）　565.6 万円○扶養義務者等（6 人世帯）　954.2 万円	同左

出所：国立社会保障・人口問題研究所『社会保障統計年報データベース』，厚生労働省ウェブサイトより筆者作成。

障害厚生年金には 1〜3 級の障害等級がある。年金額は，障害厚生年金の 2 級，3 級は老齢厚生年金と同等の算定がなされる（ただし被保険者期間が 300 カ月に満たないときは，300 カ月とみなして計算する）。また 1 級は 2 級の 1.25 倍となる。3 級には，障害基礎年金が支給されないことから，障害基礎年金の 4 分の 3 という最低保障額がある。また 2 級以上の場合，65 歳未満の配偶者の生計を維持している場合には加算がなされる。

所得保障②——社会手当等

（1）特別児童扶養手当・特別障害者手当・障害児福祉手当（表 9 - 1）

特別児童扶養手当は，20 歳未満の障害児を家庭で養育している父母等に対する社会手当である。特別障害者手当・障害児福祉手当は重度の障害のため，常時介護を必要とする

在宅の障害者・障害児に対する社会手当である。ただし，いずれも所得制限がある。

(2) 特別障害給付金

以前の国民年金で任意加入であった学生や被用者の配偶者が，初診日に加入していなかったことにより，障害年金を受給できないという無年金障害者の問題が生じた。こうした無年金障害者に対して支給される給付金である。支給額は，2015 年度で，障害基礎年金 1 級相当では月額 5 万 1050 円（2 級の 1.25 倍），障害基礎年金 2 級相当では 4 万 840 円である。ただし，所得制限がある。

5 障害者政策②

●社会参加の支援

障害者の社会参加の支援は，障害をめぐる新たな理念やその実現をめざす障害者運動によって，長い期間をかけて求められてきた。たとえば，ノーマライゼーションの理念によって，障害者の住まいを施設から地域生活へ移行することが求められ，インクルージョン（包摂）の原理によって，障害児教育を分離教育からインクルーシブ教育にすることが謳われた。また就労を通じた社会参加として，障害者雇用の推進が求められてきた。

障害児教育──特殊教育から特別支援教育へ

戦後の障害児教育（「特殊教育」と称されてきた）では，障害の種類や程度に応じた手厚い教育を行うことを目的として，特殊学校（盲学校・聾学校・養護学校），特殊学級での分離教育がなされてきた。しかし，近年はインクルーシブ教育という考え方が推進されている。インクルーシブ教育は，1994 年のサラマンカ声明で提唱された概念であるが，国内でも 2011 年の障害者基本法改正によって，障害者教育は可能な限り障害のある児童生徒とない児童生徒がとも

に教育を受けられるよう配慮しなくてはならないとされた。

　一方，教育現場でも，障害児教育を受ける児童生徒の増加，普通学級での特別な教育ニーズ（学習障害，注意欠陥・多動性障害，高機能自閉症等）をもつ児童生徒への対応，特殊学校の児童生徒の障害の重度・重複化等の新たな課題も生じていた。

　こうした動きを受けて，日本の障害児教育は特殊教育から**特別支援教育**へと転換することとなった。特別支援教育とは，特別の場で指導を行うのではなく，障害のある児童生徒1人ひとりの教育的ニーズに応じた指導・支援を行うことをめざしたものである。2007年に盲学校・聾学校・養護学校を障害種別に区分しない特別支援学校に転換した。また，特殊学級は特別支援学級に名称変更した。06年に，障害児教育の対象でなかった発達障害をもつ児童生徒に対しても，通級による指導（通常の学級に在籍する障害のある児童生徒が，障害に応じた指導を通級指導教室で受ける制度）を行うこととした。

特別な教育ニーズをもつ子どもたち

　特別支援学校には，障害の程度が比較的重い子どもたちが在籍している。近年，特別支援学校の在籍者は，知的障害の児童生徒の増加が著しく，教員不足，教室不足等の問題が生じている。また特別支援学校高等部（本科）の卒業者（2013年3月卒業）のうち，就職者は27.7％であるが，施設・医療機関に入所・入院する者は63.9％であり，長期的な視点で乳幼児期から学校卒業後までを通じた一貫した支援のために，個別の教育支援計画を策定し，福祉・労働などの関係機関との連携をはかることも重要となっている。

　同じく，特別支援学級の在籍者や通級の指導を受けている児童生徒数も増加している。義務教育段階において，特別支援学校および小学校・中学校の特別支援学級の在籍者ならびに通級による指導を受けている児童生徒の割合は約3.3％である（2014年時点）。また学習障害，注意欠陥・多動性障害，高機能自閉症等の特別な教育的支

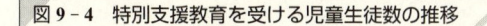

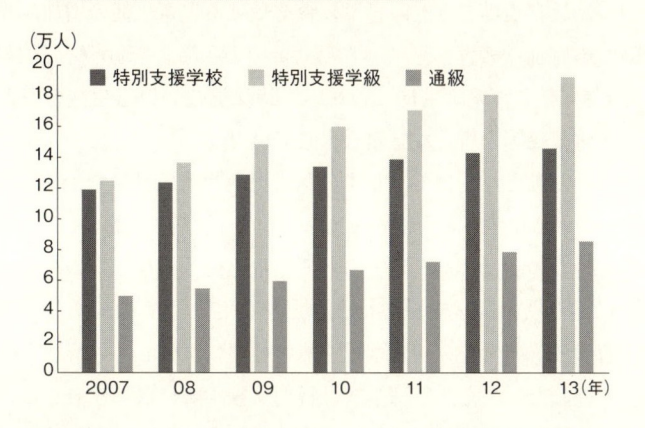

図9-4 特別支援教育を受ける児童生徒数の推移

注：特別支援学校は国公私立計の幼稚部，小学部，中学部，高等部の在学者数。特別支援学級は国公私立計の小・中学校の児童生徒数。通級による指導を受けている児童数は公立の小・中学校の児童生徒数。
出所：文部科学省『特別支援教育支援資料（平成25年度）』より筆者作成。

援を必要とする児童生徒は，約6.5％程度の割合で通常の学級に在籍している可能性が指摘されている（2012年時点）。

障害者雇用政策——雇用率制度と就労支援　障害者の一般雇用の推進には，「割当雇用」と「差別禁止」という2つのアプローチがある。前者の例としては，日本やドイツ，フランス等でみられる雇用率制度があり，後者の例としては，障害をもつアメリカ人法やイギリスの障害者差別禁止法等に代表される，差別禁止法がある。なお日本でも，2013年に障害者差別解消法が制定され，また同年の障害者雇用促進法改正によって，「割当雇用」（雇用率制度）に加え，「差別禁止」のアプローチもとられることとなった（2016年施行予定）。

　現在の障害者雇用の主な施策としては，一般雇用や障害者の職業生活を支える施策として，①障害者雇用率制度，②障害者雇用納付

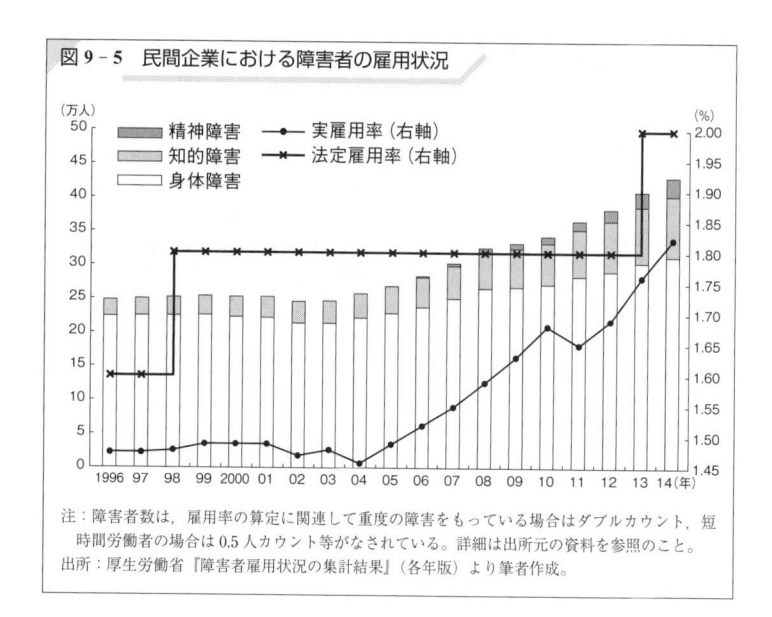

図 9 − 5　民間企業における障害者の雇用状況

注：障害者数は，雇用率の算定に関連して重度の障害をもっている場合はダブルカウント，短時間労働者の場合は0.5人カウント等がなされている。詳細は出所元の資料を参照のこと。
出所：厚生労働省『障害者雇用状況の集計結果』（各年版）より筆者作成。

金制度，③特例子会社・算定特例，④職業リハビリテーションがあり，また一般雇用への移行支援や福祉的就労の場の提供として，⑤就労系の障害福祉サービスがある。

（1）障害者雇用率制度

常用労働者が50人以上の民間企業や公的機関は，常用労働者に占める身体障害者・知的障害者の割合（実雇用率）を法定雇用率以上にすることが義務付けられている。実雇用率には雇用義務の対象ではない精神障害者も含むことができる（なお，2018年4月からは，精神障害者も雇用義務の対象となり，法定雇用率の算定基礎に加えられる）。法定雇用率は，2013年4月からは民間企業で2.0%，国，地方公共団体等で2.3%，都道府県等の教育委員会で2.2%となっている（図9-5）。また障害者の就業が困難であると認められる職務については除外率制度を設けていたが，2004年に廃止され，現在は経過措置として除外率の引下げが実施されている。

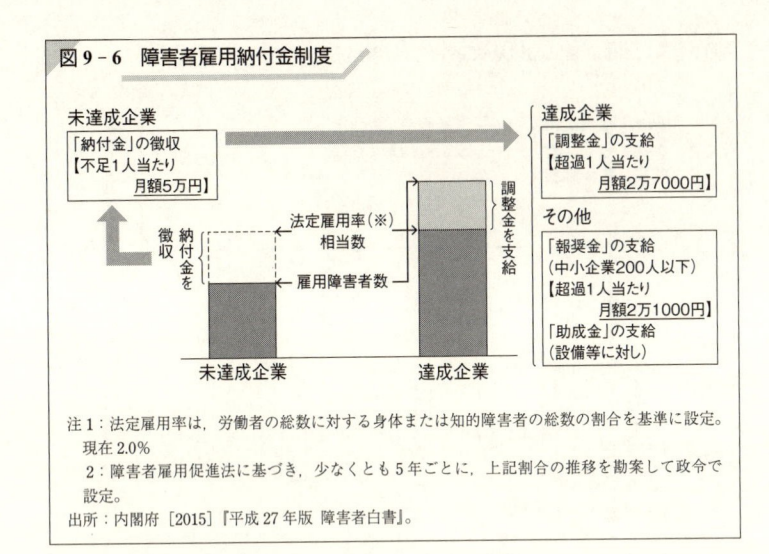

図9-6　障害者雇用納付金制度

未達成企業

「納付金」の徴収
【不足1人当たり
　　月額5万円】

達成企業

「調整金」の支給
【超過1人当たり
　　月額2万7000円】

その他

「報奨金」の支給
（中小企業200人以下）
【超過1人当たり
　　月額2万1000円】
「助成金」の支給
（設備等に対し）

徴収納付金を

法定雇用率（※）相当数

雇用障害者数

調整金を支給

未達成企業　　達成企業

注1：法定雇用率は、労働者の総数に対する身体または知的障害者の総数の割合を基準に設定。
　　現在2.0%
　2：障害者雇用促進法に基づき、少なくとも5年ごとに、上記割合の推移を勘案して政令で
　　設定。
出所：内閣府［2015］『平成27年版 障害者白書』。

(2) 障害者雇用納付金制度

　障害者雇用率制度は障害者雇用納付金制度によって政策の実効性をもっている。障害者雇用納付金制度とは，雇用率未達成の事業主（2015年4月から常用労働者100人超）に対して，不足1人当たり月額5万円の納付金（ただし，常用労働者が300人以下の企業には経過的な減額措置がある）を徴収する（図9-6）。またこの納付金を財源として，雇用率達成の事業主に調整金，一定の障害者雇用を達成した中小企業の事業主に報奨金，障害者雇用のために施設設置や介助者の配置等を実施した事業主には助成金が支払われる。雇用率未達成企業に対しては，雇入れ計画の作成等の行政指導がなされ，さらに改善がみられない場合は，社名の公表が行われる。

　近年は実雇用率の上昇がみられるが（図9-5），法定雇用率の引上げや障害者雇用納付金制度の対象企業の拡大，実雇用率の算定に精神障害者を追加，除外率の引下げなどが要因として考えられる。

(3) 特例子会社制度・算定特例

2002年に導入された特例子会社制度は，障害者の雇用に配慮した職場の子会社を設立し，一定要件を満たす場合，親会社に雇用されているものとして，実雇用率を算定できる制度である。また2009年には算定特例（特定子会社をもたないが一定の要件を満たす企業グループや事業協同組合内で実雇用率が通算できる特例）も導入された。

(4) 職業リハビリテーション

障害者の特性に配慮した職業指導や職業紹介等を，医療・保健福祉・教育等の関係機関との連携のもとに実施することをいう。その実施機関には，ハローワークや地域障害者職業センター，障害者就業・生活支援センター等がある。地域障害者職業センターでは，専門的なサービスとして職業評価や職業準備支援，ジョブコーチ（障害者が円滑に職場に適用できるように援助する者）の派遣等が実施される。障害者就業・生活支援センターでは，就業面および生活面における一体的な相談支援が行われる。

(5) 就労系の障害福祉サービス

一般雇用が難しい障害者には，移行支援や福祉的就労の場が整備されている。具体的には，就労移行支援，就労継続支援（A型，B型）がある。就労移行支援は，就労を希望する65歳未満の障害者で，通常の事業所に雇用されることが可能と見込まれる者を対象とした事業である。一般就労への移行に向けて，事業所内や企業における作業や実習，求職活動支援，適性にあった職場開拓，就職後の職場定着のための支援がなされる。標準利用期間も24カ月以内としている。就労継続支援（A型，B型）とは，通常の事業所に雇用されることが困難である障害者を対象とし，雇用契約に基づく就労機会の提供を行う事業がA型であり，雇用契約は結ばない就労や生産活動への参加機会の提供を行う事業がB型である。利用期限はなく，就労機会・生産活動の機会の提供とともに，その他就労に必要な知識・訓練等の支援を行う。

2013年10月時点で，就労移行支援は約2.4万人，就労継続支援A型は約3.0万人，就労継続支援B型は約16.2万人の利用者がいる。障害者自立支援法の開始時より，一般雇用への移行は増加しているが（2003年から10年間で7.8倍），これらの障害福祉サービスから一般企業への就職率は年間4.6%にとどまっており，（就労移行支援の場合は年間24.9%）今後も就労移行支援および職場定着のための支援の充実が望まれる。

障害者雇用の現状

障害者雇用の現状（表9-2）からは，障害者の就業率（15～64歳）は一般の就業率（『労働力調査』2011年，70.2%）よりも低いが，とくに精神障害者の場合は28.5%と低調であることがわかる。職場適応支援（ジョブ・コーチ）や職場復帰支援（リワーク支援）等，精神障害者の一般雇用を進めるための職場整備が必要となる。

就業形態は障害種別により大きく異なる。身体障害者の場合は常用雇用が53.0%で最も多く，知的障害者の場合は就労移行支援事業等が46.0%で最も多い。精神障害者の場合は，常用雇用が32.4%で最も多いが，就労移行支援事業等も27.3%いる。

また賃金・工賃の水準も障害種別，就業形態により大きく異なっている。事業所で雇用されている障害者の賃金は，身体障害者は22.3万円であるが，知的障害者で10.8万円，精神障害者で15.9万円と低くなる。さらに，就労継続支援A型の賃金は6.9万円，就労継続支援B型の工賃は1.4万円という低い水準である。この背景には，労働法が適用される障害者であっても最低賃金の減額特例があり（なお，2008年以前は適用除外規定があった），就業継続支援B型で就労する障害者には労働法が適用されていないことがある。政府も「工賃倍増5カ年計画」（2007～11年度）を進めたが達成はならず，現在，就労継続支援B型事業所を対象に，工賃向上計画（2012～14年度，2015～17年度）を実施している。

表9-2　障害者の就業と賃金・工賃

		身体障害者	知的障害者	精神障害者
就業率（2011年）		45.5%	51.9%	28.5%
就業形態 （2011年）	常用雇用	53.0%	20.1%	32.4%
	自営，家族従業者	16.4%	2.4%	4.3%
	会社，団体の役員	10.5%	―	1.8%
	臨時・日雇 （臨時・アルバイト）	3.5%	3.9%	4.8%
	内職，在宅就業	1.8%	―	2.3%
	就労移行支援事業等	5.9%	46.0%	27.3%
	地域活動支援センター等	2.5%	18.4%	15.6%
	その他	5.1%	7.1%	8.9%
	無回答	1.1%	2.2%	2.7%
賃金・工賃 の平均月額 （2013年）	雇用	22.3万円	10.8万円	15.9万円
	就業継続支援A型	6.9万円		
	就業継続支援B型	1.4万円		

注：知的障害の就業形態のカテゴリーは若干異なり，その場合は括弧書きとしている。また
　　「会社，団体の役員」「内職，在宅就業」のカテゴリーも存在しない。
出所：厚生労働省『平成23年度障害者の就業実態把握のための調査報告書』；厚生労働省『平
　　成25年度障害者雇用実態調査結果』；厚生労働省『平成25年度工賃（賃金）の実績について』
　　より筆者作成。

6　障害者政策の課題

　障害者福祉と障害者雇用をめぐる今後の政策的課題について，トピックスとして述べておきたい。

脱施設——退院促進・
地域移行

　障害者福祉の領域では，これまでもノーマライゼーションの思想に基づき，いわゆる脱施設がめざされてきた。しかし，障害者が地域生活を送るための社会資源（福祉・医療等の障害者支援の関係

機関）の不足やその地域差等が大きな課題として残されている。

　障害者自立支援法以降，障害福祉計画の策定が市町村と都道府県に義務付けられている。現行の計画では，施設入所者や入院中の精神障害者の地域移行，福祉施設から一般就労への移行等の数値目標やその目標達成のためのサービス見込量等の設定をしている。また体制づくりとしても，地域自立支援協議会の設置を進めており，関係機関のネットワーク化等が求められている。

差別禁止　　　国連の障害者権利条約の批准に向けて，国内法の整備が進められた。そのなかでも重要だったのは，差別禁止法制である。

　2013 年に障害者差別解消法が成立し，障害を理由とする差別と合理的配慮の不提供が法律上も禁止されることとなった。雇用分野でも差別禁止と合理的配慮の提供義務を規定した障害者雇用促進法改正が行われ，2016 年 4 月より施行となる。合理的配慮の提供義務とは，障害者が職場で働くにあたっての支障を改善するための措置を，事業主に過度な負担にならない範囲で義務付けることをいう。差別禁止や合理的配慮の提供義務の具体的内容は，労働政策審議会の意見をふまえて，指針が定められている。指針では，募集・採用，賃金，配置，昇進，降格，教育訓練等での差別禁止や合理的配慮の手続・内容，過重な負担の判断，相談体制の整備等が示されている。

　これまで日本では，雇用率制度という「割当雇用」のアプローチを採用してきたが，「差別禁止」のアプローチも併せて採用することとなり，障害者雇用に与える効果についての検証が必要となるだろう。

演習問題 ◆
1　日本の障害者福祉の歴史において，人権思想や人権問題がどのよう

に影響を与えてきたのか，議論しなさい。

2　障害者雇用の推進に対して，「雇用割当」と「差別禁止」がどのような影響を及ぼすか，経済学の観点から説明しなさい。

3　障害者福祉の利用者負担が応益負担である場合の問題点について，説明しなさい。

文献案内 ◆

障害者政策の範囲は幅広く，まずは内閣府『障害者白書』で興味ある分野の情報や政策動向を知ることがよいだろう。また障害者福祉については，佐藤久夫・小澤温［2013］『障害者福祉の世界（第4版補訂版)』有斐閣がわかりやすい。障害者雇用や所得保障については，百瀬優［2010］『障害年金の制度設計』光生館，永野仁美［2013］『障害者の雇用と所得保障——フランス法を手がかりとした基礎的考察』信山社が，諸外国との比較に基づいた詳細な検討で参考になる。

参考文献 ◆

内閣府『障害者白書』（各年版）

第10章 育 児

保育サービスと育児休業

杉並区議会の政党を訪れ，待機児童の実情を訴える母親グループのメンバー
（2013年3月） 朝日新聞社提供

本章でまなぶこと◆

　本章は，子育て支援に関する制度・政策について学ぶ。

　子育て支援の施策としては，①保育制度の仕組み（保育所の仕組み，待機児童問題，社会保障・税一体改革で決定された幼保一体化，新制度の枠組み），②現金給付（児童手当・児童扶養手当）の仕組みと問題点，③育児休業制度やワーク・ライフ・バランス施策など，仕事と子育てを両立するための支援策の仕組み，効果，問題点について学ぶ。

キーワード

保育サービス　　ワーク・ライフ・バランス　　育児休業制度　　合計特殊出生率　　準市場　　応能負担　　応益負担　　待機児童　　子ども・子育て支援新制度　　児童手当・児童扶養手当

1 子育て支援の重要性

　子育て支援政策は，なぜ必要なのだろうか。子どもをもつことがまったくの個人的な事情であれば，その直接費用や子育ての間仕事を休む機会費用は個人・親が担うことになる。しかし，実質的な世代間移転の仕組みをとる社会保障制度では，将来世代である子どもから，子どもをもたなかった人々も多くの便益を受けている。

　家族の崩壊や虐待などの劣悪な成育環境が，将来の社会問題の原因となり，その対応のために社会的コストがかかるのならば，それを未然に防止するための社会的支援が必要となり，早期の人的投資である就学前教育も子どもの可能性を広げる効果がある。

　また，仕事をしながら子どもを育てるには，さまざまな**保育サービス**が不可欠であるが，保育サービス市場におけるサービスの直接消費者は判断力の乏しい子どもであり，サービスの質に関する情報の非対称性が発生するため，政府による市場への介入も必要になる。

2 子ども，子育ての経済学

　結婚や子どもをもつといった家族内で行われる活動も，社会から強制されたものではなく，家族内で選択されたさまざまな行動とみなして，この決定プロセスを経済学のアプローチから分析したのが家族の経済学である。

> **子どもの数と質の選択モデル**

家族の経済学では，夫婦が何人の子どもをもつのかは，追加的な子どもをもつことによる効用（利益，満足）とコスト（費用）を

比較し，効用がコストを上回れば，子どもの出産を決断すると考える。この分野の先駆的研究者である G. ベッカーによれば，子どもにかかるコストは，「量」（人数）と「質」（人的資本，子どもが将来，労働市場において稼得する能力）に分類できる。夫婦は限られた収入のなかで，子育て費用に割ける予算（割合）を考えている。多くの先進国では，子どもの「質」の代理指標となる人的資本は教育水準に依存するため，高い質の子どもを育てるには相応の教育投資が必要となる。その結果，限られた予算制約のなかでは，子どもの質（教育投資）と量（人数）はトレードオフの関係となる。戦前の家制度では，夫婦は家の跡取りとして男子を最低 1 人は産まなければならなかったが，現代社会では，子どもの性別や人数はかつてほど重要な意味合いではなくなり，親は子どもの量（人数）よりも質（人的資本）を重視するようになる。知識経済社会では，求められる教育水準も高くなる傾向があり，早期の教育，就学前教育も必要になる。親の教育費負担も高くなりがちになる。子どもの人数よりも質を重視する社会では，親の所得が増加しても，その増加分を現在の子どもの教育費等の投資にまわし，子どもの質を高めることが親の効用水準の引上げになる。

　子どもの数に着目すれば，子どもを何人もつかは夫婦の選択の問題であるが，労働市場や保育サービスの不備による障害で理想の子ども数をもてないとすると政策的な対応が必要になる。

家事生産モデル——子育て時間の決定　次に家事時間と労働時間の配分についてミクロ経済学で考えてみよう。家計内で生産される財を「家事サービス」とする。家事サービス Z は，市場で購入する市場財 X と生産のために投入される家事サービス時間 T によって生産されると仮定しよう。

$$Z = Z(X, T)$$

Z は家事生産関数であり，市場財と家事サービス時間は代替的であ

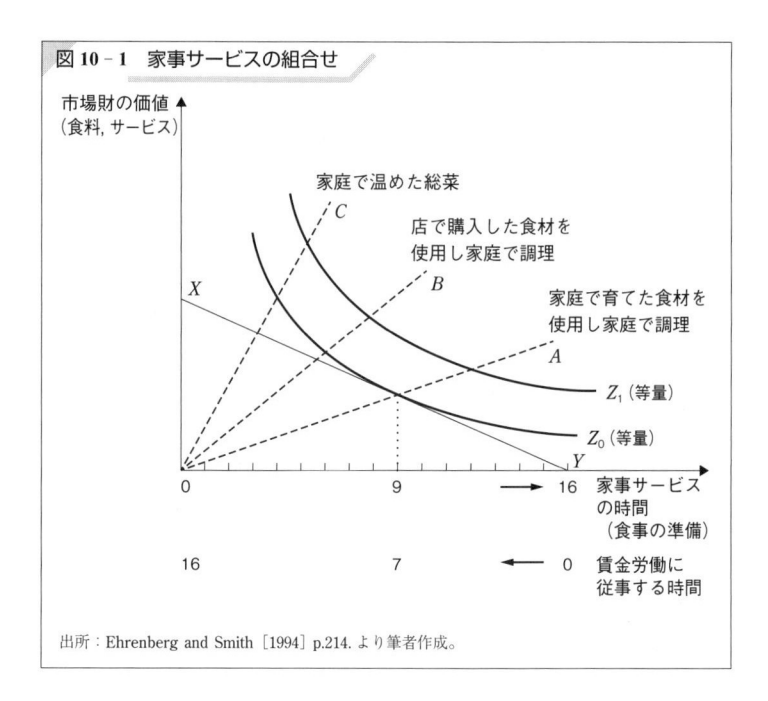

図 10 - 1　家事サービスの組合せ

市場財の価値
（食料, サービス）

家庭で温めた総菜
C

店で購入した食材を
使用し家庭で調理
B

家庭で育てた食材を
使用し家庭で調理
A

Z_1（等量）

Z_0（等量）

X

Y

| 0 | 9 | 16 | 家事サービスの時間（食事の準備） |

| 16 | 7 | 0 | 賃金労働に従事する時間 |

出所：Ehrenberg and Smith［1994］p.214. より筆者作成。

る。

　図 10 - 1 は，縦軸は市場財を，横軸は家事サービス時間を表して
おり，直線 XY は，市場財と家事サービス時間の予算制約をあらわ
している。家事サービスの時間を短くし，賃金労働を長くすれば，
多くの市場財を購入できる。曲線 Z_0, Z_1 は家事サービスの等量曲
線であり，右下がりで内側に凸となっている。右下がりの理由は，
市場財と家事サービス時間が代替的であるためで，凸である理由は，
家事労働の市場財に対する限界代替率が逓減するからである。家事
サービス時間が短くなるほど，それを市場財の投入で補うことは難
しくなり，より多くの市場財の投入が必要になるからだが，最低限
必要な家事時間と市場財があるため，原点を通ることはない。

　点線 A, B, C は，家事サービスの種類であり，点線 A は家庭で

育てた食材を使用して家庭で調理する場合，点線 B はスーパーなどで調達した食材を利用して調理する場合，点線 C は惣菜などの中食（なかしょく）をスーパーで購入し，温めて食べる場合というイメージである。この例では，家事サービス時間は「家庭で育てた食材を使用して家庭で調理する場合」（点線 A）が一番長くなり，次に長いのが B，一番短いのが C となる。このモデルは，料理だけでなく，育児や介護などの家事サービスにも当てはまる。各家計は自らが行う育児・介護にかける時間と，市場から調達する育児・介護サービスの最適な組合せを選択することになる。

最適な選択行動 次に，家計や個人は，家事サービスから効用を得ると仮定する。

$$U = U(Z)$$

とし，$Z = Z(X, T)$ であるため，

$$U = U(Z(X, T))$$
$$= V(X, T) \tag{1}$$

と表現される。

　すると，先ほどの等量曲線は，市場財（市場財の価値）と家事サービス時間の無差別曲線で説明できることになる。

　家計が市場財と家事サービス時間をどのように組み合わせて家事生産を選択するかは，家事時間の機会費用である市場賃金の大きさと非労働所得に依存する。

　図 10-1 は単身者のモデルであったが，ここでは夫婦モデルに拡張しよう。

　このときの予算制約式は以下のようになる。単純化のために，夫が賃金労働のみに，妻が家事サービス労働と市場労働に従事し，妻の 1 日は賃金労働時間と家事サービス時間に分けられるとすると，

$$P \times X = L \times W + Y \tag{2}$$

P は市場財の価格，L が妻の賃金労働時間，W が妻の賃金率，Y を

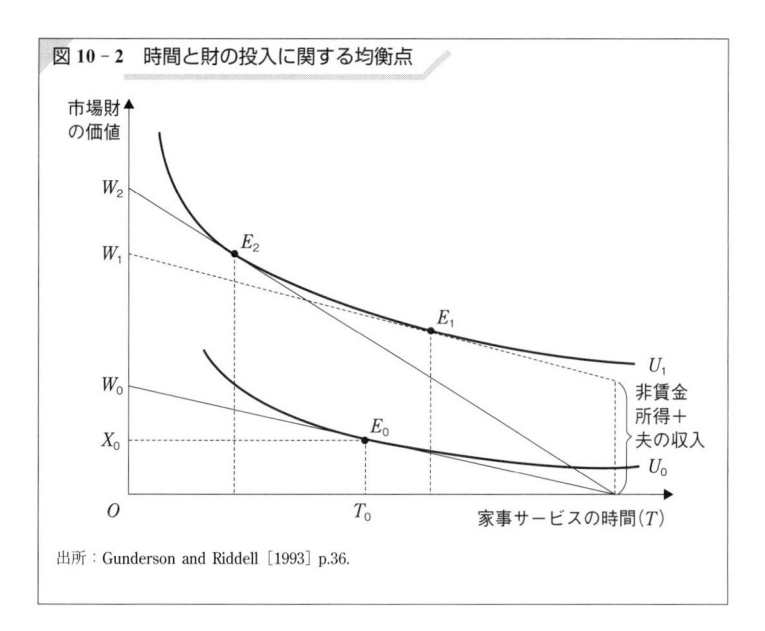

図 10 - 2　時間と財の投入に関する均衡点

出所：Gunderson and Riddell〔1993〕p.36.

夫の収入，児童手当などの非賃金所得とする。

　また労働時間の制約式は，

$$24\,時間 = L\,(妻の賃金労働時間) + T\,(妻の家事サービス時間) \tag{3}$$

となる。

(2)式と(3)式を統合すると

$$P \times X = (24 - T) \times W + Y \tag{4}$$

家計は，(4)式の予算制約のもと，(1)式を最大化するように行動する。

　図 10 - 2 の直線 W_0，W_2 から右下に伸びる直線は，賃金率が異なる家計の予算制約線を，U_0，U_1 は市場財購入と家事サービス時間の無差別曲線を表している。非賃金所得がゼロの場合（直線 W_0），無差別曲線 U_0 と予算制約との均衡点 E_0 は，家事サービス集約的なサービスが選択されていることを表す。しかし，非賃金所得や夫の収入が高くなると（直線 W_1），所得の増加による効果（所得効果）

がみられ，市場財と家事時間が正常財であれば，新たな均衡点 E_1 は，E_0 に比べ，市場財も家事時間もともに上昇している。

また，妻の賃金率が上昇すると予算制約線の傾きは変化し（$W_0 \rightarrow W_2$），無差別曲線 U_1 との均衡点は新たに E_2 となる。家事時間は代替効果と所得効果の大小関係によって決まるが，代替効果だけをみれば，家事サービスの時間は E_1 よりも短くなり，市場財の購入量は増え，市場財への集約度が高まることになる。

ただし，賃金率上昇の代替効果による家事時間の減少，労働時間の増加の程度は無差別曲線の形に依存する。無差別曲線の勾配がゆるやかな場合は，代替効果は大きいが，無差別曲線が急勾配の場合は，代替効果は小さくなる。

子どもの成長の影響

家事生産関数の形状，すなわち等量曲線の形状はライフサイクルによっても変化する。たとえば，手のかかる幼児がいる場合と成長して手がかからなくなった子どもがいる場合とでは，家事生産性が変化するので，等量曲線の形状も変化する。幼児がいる場合の等量曲線は，より急勾配であるが，子どもが成長すると等量曲線の傾きはゆるやかになっていく。女性や子どもをもつ世帯の労働供給のライフサイクル的な変化は，家事生産モデルを使って説明することができる。

夫婦の家事分担や親との同居

またこのモデルは，夫婦間の家事と仕事の分担にも拡大することができる。たとえば，統計的差別などの影響で夫の市場賃金が妻の市場賃金よりも高く，あるいは妻の家事生産のスキルが夫の家事生産のスキルよりも高い場合，夫は妻に比べて家事サービスよりも市場労働に比較優位をもち，逆に妻は夫に比べて市場労働より家事サービスに比較優位をもつ。さらに，家事サービス自体は市場で取引されていないと仮定しよう。

夫が市場労働に，妻が家事労働に特化すれば，双方の家事サービ

スと市場財の交換によって，予算制約線は外側に回転するため，夫婦は利他的でなくとも，それぞれより高い効用を達成することが可能になる。ただし，①男女間の賃金差が低下して比較優位が消滅する場合，②家事サービスの代替サービスが市場で購入できるようになると，結婚による夫婦の役割分担のメリット，すなわち結婚の経済的メリットは縮小していくことになる。

　さらに，このモデルは親と同居した場合の家事分担にも拡張できる。同居した親からの家事援助により家計可処分時間が増えると，予算制約線は外側に水平シフトすることになる。

子育て支援政策の効果　児童手当などの子育て支援政策は，家事サービスにどのような影響を与えるであろうか。児童手当が導入されると，家計の可処分所得が上昇するため，図$10-2$の予算制約線は上方に水平移動し，均衡点はE_0からE_1に変化する。また市場財である幼稚園・保育所への価格補助は予算制約線を外側に回転させるため，無差別曲線との新しい均衡点は図$10-2$のE_2に移動し，家計の効用は改善する。価格補助による子育て支援政策は，市場財（幼稚園や保育所といった子育てサービス）が

正常財の場合，市場財の需要を増加させる効果があるが，家事サービス時間を増減させる効果は代替効果と所得効果の大小関係に依存することになる。

良好な成育環境を保障する経済的価値　乳幼児期は，人格・行動発達・知性の基盤をつくる重要な時期である。虐待，障害，不安定な家庭環境といった劣悪な環境にいる子どもたちへのセーフティ・ネットの確保，子どもたちに質の高いサービスを保障する仕組みの構築が求められる。

　本来，家庭内で行われる子育てに，政府が社会保障制度を通じて財・サービスを提供する根拠は，それが単に子ども本人や親の利益や便益だけではなく，未来を担う次世代の健康・教育水準の向上が社会全体の公共的利益に結び付く（外部性）からである。また，母親が育児と仕事の両立が可能になれば，貧困の防止，社会福祉にかかる費用削減，税収の増加などの効果もある。

　人生の初期の投資が生涯にわたって重要であるという指摘は，図10-3で示される。

　横軸は年齢を表し，就学前，就学期間，卒業後の3期に分けている。縦軸は投資に対する人的資本の収益率をあらわしている。縦軸の r で示される横軸に平行な直線は，機会費用，すなわち人的資本の投資をせずにこの金額を市場で運用した場合に得られる利益，市場金利を表す。生涯において同一額の投資が行われる場合，人的資本投資に対する収益率は，右下がりのゆるやかな曲線を描くとされる。人的資本に対する投資効果は，就学前の乳幼児期ほど高く，年齢を経るごとに逓減し，学校卒業後の職業訓練は相対的に低い水準となる。学習は基礎の学習の上に成り立つものであり，それを繰り返すことで，人は能力を高め，人的資本が向上する。だからこそ，人生初期の良質な教育投資が重要なのである。

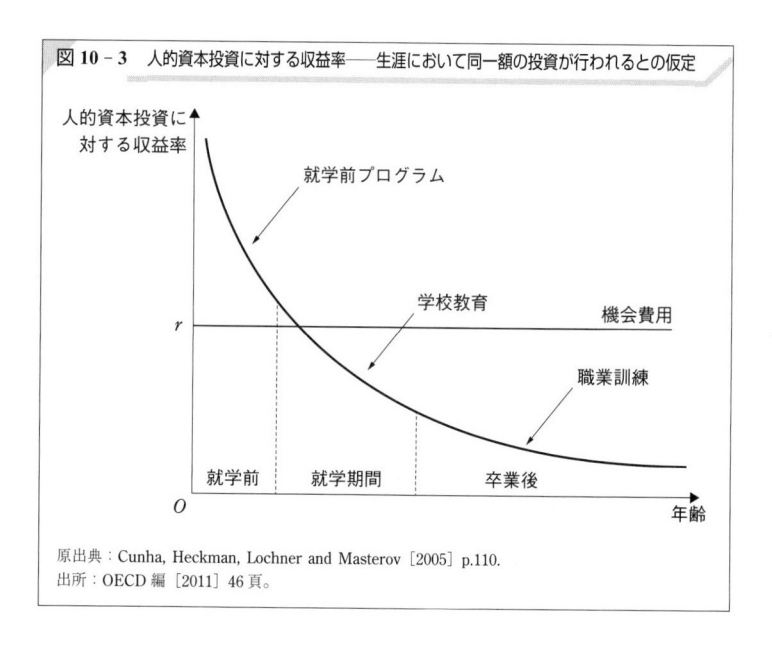

図 10 - 3　人的資本投資に対する収益率──生涯において同一額の投資が行われるとの仮定

原出典：Cunha, Heckman, Lochner and Masterov ［2005］ p.110.
出所：OECD 編 ［2011］ 46 頁。

3　両立支援のための労働政策

●育児休業制度とワーク・ライフ・バランス

　女性の進学率の上昇や，年功賃金，長期雇用を特徴とする日本型
雇用システムの後退により，年齢階級別にみた女性の M 字型就業
は崩れはじめ，専業主婦モデルを前提とした経済環境ではなくなっ
てきている。しかし，M 字のボトム部分の上昇は，女性の未婚率
の上昇による寄与も大きく，既婚女性の就業率は横ばいで，子育て
との両立支援を推進する施策の強化が必要になる。

ワーク・ライフ・バラ
ンスとは

　ワーク・ライフ・バランス（以下，WLB）と
は，仕事と生活の調和という意味であり，
両者のバランスを保つという考え方である。
ワーク・ライフ・バランス憲章では，WLB が実現できた社会とは，

「国民一人ひとりがやりがいや充実感を感じながら働き，仕事上の責任を果たすとともに，家庭や地域生活などにおいても，子育て期，中高年期といった人生の各段階に応じて多様な生き方が選択・実現できる社会」と定義されている。

WLB 施策は，育児休業制度や企業内保育所の設置など子育て期の女性の就業支援策と受け止められがちで，企業にとってはコストとしての扱いであった。しかし，近年では仕事と生活のバランスを見直すことによる作業効率の推進，優秀な人材確保や従業員の就業意欲の喚起などが注目されるようになり，人事戦略の1つとして位置付けられている。

育児休業制度の理念・仕組み

男女ともに子育て等をしながら働き続けることができる環境を整備することを目的に，1992 年に「育児休業等に関する法律」が施行された。同法は，不利益禁止規定，時間外労働の制限，対象労働者の拡大など数度の改正を経て，現在に至っている。

労働者は，申し出ることにより，子が1歳に達するまでの間（保育所がみつからない等の場合は1歳6カ月まで），育児休業を取得できる。男女とも育児休業制度を取得することが可能であり，非正規労働者であっても，同一の事業主に引き続き雇用された期間が1年以上で，かつ子が1歳に達する日（誕生日の前日）を超えて引き続き雇用されることが見込まれる雇用者であれば，休業を取得できる。

育児休業，介護休業や子の看護休暇の申出をしたこと，また取得したことを理由とする解雇その他不利益な取扱いは，法律によって禁止されている。その他，時間外労働，深夜業の制限，勤務時間の短縮等の措置についても定められている。2012 年7月より，これまで従業員数が100 人以下の事業主に適用が猶予されていた短時間勤務制度，所定外労働の制限の制度および介護休暇についても全面的に適用された。

休業期間中の賃金の支払いは義務付けられておらず，各企業の就業規則に委ねられており，休業中の賃金は支払われないことが多い。育児休業期間中の所得保障としては休業期間中の労使ともに健康保険・年金保険料負担の免除と，雇用保険制度を通じた育児休業給付がある。在職中であるにもかかわらず，雇用保険を通じた給付を行う理由は，育児休業中の労働能力の低下を「雇用の継続が困難となる事由が生じた場合」という保険事故に位置付け，さらに深刻な保険事故の「失業」を未然に回避するためとされている。育児休業給付は雇用継続給付の1つとされており，その給付水準は，2014年4月より，育児休業を開始してから180日目までは，休業開始前の賃金の67%，それ以降は50%が給付されることとなっている。

　育児休業制度は，男女労働者双方に育児休業の権利を与えているが，2009年から父と母がともに育児休業を取得すると，育児休業取得が1歳2カ月まで延長される通称「パパ・ママ育休プラス制度」が導入された。2014年度の，出産した女性労働者に占める育児休業取得者の割合は86.6%，配偶者が出産した男性労働者に占める育児休業取得者の割合は2.30%にすぎない（厚生労働省雇用均等・児童家庭局「2014年度雇用均等基本調査」）。政府は男性の育児休業取得率の目標を2020年に20%としているが，達成は厳しい状況にある。政府は育児に積極的にかかわる男性を「イクメン」と呼び，社会的機運を高めることに努めており，実証研究でも男性の育児参加が子どもの成長によい影響を及ぼすことが確認されている。

　女性の育児休業取得者は増加傾向にあるとはいえ，出産後の就労継続状況はほとんど変化がみられない。図10-4から，時系列でみると，第1子出産前の有職者や就業継続（育休利用）の割合は増えているが，出産退職者も4割以上を占めている。

| 少子化問題 | 図10-5から，先進主要国の**合計特殊出生率**（女性が一生の間に産む子ども数）の推移 |

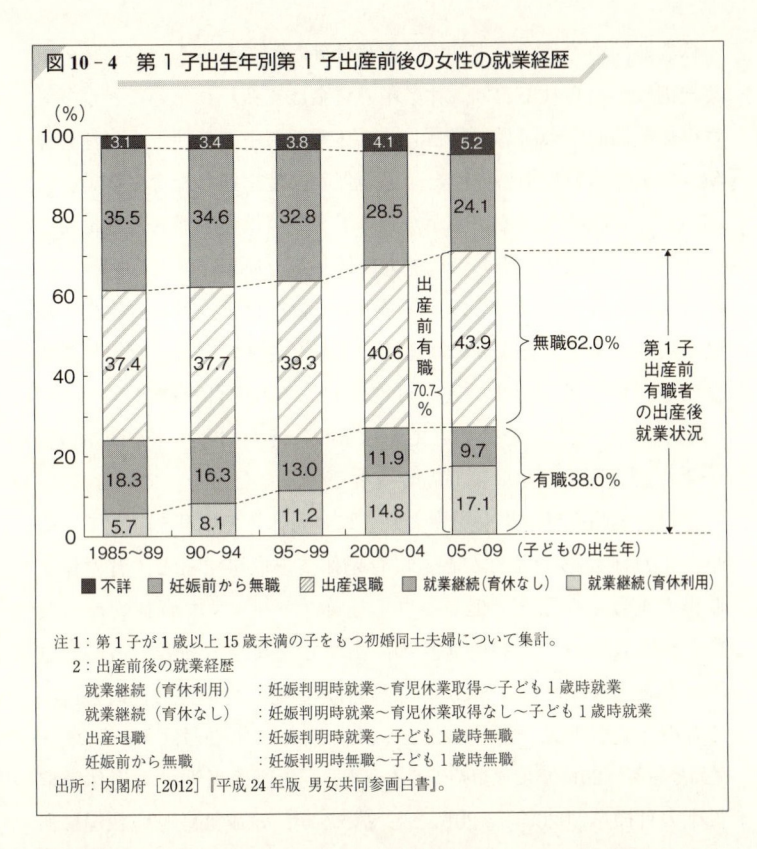

図 10 - 4　第 1 子出生年別第 1 子出産前後の女性の就業経歴

注 1：第 1 子が 1 歳以上 15 歳未満の子をもつ初婚同士夫婦について集計。
　 2：出産前後の就業経歴
　　　就業継続（育休利用）　：妊娠判明時就業～育児休業取得～子ども 1 歳時就業
　　　就業継続（育休なし）　：妊娠判明時就業～育児休業取得なし～子ども 1 歳時就業
　　　出産退職　　　　　　　：妊娠判明時就業～子ども 1 歳時無職
　　　妊娠前から無職　　　　：妊娠判明時無職～子ども 1 歳時無職
出所：内閣府［2012］『平成 24 年版 男女共同参画白書』。

　を比較しよう。いずれの国の合計特殊出生率も 1970 年代から 80 年代にかけて低下しているが，90 年代以降は日本のように低下傾向が続く国と，フランスやスウェーデンなどのように出生率を反転させた国に分かれる。その背景には，子育ての経済的支援に加え，保育所や育児休業制度などの両立支援の充実があるとされている。

　日本の少子化の要因は，生涯未婚率の上昇，晩婚化に加え，子どもの養育コストの増大があるとされている。子どもの数に経済状態が与える影響は複雑である。これまでの実証研究では，夫の賃金の増加は子ども数を増やす効果はあるが，妻の賃金の上昇は子ども数

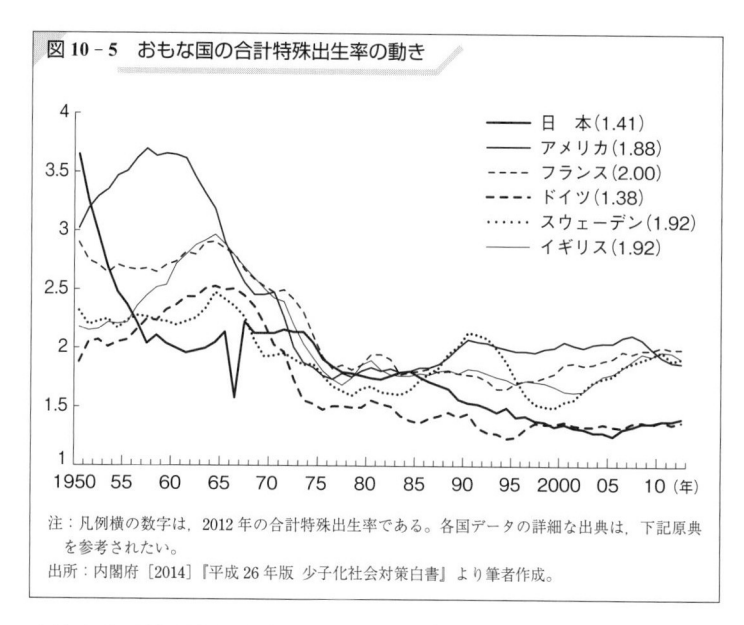

図 10 - 5　おもな国の合計特殊出生率の動き

凡例:
日　本 (1.41)
アメリカ (1.88)
フランス (2.00)
ドイツ (1.38)
スウェーデン (1.92)
イギリス (1.92)

注：凡例横の数字は，2012 年の合計特殊出生率である。各国データの詳細な出典は，下記原典を参考されたい。
出所：内閣府［2014］『平成 26 年版　少子化社会対策白書』より筆者作成。

を減らす効果があるとされている。女性の高学歴化とともに母親が子育てのために仕事を中断する機会費用が高額になっていることが，少子化に拍車をかけることになっている。少子化対策には育児の機会費用の縮小が必要であり，低水準の現金給付よりも，育児休業制度や保育サービスなどの両立支援や，ワーク・ライフ・バランス施策の推進のほうが有効であると考えられる。

近年では雇用の流動化，非正規労働者の増加により，子育て世帯の経済的余裕は低下しており，日本の子どもの貧困率は国際比較においても上位にある。子育て世帯の経済的な基盤の安定のためには，現金給付と保育サービス等の両立支援，そして親世代の経済的安定（雇用政策）の充実がともに必要となる。

保育サービスの拡充　　保育サービスは仕事と子育ての両立において不可欠である。その内容は幼稚園プログラムと共通部分が多くなっており，就学前教育の性格ももちつつあ

る。質の高い幼児教育・保育プログラムは，子どもの修学後の成果を高め，教育の収益率を高いものにする。また，家庭環境によって幼児期の発達に過度な差があるのは好ましくなく，幼児教育・保育はすべての子どもたちの社会的な不平等を縮小させることにも寄与する。このような幼児教育・保育の効果，専門性の評価が行われることが，保育サービスの適正価格，高賃金による良質の保育士の確保の前提条件となる。

　現在の保育サービスの特徴は，①労働集約的なサービスであること，②サービスを選択する購入者は親であるが，実際の消費者は判断力のない子どもであることからサービスの質の評価が難しい。資格のある保育士を手厚く配置した保育所とそうではない保育所で育った子どもが発達において大きな差が発生するという研究もある。質に関する評価が難しいため，OECD は，保育サービスを市場で提供する場合の弊害を指摘している（OECD 編［2011］）。したがって，保育サービスの提供には公的な介入が必要であり，サービス内容，価格，サービス利用について政府の介入が強く行われている市場を**準市場**と呼ぶ。

　保育所は，児童福祉施設最低基準等を満たした認可保育所とそうではない認可外保育施設に大別できる。前者は，市町村と事業者の間でサービス提供の委託契約が行われ，サービス提供体制に応じた補助金が投入されている。前者の利用者は市町村に申請し，「保育に欠けている」と，利用を認められる必要がある。前者の利用者負担は**応能負担**で，保護者等の前年の所得税負担額に応じて決定される。応能負担は，低所得者に対し，安価で良質な保育サービスを提供できる利点がある。所得階層が上がると利用者負担が上昇することで妻が追加的に働くインセンティブを阻害する効果があることや，クロヨン問題といわれる，同じ所得水準間での自営業者に比べて被用者の所得税負担が高いために，保育サービスの利用者負担の水平

的公平性が確保されていないのではないかという指摘があった。これに対応するために，各市町村は国基準の利用者負担を超えない範囲で，階層をより細分化したり，自治体の補助金を投入して利用者負担の階層間の急上昇に配慮している。また，かつてに比べると，利用者負担の方式は応能負担より受益に応じて支払う**応益負担**の要素が加味されるようになっている。

認可外保育施設は，児童福祉施設最低基準等を満たしていない保育所であり，補助金が投入されていない施設が多いために利用者負担は認可保育所よりも相対的に高く，質にはばらつきが多い。

認可保育所入所の仕組みは，1998 年の児童福祉法改正を機に措置制度から親が保育所を選択できる方式に改められた。措置制度とは，親ではなく行政（市町村）が入所保育所を決定する仕組みであり，希望者に対して圧倒的に少ない資源（保育サービス）を分配するときに，ニーズの高い者を優先的に使用させる割当て方法で，いわば，供給が需要を決める性格をもっていた。しかし，措置制度のもとでは，保育所側には競争原理が働かず，サービス向上のインセンティブに乏しいことが問題点として指摘されていた。そこで，児童福祉法改正を機に，保育サービスに多様な供給主体が参入することを認め，児童福祉法から措置の名前が消え，保育サービスの市場は次第に準市場の仕組みに向かった。しかし，都市部においては圧倒的に認可保育所が不足しており，親の選択を十分に反映できない状況が続いていた。

待機児童問題　日本は高度経済成長以来，日本型雇用システムが定着し，男性の雇用は年功賃金，長期雇用で守られる一方で女性は結婚後退職し家事を行うことが期待された。これが性別役割分業である。多数派の専業主婦世帯では，妻が家で子どもを保育するため，保育所は少数派の共働き世帯，ひとり親世帯の子どもへの保育を提供し，専業主婦世帯の子どもは 3

歳ぐらいになると幼稚園に通うようになっていた。こうした状況は1990年代以降，共働き世帯の増加とともに変化し，保育ニーズを求める世帯が増加することになった。

2014年4月1日現在，認可保育所の定員数は234万人，入所児童数は227万人で定員充足率は97%である。ところが，認可保育所の入所要件を満たしながら，満員等の理由で入れない**待機児童数**は2万1371人いる。

待機児童にはいくつかの特徴がある。1つめは，0〜2歳の低年齢児が全体の84.5%を占め，とくに育児休業明けの1, 2歳児（1万4555人）に集中している。もう1つは待機児童は若い夫婦が住む都市部に集中しており，首都圏（埼玉，千葉，東京，神奈川），近畿圏（京都，大阪，兵庫）の7都府県（政令指定都市・中核市含む）およびその他の政令指定都市・中核市（仙台市，広島市，那覇市等）だけで，全待機児童の78.4%を占めている点である。

また，待機児童数を比較する際には，以下の点にも注意が必要である。1つは2001年度から待機児童の定義変更が行われたことである。新定義は①他の入所可能な保育所があるにもかかわらず，特定の保育所を希望している場合，②認可保育所への入所を希望していても，自治体の単独事業（いわゆる保育室等の認可外施設や保育ママ等）によって対応している場合は，待機児童数から除外するとされ，定義変更によって待機児童数は大幅に減少した。旧定義による数値は2007年以降公表されていないが，現時点で広義の認可保育所に入所できない児童は2倍近い数値となると思われる。

さらに，待機児童リストにすら記載されない，入所申込みすらしていない潜在的な待機児童の存在にも注意が必要である。厚生労働省「新待機児童ゼロ作戦に基づくニーズ調査結果」（2009年）では，潜在的待機児童数は85万人と推計されており，地域住民が保育の質，安心・安全な保育サービスを求めていることが記されている。

自治体が待機児童数分だけ認可保育所の定員数を増やすと，申込みすらあきらめていた層が申込みをする結果，また待機児童が生まれるという状況で，認可保育所の供給増だけでは待機児童問題の解消はきわめて難しい。横浜市や東京都などの都市部では，独自の基準による保育所の整備拡充を行っている。

一方で，幼児教育を実施する幼稚園の対象は，満3歳以上児で，共働きのニーズには対応しきれていない。少子化と共働きの増加により，幼稚園の就学率は低下傾向で，とくに地方では幼稚園の定員割れの問題が深刻になっている。厚生労働省管轄の保育所と文部科学省管轄の幼稚園という縦割り行政により，保育サービス，就学前教育においてミスマッチが発生している。2006年に認定こども園制度という，保育と教育の一体化施設が導入された。重複した機能の統合や乳幼児期に良質な保育・教育環境を提供することは，子どもや親にとっても有益な施策である。

政府は2012年8月に社会保障・税一体改革で，子育て支援分野についても変革を行った。

子ども・子育て支援新制度

2015年度からスタートした**子ども・子育て支援新制度**（以下新制度）は，従来，施設ごとに異なっていた財政支援や利用方法を統一化し，あわせてサービスの充実・拡大を行うことを目的としている。その内容は，認定こども園，幼稚園，保育所への「施設型給付」と小規模保育等への「地域型保育給付」に加え，市町村による「地域子ども・子育て支援事業」の2つから構成されている。新制度では，施設型保育サービス，地域型保育サービスを利用する際の支給認定制度が導入された。利用を希望する親は，市町村から支給認定を受けることにより，教育・保育の必要性によって施設・事業，利用時間の長短が異なる保育サービスの利用枠を認められることになった。親はこの支給認定，利用枠に基づいて市町村が認定した施

設（公立保育所，幼稚園，認定こども園）と契約（公的契約）し，保育サービスを利用できる。なお，私立保育所のみ契約・利用という形式ではなく，市町村と利用者の契約，市町村から私立保育所への委託となる。新制度は，従来の供給に応じて需要を制限するという仕組みから，需要に応じて供給を増やすという仕組みへの転換を意味している。

また，保育サービスの供給整備の責任は市町村が担うことになり，すべての市町村は，5年おきに地域のニーズ調査に基づく子ども・子育て支援事業計画を策定し，需要量に応じた供給の整備を計画的に行うことになった。

新制度における幼保連携型認定こども園については，単一の施設として認可・指導監督等を一本化することにより普及を促進することになっている。

あわせて，国は待機児童解消加速化プランとして，2017年度末までに保育の受け皿を確保し，待機児童の解消をめざすとしている。この子ども・子育て関連の制度改正には社会保障・税一体改革で確保される消費税増税のうち0.7兆円の費用があてられることとなっている。

児童手当・児童扶養手当の役割

多子は貧困の原因の1つであり，ベヴァリッジ報告でも社会保障制度の柱とされてきた。日本でも，早くから**児童手当の必要性**が指摘されてきたものの，年功賃金給が定着するなかでその重要性の認識は広まらなかった。ようやく1971年に対象を限定した児童手当が導入されたが，その後の低成長，財政赤字の拡大のなかであまり拡充されなかった。しかし，非正規労働者の増加，日本的雇用慣行が後退するなかで子どもの貧困率の上昇が問題になり，児童手当の役割は重要になっている。

児童手当は，家庭等の生活の安定の寄与，次代の社会を担う児童

図 10-6　家族給付の対 GDP 比（2011 年度）

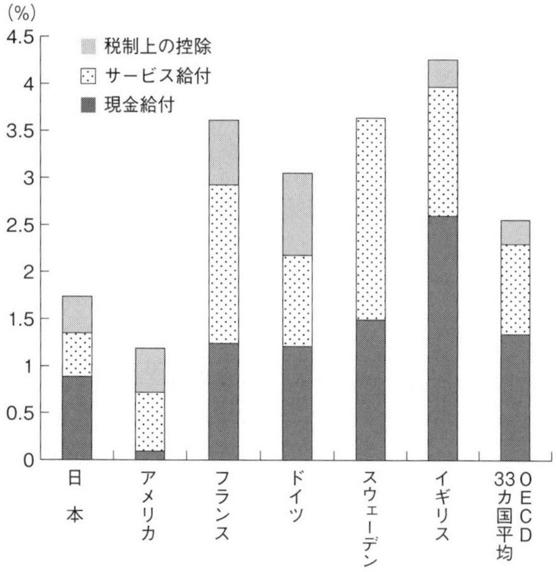
(%)
4.5
4
3.5
3
2.5
2
1.5
1
0.5
0
税制上の控除
サービス給付
現金給付
日本
アメリカ
フランス
ドイツ
スウェーデン
イギリス
OECD 33カ国平均

出所：OECD Family database より筆者作成。

の健やかな成長に資することを目的とした現金給付の制度である。2015 年度の児童手当の支給対象は，中学校修了までの国内に住所を有する児童（15 歳に到達後の最初の年度末まで）で，手当月額は 0～3 歳未満が一律 1 万 5000 円，3 歳～小学校修了前が 1 万円（第 1 子・第 2 子），1 万 5000 円（第 3 子以降），中学生一律 1 万円となっている。また所得制限（2015 年度で 960 万円未満〔夫婦と子ども 2 人〕）があるが，当分の間の特例給付とされ一律 5000 円が支給される。財源は，国，地方（都道府県，市町村），事業主拠出金で構成されている。

児童扶養手当は，父母の離婚などで，父または母と生計を同じくしていない児童が育成されるひとり親家庭等に支給される手当であ

る。支給対象は，18歳に達した最初の3月31日までの児童，または20歳未満で中度以上の障害を有する児童を養育しているひとり親または養育者となる。支給月額は，児童1人のとき（全部支給）4万2000円，児童2人のとき5000円を加算，児童3人以上のとき3000円ずつ加算されることになっている。また扶養親族の状況等に応じて，所得制限が設けられており，扶養義務者等の所得増加とともに手当額が削減され，所得制限限度額以上に達した場合には支給停止になる仕組みとなっている。

図10-6から家族給付の対GDP比をみると，日本は1.74％で，OECD加盟国平均2.55％より低く，イギリス，フランスやスウェーデンに比べると，およそ3分の1の水準にとどまっている。とくにサービスの対GDP比が他国に比べ，低い水準である。この家族給付の水準の低さが，少子化問題や子どものいる世帯の相対的貧困率の上昇と関連するとの指摘もあり，子育て支援の充実が急がれるところである。

演習問題◆

1 諸外国の少子化対策を比較し，日本でも有効だと考えられる子育て支援策をあげてみよう。
2 男性の育児休業取得率の引上げに必要な方策を考えてみよう。
3 WLB施策が充実している企業事例を調査してみよう。

文献案内◆

就学前教育の重要性，国際比較については，OECD *Starting Strong II* の日本語版である，OECD編［2011］がくわしい。日本の少子化の把握には，内閣府『少子化社会対策白書』（各年版）が便利である。男性の育児参加については，石井クンツ昌子［2013］『「育メン」現象の社会学——育児・子育て参加への希望を叶えるために』ミネルヴァ書房，ワーク・ライフ・バランスの理論・実証研究については，山口一男［2009］『ワークライフバランス——実証と政策提言』日本経済新聞出版

社を参考にされたい。

参考文献 ◆

OECD 編（星三和子ほか訳）［2011］『OECD 保育白書——人生の始まり こそ力強く：乳幼児期の教育とケア（ECEC）の国際比較』明石書店

Cunha, F., J. J. Heckman, L. Lochner, D. V. Masterov ［2005］ "Interpreting the Evidence on Life Cycle Skill Formation," NBER Working Paper No. 11331.

Ehrenberg, R.G. and R.S. Smith ［1994］ *Modern Labor Economics: Theory and Public Policy,* 5th ed., Harper Collins.

Gunderson, M. and W.C. Riddell ［1993］ *Labour Market Economics*, 3rd ed., McGraw-Hill Ryerson.

第11章　住　宅

6階建て都営アパート（1954年7月，江東区亀戸電車通り）　毎日新
聞社提供

本章でまなぶこと◆

　日本では，これまで住居サービスの保障について社会政策の観点から議論される
ことはほとんどなかったが，多くの福祉国家では，最低限の住居サービス水準は現
金，現物という形で保障されるべき重要な社会政策の柱となっている。

　本章では，経済学および社会政策の観点から住宅政策，住宅サービスの現状を概
観し，低所得者向け住宅政策として，公営住宅，家賃補助，住宅扶助，離職者のた
めの住宅手当の現状と問題点を学ぶ。また，新しい住宅政策の視点として，介護と
住宅，ホームレスの問題について学ぶ。

キーワード

公営住宅　　帰属家賃　　アフォーダビリティー　　市場の失敗　　準公共財
価値財　　外部性　　クラウディングアウト　　政府の失敗　　住宅手当制
度（家賃補助）　　住宅扶助

1 住宅と居住保障

住宅政策と今日の課題

住宅の質や価格は国民の生活水準を大きく左右する。健康で文化的な生活を送るための住宅，住環境の保障は社会政策の重要な問題である。住宅政策の議論には，ストックとしての「住宅取得・保有」と，住環境・価格を保障する「居住保障」の2点がある。前者であれば，住宅建設に関する補助，住宅金融，住宅税制，直接規制，後者であれば，家賃補助，**公営住宅**の供給，借地借家法（価格政策），施設関連の政策などが該当する。

　これまで，日本の住宅政策は，前者の住宅取得・保有，持ち家促進政策が中心で，住宅金融と持ち家優遇税制が重要な政策手段であった。住宅はあくまでも私的財，個人資産とみなされており，地価が上昇する土地は収益率の高い有利な資産であり，住宅建築は景気対策としての目的も有していた。そのため，欧米諸国とは異なり，生活の基礎，必需財としての住居サービスの保障や居住水準への政策的関心は低く，社会政策，社会保障制度の展開は遅れた。

　また企業福祉の一環として給与住宅が充実していたことも，住居サービスに対する社会政策の必要性を弱めた。大企業では，長期雇用保障と引き替えに，企業資源である工場と労働者の最適な配置のために，労働者に全国的な転勤を義務付けた。そのため，大企業では全国に給与住宅（社宅）を保有することで，従業員に住宅サービスを提供した。また，労働者も日本型雇用慣行の終身雇用・年功給を前提として，将来の賃金上昇を見込んで，住宅ローンを組んで持ち家を取得した。しかし，社会政策としての住宅政策の欠如は，都市の濫開発，1980年代後半の地価高騰，狭小住宅，家計における

住宅ローンの過重負担，質を確保した公共住宅の不足，非正規労働者の増加に対応した住居の確保などの問題を引き起こした。

近年では，住宅の量的確保の問題よりも，むしろ需給のミスマッチによる「空き家問題」や所得階層別の居住環境の格差など新たな問題が発生している。従来の困窮者向けの福祉施設とは別に生活保護受給者，貧困者を対象にしたいわゆる無料低額宿泊所が増加している。さらに高齢化の進展で，高齢者施設と居宅の境目が曖昧な，有料老人ホーム，サービス付き高齢者住宅といった従来とは異なる居住形態も増えている。

住宅・居住保障の視点 住宅保有と居住保障の議論は区別しなければならない。持ち家の場合，居住者は自らの家から住居サービスの恩恵を受けている。経済学では，この住居サービスの価値を帰属家賃（帰属所得），つまり自分で使用せず，他人に貸し出したら収入になったはずの所得として評価する。

社会政策の視点からは，住居サービスのアフォーダビリティー（適切な質の住宅に適切な負担で入居可能なこと）が重視される。そこでは，住宅保有よりも，居住保障や家賃支払後の所得が貧困線を大幅に下回らないような適切な住宅費（広義の意味での所得政策）であるかや，最低居住水準（住宅の質，生活の質）の確保が重要な政策目標になる。

一般に都市部では，住居サービスの対価である家賃が高く，とくに低所得者ほど所得に占める家賃負担率が高くなる。家賃は，その立地，すなわち地価に大きく左右される。職場から近く通勤時間も節約でき，利便性の高い場所ほど高い生産性があるとされ，供給も限られるため，地価も高くなる。さらに家賃は築年数，住宅性能，周囲の環境といった複雑な特性・要因によっても変動する。

	持ち家	民営借家	公的借家
			（単位：%）
アメリカ（2011 年）	66.2	29.2	4.6
イギリス（2012 年）	65.8	17.2	17.0
ドイツ（2010 年）	45.7	54.3	
フランス（2006 年）	57.2	19.4	17.1
日　本（2013 年）	61.7	28.0	5.4

注 1 ：ドイツは借家の合計値で，個別データは公表されていない。
　2 ：公的借家は各国統計におけるいわゆる「公的借家」の数であり，原則として公的主体が
　　　所有・管理する借家をいう。なお，「公的主体」の範囲は，通常，地方公共団体，公益法人
　　　であるが，ドイツ，フランスの場合は組合，株式会社も含まれている。
　3 ：日本の総計には所有関係不詳を含む。日本の借家は給与住宅も含む。
出所：国土交通省「平成 26 年度　住宅経済関連データ」より筆者作成。

日本の住宅の状況

日本の住宅の特徴　2013 年現在，日本の住宅戸数は 6063 万戸であるが，空き家率は 13.5％と過去最高を更新している（総務省統計局「平成 25 年住宅・土地統計調査」）。

　所有関係別に住宅ストックを国際比較すると，住宅政策による差異がみてとれる。日本の 2013 年時点の持ち家率は 61.7％で，アメリカ（66.2％），イギリス（65.8％）に次いで高い水準にある（表 11 - 1 参照）。一方，公的借家の割合はイギリスとフランスが高い割合となっている。これらの差は，持ち家を支援する政策や公的住宅の建設数，対象者の範囲などの違いによる。

　住宅費負担の上昇　終戦直後の日本は圧倒的な住宅不足にみまわれ，住宅の供給増が住宅政策の中心であった。日本では持ち家取得が資産取得の象徴とされており，実際に家計の資産の大半を占めている。持ち家取得率は世帯主の年齢とともに上昇する傾向にあり，60 歳以上の世代では約 8 割が持ち家に居住している一方，近年では 20 歳代から 40 歳代の若年層で，持ち家率が低下傾向にある（図 11 - 1 参照）。若年世代の賃金が伸び悩むなか，持ち家取得にかかる

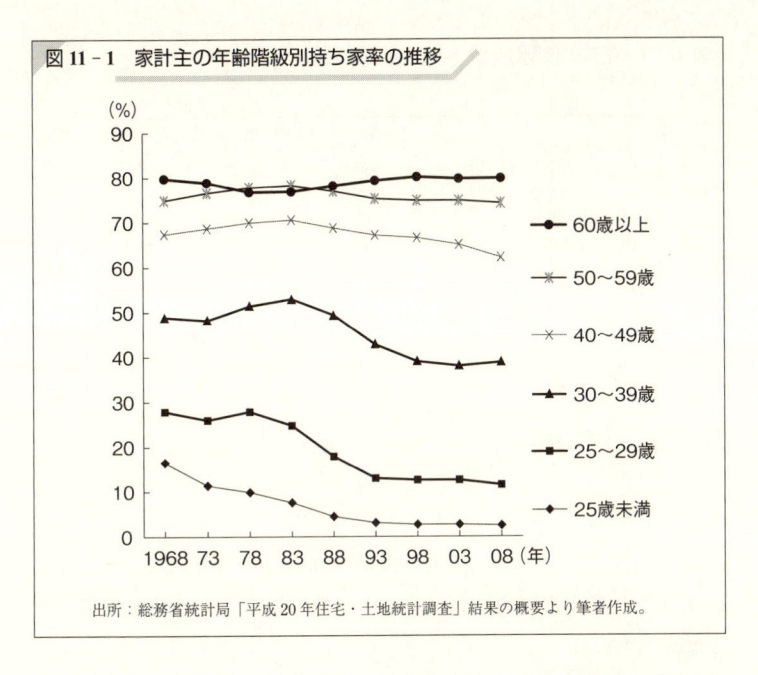

図 11 - 1　家計主の年齢階級別持ち家率の推移

(%)

凡例:
- ● 60歳以上
- ※ 50〜59歳
- × 40〜49歳
- ▲ 30〜39歳
- ■ 25〜29歳
- ◆ 25歳未満

横軸: 1968　73　78　83　88　93　98　03　08 (年)

出所：総務省統計局「平成 20 年住宅・土地統計調査」結果の概要より筆者作成。

経済的負担の増加が，若年世代の持ち家率の減少の一因と説明されている（国土交通省［2012］）。

　住居費と所得の関係については，19 世紀ドイツの統計学者 H. シュワーベが，低所得世帯ほど所得に占める住居費の負担が大きくなる「シュワーベの法則」(Schwabe's law) を提唱した。欧州連合では住居費の過剰負担率という指標を設定し，総住居費（住居手当を差し引いたもの）が等価可処分所得の 40％以上を占める世帯で暮らす人口の割合を公表しているが，日本では家賃の過剰負担率に関する公的な指標はまだ整備されていない。

　日本では，借家に居住する世帯の可処分所得に対する家賃の割合は上昇傾向にあり，とくに単身世帯での家賃負担が重くなっている。同じ単身世帯でも，男性より女性のほうが，家賃支出割合が高いのは，女性のほうが設備水準の高い住宅を希望するのに対し，賃金水

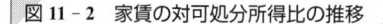

図 11 – 2　家賃の対可処分所得比の推移

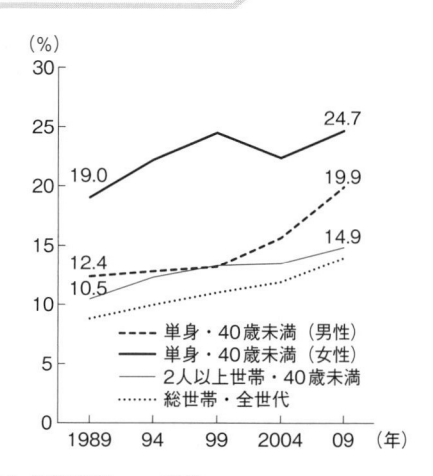

(%)

- ----- 単身・40歳未満（男性）
- ── 単身・40歳未満（女性）
- ─ 2人以上世帯・40歳未満
- ······ 総世帯・全世代

1989　94　99　2004　09　（年）

注 1：勤労者世帯について集計。
　　2：家賃は全世帯の平均の家賃地代÷家賃・地代を払っている世
　　　帯の割合で算出。
　　3：総世帯は単身世帯，2人以上世帯の家賃地代，可処分所得を
　　　加重平均して算出。
資料：総務省「全国消費実態調査」より国土交通省作成。
出所：国土交通省［2012］。

　準が男性よりも低いことが影響しているためという（図11 – 2参照）。
　「ベヴァリッジ報告」でも，家賃は被服費や光熱費と違って稼得
収入が一時的に中断されても切りつめることができない性質である
ことが指摘されており，失業，疾病もしくは災害のような事故発生
が予知できない事象が起こった場合，家計には深刻な影響があるこ
とが指摘されている。実際に失業者家計の消費支出額は勤労者世帯
の 8 割程度におさえているのに対し，住居支出は逆に失業者世帯の
ほうが上回っており，住居支出が失業者家計を圧迫していることが
わかる（労働政策研究・研修機構［2014］）。

2 住宅・住居サービス政策の根拠

●住宅という財の特殊性

住宅サービスをめぐる
市場とその問題

住宅および住居サービスの提供は，市場メカニズムを通し，どの程度有効に機能しているのであろうか。住宅・住居サービスは民間市場で購入可能で，かつ公共財のように「非排除性」，「非競合性」が認められるわけではないため，効率性の観点からは政府の介入は必要ないように思われるかもしれない。しかし実際には市場メカニズムが有効に機能せず，住居の「アフォーダビリティー」が確保できなくなる市場の失敗があるために，各国は住宅を準公共財と位置付け，政策介入を行ってきた。

住まいは，「衣食住が足りる」という言葉に代表されるように，生活の基本的要素である。しかし，「衣食」と「住」の財の特徴には，情報の不完全性，外部性という点で大きな違いがある。

かつてイギリスでは，産業革命による工業化が進展し，農村から多くの工場労働者が都市に移住した。しかし，急速に進む人口集中に対応するだけの安価で良質な住宅供給は不足し，彼らは低質粗悪，極端な過密住宅に居住していた。衛生状況が悪い過密地域は，コレラなどの伝染病の根源となり，多数の死者が出た。結果として，イギリス政府はこうした劣悪な生活環境が衛生問題や疾病，短命などに及ぼす影響を解消するために，公営住宅の供給や家賃統制などの住宅政策を導入することになった。

情報の非対称性

住宅という財は，「情報の非対称性」（建築の知識はきわめて高度であり，消費者がその質をみきわめることが難しい）というだけでなく，住んでみて初めてわかるという経験財の性質ももちあわせている。とくに持ち家の場合

には買い直しや補修が簡単にはできないため，消費者保護の政策が必要である。2005 年に起こった耐震偽装事件はその典型例であり，耐震構造が偽装されたマンションを購入した消費者は，資産価値の低下，補修にかかる追加的な費用負担を余儀なくされ，大きな社会問題となった。また情報の不完全性から，家賃の滞納，迷惑行為，死亡事故などを家主が恐れ，借家人を統計的に差別する可能性もある。日本賃貸住宅管理協会「民間賃貸住宅の管理状況調査」(2010 年実施) によれば，民間賃貸住宅市場では，管理を委託している家主の 19.6％が入居者制限を行っており，高齢者，外国人，ひとり親世帯，障害者のいる世帯が入居制限を受けている。その理由としては，「家賃の支払いに対する不安」(59.6％)，「居室内での死亡事故に対する不安」(53.9％)，「他の入居者との協調性に対する不安」(50.6％) が上位となっている。民間の市場に委ねた場合には，彼らが民間住宅市場から排除される可能性があり，こうした市場の失敗を是正するために，住宅市場への公的介入が必要とされる。

価値財としての性質 どのような家に住むかは個人の選好であるという見方もあるが，極端な狭小住宅や非衛生的な住環境は健康を害したり，社会風紀を悪化させたりする。その意味では，住宅は**価値財**でもあり，政府介入が必要な財ともいえる。

　日本では住宅の広さの目安として「居住水準」という指標を用いており，「最低居住面積水準」未満の居住世帯の解消を目標としている。2013 年現在 90.2％の世帯が最低居住面積水準以上の住宅に居住しているが，民営借家世帯では 79.4％とやや低めの数値となっている (総務省統計局「平成 25 年住宅・土地統計調査」)。

外 部 性 住宅・住居サービスの特徴はその質が立地，周りの環境から大きな影響を受け，あるいは影響を与える。このことを「(近隣) **外部性**」という。

民間住宅賃貸市場では，貸し主は借り主の家賃支払い能力を疑う結果，低所得者は良質な住宅を安価な家賃で借りることは難しい。その結果，十分な補修が行われない安価で低質な住宅が集中する地域に低所得者が集中的に居住し，スラムが形成されることになる。スラムは失業率や貧困率がきわめて高く，犯罪や麻薬の温床や伝染病の原因にもなる。OECD の『幸福度白書』では，質の悪い住宅に居住することが子どもの健康の悪化や友人を自宅に招くことができないなど，社会関係の悪化にもつながることが指摘されている（OECD 編 [2012]）。

3 住宅政策の種類

　住宅政策は，住宅所有を支援する持ち家政策と，住居サービスの量・質の向上を目標とした政策に大別できる。

　　持ち家促進政策　持ち家促進政策には，住宅建築に対する長期低利融資，利子補給，保険などの住宅金融と，住宅・不動産税制がある。日本では，持ち家取得による住宅ローン残金の一定額を控除する住宅取得控除と住宅に対する固定資産税の優遇，帰属家賃の非課税などの税制が持ち家取得を促進している。住宅ローンの優遇政策は，高所得者ほど減税の恩恵が受けられる。所有する住居を他人に貸し出せば，その家賃収入に所得税が課せられるが，自分が持ち家として居住すれば，自家使用する住宅からの帰属家賃は非課税であるため，家主は他人に貸すよりも自家使用のインセンティブが高くなる。結果として，同じ所得があっても持ち家に居住する人のほうが，借家に居住する人よりも生活水準が高いことになる。こうした帰属家賃（所得）非課税政策は，第3章でみたように，所得格差の一因となっている。帰属家賃課税に対

する議論は，八田［2009］にくわしい。

低所得者向け住宅政策 低所得者向けの住宅政策としては，公共住宅の供給（現物給付）と民間住宅に対する家賃統制（価格規制），家賃，住居費補助（所得保障）がある。

公営住宅 政府による公営住宅の直接供給や民間住宅の借上げによる公営住宅制度は，民営借家などに比べ家賃水準は低く（表11-2参照），民間賃貸市場で良質な住宅を借りることが難しい不安定な人々へのセーフティ・ネットの機能を果たしている。政府が低所得者に低廉な家賃で公営住宅を提供する理由は，それが低所得者だけではなく，近隣住民の安全や衛生面の向上にもつながる「外部性」が存在するからである。質の良く廉価な公営住宅の提供は，確実に政策目的を達成できる面では優れた政策である。

しかし，すべての低所得者が利用できるだけの十分な数の公営住宅が提供されているわけではない。多くの自治体は入居者を抽選制で選別しており，東京都などの公営住宅の抽選倍率はときに100倍を超えることもある。そのため，同等の所得水準であっても民営借家等に居住する者との家賃負担の不公平があり，とくに低所得者層でその差が大きい（表11-3参照）。また，入居後に所得が上昇し，低所得者ではなくなった人が，明け渡し要求があっても居住し続け，本来入居すべき低所得者を排除し，同等の所得階層に比べかなり高い公共サービスを享受するという公平性の問題もある。政府は収入超過者に割増賃料を課すことで，収入超過者に自主的な退去インセンティブをもたせようとしているが，いまだ収入超過，高額所得者の入居問題は解消できていない。

では，単純な公営住宅の供給増で，問題は解決するのだろうか。高度経済成長期のように郊外に巨大な公営住宅を建設し，そこに低所得者を集住させることの負の効果にも留意する必要がある。低所得者が集まる地域であるということから，高所得者が離れれば，地

表 11-2　所有の関係別借家（専用住宅）の1畳当たり家賃
　　　　　　──全国，3大都市圏（平成25年）

（単位：円）

	全国	関東大都市圏	中京大都市圏	近畿大都市圏
公営の借家	1,120	1,430	1,116	1,323
都市再生機構（UR）・公社の借家	3,449	3,944	2,891	2,978
民営借家（木造）	2,633	3,839	2,361	2,431
民営借家（非木造）	3,883	5,001	3,312	3,759
給与住宅	1,577	2,072	1,788	1,704

注：都市圏の数値は，速報値である。
出所：総務省統計局［2015］「平成25年住宅・土地統計調査」。

表 11-3　年間収入五分位階級，住宅の所有別　可処分所得に占める家賃・地代の割合
　　　　　　（2人以上の勤労者世帯）

（単位：%）

	第Ⅰ階級	第Ⅱ階級	第Ⅲ階級	第Ⅳ階級	第Ⅴ階級
民営借家（設備専用）	22.4	18.3	17.4	15.8	15.8
公営借家	11.2	12.6	13.0	13.9	10.0
都市再生機構・公社等借家	19.1	15.3	16.6	17.4	13.9
給与住宅	8.3	7.0	7.6	6.8	6.2

出所：総務省統計局［2010］「平成21年全国消費実態調査」より筆者作成。

域の生活品の価格や不動産価格・周辺家賃も低下し，さらに低所得者が集住するというサイクルが発生する。さまざまな所得階層によって生み出される地域の多様な価値観が失われ，かえって公営住宅集中地域＝貧困地域のレッテルを貼られる可能性もある。さらに公営住宅の入居者の高齢化が進めば，十分な自治会活動ができなくなるという問題も生じる。

　また，現物給付による公営住宅の供給は，土地取得や補修費用などが自治体にとって大きな負担となっている。特定地域にだけ低所得者だけを居住させる政策であるため，政府による住宅の直接供給が過度に進み，公営住宅と民営借家の家賃ギャップが拡大し続けれ

ば，民間借家市場が**クラウディングアウト**（政府支出の拡大で民間市場が押し退けられること）されてしまう可能性もある。また，公営住宅は民間住宅市場に比べると，コスト高であったり，消費者の好みの変化に迅速に対応できなかったりという**政府の失敗**がおこる可能性もある。

　近年はこうした公営住宅の問題点に対処するために，民間住宅を自治体が借り上げて低所得者に貸す，借上げ公営住宅や現金給付である住宅手当（家賃補助）政策の可能性が模索されている。

　家賃統制・住宅補助　　家賃統制は，低家賃の住宅を提供するために家賃上限を決める市場規制である。日本においても地代家賃統制令が 1986 年 12 月まで存在した。均衡市場における家賃統制は最も不適切な政策で，かえって低所得者を苦境に追い込むと経済学では評価されている。家主は貸し家の希望家賃額が，政府が規制した家賃上限を上回った場合，良質な住宅を自家使用や他の利用に転用するため，民間住宅市場に供給される住宅は，上限価格に見合う低質な住宅ばかりになる。その一方で，低廉な家賃を求める消費者数は増加するので，過剰需要が発生すると考えられる。家賃統制は，たまたま低廉な家賃に入居できた借り主には利得があっても，長期的にみると「アフォーダビリティー」を確保した良質住宅が不足することになり，かえって借り主にとって不利な結果をもたらすことになる。かつては家賃統制政策を実施していた国も，現在は廃止している国が多く，近年では家賃統制はむしろその弊害が強調されるようになっている。

　一方，借り家世帯に対し，直接的に所得を補助し，可処分所得を増加させる再分配政策として，住宅費補助政策がある。しかし，①支給された給付がたばこ，アルコールなど目的以外に費やされる「選好の歪みの問題」が課題であること，②住宅費補助により家計が良質な住宅サービス購入の支出を増やすか否かは，住宅費補

助により住宅支出をどの程度増加させるかという需要側の所得弾力性と，住宅供給側が家賃に見合った良質な住宅サービス供給を増やすのかという供給者側の価格弾力性に依存するため，政策効果が判断しにくい点が課題である。需要側の所得弾力性と供給者側の価格弾力性がともに大きい場合は，質の高い住宅サービスの購入につながるが，供給者側の価格弾力性が小さい場合，所得補助分は単に家賃上昇で吸収されてしまい，政策効果は期待できないことになる。

住宅費補助とは別に，家賃の一定割合を補助する家賃補助（家賃バウチャー）もある。家賃補助は，実質的に住宅サービスの価格を引き下げる効果をもつが，その使途は家賃に限定されているため，現物給付に近く，選好の歪みの影響は受けにくい。住宅サービスの質の保障を価値財的に考えれば，家賃補助は対象者を限定したうえで最低限の居住水準を満たす住宅サービスの保障政策ということになる。しかし，受給者が家賃補助をあてにして，家賃引下げの努力をしなくなるために賃貸価格がかえって上昇したり，給付費用が膨張したりする可能性や，就労によって所得が増えるとかえって家賃補助が引き下げられるために，就労のインセンティブを阻害する「貧困の罠」の懸念も指摘されている（齋藤［2013]）。

家賃補助については，国土交通省・社会資本整備審議会の2005年9月の審議会答申「新たな住宅政策に対応した制度的枠組みについて」では，「民間住宅を活用した家賃補助」の導入が効率性の高い政策手段として提示された。しかし，生活保護との関係，財政負担，適正な運営のための事務処理体制，受給者の自助努力を促す方策のあり方など整理すべき課題が多いとされており，国の制度・政策とはなっていない。

ヨーロッパでは広く**住宅手当制度（家賃補助）**が導入されているが，モラルハザードを防ぐため，住居の広さや家賃に条件などを設定している。ドイツでは，公的扶助の**住宅扶助**の他に，低所得層向

けの家賃補助制度があり，ボーダーライン層のセーフティ・ネットの機能を果たしている。日本では，生活保護の住宅扶助などを除き，一部の自治体が人口増加を目的とした制度を導入しているにすぎない。家賃補助は，都心部の木造密集地域などの再開発を行う場合には有効な手段になる。しかし，再開発後の住宅が従前よりも良好な居住環境になっても，家賃が大幅に引き上げられれば，低所得者は住宅を失うことになりかねず，低所得者向けの家賃補助などの配慮が必要になる。

住宅扶助と離職者のための住宅手当　　日本ではこうした低所得者向けの家賃補助としては，生活保護の住宅扶助と離職者のための住宅手当（住宅支援給付）がある。

第5章でみた通り，生活保護受給者は保護の捕捉性の原則により，持ち家は資産価値に照らしあわせて処分し，賃貸住宅に居住することになる。住宅扶助は原則として現金給付で行われ，家賃，間代，地代と住宅維持費にあてられるが，2013年度からは，家賃を家主に直接支払う代理納付も認められている。これは，家賃滞納リスクを軽減することで，生活保護受給者の民間賃貸住宅への入居をしやすくするための措置である（厚生労働省「社会保障審議会生活困窮者の生活支援の在り方に関する特別部会」の報告書，2013年1月25日）。また，月々の家賃等のほか，受給者が転居する際に必要となる敷金や，契約の更新時に必要となる更新料等も一定の限度額内で支払われる。

しかし，住宅扶助は家賃実額が給付されるため，受給者・家主とも家賃を節約しようというインセンティブに乏しい。実際，受給者の家賃額の分布は，その住宅扶助の上限額に集中している状況にあることが報告されている（厚生労働省「社会保障審議会生活保護基準部会資料」，2011年7月12日）。

離職者のための住宅手当　　2008年の金融危機以降，派遣労働者などが仕事を失うと同時に住まいを失うという問題が大きな関心を

集めた。2015 年 4 月から施行された生活困窮者自立支援法（第 5 章参照）では，福祉事務所設置自治体は，離職により住宅を失った生活困窮者等に対し家賃相当の「住居確保給付金」（有期）を支給することになった（所得制限あり）。また，自治体が任意事業として，住居のない生活困窮者に対して一定期間，宿泊場所や衣食の提供等を行う「一時生活支援事業」も盛り込まれた。

4 住宅政策の課題

介護と住宅　　最後に新しい住宅政策の動きも紹介しよう。高齢化の進展とともに，介護政策と住宅政策の連携も重要になっている。介護保険の対象になる施設は，特別養護老人ホーム，老人保健施設，療養型病床などがある。このうち重度の要介護者に対し，長期利用ができる特別養護老人ホームは不足し，入所申込者は 52.4 万人にも達している（厚生労働省「特別養護老人ホームの入所申込者の状況」2014 年 3 月 25 日）。今後，都市周辺での高齢者の急増が予測されているが，地価の高い都市部での介護施設の建設は難しい状況である。なかには都心部の自治体が地方の自治体と協定を結び，地方に施設を建設するケースもある。

　一方，国は住み慣れた地域での生活の継続をめざし，医療，介護が連携した地域包括ケアを進めている。在宅介護を可能にするためには住宅のバリアフリー改装が必要になる。日本の伝統的家屋では，玄関や浴室など段差が多く，高齢者が生活を送るうえで支障となることがある。しかし，介護保険制度の範囲内での住宅改修費には制約が設けられているうえ，販売方法や契約をめぐってトラブルも少なくなく，消費者保護のための行政支援も不可欠である。

| 施設と住宅の中間的な
住居形態 | 在宅での介護が難しく，介護施設が不足し
ているなかで，高齢者人口のうち2.1%が
有料老人ホームなどの住宅系の介護サービ |

スに居住している（第106回社会保障審議会介護保険給付費分科会 2014
年9月10日）。とくに，認知症高齢者に対してはグループホーム（共
同生活介護）が整備されつつある。有料老人ホームは自治体から特
定施設入所者生活介護の指定を受けると介護保険の給付対象になる。
このため，内部あるいは外部から介護サービスを調達する有料老人
ホームが増えてきたが，①入居高齢者の介護の重度化リスク，長
寿リスクにより減価償却5年程度と設定していた入居時の一時金で
は採算が合わなくなる，②介護給付が増加することを避けたい自
治体による有料老人ホームの総量規制がネックになってきた。また，
入居条件に高額な一時費用を必要とする施設も少なくなく，自宅を
売却してその費用を調達した高齢者にとっては，経営破綻した場合
に戻るべき自宅がないという問題にさらされることも少なくない。

　最近は，賃貸型で外部から介護サービスを調達する「サービス付
き高齢者向け住宅」が増加しており，次第に住宅と施設の境が曖昧
になりつつある。同施設は，高齢者が安否確認と生活相談の提供が
利用できるバリアフリー構造の住宅であることが特徴で，2015年4
月末時点で登録状況は5505棟，戸数は17万8173戸と増加傾向に
ある。しかし，事業者のなかには，介護利用の際に自社の事業者を
入居の条件にする囲い込みなどが問題視されている。

　「住生活基本計画」（全国計画，2011年3月15日閣議決定）によれば，
高齢者の安定した住まいの確保のために，高齢者人口に対する高齢
者向け住宅の割合を，2005年の0.9%から2020年には3〜5%に引
き上げることを目標としている。

| ホームレス | 厚生労働省が2015年1月に実施したホー
ムレスの実態に関する全国調査（概数調査） |

　生活保護受給世帯と一般世帯の民営借家の住環境を比較すると，前者の水準が相対的に低い（表11-4参照）。生活保護受給世帯，一般世帯とも2人以上世帯に比べ，単身世帯の住環境のほうが低水準の傾向は共通しており，単身の生活保護受給世帯の床面積の平均（26m^2）という数値は，単身世帯の最低居住面積水準（25m^2）とほぼ同等の水準となっている。また，生活保護受給世帯のほうが，新しい耐震性基準に基づいた1981年以降に建築された物件に居住する者の割合が相対的に少なくなっている。

表11-4　生活保護受給世帯と一般世帯の住環境比較（民営借家・全国計）

	生活保護受給世帯		一般世帯	
	単身世帯	2人以上世帯	単身世帯	2人以上世帯
床面積の平均	26m^2	41m^2	34m^2	59m^2
最低居住面積を満たしている	46%	66%	76%	85%
設備条件を満たしている	64%	81%	76%	85%
最低居住面積水準および設備条件を満たしている	31%	55%	59%	74%
建築時期　1970年以前	14%	11%	7%	9%
1971〜81年	25%	27%	11%	15%
1982〜90年	36%	39%	26%	25%
1991年以降	25%	27%	56%	51%

注1：生活保護受給世帯のデータは，生活保護受給世帯の居住実態に関する調査（速報暫定値）による。一般世帯（平成20年住宅・土地統計調査）のデータは，総務省統計局「平成20年住宅・土地統計調査」の調査票情報を独自集計したもの。生活保護受給世帯を含むことに留意が必要である。
　　2：「設備条件」とは，「専有台所」「水洗トイレ」「浴室」「洗面所」のいずれの設備もあることを意味する。
出所：「厚生労働省第20回社会保障審議会生活保護基準部会資料（2014年11月18日）」より筆者作成。

によれば，全国のホームレス数は合計6541人であり，うち男性が6040人，女性が206人，不明が295人で，2010年の1万6018人から減少傾向が続いている。その背後には，彼らが生活保護を受給し住宅居住に至ったことや，緊急一時宿泊事業（シェルター）や無料

低額宿泊所などの安価な住宅サービスの利用者が増加したことなどがあげられる。

しかし，厚生労働省「平成24年ホームレスの実態に関する全国調査」（生活実態調査）によれば，路上生活者で路上と屋根のある場所を行き来している者も存在する。また自立支援センターの退所理由をみると，アパート確保により就労退所したが，その後再度路上に戻っている層も一定数いることが明らかとなっている。その理由は55歳以上の層では「病気・けがによる仕事の解雇」が最も多いが，若年層では「周囲とのトラブルや周辺になじめない」「生活の面で失敗があった」などが多い傾向にある。

演習問題 ◆

1　公営住宅政策の利点と問題点についてまとめてみよう。
2　住宅手当（家賃補助）が適切に利用されるためには，どのような制度設計が必要か考えてみよう。
3　ホームレスや失業による住宅喪失者に対して，どのような支援策が必要か考えてみよう。

文献案内 ◆

社会政策の視点から住宅政策を概観するには，社会保障研究所［1990］『住宅政策と社会保障』東京大学出版会と，野口定久・外山義・武川正吾［2011］『居住福祉学』有斐閣コンパクトが有用である。また，ミクロ経済学の視点から家賃統制の問題を解説したものとしては，J. E. スティグリッツ・C. E. ウォルシュ（薮下史郎ほか訳）［2013］『スティグリッツ　ミクロ経済学（第4版）』東洋経済新報社がわかりやすい。近年の住宅問題をみるには，平山洋介［2009］『住宅政策のどこが問題か——〈持家社会〉の次を展望する』光文社新書がある。

参考文献 ◆

OECD編（徳永優子ほか訳）［2012］『OECD 幸福度白書——より良い暮らし指標：生活向上と社会進歩の国際比較』明石書店

齋藤純子［2013］「公的家賃補助としての住宅手当と住宅扶助」『レファレンス』平成 25 年 12 月号

八田達夫［2009］『ミクロ経済学Ⅱ　効率化と格差是正』東洋経済新報社

国土交通省［2012］『平成 24 年度　国土交通白書』

総務省統計局［2008］「平成 20 年住宅・土地統計調査」

総務省統計局［2013］「平成 25 年住宅・土地統計調査」

労働政策研究・研修機構［2014］「ユースフル労働統計 2014」

298　第 11 章　住　宅

第**12**章 健 康

オーストラリアでは 2012 年から政府の規制でたばこパッケージ
が統一され，たばこの健康被害を警告する（2012 年 12 月，シ
ドニー） 時事通信フォト提供

本章でまなぶこと◆

　　民営医療保険は，保険会社と加入者間に存在する疾病確率に関する情報の非対称
性のため逆選択が起こり，非効率となる可能性が高い。さらに医師と患者間に存在
する，医療サービスに関する情報の非対称性のため，供給者誘発需要が生じやすい。
また健康には医療サービス以外の要因も影響を与えるため，医療サービスの効率
性・公平性の評価にはさまざまな困難が伴う。医療サービスへの平等なアクセス機
会を保障しても，結果的に選択される医療サービスは社会経済的地位で異なる可能
性もある。本章では，医療サービスの効率性・公平性の概念を説明したうえで，現
行の日本の公的医療保険制度で，これらの問題をどのように軽減しているのか学ぶ。

キーワード

| 医療保険 | 事後のモラルハザード | 医療サービス | 供給者誘発需要 | 国 |
| 民皆保険 | フリーアクセス | 診療報酬 | 自己負担 | 混合診療 |

1 公的医療保険という政府介入の根拠

逆選択の存在 民営医療保険は，逆選択があるため，非効率な市場となる可能性が高い（第2章1節）。

逆選択は，保険加入者が自分の健康状態（疾病確率）を知っており，それを保険者（保険会社や共済組合等）に対し隠すことが可能な場合に起こる。たとえば保険会社が加入者の疾病確率を評価できず，平均的な疾病確率に基づき保険料を設定した場合，相対的に疾病確率の高い人が保険に加入するため，保険給付額は膨らむ。それに対応し保険者が保険料を引き上げると，その保険料では見合わない疾病確率の低い加入者から保険を脱退していく。そのため，保険者はまた保険料を引き上げる必要に迫られる。この繰り返しの結果，保険料は高騰し，リスク回避的な人々が保険を購入できないという非効率な状況が発生してしまう。

この逆選択による問題とは別に，先天的疾患や慢性疾患（糖尿病や高血圧症）が明らかになった人々については，保険事故の発生確率は1未満という条件を満たさないため，そもそも保険を購入できないという問題も存在する（第2章1節）。

強制加入・公的供給によるメリット 政府が強制加入の公的医療保険を提供し，保険加入者の平均的な疾病リスクに応じた一律の保険料を課すことで，この逆選択に対処することができる。また民営医療保険では対応が難しい，先天的疾患や慢性疾患を抱える人々にも医療保険を適用することが可能となる。

さらに政府が保険の運営を一元管理する場合，保険の取引費用を節約する効果も期待できる（第1章4節）。たとえば民間では個別の

保険会社ごとにかかる，広告費用，保険販売員の人件費，医療費支払いのための審査費用，医療機関への支払いにかかる手数料などが，公的医療保険では一元的に運営されるため節約可能である。

　もちろん，この場合でも，個人の疾病リスクに応じて保険料を設定できないという非効率は残ってしまう。しかし，そもそも逆選択が発生するような状況下で，個人の疾病確率に応じて保険料を課すことは困難である。

　このように，政府自らが強制加入の公的医療保険を提供している理論的根拠は，逆選択への対処にあり，低所得層が民営医療保険を購入できないことへの対処ではない。もし，それが理由なら，低所得層が民営医療保険を購入できるよう，政府は所得再分配のみを行えばよく，公的医療保険まで提供する必要はない。

2つのモラルハザードの存在

医療保険加入により，モラルハザードが生じる可能性がある。モラルハザードには，疾病発生前に生じる事前のモラルハザードと，疾病発生後に生じる事後のモラルハザードの2種類がある。

　事前のモラルハザードとは，保険に加入することで疾病に対する予防行動（＝健康投資）がおろそかになり，疾病確率が保険加入後に上昇するような状況のことである。とはいえ保険加入者が疾病による効用の低下（肉体的・精神的苦痛，所得水準の低下等）について正しく理解すれば，健康投資をおろそかにする度合いを軽減し，予防行動を促進させることは可能である。

　医療保険において，より問題となるのは，事後のモラルハザードであり，医療保険加入により少ない負担で医療サービスを受けることができるようになったため，より多くの医療サービスを消費する状況のことをさす。「モラルハザード」の語が用いられているが，価格効果（価格変化に伴う需要変化）ともみなせる。

　さらに医師・患者間に医療サービスに関する情報の非対称性があ

ると，**供給者誘発需要**を発生させる可能性があり，この事後のモラルハザードの問題をさらに悪化させる。

医療保険加入によるモラルハザード発生

医療保険の存在により，事後のモラルハザードが，どのように発生し，どのような問題が生じるのか，図12 - 1でみていこう。縦軸は医療サービス価格，横軸は医療サービスの量を示す。ここで医療供給曲線は水平（ある価格のもとで供給が需要をいくらでも満たせる状況）であるとする。また医療サービスの需要曲線は，通常の財・サービスと同様に，価格が低いほど需要が増えることを仮定する。

　医療保険に加入していない場合に直面する価格が p_1 である場合，医療サービス量は需要曲線 AD と供給曲線 S_1 の交点で決まり，q_1 分消費される。

　もし，かかった医療サービス費用がすべて支払われる保険に加入した場合，価格は 0（$= p_2$）となり，医療サービス量は需要曲線 AD と供給曲線（S_2 ＝横軸）の交点により決まり，q_2 分消費される。したがって保険加入により発生した事後のモラルハザードは $q_2 -q_1$ 分の医療サービス消費の増大である。

　医療保険加入前の消費者余剰（その価格より高かったとしても購入する消費者が許容できる価格とその価格との差の合計額）は ABC である。加入後の消費者余剰は ADO となり，$BCOD$ 分増加する。しかし増大した医療費に対応するための保険料負担の増大は $CODE$ となる。その結果，医療保険加入前との差の BDE 分の余剰が減ることになる。

　この余剰の減少分が厚生損失であり，その大きさは医療サービスの価格に対する需要の弾力性で決まる。重篤な疾患であれば，そもそも医療サービスを価格に応じて患者が選択できるような状況にはない（たとえば選択のための時間がない，時間があっても選択が生命を左

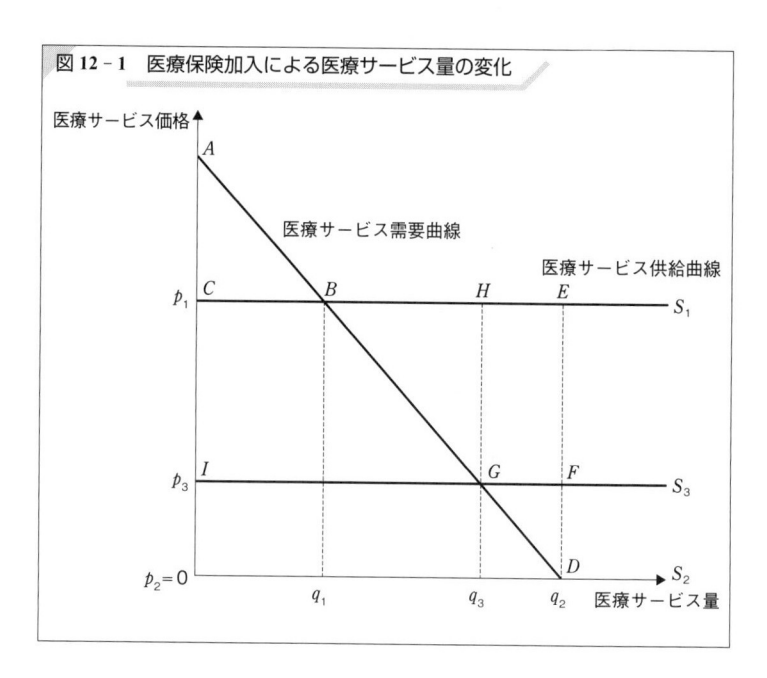

図 12 - 1　医療保険加入による医療サービス量の変化

（図中のラベル）
医療サービス価格

A

医療サービス需要曲線

医療サービス供給曲線

p_1　C　　B　　　　H　　E　　　　S_1

p_3　I　　　　　　G　　F　　　　　S_3

$p_2=0$　　　　　　　　　　　　D　　S_2

q_1　　　　q_3　　q_2　医療サービス量

右するため患者本人が行うには費用が大きすぎる）ため，医療サービス需要の価格弾力性は低い。その場合，需要曲線は垂直に近くなり，厚生損失は小さくなる。

　また，保険加入者が医療サービスを利用する場合に一部負担金（たとえばp_3）を課せば，供給曲線はS_3に移動し，厚生損失は小さくなる。

> **医療サービスの「需要」と供給者誘発需要**

そもそも医療サービスの「需要」は一般的な財・サービスの需要とは性質が異なる。たとえば個人がリンゴを購入する場合，自分がリンゴを必要としていること（＝選好していること），リンゴが消費の選択肢のなかにあること，またそのリンゴの品質・相場価格について知っていることが前提となる。

　しかし医療サービスの多くで，こうした前提は成立しない。医療

サービスが必要かどうか，どのような医療サービスが適切かについて医師は豊富な知識をもつ一方，患者はごく限られた情報しかもたない。つまり情報の非対称性が医師と患者の間に存在する。

　たとえば自覚症状がない疾病（たとえば糖尿病や高血圧症等の生活習慣病）では，患者は医療サービスが必要かどうか自体を認識できない。体調変化などから患者が医療サービスの必要性を自覚できた場合も，医師による診断がなければ，どの医療サービスが適切かわからない。また適切な医療サービスが何かわかっても，その品質や価格の情報を十分得ることは，しばしば困難である。さらに，品質や価格の情報を十分得ても，選択に十分な時間がない場合（容態が急激に悪化している等）や合理的選択が難しい場合（手術への恐怖から手術を受けない等）もある。

　したがって，たとえ医療機関に行くかどうかまでは患者の意思決定であっても，その先にある，具体的な医療サービスの種類や量といった「需要」の決定自体は，医師の診断に委ねられている。

　医師が自らの利益（たとえば医師の所得最大化）のため，患者が自分の必要とする医療サービスに関する知識が乏しい状況（情報の非対称性の存在）を利用し，医療サービスの「需要」を決定する場合に供給者誘発需要は起こる。

事後のモラルハザード・供給者誘発需要への対処　医療保険加入による事後のモラルハザードや，供給者誘発需要の問題に対処するには，複数のアプローチが考えられ，現実の制度設計ではいくつかを組み合わせて対応している。

　第1に，医療サービスの真の価格に患者が直面していないことに対応するため，前項で述べたように，患者の一部負担金を導入する，価格に応じ需要量を大きく変化させる可能性のある疾病への医療サービスを保険の適用除外とすることが考えられる。

　もっともこれらの方法では，新たな問題を引き起こす可能性もあ

Column ⑦　医療保険加入・自己負担率に関する「実験」

　医療保険加入あるいは自己負担率の設定により，患者の受診行動や健康水準はどのように変化するのであろうか。理論的には医療保険加入により事後のモラルハザード発生の可能性がある一方，医療アクセスは向上し，無保険であった人々の健康水準が改善される可能性がある。

　こうした可能性について，厳密に検証した2つの有名な研究が存在する。ランド研究所医療保険実験（1971〜82年）と，オレゴン州医療保険実験（2008年〜）である。両実験とも，医療保険の効果を検証するために，さまざまな条件を揃えたうえ，医療保険の適用者・非適用者を，ランダムに割り当て，両者間を統計的に比較している。この手法は，新たな治療法・医薬品の効果を確認するため実施されるランダム化比較試験（Randomized Controlled Trial: RCT）と同じ設計で，最も信頼性の高い社会科学実験とされる。

　ランド研究所の実験では，65歳未満の人々の自己負担に伴う医療サービス利用や健康水準への影響等を検証しており，①自己負担率0%と比較し，25%，95%に設定した場合（低所得世帯については自己負担上限額を設定），医療費は各々20%，30%低いこと，②最も所得が低く健康状態も悪い人々（＝被験者全体の6%）では自己負担率0%のほうが，30の健康状態に関する指標のなか，4つ（高血圧管理，視覚・視力改善，必要な歯科治療，胸痛・出血・意識消失・息切れ・体重の大幅減少の重篤な症状）でよりよい結果をもたらしたが，③それ以外については自己負担によるサービス減少は健康には影響を与えなかったこと，などの知見を得ている（Brook et al.［2006］）。

　オレゴン州の実験では，低所得者（19〜64歳）向けの医療保障制度（メディケイド：Medicaid）への適用による医療サービス利用，健康水準や経済状況等への影響を検証しており，①入院，処方薬服用，外来受診，救急来院確率は，各々30%，15%，35%，40%上昇したこと，②血圧，コレステロール値，血糖値について統計的に有意な差はなかった一方，④うつ病と診断される割合は30%減少したうえ，1年前より健康状態が同等か改善されたとする人々の割合も増加したこと，さらに（当然のことではあるが）③所得の3割を超えるような高額医療費を自己負担することは，ほぼなかった，などの知見を得ている（Finkelstein et al.［2012］; Baicker et al.［2013］; Taubman et al.［2014］）。

　以上のように，2つの実験はいずれもアメリカで実施されたものであ

る。まず患者の一部負担金を導入したとしても，医療サービスの本来の価格（保険がなかった場合の価格）から乖離していることに変わりはないため，厚生損失の問題を完全には解決しない。また患者が医療サービスの量を価格に応じて大きく変化させる可能性がある疾病（たとえば風邪）への医療サービスを保険適用除外すると，初期症状が似ている重篤な疾病が見逃される危険性も生じる。

第2は，供給者誘発需要の問題は，誘発された医療サービスが患者の健康水準に効果がない，あるいは有害な場合である（供給者誘発需要自体は患者の健康水準を改善する場合もある）。したがって，医療サービスの提供者（医療従事者）を免許制にし，所定の知識・技量がある人のみに限定し（たとえば医師では，医師国家試験，研修医，専門医認定等をパスした人のみに限定），さらに医学的に治療効果が確認された医療サービスのみが提供されるよう，提供可能な医療サービスの範囲（保険診療）の規制が必要となる。

第3は，医療機関に対する診療報酬の支払い方式の変更である。医療機関側に，患者に対する医療サービスの供給量に応じて支払う出来高払い方式では，医療サービスの供給量を増大させるインセンティブを医療機関側に与えてしまう。そこで，疾病の種類に応じて一定額の診療報酬しか支払わない包括払い方式，あるいは医療機関側に健康な時にあらかじめ登録料（会員費）を支払っておき，疾病に罹った場合に，追加的な費用負担なしに診療を受けられるような人頭払い方式などに変更することが考えられる。

第4は，医療従事者が自分の利益ではなく，患者のために必要な

医療サービスの判断と提供を行うよう，養成課程のなかで職業倫理を刷り込むことである。たとえば医師の倫理観としては古くから「ヒポクラテスの誓い」があるが，それを現代化した「ジュネーブ宣言（1948年）」が，第2回世界医師会総会で採択された。

　これ以外にも，日本で行われているように，営利目的での医療機関の開設禁止や医療法人による剰余金配当の禁止などにより，医療機関の利潤動機自体を抑制する方法も考えられる。

2 医療費増大と医療サービスの効率性・公平性

医療サービスと健康水準

疾病は人々の効用を下げる。一方，医療サービスの消費それ自体は，人々の効用を上げるとは限らない。たとえば外科手術による痛みや恐怖感を考えれば，医療サービスの消費自体は効用を下げる可能性もある。医療サービス消費が健康水準の上昇に結び付くことで，初めて患者の効用は上昇する。

　われわれの健康に対する欲求には際限はなく，医療サービスのために費用がかかっても，所得が上昇すればより高い健康水準を欲するようになる。しかし，現実には，すべての資源（たとえば総GDP）を医療サービスに投入できない以上，どこかに効率的な医療サービスの水準が存在するはずである。

　概念的には，医療サービスの効率性は，医療サービスにより達成される健康水準の上昇と医療サービスにかかる費用を比較することで定義可能である。

医療費増大の要因

多くの先進国で，経済規模に占める医療費増大に伴い，医療サービスの効率性を上げることが重要な政策課題となっている。図12-2にあるように，

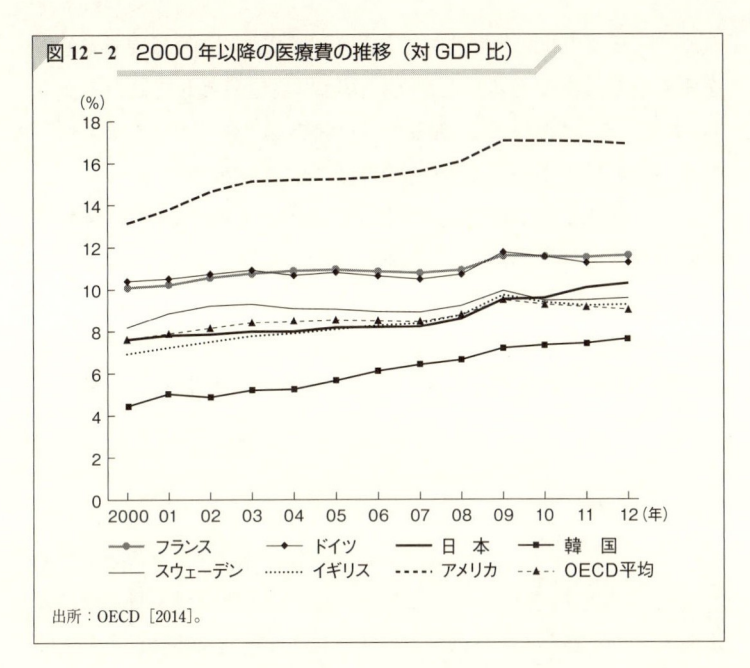

図 12 - 2　2000 年以降の医療費の推移（対 GDP 比）

（%）

凡例：
フランス　　ドイツ　　日　本　　韓　国
スウェーデン　　イギリス　　アメリカ　　OECD平均

出所：OECD［2014］。

2008 年の経済危機に端を発した経済成長の落ち込みで，先進国の医療費は対 GDP 比で上昇した後，初めて停滞した。

　しかし，医療費の対 GDP 比は各国で大きく異なる。日本は，OECD 加盟国平均を 2009 年に初めて上回り，12 年では 1%ポイント高い 10%となった。しかし，日本の平均寿命は女性 86 歳，男性 80 歳（2012 年）であり，先進国のなかでも最も長寿の国の 1 つであり，高齢化率は 25%（2013 年）と最も高い。

　一方，アメリカの平均寿命は女性 81 歳，男性 76 歳（2011 年）で，OECD 加盟国平均をやや下回り，高齢化率は 14%（13 年）と低いにもかかわらず，医療費の対 GDP 比は 17%と先進国のなかで最も高い。

　各国の医療費の差異を説明する要因を，医療サービスの需要側と供給側に分けると，需要側で高齢化より重要な要因は国民 1 人当た

り国内総生産（GDP）の上昇である。供給側で重要な要因は技術革新に伴う医療サービス価格の上昇である。一般的な財・サービスでは，技術革新は価格低下を伴うことが多いので，この要因は医療サービスに特徴的といえる。

医療サービスの効率性を上げるための手段の1つとして，供給側の要因に着目した場合，医療保険の対象とする新たな医療サービス（医療技術）導入を，その医療サービスの費用に対し便益・効果が一定基準を上回った場合のみに限定とする方法（費用・便益分析や費用・効果分析）が考えられる。

　医療サービスの便益の指標には，生涯稼得収入の増分額や，1年の延命に対して支払ってもよいと考える金額（＝1年間の延命に対する主観的な金銭価値）などが用いられる。医療サービスの効果の指標には，患者の生活の質（Quality of Life: QOL）で調整した生存年（Quality-Adjusted Life Years: QALYs）などが用いられる。

　しかし，こうした評価方法が存在しても，現実にこれらを医療サービス導入の判断に用いるには多くの困難を伴うことに留意する必要がある。まず，疼痛や死に直面している患者にとって，たとえQALYsをわずかしか改善させない医療サービスでも，その価値は非常に大きいものであろう。同様に，代替的な治療方法がない場合も，患者にとって，その医療サービスの価値は非常に大きいものであろう。

　こうしたことから，新たな医療サービス（医療技術）の導入可否を費用・便益あるいは費用・効果に基づき判断することは，生命の価値判断という問題に直接結び付くため，患者やその家族などの当事者を含めて合意可能なルールを形成するには多くの困難を伴う。

医療サービスの公平性
の評価

医療サービスの公平性の定義として，①健康水準が平等であること，②医療サービスへのアクセスが平等であること，③等しい医療ニード（＝等しい健康状態）に対して等しい医療サービスが提供されていること，の少なくとも3つがあげられる。

しかし①の定義により，医療サービスの公平性を測定することは，健康水準が医療サービス以外の多くの要因によって左右されるため，実際には難しい。病気の罹りやすさなど先天的要因，健康行動（運動，喫煙，飲酒等）を選択する個人の選好，そして選択された健康行動による後天的要因は健康水準を左右する。さらに近年，社会疫学の分野で，地域における所得格差あるいは社会関係資本が，その地域の健康水準に影響を与えているとの知見が日本でも示されている。

また，②や③の定義は，医療サービスへのアクセスあるいは等しい医療ニードに対する医療サービスが，社会経済的地位（Socio-Economic Status: SES. たとえば所得，学歴等）にかかわらず等しいかどうかにより測定できるが，SESが異なれば，自発的に選択される医療サービスへのアクセス頻度や医療サービス量が異なる可能性もある。

SESが低いほど，健康の重要性に関し認識が不足（たとえば高血圧症や糖尿病などの慢性疾患のコントロールの重要性の認識が不足）している場合，医療サービスの限界便益は低くなる。そしてSESが低いほど医療サービスにアクセスしにくい場合（たとえば医療施設が遠方にある，あるいは受診のための休みを取りにくい等），医療サービスの限界費用は高くなる。

したがって，医療サービスへの等しいアクセス機会，あるいは等しい医療ニード（＝同じ健康状態）に対し等しい医療サービスを受ける機会を医療制度で保障しても，SESの低い人が実際に選択する（限界便益と限界費用が一致する）医療サービス量は低くなる可能性が

ある。

　これを，機会の平等が保障されており，自由意思に基づく選択結果であるから，政策介入すべきでないと考えるか，あるいは介入すべきと考えるかは，個人の自由意思に基づく選択にどれほど立ち入るべきか，といった価値判断により異なり，意見が分かれるところである。

医療サービスの公平性
の指標

　医療サービスの公平性を示す代表的な指標としてカクワニ（Kakwani）指数があげられる。まず図 12 - 3 のように（所得の低い順に並べた）人口の累積割合と所得の累積割合の関係を示すローレンツ曲線（第 3 章 4 節）を描く。次に人口の累積割合と（所得の低い順に足し合わせていった）医療サービスの累積割合との関係を表す集中度曲線を描く。

　ローレンツ曲線も集中度曲線も，点線で示された 45 度線により近いほど平等な分布となる。ここで，ローレンツ曲線が C_y であり，集中度曲線は C_{u1} とする。図 12 - 3 の例ではローレンツ曲線 C_y より，集中度曲線 C_{u1} の方が 45 度線に近いので，もし医療ニードがすべての所得階層で同じであれば，低所得層に有利に医療サービスが分布しているといえる。

　医療サービス分布を表す集中度曲線と 45 度線に挟まれた面積の 2 倍（ = G_u，集中度係数）から，所得分布を表すローレンツ曲線と 45 度線に囲まれた面積の 2 倍（ = G_y，ジニ係数）を引いたものがカクワニ指数 K である。すなわち，

$$K = G_u - G_y$$

である。

　カクワニ指数がマイナスの値をとれば低所得層で有利な医療サービス利用，プラスの値をとれば高所得層で有利な医療サービス利用が行われていると判断できる。

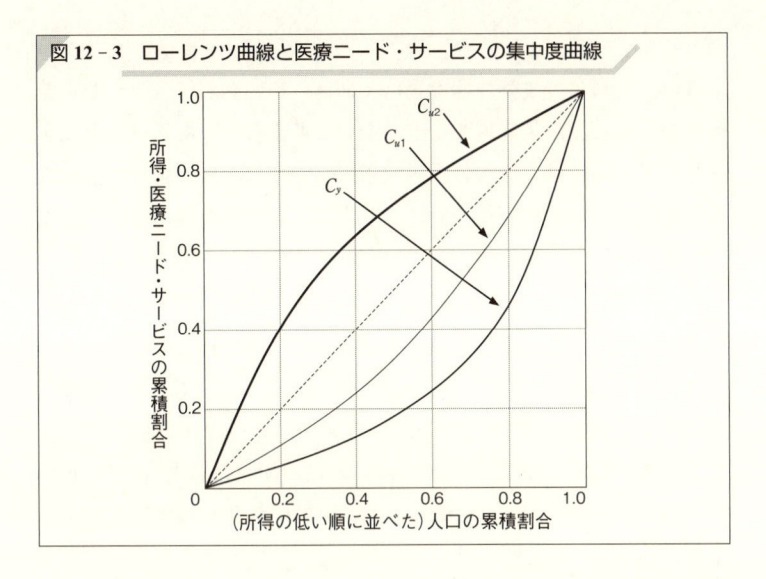

図12-3　ローレンツ曲線と医療ニード・サービスの集中度曲線

しかし現実には一般に，所得が低いほど医療ニードは高い（健康水準は低い）ため，医療サービスへのアクセス機会の公平性が担保されていれば，C_{u2} のように45度線より上に凸に膨らんだ曲線となる。こうしたことから，医療ニードの分布を表す集中度曲線を別途推計し，医療サービス分布を表す集中度曲線との相違から，医療サービスの公平性を評価する測定手法も近年，用いられている。

3　医療保険制度

日本の医療制度の特徴

日本の医療制度は4つの特徴をもつ。

第1は国民皆保険であり，生活保護受給者などを除き，すべての居住者が，公的医療保険制度に強制加入することになっている（社会保険方式ではなく，税方式をとっている国もある）。

第2は，医学部の定員や病床規制による供給制限はあるものの，自由開業を基本とする民間の医療機関が医療サービス供給の大部分を担っていることである（公立病院が医療サービス供給の主体となっている国もある）。

　第3は**フリーアクセス**，すなわち患者が受診する医療機関を自由に選択できるという点にある（患者が病院を受診するには，かかりつけ医の判断を必要とし，かかりつけ医がゲート・キーパーとして病院へのアクセスを管理・制限している国もある）。

　第4は，公定価格である**診療報酬**のもと，医療サービスの供給量に応じ医療機関にその費用を支払う出来高払い制を中心に採用し，診療報酬改定により供給される医療サービスの内容やその総額費用を誘導・管理してきたことである。

医療保険制度の概要　日本の医療保険制度は大きく被用者保険と地域保険の2つに分けられる。被用者保険は，適用される被用者の職域によりさらに分かれ，おもに中小企業の被用者は協会けんぽ，大企業の被用者は健康保険組合，公務員等は共済組合に適用される（図 12 - 4）。被用者保険では，保険料は所得に比例して徴収され，労使折半で負担することになっている。協会けんぽの全国平均では 2015 年現在，保険料は給与・ボーナスの10％である（都道府県によって異なる）。また保険料には上限額が定められている。

　被用者保険に適用されない非正規雇用者，自営業者，年金生活者は，市町村単位で設置されている国民健康保険（市町村国保）に適用される。さらに，医師，薬剤師，建設業従事者などの特定の職域の労働者は国民健康保険組合（国保組合）に加入する。

　市町村国保では，市町村の9割が税方式で保険料を徴収しているため保険料（税）と表記する。この保険料（税）は応能割と応益割の2種類の要素から設定される。応能割は経済的な負担能力に応じ

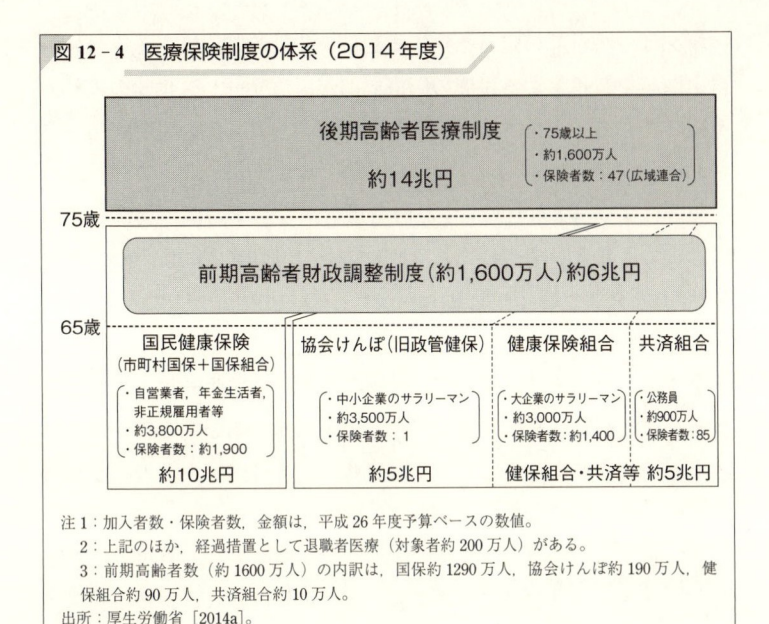

図 12 - 4　医療保険制度の体系（2014 年度）

| 後期高齢者医療制度 約14兆円 | ・75歳以上
・約1,600万人
・保険者数：47（広域連合） |

75歳 ──────────

| 前期高齢者財政調整制度（約1,600万人）約6兆円 |

65歳 ──────────

国民健康保険 （市町村国保＋国保組合）	協会けんぽ（旧政管健保）	健康保険組合	共済組合
・自営業者，年金生活者， 非正規雇用者等 ・約3,800万人 ・保険者数：約1,900	・中小企業のサラリーマン ・約3,500万人 ・保険者数：1	・大企業のサラリーマン ・約3,000万人 ・保険者数：約1,400	・公務員 ・約900万人 ・保険者数：85
約10兆円	約5兆円	健保組合・共済等　約5兆円

注 1：加入者数・保険者数，金額は，平成 26 年度予算ベースの数値。
　2：上記のほか，経過措置として退職者医療（対象者約 200 万人）がある。
　3：前期高齢者数（約 1600 万人）の内訳は，国保約 1290 万人，協会けんぽ約 190 万人，健保組合約 90 万人，共済組合約 10 万人。
出所：厚生労働省［2014a］。

た設定であり，収入に応じた①所得割と，資産に応じた②資産割がある。応益割は定額負担で，1 人当たり定額の③均等割と，1 世帯当たり定額の④平等割がある。市町村が保険料（税）を設定する際，所得割と均等割の 2 方式は必ず採用しなければならないが，他の 2 方式（＝資産割と平等割）の採用は選択できる（採用しなくてもよい）。保険料（税）には上限額が設定されている。

　75 歳以上（および政令で定める程度の障害の状態にあると認定された 65 歳以上 75 歳未満）の者は後期高齢者医療制度（2008 年に老人保健制度に代わり発足）に加入し，個人単位（他の保険者では世帯単位）で保険料を支払う。

　表 12 - 1 は各保険者の保険加入者について比較している。後期高齢者医療制度以外で，加入者平均年齢が最も高く，加入者 1 人当たりの平均所得が最も低いのが国民健康保険（市町村国保）である。

表 12 - 1　各保険者の比較

	市町村国保	協会けんぽ	組合健保	共済組合	後期高齢者医療制度
保険者数 （平成 25 年 3 月末）	1,717	1	1,431	85	47
加入者数 （平成 25 年 3 月末）	3,466 万人 （2,025 万世帯）	3,510 万人 被保険者 1,987 万人 被扶養者 1,523 万人	2,935 万人 被保険者 1,554 万人 被扶養者 1,382 万人	900 万人 被保険者 450 万人 被扶養者 450 万人	1,517 万人
加入者平均年齢 （平成 24 年度）	50.4 歳	36.4 歳	34.3 歳	33.3 歳	82.0 歳
65-74 歳の割合 （平成 24 年度）	32.5%	5.0%	2.6%	1.4%	2.6%[2]
加入者 1 人当たり 医療費 （平成 24 年度）	31.6 万円	16.1 万円	14.4 万円	14.8 万円	91.9 万円
加入者 1 人当たり 平均所得[3] （平成 24 年度）	83 万円 1 世帯当たり 142 万円	137 万円 1 世帯当たり[4] 242 万円	200 万円 1 世帯当たり[4] 376 万円	230 万円 1 世帯当たり[4] 460 万円	80 万円
加入者 1 人当たり 平均保険料 （平成 24 年度）[5] 〈事業主負担込〉	8.3 万円 1 世帯当たり 14.2 万円	10.5 万円〈20.9 万円〉 被保険者 1 人当たり 18.4 万円〈36.8 万円〉	10.6 万円〈23.4 万円〉 被保険者 1 人当たり 19.9 万円〈43.9 万円〉	12.6 万円〈25.3 万円〉 被保険者 1 人当たり 25.3 万円〈50.6 万円〉	6.7 万円
保険料負担率[6]	9.9%	7.6%	5.3%	5.5%	8.4%
公費負担	給付費等の 50%	給付費等の 16.4%	後期高齢者支援金等の負担が重い保険者等への補助[8]	なし	給付費等の 約 50%
公費負担額[7] （平成 26 年度 予算ベース）	3 兆 5,006 億円	1 兆 2,405 億円	274 億円		6 兆 8,229 億円

注 1：組合健保の加入者 1 人当たり平均保険料および保険料負担率については速報値である。

　　2：一定の障害の状態にある旨の広域連合の認定を受けた者の割合である。

　　3：市町村国保および後期高齢者医療制度については，「総所得金額（収入総額から必要経費，給与所得控除，公的年金等控除を差し引いたもの）および山林所得金額」に「雑損失の繰越控除額」と「分離譲渡所得金額」を加えたものを年度平均加入者数で除したもの（市町村国保は「国民健康保険実態調査」，後期高齢者医療制度は「後期高齢者医療制度被保険者実態調査」のそれぞれの前年所得を使用している）。協会けんぽ，組合健保，共済組合については，「標準報酬総額」から「給与所得控除に相当する額」を除いたものを，年度平均加入者数で除した参考値である。

　　4：被保険者 1 人当たりの金額を表す。

　　5：加入者 1 人当たり保険料額は，市町村国保・後期高齢者医療制度は現年分保険料調定額，被用者保険は決算における保険料額を基に推計。保険料額に介護分は含まない。

　　6：保険料負担率は，加入者 1 人当たり平均保険料を加入者 1 人当たり平均所得で除した額。

　　7：介護納付金および特定健診・特定保健指導，保険料軽減分等に対する負担金・補助金は含まれていない。

　　8：共済組合も補助対象となるが，平成 23 年度以降実績なし。

出所：厚生労働省［2014a］。

　公的医療保険が提供する給付は現物給付（医療サービス）と現金給付の2種類がある（表12-2）。

　現物給付には，かかる医療費に対する患者の一部負担金（最大3割の自己負担）があるが，義務教育就学前は2割，70〜74歳は2割か3割，75歳以上（後期高齢者医療制度）で1割か3割，と年齢・所得に応じ負担割合は異なる。

　一方，自己負担額が高くなることで，医療アクセスの公平性が阻害されることを防止する制度もいくつか存在する。

　まず高額療養費制度と高額医療・高額介護合算費制度により，医療サービス全般の自己負担額あるいは介護サービスとの自己負担の合算額には，所得に応じて上限が設けられている。

　心身の障害を除去・軽減するための医療サービス（精神通院医療・更生医療・育成医療）については自立支援医療制度により，所得に応じて自己負担額の上限が設けられている。

　さらに指定難病（2015年7月現在306疾病）を対象とする医療サービス（特定医療）については難病法により，所得に応じて自己負担額の上限が設けられている（第9章1節）。

　また義務教育期間と義務教育就学前の乳幼児，児童を対象とする市町村独自の自己負担軽減制度（児童医療費助成制度等の名称で存在）を設けている自治体もある。

　現金給付には，出産育児一時金，葬祭費・埋葬料がある。また業務外の傷病による療養や産休中の所得保障を行う現金給付として，傷病手当金と出産手当金があるが，事実上，市町村国保では存在しない。

　保険診療においては，医療サービス供給者（保険医療機関等），需要者（被保険者・患者），医療保険者，審査支払機関（社会保険診療

表 12-2　公的医療保険の給付内容（2014 年 4 月現在）

<table>
<tr><th colspan="2">給付</th><th>国民健康保険・後期高齢者医療制度</th><th>健康保険・共済制度</th></tr>
<tr>
<td rowspan="4">医療給付</td>
<td>療養の給付
訪問看護療養費</td>
<td colspan="2">義務教育就学前：8 割，義務教育就学後から 70 歳未満：7 割，
70 歳以上 75 歳未満：8 割[1]（現役並み所得者（現役世代の平均的な課税所得（年 145 万円）以上の課税所得を有する者）：7 割）
75 歳以上：9 割（現役並み所得者：7 割）</td>
</tr>
<tr>
<td>入院時食事療養費</td>
<td>食事療養標準負担額：一食につき 260 円</td>
<td>低所得者：　　　　　　　　　　　　　　　　　一食につき 210 円
（低所得者で 90 日を超える入院：　　　　　　　一食につき 160 円）
特に所得の低い低所得者（70 歳以上）：　　　　一食につき 100 円</td>
</tr>
<tr>
<td>入院時生活療養費
（65 歳〜）</td>
<td>生活療養標準負担額：一食につき 460 円(*)＋320 円（居住費）
(*)入院時生活療養（Ⅱ）を算定する保険医療機関では 420 円</td>
<td>低所得者：　　　　　　　　一食につき 210 円（食費）＋ 320 円（居住費）
特に所得の低い低所得者：一食につき 130 円（食費）＋ 320 円（居住費）
老齢福祉年金受給者：　　一食につき 100 円（食費）＋ 0 円（居住費）
注：難病等の患者の負担は食事療養標準負担額と同額</td>
</tr>
<tr>
<td>高額療養費
（自己負担限度額）</td>
<td>70 歳未満の者

〈上位所得者〉150,000 円＋（医療費－500,000）× 1%
　　　　　　　　　　　　　　　　　　　　　　（83,400 円）
〈一般〉　　　80,100 円＋（医療費－267,000）× 1%
　　　　　　　　　　　　　　　　　　　　　　（44,400 円）
〈低所得者〉　35,400 円　　　　　　　　　　　（24,600 円）

　　　　　　　　（括弧内の額は，4 カ月目以降の多数該当）</td>
<td>70 歳以上の者

　　　　　　　　　　　入院　　　　　　　　外来【個人ごと】
〈現役並み所得者〉　80,100 円
　　　　　　　＋（医療費－267,000）× 1%　44,400 円
　　　　　　　　　　（44,400 円）
〈一般〉　　　　　　44,400 円　　　　　　12,000 円
〈低所得者〉　　　　24,600 円　　　　　　 8,000 円
〈低所得者のうち特に所得の低い者〉
　　　　　　　　　　15,000 円　　　　　　 8,000 円</td>
</tr>
<tr>
<td rowspan="4">現金給付</td>
<td>出産育児一時金[2]</td>
<td colspan="2">被保険者またはその被扶養者が出産した場合，原則 42 万円を支給。国民健康保険では，支給額は，条例または規約の定めるところによる（多くの保険者で原則 42 万円）。</td>
</tr>
<tr>
<td>埋葬料[3]</td>
<td colspan="2">被保険者またはその被扶養者が死亡した場合，健康保険・共済組合においては埋葬料を定額 5 万円を支給。また，国民健康保険，後期高齢者医療制度においては，条例または規約の定める額を支給（ほとんどの市町村，後期高齢者医療広域連合で実施。1〜5 万円程度を支給）。</td>
</tr>
<tr>
<td>傷病手当金</td>
<td rowspan="2">任意給付
（実施している市町村，
後期高齢者医療広域連合はない。）</td>
<td>被保険者が業務外の事由による療養のため労務不能となった場合，その期間中，最長で 1 年 6 ヶ月，1 日に付き標準報酬日額の 3 分の 2 相当額を支給</td>
</tr>
<tr>
<td>出産手当金</td>
<td>被保険者本人の産休中（出産日以前 42 日から出産日後 56 日まで）の間，1 日に付き標準報酬日額の 3 分の 2 相当額を支給</td>
</tr>
</table>

注：1　2008 年 4 月から 70 歳以上 75 歳未満の窓口負担は 1 割に据え置かれていたが，2014 年 4 月以降新たに 70 歳になる被保険者等から段階的に 2 割となる。
　　2　後期高齢者医療制度では出産に対する給付がない。また，健康保険の被扶養者については，家族出産育児一時金の名称で給付される。共済制度では出産費，家族出産費の名称で給付。
　　3　被扶養者については，家族埋葬料の名称で給付，国民健康保険・後期高齢者医療制度では葬祭費の名称で給付。
出所：厚生労働省［2014a］。

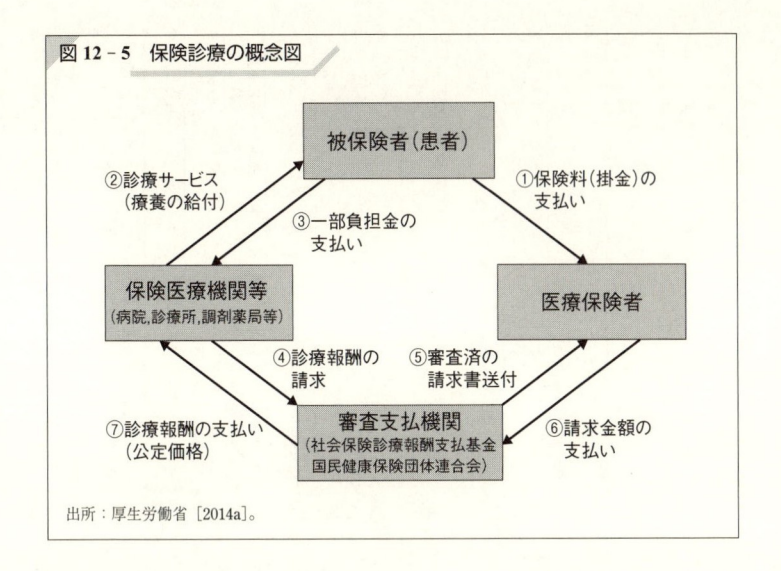

図 12 - 5　保険診療の概念図

- ②診療サービス（療養の給付）
- ①保険料（掛金）の支払い
- ③一部負担金の支払い
- 被保険者（患者）
- 保険医療機関等（病院,診療所,調剤薬局等）
- 医療保険者
- ④診療報酬の請求
- ⑤審査済の請求書送付
- ⑦診療報酬の支払い（公定価格）
- 審査支払機関（社会保険診療報酬支払基金　国民健康保険団体連合会）
- ⑥請求金額の支払い

出所：厚生労働省［2014a］。

報酬支払基金，国民健康保険団体連合会）の 4 つの主体が存在する（図12 - 5）。

　医療サービスを供給する医療機関には，病院，診療所，助産施設の 3 種類があり，診療所は有床と無床診療所の 2 種類がある。病床が 20 床以上ある場合，病院に区別される。医療機関のうち，89％が診療所，11％が病院となっている。

　医療サービス需要者（被保険者）は，保険料を医療保険者に支払うことで，保険医療サービス（療養の給付）を受け，医療サービス供給者（保険医療機関）に診療報酬（医療費）の一部負担金（最大 3 割の自己負担）を支払う。

　医療サービス供給者は審査支払機関に診療報酬の請求を行う。この請求で使用される診療報酬明細書のことをレセプトと呼ぶ。審査支払機関は請求が正しいか審査のうえ，医療保険者に請求し，保険者から支払われた医療費を保険医療機関へ支払う。

　この診療報酬は，全国一律で医療行為ごとに定められる医療サー

ビスの公定価格となっており，医科，歯科，調剤報酬に分類される。医療サービス供給者代表（医師，歯科医師，薬剤師），医療保険者代表，公益代表の3者で構成される厚生労働省の諮問機関である中央社会保険医療協議会（中医協）で定められる。

国民医療費の構造　　国民医療費の構造を示したのが図12-6である。2012年度の国民医療費総額は39兆円で，人口1人当たり国民医療費は31万円である。医療費のうち，保険料で5割，自己負担（患者負担）で1割，残り4割を税金（公費）でまかなう財源構造となっている。

　制度として医療保険等給付分が5割，後期高齢者医療給付分が3割を占めている。国民医療費の4割弱ずつがおのおの入院と入院外の医療給付にあてられ，2割弱が薬局調剤にあてられている。医療機関の費用の内訳は，医療サービス従業者5割，医薬品2割，経費・その他2割となっている。

保険者間の財政調整　　各保険者間では，疾病リスクの相違により，保険財政の状況は大きく異なっている。そのため，公費（税金）による補助以外に，2つの財政調整が存在する。

　第1は前期高齢者医療制度による調整である。65〜74歳の医療費負担を調整するため，0〜74歳の総加入者に占める65〜74歳加入者の割合に基づき，その比率の低い被用者保険から前期高齢者納付金を徴収し，その比率の高い国民健康保険に対し，社会保険診療報酬支払基金を通じ，財政支援（交付）している。

　第2は後期高齢者医療制度による調整である。75歳以上を対象とする後期高齢者医療制度は，約5割が公費，約1割が高齢者（75歳以上）の保険料（公的年金から天引き）でまかなわれる。残り4割は各医療保険（被用者保険＋国保）から後期高齢者支援金を徴収し，社会保険診療報酬支払基金を通じ，財政支援（交付）している。

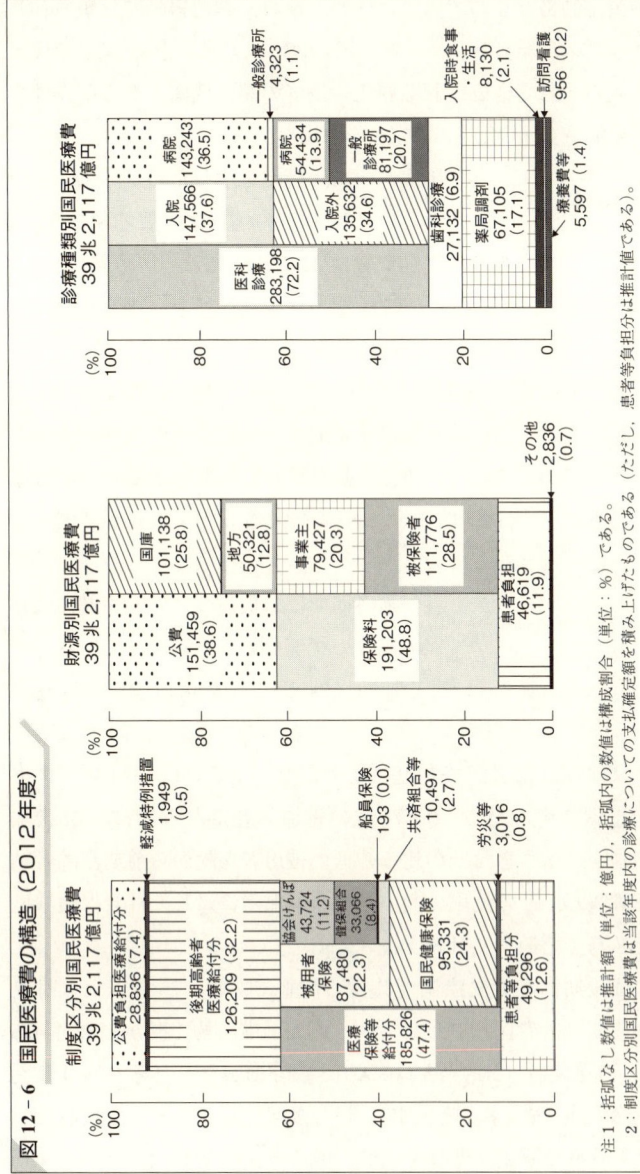

図 12-6 国民医療費の構造（2012年度）

制度区分別国民医療費
39 兆 2,117 億円

（%）

- 公費負担医療給付分 28,836（7.4）
- 後期高齢者医療給付分 126,209（32.2）
- 医療保険等給付分 185,826（47.4）
  - 医療保険 87,480（22.3）
    - 協会けんぽ 43,724（11.2）
    - 健保組合 33,066（8.4）
  - 被用者保険 87,480（22.3）
  - 国民健康保険 95,331（24.3）
- 患者負担分 49,296（12.6）

- 軽減特例措置 1,949（0.5）
- 船員保険 193（0.0）
- 共済組合等 10,497（2.7）
- 労災等 3,016（0.8）

財源別国民医療費
39 兆 2,117 億円

（%）

- 公費 151,459（38.6）
  - 国庫 101,138（25.8）
  - 地方 50,321（12.8）
- 保険料 191,203（48.8）
  - 事業主 79,427（20.3）
  - 被保険者 111,776（28.5）
- 患者負担 46,619（11.9）
- その他 2,836（0.7）

診療種類別国民医療費
39 兆 2,117 億円

（%）

- 医科診療 283,198（72.2）
  - 入院 147,566（37.6）
    - 病院 143,243（36.5）
    - 一般診療所 4,323（1.1）
  - 入院外 135,632（34.6）
    - 病院 54,434（13.9）
    - 一般診療所 81,197（20.7）
- 歯科診療 27,132（6.9）
- 薬局調剤 67,105（17.1）
- 入院時食事・生活 8,130（2.1）
- 訪問看護 956（0.2）
- 療養費等 5,597（1.4）

注 1：括弧なし数値は推計額（単位：億円）。括弧内の数値は構成割合（単位：%）である。
　　 2：制度区分別国民医療費は当該年度内の診療についての支払確定額を積み上げたものである（ただし、患者等負担分は推計値である）。
　　 3：制度区分別国民医療費以外はすべて推計値である。
出所：厚生労働省 [2014b]。

移行過程にある財政調整として，他に退職者医療制度がある。

4 医療保険制度の課題

国際比較からみた日本
の医療供給体制の特徴

図 12 - 2 で示したように，日本の平均寿命は長く高齢化率は高い一方，医療費の対GDP 比は 10 ％（2012 年）で OECD 加盟国平均より 1％ポイント高いだけである。医療サービス以外に，環境や生活・食習慣などの要因も健康水準を左右するので，直接結び付けることはできないが，それでも日本の公的医療保険制度は医療費が低い割に，平均寿命で評価すれば高い健康水準を実現している。

とはいえ，日本の制度にはいくつかの問題も存在する。表 12 - 3は医療サービスの資源・利用に関する国際比較を行っている。比較対象国中，日本は人口千人当たり総病床数が 13 床，急性期でも 8床と多く，平均在院日数は 31 日，急性期でも 18 日と長く，人口 1人当たり外来診察回数は 13 回と多い一方，人口千人当たりの臨床医師数は 2 名，一病床当たりの医師・看護師を含む病院の医療従事者数は 1 名と少ない。医師数に占める女性比率は 2 割にすぎず性別の偏りが大きい。また人口百万人当たりの高額医療機器は多く，CT 装置は 101 台，MRI 装置は 47 台となっている。

このように日本は相対的に少ない医療スタッフで相対的に多くの診察や病床を担当しており，日本の医療サービスはとくに病院勤務の医療スタッフによる過重労働で支えられてきた側面がある。また平均在院日数の長さは，介護サービスとの連携や病院・病床の機能分化の必要性を示している。

このような状態を改善するためには，医療サービスへのアクセスの公平性を維持しながら，医療サービスの効率性を高め，それとと

表12-3　医療サービス資源・利用に関する国際比較（2010年前後）

	カナダ	フランス	ドイツ	イタリア	日　本
医療・社会福祉従事者(就業者=100%)	12.2	9.4	11.9	7.4	9.8
臨床医師数(人口千人当たり)	2.5	3.1	4.0	3.9	2.3
女性医師比率(男女医師合計=100%)	39.8	42.1	43.7	39.3	19.6
臨床看護職員数(人口千人当たり)	9.4	9.1	11.3	6.4	10.5
総病床数(人口千人当たり)	2.7	6.3	8.3	3.4	13.4
急性期病床数(人口千人当たり)	1.7	3.4	5.4	2.7	7.9
病院従事者数(常勤換算1床当たり)	4.7	2.8	1.4	−	1.2
病院従事者数(1床当たり)	6.2	3.1	1.9	3.1	−
平均在院日数	−	9.1	9.2	8.0	31.2
平均在院日数(急性期)	7.6	5.1	7.8	6.8	17.5
外来診察回数(年間1人当たり)	7.9	6.7	9.7	7.2	13.0
X線CT装置(人口百万人当たり)	14.6	13.5	−	33.3	101.3
磁気共鳴イメージング(MRI)装置 (人口百万人当たり)	8.8	8.7		24.6	46.9

	韓　国	スウェーデン	イギリス	アメリカ
医療・社会福祉従事者(就業者=100%)	3.6	15.7	13.1	13.6
臨床医師数(人口千人当たり)	2.1	3.9	2.8	2.5
女性医師比率(男女医師合計=100%)	20.9	46.2	45.7	32.7
臨床看護職員数(人口千人当たり)	5.2	11.1	8.2	11.1
総病床数(人口千人当たり)	10.3	2.6	2.8	3.1
急性期病床数(人口千人当たり)	6.1	2.0	2.3	2.6
病院従事者数(常勤換算1床当たり)				5.6
病院従事者数(1床当たり)	0.5	−	7.6	6.4
平均在院日数	16.1	5.8	7.2	6.1
平均在院日数(急性期)	−	5.6	5.9	5.4
外来診察回数(年間1人当たり)	14.3	−	5.0	4.0
X線CT装置(人口百万人当たり)	37.1	−	8.7	40.9
磁気共鳴イメージング(MRI)装置 (人口百万人当たり)	23.5	−	6.8	34.5

注1：フランスは，自営業者が除かれているため医療・社会福祉従事者数は10％程過少推計となっている。
　　2：フランス，イタリア，アメリカの臨床看護職員数は"Professionally active nurses"の数値に基づく。
　　3：−は数値が入手可能でないことを表す。
出所：OECD［2014］。

もに医療サービス以外の要因，たとえば人々の健康投資行動も改善する必要がある。

以下，これまでどのような方法がとられてきたか，そして直面する課題について指摘する。

診療報酬・薬価基準による資源配分の改善と総医療費抑制
日本では総医療費の抑制は，医療サービスの公定価格である診療報酬と薬価基準の改定（2年に1回）と病床規制を中心に行われてきた。つまり，ごく単純化していえば，医療サービスの価格規制と資源投入に関する数量規制により総医療費を管理してきた。

価格規制は，各施設の水準や，各医師の技術・経験などが価格に反映されていないという点で，非効率を生み出している可能性がある。しかし，医療サービス供給側と需要側の個別の価格交渉の費用を節約し，また審査支払機関や保険者の観点からは，価格が全国の医療機関に対し統一的に設定されていることで，事務経費など，取引費用を削減する効果もある（各保険者が医療機関ごと，地域ごとに個別医療サービスの価格を交渉し，価格がそれぞれ異なるために診療報酬支払いのための事務作業にかかる手間を考えれば明らかである）。

さらに特定の医療サービス供給が過剰と判断され，それを抑制する場合（たとえば療養のための長期入院やMRIの利用など），当該サービスの公定価格（長期入院やMRI検査に対する診療報酬）を引き下げ，調整することも可能である。

一方，医療スタッフの配置基準を条件に診療報酬を引き上げたり，診療報酬の請求要件を定めたりすることで，医療サービスの質を改善することも可能である。

また公定価格である薬価が，医療機関の実際の購入価格と乖離していることは，医療サービスの供給側に薬価差益を最大化させる製品購入の選択および薬の過剰処方に対するインセンティブを与える。薬価を決める際，市場価格調査や国際価格などを参照することで，

こうしたインセンティブを抑制しようとしてきた。

このように，日本では，公定価格は，取引費用を節約しつつ，医療サービス間の資源配分や医療サービスの質および総医療費を管理する手段となってきた。

病床数の規制については，2次医療圏（生活圏に基づき 2013 年 4 月現在では全国 344 圏）

病床数規制と病院・病床の機能分化

ごとに必要な病床数を定めることを各都道府県に義務付け，これを超える病床新設を規制した（1985 年の医療法改正）。

また病院・病床の機能分化については，数次の医療法改正を経て，最先端の高度医療を担う特定機能病院，地域医療の中核を担う地域医療支援病院を制度的に位置付けた。また長期入院患者を療養病床へ集約するとともに一般病床では医療スタッフの配置基準を手厚くした。さらに長期入院患者の診療報酬を引き下げる改革も行ってきた。

こうした病床数の規制と病院・病床の機能分化により，医療サービス供給の地域偏在を改善し，病床数の増大がもたらす供給者誘発需要の問題を抑制し，医療サービス資源を急性期の患者に集中化させるという効率性改善の効果が期待される。

しかしその一方で，退院患者を受入れ可能な介護施設あるいは在宅医療・看護体制が十分に整わない地域において，自立生活できない療養中の患者が，いわゆる介護難民，医療難民となる問題や自宅療養を支える患者家族の過度な負担の発生等も懸念されている。

混合診療の禁止と保険外併用評価療養

公的医療保険では，保険が適用される範囲の診療（医療サービス）が決められている。患者が，その範囲外の診療を受け，その費用を支払う場合，自由診療として，保険適用される一連の診療費用を合わせ，初診に遡って全額の費用が患者負担となる。つまり，公

的医療保険による診療と，その範囲外の診療を合わせた混合診療を受けることは制度上，日本では禁止されている。

しかしその例外として，特別の療養環境（差額ベッド）の提供や大病院での紹介状なしの初診など被保険者の選定にかかる選定療養と，保険給付対象とすべきかどうかの評価が必要な先進医療などの評価療養については，保険診療との併用が認められ，通常の保険診療と共通する部分については保険外併用療養費として，公的医療保険による給付が行われる。

評価療養については，有効性および安全性を確保するため，その医療技術の範囲があらかじめ定められ，またその技術ごとに設定された施設基準に該当する保険医療機関において届け出により併用が認められている。評価療養で認められている先進医療を実施している医療機関は定期的に厚生労働省へ報告することとなっている。

また患者からの申し出を起点とする新たな保険外併用療養の仕組みとして，国内未承認の医薬品の使用を対象とする患者申出療養も創設された（2016年度施行）。

混合診療が禁止されている理由は，医療サービスにおける医師・患者間の情報の非対称性の存在であり，有効性および安全性が確認されていない医療サービスが，供給者誘発需要によって提供されないようにするためである。医療サービス産業振興という観点からも，これまで混合診療の緩和・解禁がたびたび提案されてきた。しかし，医師と患者との間にある情報の非対称性が解決されない限り，医療機関と患者間で十分なインフォームド・コンセント（informed consent: 説明と同意）を経たうえで保険適用外の医療サービスが提供されるとしても，有効性および安全性の面で多くの問題を引き起こす可能性がある。

さらに，財政的理由により医療費を抑制しようとする状況下では，混合診療の制度設計次第では，費用のかかる新しい医療技術が保険

適用されるまでにかかる期間を長期化させ，その結果，当該医療技術に対する医療アクセスの公平性を悪化させる可能性がある。このような可能性を排除するには，新しい医療技術が保険適用される際の費用対便益等の基準を明確化する必要もある。

総合診療専門医の創設と主治医機能の評価　医療機関に対するフリーアクセスが認められていても，患者は自分の症状から適当と思われる診療科を判断し，適切な診断が下されるまでさまざまな診療科を巡回しなくてはならない。あるいは複数の疾患を抱える患者は，それに対応する複数の診療科を受診しなくてはならない。

　厚生労働省が設置した「専門医の在り方に関する検討会」は2013 年 4 月の報告書で，総合診療専門医を 19 番目の基本領域の専門医として位置付けた。総合診療専門医は，幅広い診療科の知識をもって患者に適切な診療科を紹介する，あるいは複数の診療科にまたがる包括的な医療提供をコーディネートする役割を担うことが期待されている（新専門医制度は 2017 年度に始まる）。

　さらに同報告書によれば，従来の専門医についても中立的な第三者機関を設立し，専門医の認定と養成プログラムの評価・認定を統一的に行い，専門医が提供する医療サービスのいっそうの質向上とともに，専門医を含めた医師偏在の是正を図ることとなった。

　また 2014 年度の診療報酬改定では，診療所や中小病院を対象に，複数の慢性疾患をもつ患者に健康管理や，通院医療機関・服薬管理，介護保険への対応，在宅医療の提供や 24 時間の対応が可能な主治医（かかりつけ医）の機能を評価するため，地域包括診療料と地域包括診療加算が新設された。

　こうした改革は，患者側に乏しい医療サービスに関する情報問題を軽減し，医療（そして介護）アクセスの公平性を改善するものと期待される。また，その副産物として重複受診などの問題も軽減さ

れるものと期待されている。

疾患の予防・早期発見 　たんに平均寿命ではなく，疾患の予防を通じ，健康寿命（健康上の問題で日常生活が制限されることなく生活できる期間）を延伸していくことも今後の課題である。

公衆衛生の向上，医療技術の進歩あるいは医療サービスへのアクセス改善により，結核，肺炎など感染症疾患による死亡は減少した。一方，がん，心疾患，脳血管疾患などによる死亡は増大している。これらの疾患は，食生活や運動，睡眠，喫煙，飲酒，ストレスなどの生活習慣が長年にわたって不適切であったことにより引き起こされることから，「生活習慣病」と呼ばれる。

こうした生活習慣病は自覚症状に乏しいなか，進行していき，発症した時にはQOLを著しく下げるため，その前に発見し，生活習慣を改善していく必要がある。2000年からは厚生省事務次官通知等により，国民健康づくり運動として「健康日本21」が開始され，健康寿命の延伸や生活の質向上を実現することを目的とし，各種数値目標が設定された（2013年からは健康日本21〔第2次〕に移行）。

また，2002年に制定された健康増進法では「国民は，健康な生活習慣の重要性に対する関心と理解を深め，生涯にわたって，自らの健康状態を自覚するとともに，健康の増進に努めなければならない」と国民の責務（第2条）を明記している。この健康増進法に基づく市町村の事業として，がん検診が推進され，一部の自己負担のみで検診を受けることが可能となった。

さらに生活習慣病予防のため，2008年から特定健康診査・特定保健指導が導入された。特定健康診査はメタボリック・シンドローム（内臓脂肪症候群）の把握のために実施される。この結果に基づき，生活習慣病の発症リスクが高く，生活習慣の改善による予防効果が期待できる場合，医師・保健師・管理栄養士等の面接により，対象

　国民年金制度と同様，国民健康保険制度における，保険料（税）の収納率は長期的に低下傾向にあり，近年 9 割前後で推移している（厚生労働省『平成 24 年度国民健康保険（市町村）の財政状況について』）。このようななか，2000 年度から，特別な事情なく 1 年以上の保険料滞納を続ける被保険者に被保険者資格証明書を交付することが自治体に義務付けられた（同時にその前段階として有効期間 1 年未満の短期被保険者証の交付も義務付けられた）。

　被保険者資格証明書は交付されると医療費全額が自己負担となる。そのため，健康が悪化しても受診を抑制してしまう可能性が懸念されている。実際，2008 年には，資格証交付世帯の子どもたちが病院に行けないという，いわゆる「無保険の子」の問題は報道でも大きく取り上げられた。これを受け，高校生以下の子どもについては被保険者資格証明書を交付しないこととなった。

　2013 年 6 月 1 日時点で一部に保険料（税）の滞納がある世帯は 372 万世帯であり，市町村国保で全世帯に占める滞納世帯は 18％である。減少傾向にあるとはいえ，直近でも資格証明書交付世帯は 27 万世帯存在し，滞納世帯の 7％を占める。

　こうした滞納が，主観的な疾病確率が低いため発生しているのか，それとも保険料（税）が低所得者にとって過大になっているため発生しているかは，逆選択の存在の有無や，保険料（税）負担の水平的公平性にかかわる重要な問題である。

　所得比例で保険料が設定される被用者保険とは異なり，保険料（税）の設定に均等割（1 人当たり定額保険料）を一部に組み込んでいるため，たとえば子どものいる低所得世帯にとって，市町村によっては被用者保険と比較して相対的に保険料（税）負担が重くなっている可能性も懸念されている。

者は行動目標を立て，生活習慣を改善し，確認を受けることになった。

　さらに近年，電子化された健診・レセプト情報を医療保険者が活用し，加入者の健康状態により即した効率的な保健事業を実施・評

価する取組み（データヘルス）も進められている。

メンタルヘルス対策も課題である。とくに職場でのメンタルヘルスについては，2014年の労働安全衛生法改正（2015年施行）により，ストレスチェック制度が義務化され，対策が強化されることになった（第7章4節）。

演習問題 ◆
1　診療報酬の支払い方式の変更により，供給者誘発需要にどのような影響があるか議論しよう。
2　効率性・公平性の観点から，日本における保険者間の財源調整はどのように評価可能か議論しよう。
3　遺伝子診断によって疾病リスクが正確に予測されるようになった場合，保険加入者と保険者はどのような行動をとると考えられるか，また遺伝子診断によって得られた情報に関する適切な規制とは何か議論しよう。

文献案内 ◆
　本章では，医療経済学という広範な学問領域のなかから，社会政策と関連が深いと考えられる，ごく限られたトピックスだけを取り上げた。
　医療経済学をより体系的に日本語で学ぶのであれば，比較的新しく，コンパクトにまとめられ，経済学の基本的な考えから説明した教科書として，橋本英樹・泉田信行編［2011］『医療経済学講義』東京大学出版会がある。医師でもある著者が執筆した，柿原浩明［2004］『入門 医療経済学』日本評論社は，本章では紹介しきれなかった医療供給体制（医療機関の経営，医薬品産業等）についても比較的多くのページを割いている。
　また，二木立・田中滋・池上直己・西村周三・遠藤久夫編［2006〜］『講座　医療経済・政策学』勁草書房のシリーズは，各トピックスに関するより詳細な内容を提供している。
　行動経済学の知見に基づく，依田高典・後藤励・西村周三［2009］『行動健康経済学——人はなぜ判断を誤るのか』日本評論社も参考になる。
　また経済学の知識をそれほど必要としない代表的な英語の教科書（7版を重ねる）としては，F. Sherman, A. Goodman and M. Stano［2014］

Economics of Health and Health Care, Pearson があげられる。さらに
North Holland 社から 2000 年以降刊行されている，*Handbook of Health
Economics* のシリーズは，より専門的内容に関する先行研究を体系的に
紹介している。

参考文献 ◆

厚生労働省［2014a］「我が国の医療保険について」

　http://www.mhlw.go.jp/seisakunitsuite/bunya/kenkou_iryou/
　iryouhoken/iryouhoken01/index.html，アクセス日：2014 年 12 月 13 日

厚生労働省［2014b］「平成 24 年度 国民医療費の概況」

　http://www.mhlw.go.jp/toukei/saikin/hw/k-iryohi/12/index.html，アク
　セス日：2014 年 12 月 13 日

Baicker, K. et al.［2013］"The Oregon Experiment：Medicaid's Effects
　on Clinical Outcomes," *New England Journal of Medicine*, Vol. 368
　No.18, pp.1713-1722.

Brook, R. et al.［2006］"The Health Insurance Experiment: A Classic
　RAND Study Speaks to the Current Health Care Reform Debate,"
　RAND Research Briefs.

　http://www.rand.org/pubs/research_briefs/RB9174.html，アクセス日：
　2014 年 11 月 3 日

Finkelstein, A et al.［2012］"The Oregon Health Insurance Experiment:
　Evidence from the First Year," *Quarterly Journal of Economics*,
　Vol.127, No.3, pp.1057-106.

OECD［2014］*Health Data*, OECD.Statistics 2014.

Taubman, S. et al.［2014］"Medicaid Increases Emergency-Department
　Use: Evidence from Oregon's Health Insurance Experiment," *Science*,
　Vol.343, pp.263-268.

介護保険と介護休業

介護予防のためのマシントレーニングをする高齢者（2007年12月，東京都葛飾区）　時事通信フォト提供

本章でまなぶこと◆

　人口の高齢化に伴う介護需要にいかに対応すべきかは，先進国共通の課題である。すでに高齢化率25％に到達した日本では，多くの国民にとって介護は老後の最大の不安事項となっている。

　本章では，まず家族介護による家事サービスの特殊性と問題点，公的な介護保険の必要性，なぜ政府が介護サービス市場に介入するのかを経済学の視点から考える。要介護高齢者に良好な介護サービスを確保し，さらに介護と仕事の両立，ワーク・ライフ・バランスといった点から，介護サービスの保障，労働政策，要介護者向けの居宅保障政策，介護保険制度の現状と課題を学習する。

キーワード

認知症　　介護休業制度　　介護保険制度　　準市場　　措置制度　　社会的入院　　高齢者保健福祉推進十カ年戦略（ゴールドプラン）　　特別養護老人ホーム　　有料老人ホーム　　サービス付き高齢者向け住宅

1 介護サービスの経済学

　高齢化の急速な進展，核家族化や単身世帯の増加等により，家族，親族の要介護リスクとその負担は高齢期の最大の不安要因となっている。

家事サービスとしての介護の特殊性

介護も，家族介護を前提とすると，第10章の家事生産の理論で扱った家事サービスの1つとみなすことができる。第10章では育児保育サービスを扱ったが，介護の場合は，育児保育と異なる部分も多い。

　たとえば，①子どもをもつ時期や人数はある程度，夫婦のなかで計画できるのに対し，高齢者が要介護状態になるのは多くの場合，突然であり，十分な準備ができない，②成長とともに次第に手がかからなくなっていく子育てとは逆に，高齢者介護は加齢とともに要介護度が重くなり，またいつまで介護を続けるのかの期間の見通しも立ちにくい。

　家族介護を施設入所による介護サービスに代替することができれば，家族の介護負担は小さくなる。しかし，日本は在宅介護が中心であり，認知症が重度化したり，自分で寝返りさえできないほど要介護度が進んだりすれば，24時間の見守りや介護が必要となり，介護の家事労働集約性は強くなる。このことを，第10章の図10-2で説明すると，最低介護時間（家事時間）はより増加し，外部サービス調達による財（縦軸）と，家事サービス時間（横軸）の等量曲線はより右側に移動することになり，その傾きはより垂直的な形になることになる。

　ひとり親世帯は，1人の親が家事も就労もすべて担うため，貧困

の一因になる可能性がある。介護の場合も，同じように，きょうだいや配偶者がいない場合は1人の介護者に負担が集中し，介護と仕事との両立が困難になり，離職につながることも少なくない。また相対的に若年世代が直面する子育ての問題と異なり，介護負担は40〜50歳代の働き盛り，社会的にも責任の重い時期に重なるため，介護離職による機会費用はより大きくなる。

　子どもが介護のために離職した場合には，収入が途絶え家族全体の生活がたちゆかなくなったり，ストレスから虐待の可能性も考えられる。

　要介護高齢者に良好な介護サービスを確保し，さらに介護と仕事の両立，ワーク・ライフ・バランスといった点から，介護サービスの保障，労働政策，要介護者向けの居宅保障政策の重要性が認識されるようになったものの，いまだその水準は不十分である。介護と仕事を両立させるために**介護休業制度**があるが，93日間と短く，突発的な要介護者の発生には対応できても，長期間の介護と仕事の両立を可能にさせるものではない。なお介護休業給付は，休業開始時賃金の40％が保障される。

公的な介護保険の必要性

要介護状態になった場合，家族だけではなく市場から介護サービスを購入することも可能である。しかし，長期に及ぶ介護サービスの利用には多くの費用が必要になる。そこで要介護になるリスクに対して保険をかける**介護保険制度**や公的な財源による介護保障制度が必要になる。OECD 加盟国の多くの国が公的な介護保障を強化しているが，日本，ドイツ，オランダ，ルクセンブルグ，韓国などが社会保険方式を採用している。では，なぜ公的な介護保障制度が必要になるのだろうか。N. バーは，サービスに関する品質，価格，将来に関する情報の不完全性の問題と情報処理の問題に分けて，それを検討している。

介護保険における情報の不完全性とは，将来の要介護確率がどの程度なのか，また要介護状態がどの程度続くのか，要介護状態がどの程度変化するのか，そして今後の医療や人件費の変化によって介護費用がどの程度かかるようになるのかといった点になる。人々にとっては「現在の」介護費用に関する情報ですら，十分ではなく，ましてや「将来の」介護に関する情報はきわめて不完全である。実際に，第11章でみたように，民間の有料老人ホームの経営では，介護費用に関する不確実性のトラブルを抱えている。

　情報処理の問題は，仮に家計や個人が，介護費用に関する情報を与えられたとしても，遠い将来の問題に関する想像力の欠如や介護という複雑な問題についての処理能力に限界があるというものである。介護保険でも，医療と同様に，逆選択やモラルハザードの問題は発生しうる。そのため，日本をはじめ多くの国が，国や自治体が関与した公的介護保険制度を導入している。

介護サービスの特性と政府の介入　　介護保険を利用すれば，家族介護だけでなく，市場を通じて在宅や施設介護サービスを安価に購入できる。ただし，これらのサービスは，政府が質や価格をコントロールした準市場メカニズムで運営されている。政府が介護サービスに介入する理由としては，利用者には認知症や判断能力が低下した高齢者が多く，利用量や質の的確な判断ができないため，競争原理によって質の低いサービスを提供する業者を排除するのが難しいためである。

　介護サービスは，要介護者本人ではなく，家族がサービス事業者を選択することもあるため，適切な情報提供が非常に重要である。しかし，医療や保育といった他の対人社会サービス同様に，介護サービスの質を明確に定義し，指標化することは容易ではなく，最近ようやく開発が始まったところである。一部のOECD加盟国では，建物の質（建物の質と安全性，住居環境の快適さなど），サービスのプ

ロセスの質（入居権利者を保護するメカニズム，転・退院のマネジメントなど），アウトカム（効果）の質（褥瘡の有病率，栄養失調の有病率など）を介護の質の指標として採用している（OECD編［2006］；OECD［2013］）。

2 家族の変化と高齢者福祉の展開

家族の扶養機能の変化　戦前の日本では，旧民法で家督相続制度と親の扶養がセットで規定されてきたため，親の介護は家族内で義務的に行われてきた。

しかし，戦後の新民法のもと扶養義務と遺産相続の権利が分離され，子どもに親の介護を義務付ける性格は弱まった。また核家族化が進むなかで，家族内扶養は徐々に困難になっていった。1963年に老人福祉法が制定され，それまで生活保護法における養老院でケアされてきた貧困の高齢者は，養護老人ホームでケアされることになった。

介護保険導入前の高齢者福祉の状況は，介護サービスの利用に当たっては，行政機関が経済力や家族の状況調査を行い，サービスの実施の要否や内容，提供主体等を決定し，行政処分としてサービスを提供する措置制度がとられていた。介護サービスの供給量は限られており，行政による割当ては家族介護に頼れない身よりのない高齢者が優先された。また，利用者負担は応能負担方式で，所得水準が利用者負担に反映されたため，施設介護の利用者は低所得者が中心であった。一方，医療保険制度における高齢者の入院の自己負担はきわめて低かったため，自宅で介護できず，介護施設にも入所できない高齢者は，社会的入院として病院に入院した。社会的入院は施設入所に比べ，家族の心身負担や費用負担は軽減されるが，病院

のほうが，施設よりも社会的にかかる総費用が高く，資源の配分の点で大きな問題となっていた。また，病院は居住を前提としていないため，居住環境の面では施設よりも劣ることも課題となっていた。

介護保険の導入 1980年代に入ると，家族介護の負担がより認識されるようになり，介護サービスの充実が強く主張されるようになった。89年には高齢者の保健福祉分野のサービス基盤の拡充を図ることを目的として，**高齢者保健福祉推進十カ年戦略（ゴールドプラン）**が策定され，在宅福祉サービスや施設サービスの具体的な目標値をかかげ，計画的に整備が進められた。

1990年代に入り，さらに高齢化が進むと，従来の措置制度や社会的入院の問題点が指摘されるようになった。90年代半ばより新しい介護システムの構想が検討されはじめ，97年12月には，介護保険法が制定，2000年4月に施行された。

介護保険制度と従来の高齢者福祉制度との違いは以下の通りである。

(1) 財源が，公費のみから社会保険料＋公費へと移行し，給付と負担の対応が明確となり，より安定的な財源をまかなうことができる。

(2) 従来は，老人福祉，医療保険と各制度が連携をもたずに個別対応してきたため，ともに実質的には介護サービスを提供しているにもかかわらず，利用手続きや利用者負担が異なる問題があったが，これが統一化された。

(3) 行政処分による「措置制度」では，事業者は利用者から選択されるという仕組みがなく，事業者間の介護の質向上のインセンティブが働きにくかった。介護保険制度では，自らの意思で多様な事業者のなかからサービスを選択できる仕組みにすることで，介護サービス市場が生まれ，サービス事業者間の競争を促すことになっ

た。

3 介護保険制度

　図13-1は，介護保険制度の仕組みをあらわしている。公的介護保険の導入は，介護サービスの需要・供給構造に競争原理を導入した「準市場」の仕組みを採用している。財源は，老人保健制度の財源構成を引き継ぐ形で，5割を介護保険料，残り5割が国と地方自治体による公費でまかなわれることになった。

　保険者は，利用者の状況が把握しやすい市区町村とされ，都道府県や国が市区町村を支えることとなった。被保険者は介護リスクを認識しやすい40歳以上の医療保険加入者が対象とされ，65歳以上を第1号被保険者，40〜64歳までの医療保険加入者を第2号被保険者とした。前者は，年額18万円以上の老齢基礎年金等を受給している者は年金からの特別徴収（天引き）で，後者は，それぞれが加入する医療保険制度の算定基準に基づき保険料が設定され，医療保険料に上乗せする形で一括徴収されることになった（表13-1参照）。第1号被保険者の保険料は低所得者の負担を軽減するため，市区町村ごとに所得段階に応じた保険料を設定される。

介護保険の利用方法　介護保険の給付を受けるためには，介護サービスが必要かどうかの認定（要介護認定）を受けることが必要である。本人またはその家族等からの依頼をもとに，申請を受けた市町村は利用者の心身の状況調査を行い，かかりつけ医の意見をもとに要介護認定が行われ，要介護度が決定される。介護サービスは，要介護者の健康状態や希望に応じるよう，ケアマネージャーが作成した介護サービス計画（ケアプラン）に基づ

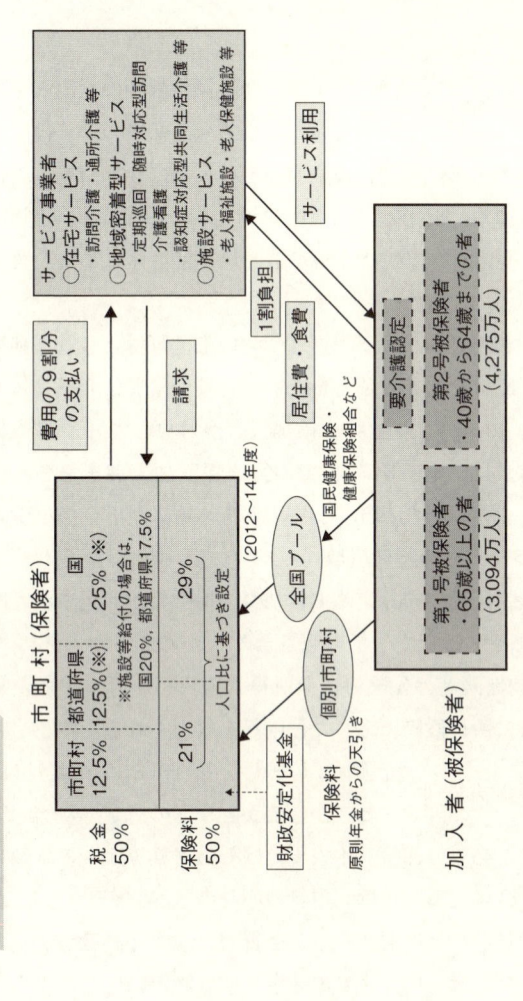

図 13-1 介護保険制度の仕組み

市町村（保険者）

サービス事業者
○在宅サービス
・訪問介護・通所介護 等
○地域密着型サービス
・定期巡回・随時対応型訪問
介護看護
・認知症対応型共同生活介護 等
○施設サービス
・老人福祉施設・老人保健施設 等

費用の9割分
の支払い

請求

1割負担

サービス利用

居住費・食費

税金 50%
国 25%（※）
都道府県 12.5%（※）
市町村 12.5%
※施設等給付の場合は、
国20%、都道府県17.5%

（2012～14年度）

保険料 50%
21%
29%
人口比に基づき設定

財政安定化基金

個別市町村

保険料
原則年金からの天引き

全国プール

国民健康保険・
健康保険組合など

加入者（被保険者）

第1号被保険者
・65歳以上の者
（3,094万人）

第2号被保険者
・40歳から64歳までの者
（4,275万人）

要介護認定

注：第1号被保険者の数は、「平成24年度介護保険事業状況報告年報」によるものであり、2012年度末現在の数であ
る。
第2号被保険者の数は、社会保険診療報酬支払基金が介護給付費納付金額を確定するための医療保険者からの
報告によるものであり、2012年度内の月平均値である。
出所：厚生労働省老健局総務課［2014］「公的介護保険制度の現状と今後の役割（平成26年）」。

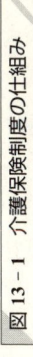

	第 1 号被保険者	第 2 号被保険者
対象者	65 歳以上の者	40 歳以上 65 歳未満の医療保険加入者
受給権者	・要介護者（寝たきり・認知症等で介護が必要な状態） ・要支援者（日常生活に支援が必要な状態）	要介護・要支援状態が，末期がん・関節リウマチ等の加齢に起因する疾病（特定疾病）による場合に限定
保険料負担	市区町村が徴収	医療保険者が医療保険料とともに徴収し，納付金として一括して納付
賦課・徴収方法	・所得段階別定額保険料（低所得者の負担軽減） ・老齢退職年金給付（※）年額18万円以上の方は特別徴収（年金からの支払い）それ以外の方は普通徴収	・健保：標準報酬および標準賞与×介護保険料率 　　　（事業主負担あり） ・国保：所得割分，均等割等に按分 　　　（国庫負担あり）

注：2006 年 4 月から障害年金・遺族年金も対象。
出所：厚生労働省［2014］『平成 26 年版 厚生労働白書』。

いて提供される（図 13 - 1）。

　介護サービスには，サービス提供機関，介護予防サービスなど，要介護状態によって利用できるサービスに制約が設けられている。医療保険を通じた医療サービスの提供が，被保険者のニーズだけで開始されるのに対し，介護保険制度は要介護認定，ケアマネジメント（居宅介護支援サービス）というプロセスを経て，サービスの利用が開始される。また，医療保険と異なり，要介護度に応じて利用できるサービスの制限や利用上限額が設定されている。介護保険の身体介護や生活援助などは，医療保険の治療行為に比べ利用者の利便性を大きく改善するため，制度の頻回利用や財政膨張を防ぐためと考えられる。上限の範囲内の利用者負担は 1 割（2015 年 8 月より一定以上所得者は 2 割）であるが，上限を超過した部分は全額自己負担となる。また，同じ月内での利用者負担が一定の額を超えた場合には，申請により高額介護（予防）サービス費として超過分が介護保険から払い戻される。

　施設入所者は在宅で介護を受ける者との公平性の観点から，食事

の提供にかかる費用，ホテルコスト，日常生活費を支払う。ただし，低所得者については，高額介護サービス費（サービス利用時の利用者負担が高額になった場合の負担の上限額）の設定や，居住費や食事の基準費用額と負担限度額との差額を保険給付で補う仕組み（補足給付）等で配慮している。

4 介護保険制度の現状

　介護保険の施行後10年以上が経過し，介護保険の総費用は2000年度の3.6兆円から14年度には約10兆円にまで増加している。（図13-2参照）。市町村は，3年ごとに地域の要介護者数の見通し，利用状況をふまえ，介護基盤整備目標，保険料水準などを盛り込んだ介護保険事業計画を定めることになっている。利用者の増加やサービスの拡充などの影響で，介護保険の第1号保険料の全国平均額（月額・加重平均）は，上昇し続けているが，地域格差も大きい。第6期（2015〜17年度）の保険料額（保険者ごとの保険料基準額の平均）は，最高額は天川村（奈良県）で月額8686円，最低額は三島村（鹿児島県）で2800円であった。

　介護保険制度には，事業計画の見込みを上回る給付費増や保険料収納不足によって，介護保険財政に赤字が生じる可能性もある。各都道府県（原資は，国・都道府県・市町村（保険料）が3分の1ずつを負担）は財政安定化基金を設置し，一般会計から赤字補填をすることがないよう，保険リスクに備えている。財政安定化基金貸付状況（2013年度末）は，保険者数に占める貸付保険者の割合は全国平均が4.2％であるが，都道府県別では0％から15.8％まで幅がある。

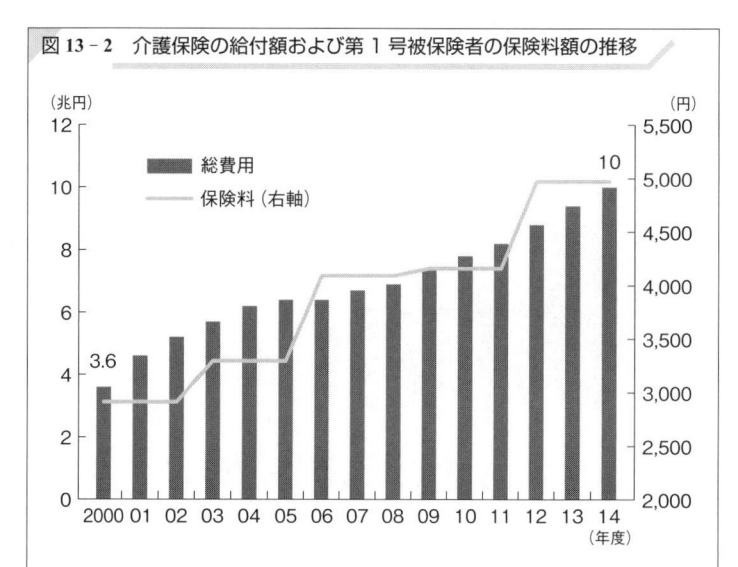

図 13 - 2　介護保険の給付額および第 1 号被保険者の保険料額の推移

注1：総費用には，介護保険に係る事務コストや人件費などは含まない（地方交付税により措置されている）。2013，14年度は予算額から推計。
　2：第1号被保険者の月額保険料は，全国平均の加重平均月額である。
出所：厚生労働省［2014］『平成26年版 厚生労働白書』，同［2013］「公的介護保険制度の現状と今後の役割 平成25年」より筆者作成。

5　介護保険制度の課題

財政問題

公的介護支出の対 GDP を比較すると（図13‐3参照），オランダ，スウェーデンの介護支出の割合が突出して高い。日本の数値は OECD 平均水準にとどまっているが，2050 年には 4.4％にまで上昇すると推計されている（OECD［2011］）。

　介護保険の財政問題は深刻であり，かつては介護保険と障害者福祉制度を統合し，20 歳から介護保険に加入することにより財源の

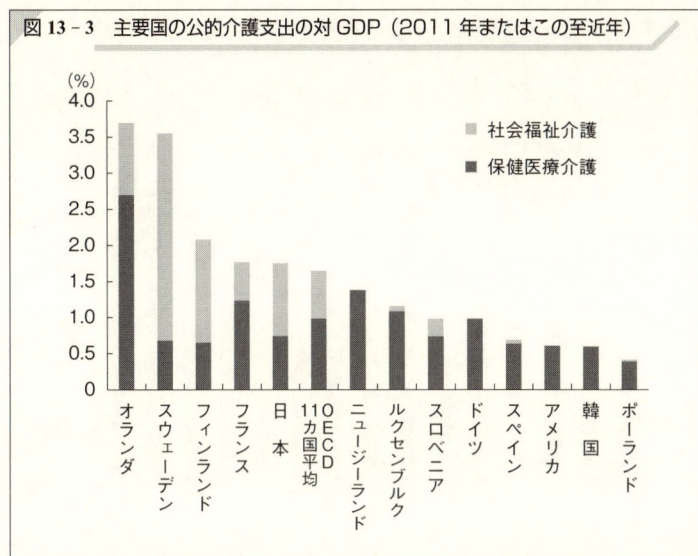

図 13-3 主要国の公的介護支出の対 GDP（2011 年またはこの至近年）

注：日本のデータは 2010 年である。OECD11 カ国平均とは，介護費用の内訳を掲載していない
　　ドイツ，アメリカを除く 11 カ国の平均をさす。
出所：OECD ［2013］*Health at a Glance 2013* より筆者作成。

確保をしようという議論も行われた。しかし，性格の異なる障害者
福祉と介護保険の統合には反対の意見も強く見送られた。

　厚生労働省の「社会保障に係る費用の将来推計について」（2012
年 3 月）の改革シナリオを前提とした試算では，第 1 号被保険者の
月額保険料（2012 年度賃金換算）は，2012 年度の 5000 円から 2025
年度には 8200 円程度にまで上昇し，第 2 号被保険者についても，
おおむね 2 倍程度の保険料負担になると見込まれている。

在宅介護の推進と家族
介護への支援

　総務省統計局「平成 23 年社会生活基本調
査」によれば，15 歳以上でふだん家族を
介護している人は，1991 年の約 356.5 万人
から 2011 年の約 682.9 万人へと 20 年で約 2 倍に増加した。先進国
のなかでも，日本は，家庭で介護を受ける人の割合が最も高い国で

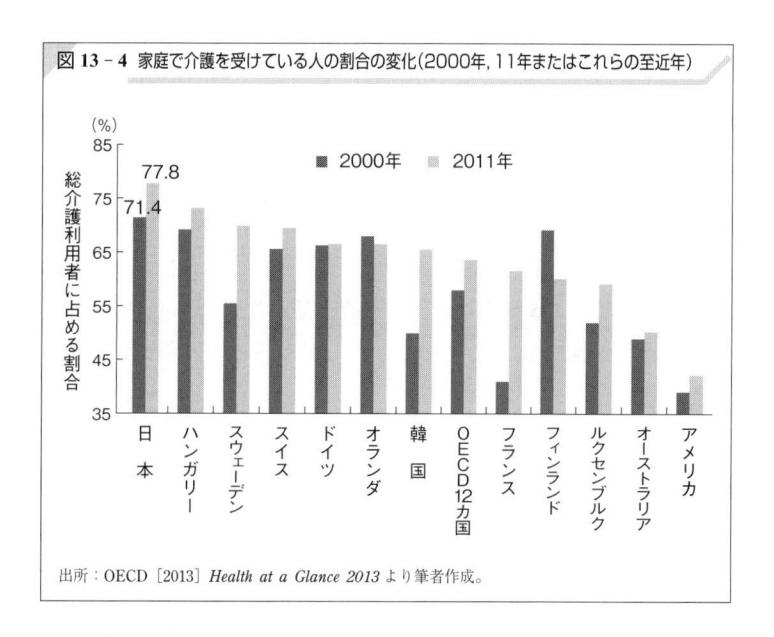

図 13 − 4　家庭で介護を受けている人の割合の変化（2000年，11年またはこれらの至近年）

(%)

■ 2000年　　■ 2011年

総介護利用者に占める割合

77.8
71.4

日本　ハンガリー　スウェーデン　スイス　ドイツ　オランダ　韓国　OECD12カ国　フランス　フィンランド　ルクセンブルク　オーストラリア　アメリカ

出所：OECD［2013］*Health at a Glance 2013* より筆者作成。

ある（図 13 − 4 参照）。

　日本に限らず，多くの先進国では，サービス推進や現金給付など
を通じて，在宅介護を推進する政策がとられてきた。そのためには，
在宅サービスの整備や介護者の支援策が重要な鍵を握る。しかし，
OECD［2013］では，家族介護による負の影響として，生産年齢の
介護提供者の労働力参入の低下，貧困率の上昇，メンタルヘルスの
悪化が指摘されている。各国は非公式の介護労働者支援策として，
有給介護休暇，フレックスタイム，一時休暇，カウンセリングやト
レーニングを導入したり，現金給付や介護提供者への支払いに使用
できる介護引当金を提供している（OECD.［2011］）。さらに，介護
による離職や短時間勤務によって，収入が低下したことで将来の年
金受給額の計算で不利にならないような配慮を行う国もある。日本
でも，地域包括支援センターによる家族の相談事業のほか，自治体
によっては介護相談，慰労金の支給などが行われている。

公的介護保険を利用すれば，要介護 5 であっても，介護老人福祉施設における利用者負担は介護保険利用分では月額 4 万円にも満たない。さらに，食費や居住費についても，介護老人福祉施設の入所者のうち，低所得者（第 1〜3 段階：市町村民税非課税世帯）は，全体の約 80% と大半を占めており，何らかの利用者負担の軽減を受けている（第 104 回社会保障審議会介護給付費分科会 2014 年 7 月 23 日資料）。そのため，超過需要が発生し，**特別養護老人ホーム**の入居待機者は 2014 年 3 月時点で 52.4 万人ともされ，都市部では入所まで数年待ちという状況になっている。

　介護保険では，原則として介護サービスにかかった費用の 1 割の利用者負担が発生するため，実際の給付限度額に対する利用率は，居宅サービスの場合，4 割から 6 割程度であるのに対し，施設サービスは満額利用となる。施設サービスが増えれば，介護保険給付の増加は加速する。厚生労働省の「平成 25 年度介護給付費実態調査」によれば，要介護 5 の居宅サービス利用者の 2014 年 4 月審査分の費用が約 29.54 万円に対し，要介護度 5 の介護福祉施設サービス利用者の 1 カ月当たりの平均介護費用は 30.25 万円，介護保健施設サービスでは 32.49 万円，介護療養施設サービスは 41.12 万円と高い。施設系サービスの給付増は介護保険財政の悪化につながるため，政府は施設介護を抑制し，在宅介護を推進しているが，要介護リスクの高い 75 歳以上人口の急増や都市部を中心とした高齢単独世帯の急増を考慮すると，家族介護に過度に依存することは難しく，仕事と介護の両立のための雇用環境や介護サービスの拡充などの環境整備が急務の課題である。

> 高齢者向け住宅の整備

　前述のように政府は施設介護を抑制する方針であるため，慢性病向け長期入院患者に対応する介護療養病床は今後削減されることになっており，終のすみかになる特別養護老人ホームや病院と自宅の中間施設である老人

保健施設の新設は抑制されている。

　これに替わるのが，有料老人ホーム，サービス付き高齢者向け住宅である。近年，有料老人ホーム，介護・医療サービスが提供される高齢者向けの住宅サービスの人気が高まっている。しかし，自宅などを売却し終のすみかと考える人も少なくないなか，高額な入居一時金が請求されるなど，経営状況やサービスの質などは，中立的な立場からの情報提供・評価がされているわけではない。国民生活センターによれば，有料老人ホームに関する相談件数は毎年増加し続けており，相談内容は保証金や解約時の返金に関するものが目立つという。

　これ以外に，認知症高齢者向けの少人数共同施設（グループホーム）や低所得高齢者向けのケアハウスなどもある。

認知症高齢者の増加と介護予防

　2025年には，団塊の世代が，要介護リスクが高まる75歳に到達する。加えて，認知症高齢者も2025年には，約700万人に達するとも予想されており，介護保険需要は今後いっそう高まるものと思われる。

　介護費用削減のもう1つの手段が，介護予防である。日本でも2006年に予防重視の政策転換が行われ，地域密着型サービスとして介護予防サービスが導入された。要介護認定者は比較的軽度な者が増加しているため，早い段階から介護予防サービスを実施することで，将来的に要介護状態に陥ることを予防するものである。その手法は大きく分けて2つある。1つは，介護予防一般高齢者施策（ポピュレーション・アプローチ）といわれるもので，「介護予防」に関する講演会の開催，介護予防手帳の配布，ボランティア等の人材を育成するための研修，介護予防に資する地域活動組織の育成など啓蒙的なサービスを行っている。もう1つは，介護予防特定高齢者施策（ハイリスク・アプローチ）で，市町村の実施する健康診断等を

通して，近い将来介護サービスを利用する可能性のある高齢者を特定し，①運動機能の向上，②栄養改善，③口腔機能の向上，④閉じこもり予防・支援，⑤認知症予防・支援，⑥うつ予防・支援などのサービスを提供するものである。

介護人材の確保　介護サービスを担う介護人材の確保は，介護保険導入以来の課題である。OECD [2013] によれば，日本の 65 歳以上人口に対する介護労働者の割合（2011 年）は 5.5％で，最も高いスウェーデンの 12.2％の半分以下で，OECD 平均の 6.8％よりも低い。介護労働者の確保が困難な理由として，とくに労働条件，賃金が仕事の負担に比較して低く，定着率が低いことがあげられる。介護労働者の有効求人倍率が高い地域ほど賃金が高い傾向があるものの，賃金の引上げは進んでいない。それは介護労働者の賃金は，国が定めた介護報酬のなかから捻出するため，介護財政が逼迫して介護報酬が抑制されれば，その水準も低く抑えざるをえないという仕組みがあるためである。政府はすでに 2009 年度の介護報酬を 3％引き上げたり，介護保険処遇改善交付金や介護職員処遇改善加算を創設したりしているが，小幅な改善にとどまっており，根本的な問題解決にはなっていない。

介護職員数は 2012 年現在で約 149 万人であるが，25 年には約 237〜249 万人程度必要になるともいわれており（第 54 回社会保障審議会介護保険部会 2013 年 12 月 20 日資料），人材の確保，介護職員の処遇改善は大きな政策課題である。

介護労働者の不足を補うための外国人介護士への期待もある。経済連携協定（EPA）に基づき，インドネシア，フィリピンとベトナムから日本の看護師，介護福祉士の資格取得をめざす候補者を受け入れている。しかし，言葉の壁や社会慣習の違い，就学時間の確保などの問題から，国家試験合格者数は多くはない。

6 社会保障・税一体改革と介護保険改革

社会保障・税一体改革では，「各自治体の高齢化のピークを迎える時期までに高齢者が安心して，できる限り住み慣れた地域で在宅を基本とした生活の継続をめざす」とされているが，サービス整備水準はあくまでも要介護高齢者数の伸びに合わせたトレンドに従ったにすぎない。老老介護，単身世帯，認知症高齢者の増加などの家族介護力が低下する社会では，介護サービスの拡充が不可欠であり，政府は地域における医療と介護の連携強化をめざし，地域包括ケアの確立を急ぐ必要がある。

2014 年 6 月，社会保障・税一体改革の道筋を示したプログラム法に基づき，医療介護総合確保推進法（地域における医療及び介護の総合的な確保を推進するための関係法律の整備等に関する法律）が成立した。介護保険に関するポイントは，①地域包括ケアシステムの確立（介護サービス事業者の多様化と供給増）と，②費用負担の公平化（所得再分配機能の強化と資産捕捉の強化）である。

地域包括ケアシステムの確立　地域包括ケアシステムとは，地域で要介護者が暮らし続けるために，病気の場合には医療サービス，要介護者には介護サービス，日常生活を送るための介護予防・住まい・生活支援を，保険者である市町村や都道府県が，地域の自主性や主体性に基づいて構築を行うというものである。地域包括ケアシステムは，おおむね30 分以内に必要なサービスが提供される日常生活圏域（具体的には中学校区）を単位として想定されている。そのため，介護サービスの充実として，①在宅医療・介護連携の推進，②認知症施策の推進，③地

域ケア会議の推進，④生活支援サービスの充実・強化が掲げられている。介護職員の処遇改善については，2015 年度の介護職員処遇改善加算で対応することとされた。

重点化・効率化項目は 2 項目があげられ，1 つめには「全国一律の予防給付（訪問介護・通所介護）を市町村が取り組む地域支援事業に移行」することである。これは，2017 年度までに段階的に移行し，財源構成も変わらない。しかし，居住する市町村の判断によっては，NPO，民間企業，住民ボランティア，協同組合等など多様な事業者のサービスが可能になるだけでなく，サービス内容や利用料にも差が出る可能性がある。

もう 1 つは「特別養護老人ホームの新規入所者を，原則，要介護 3 以上に限定（既入所者は除く）」とするものである。特別養護老人ホームは供給量が少なく，超過需要が問題になっていた。このため，特養への新規入所者を要介護度 3 以上の高齢者に限定し，軽度（要介護 1 と 2）はやむをえない場合を除き，入所を制限することで，施設介護サービスを重度者に特化し，待機問題を解消しようとするものである。

費用負担の公平化　公的年金のマクロ経済スライドが本格的に適用されれば，公的年金の実質的な給付水準は低下するため，介護保険料の上昇は，低所得高齢者の家計にとって重い負担となる。2015 年 4 月より，第 1 号被保険者の保険料負担と利用者負担について，所得再分配機能を強化する制度改正が行われた。

低所得高齢者の保険料負担は，これまでも市町村ごとに所得段階を設けて配慮してきたが，低所得者の保険料については給付費の 5 割相当の公費とは別に，公費負担（国 2 分の 1，都道府県 4 分の 1，市町村 4 分の 1）を入れることで保険料の軽減割合を拡大することとなった。対象となるのは，65 歳以上高齢者の 3 割に相当する，世帯

全員が市町村民税非課税の世帯で，この財政負担は 2015 年度で最大 1300 億円と見込まれている。

一方で，2015 年 8 月から，モデル年金や平均的消費支出の水準を上回り，かつ負担可能な水準として第 1 号被保険者の上位 20% に相当する層の利用者負担が 1 割から 2 割に引き上げられることとなった。さらに，自己負担限度額（高額介護サービス費）についても，医療保険の現役並み所得に相当する所得層については，引上げが行われることになる。

2015 年 8 月からは，低所得の施設利用者の食費・居住費を補填する「補足給付」の要件に，資産などが追加される。これまでは所得（市区町村民税非課税）を判定に使用していたが，高齢者のなかには所得は低いものの，十分な資産を保有する者もいるため，公平性の観点から預貯金などの資産も要件に加えられる。また世帯分離した場合でも，配偶者が課税されている場合は補足給付の対象外となることや，また給付額の決定に当たり，非課税年金（遺族年金，障害年金）も収入として勘案されるなど，厳格化されることになった。

7 仕事と介護を両立するための介護休業制度

介護による離職・転職の現状

総務省「平成 24 年就業構造基本調査」によれば，介護をしながら就業している雇用者は 239.9 万人で，男性は 102.7 万人，女性は 137.2 万人で，雇用者総数に占める割合は男性 3.3%，女性 5.5% であったが，とくに 55〜59 歳では男性 7.5%，女性 13.1% であった。介護を理由として離職する者の人数，割合もともに近年上昇傾向にあり，2013 年の離職者数は，前年比 40% 増の約 9.3 万人で，5 年前の 2 倍となった。とくに女性の割合が高い（図 13 - 5 参照）。

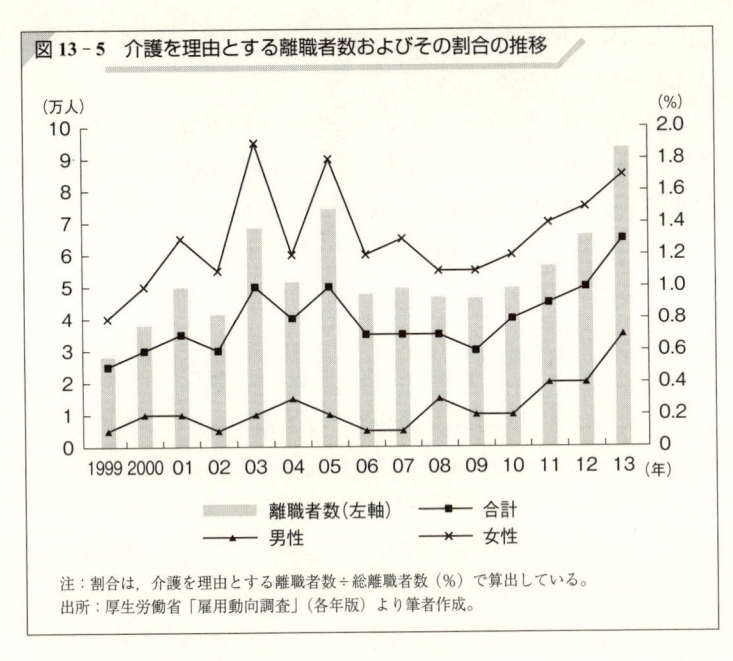

図 13 - 5　介護を理由とする離職者数およびその割合の推移

注：割合は，介護を理由とする離職者数÷総離職者数（％）で算出している。
出所：厚生労働省「雇用動向調査」（各年版）より筆者作成。

　また，現在介護をしていない者でも，「今後5年間のうちに親の介護が必要になる可能性がある」と回答する者が4割を超え（厚生労働省 [2012]），今後，仕事と介護の両立問題は，本人のみならず企業の人事戦略にも多大な影響を及ぼすと思われる。

介護休業制度　　介護休業制度は，家族の介護を行う労働者の仕事と家庭生活の両立を支援する制度である。現行制度では，対象家族1人につき，要介護状態に至るごとに通算93日まで労働者が休業できる。育児休業制度同様，雇用保険制度から介護休業給付として，休業前賃金の40％（上限あり）が給付される。ただし，会社から賃金が支給される場合は賃金と給付の合計額が休業前賃金の80％になるまで併給できるが，休業中の賃金が80％を超えると，介護休業給付は給付されない。育児休業制度とは異なり，休業期間中の社会保険料は免除されない。

ヤング・ケアラーと呼ばれる，家族介護を担う10代，20代の若年世代の問題が注目を集めている。若年世代の場合には，心身の影響だけでなく，介護のために友人との交流時間が制約されたり，進学や就職をあきらめたりするなど，自分の将来展望が描けなくなるなどの深刻な問題が生まれている。

ヤング・ケアラー問題にいち早く取り組んできたイギリスでは，ケアラー支援の法律が整備され，ケアラー支援を行う団体が彼らの相談や支援にあたっている。政府統計局によれば，センサスより把握した5歳から18歳以下の無償で介護を行うケアラーの人数は，2011年時点で17.8万人，当該人口の2.1％で，10年前の2001年に比べ，18.7％増加したという。また，男子よりも女子がヤング・ケアラーになりやすいことや，介護時間が長くなるほどケアラーの主観的な健康状態は悪化しやすいことが報告されている。

一方，日本では老老介護の問題に比べ，ヤング・ケアラー問題は社会的な認知は遅れており，研究者による実態調査が始まったところである。

雇用保険法に基づく介護休業給付の受給者数は，2012年度には9088人と10年前の2倍に増加しているが，介護をしている雇用者に占める取得者割合は，2012年度時点で男性3.5％，女性が2.9％，男女計3.2％ときわめて低い（総務省統計局「平成24年就業構造基本調査」）。少子化問題への対応もあって最長1年半まで延長された育児休業制度に比べ，介護休業制度の取得期間はいまだ通算93日と短く，検討が開始されている。

演習問題 ◆

1　在宅で介護をしている世帯に，介護保険の現物サービスではなく，現金給付をした場合の効果や影響を検討しよう。
2　介護分野の人手不足を補うためには，どのような施策が必要かを検討しよう。

3 自分が居住する自治体の介護保険事業計画を調べ，保険料額やサービスの状況を近隣自治体と比較してみよう。

文献案内 ◆

介護市場への公的介入の必要性は，バー［2007］にくわしい。国際的な動向を把握するには，OECD［2006］，OECD編［2012］，OECD［2013］がある。労働との関連は，厚生労働省［2012］が詳細な特集を組んでいる。

参考文献 ◆

OECD（浅野信久訳）［2006］『高齢者介護』新社会システム総合研究所
OECD編（鐘ヶ江葉子訳）［2012］『図表でみる世界の保健医療——OECDインディケータ（2011年版）』明石書店
バー，N.（菅沼隆監訳）［2007］『福祉の経済学—— 21世紀の年金・医療・失業・介護』光生館
厚生労働省［2012］『平成24年度 働く女性の実情』
OECD［2011］*Help Wanted? Providing and Paying for Long-Term Care*, OECD.
OECD［2013］*A Good Life in Old Age?: Monitoring and Improving Quality in Long-term Care*, OECD.

第**14**章　老　　齢

年 金 保 険

複数の年金手帳を手に相談専用窓口
に並ぶ人たち（2007 年 6 月，大阪
市）　毎日新聞社提供

本章でまなぶこと◆

　　老後の所得保障の柱である公的年金制度は，家計・企業から保険料を徴収し，年
　金を給付することを通じて，労働供給，消費・貯蓄に影響を与える。また年金の財
　政方式には賦課方式と積立方式があり，それぞれ経済，若年世代，高齢世代に与え
　る影響は異なる。現在の公的年金制度は賦課方式であり，高齢化社会では財政は不
　安定になる。厳しい高齢化社会を迎えるにあたって，日本の年金制度は改革の必要
　性を増している。本章では，年金の仕組み，現状，課題，改革の選択肢を理解する。

キーワード

積立方式　　賦課方式　　国民年金　　厚生年金　　国民皆年金　　年金改革
マクロ経済スライド

1 公的年金の役割

2010年の厚生労働省国民生活基礎調査によると公的年金等は高齢者の老後生活費の70%を占め、さらにその給付総額は2010年度で53兆円と日本の社会保障給付費の約50%、GDPの10%近くに達し、日本の所得保障の柱になっている。

そもそも公的年金はなぜ必要なのだろうか。人はいずれ退職し、就労収入はなくなる。それに向けて、若いときの所得を高齢期で消費できるように所得の平滑化が必要になる。このためには何も公的年金でなくとも、現役時代に貯蓄し、老後、それを取り崩して生活すればよいかもしれない。家族による扶養もある。子どもに財産を残すことを条件に子どもから仕送りを受け取るという考え方は「戦略的遺産動機」(strategic bequest motive) として知られている。あるいは生存していることを条件に年金を受け取ることができる民間年金保険に加入するという方法もある。しかし、必ずしも貯蓄や民間年金保険では対応できない問題がある。まず、自分が何歳まで生存するかわからず、あるいは予想以上に長生きする、すなわち「長寿リスク」により貯蓄が不足するという「寿命の不確実性」の問題がある。また将来の生活よりも現在の生活を重視してしまうという「近視眼的な行動」により必要な貯蓄ができないかもしれない。そもそも20歳の人が70歳、80歳という50年後、60年後のことを考えて行動できるであろうか。人は遠い未来の問題を考えるのは苦手な傾向がある。

では民間年金保険ではどうか。民間年金保険は、生存を条件にして年金を給付するため、長寿の可能性のある加入者ほど保険会社は高い保険料を設定する必要がある。しかし、外見から加入者が長寿

か，短命か区別がつかない。一方，加入者は日ごとの体調や遺伝などの情報から自分が長生きする可能性があるかどうかはある程度わかっている。この両者の情報のギャップ，すなわち情報の非対称性があると，保険会社が設定する標準的な保険料に対して短命な人は加入せず，長寿の人ばかりが加入する状況「逆選択」が発生し，民間保険では，年金保険を販売することは難しくなる（第2章参照）。

　さらに本人が保険に自発的に加入しない可能性もあるため，政府が温情的に年金制度を整備するという考え方もある。また福祉国家では生活保護というセーフティ・ネットが用意されるため，意図的に貯蓄せず民間年金に入らないで，老後無収入になれば生活保護に頼るという「モラルハザード」を引き起こす人が増え，生活保護のための税負担が大きくなる可能性もある。このような問題を回避するためには，「強制的加入」の公的年金が必要になる。さらに公的年金が必要な理由としては，物価変動リスクがある。老後のための貯蓄や民間年金保険の給付も給付額が名目額で固定されていれば，物価がインフレになると実質価値は目減りする。この物価変動リスクを民間保険でカバーすることは難しい。しかし，公的年金は物価変動に年金額が連動する物価スライド制があるため，物価変動リスクに対応できるというメリットもある。

2 公的年金制度とその変遷

公的年金の財政方式
　年金財政の仕組みには，**積立方式**と**賦課方**式がある。積立方式は現役時代に被保険者が支払った保険料が投資され，その運用益とともに積立てられて，その合計額を将来の老後の年金給付にあてる仕組みである。賦課方式は，現役世代の被保険者の支払った保険料を同時点の高齢世代の

年金給付に使う仕組みである。この方式では，保険料は投資につながっていない。先進国の公的年金制度の多くが賦課方式の財政方式で運営されている。

年金制度の仕組み 日本の公的年金制度は大きく**国民年金**（基礎年金）と**厚生年金**の2階建て構造になっている（図14-1）。このほか，国家公務員・地方公務員などが加入する共済年金があるが，2015年10月より厚生年金に一元化されることになっている。

国民年金の仕組み 20歳から59歳の国民は，国民年金に加入する必要がある。国民年金加入者には職業別に3種類のタイプがある。まず，自営業，無業者，失業者，非正規労働者などの正規労働者とその被扶養配偶者以外の人が加入する国民年金第1号被保険者である。次に，正社員本人は国民年金第2号被保険者に，その被扶養配偶者は国民年金第3号被保険者となる。公的年金には厚生年金もある。年金の適用事業所に就労している70歳未満の正社員は厚生年金に加入することになる。したがって，20歳から59歳の期間は，正規労働者は厚生年金に加入することで国民年金にも年金加入をしていることになる。

国民年金の保険料は，定額負担であり2015年度で月額1万5590円であるが，収入がない，あるいは少ない場合などは，4段階の免除制度がある（*Column* ⑩参照）。

給付は，大きく老齢給付（老齢基礎年金），遺族給付（遺族基礎年金等），障害給付（障害基礎年金）から構成される。

老齢給付（基礎年金） 受給資格期間が25年以上ある者が65歳に達したときに支給される。ただし60歳からの繰上げ受給と65歳以降受給を受ける繰下げ受給がある。繰上げを選択すると，年金額は最大30％程度カットされ，逆に，繰下げ受給を選択すると年金額は最大42％増額される。なお，2012年の社会保障・税一体改革

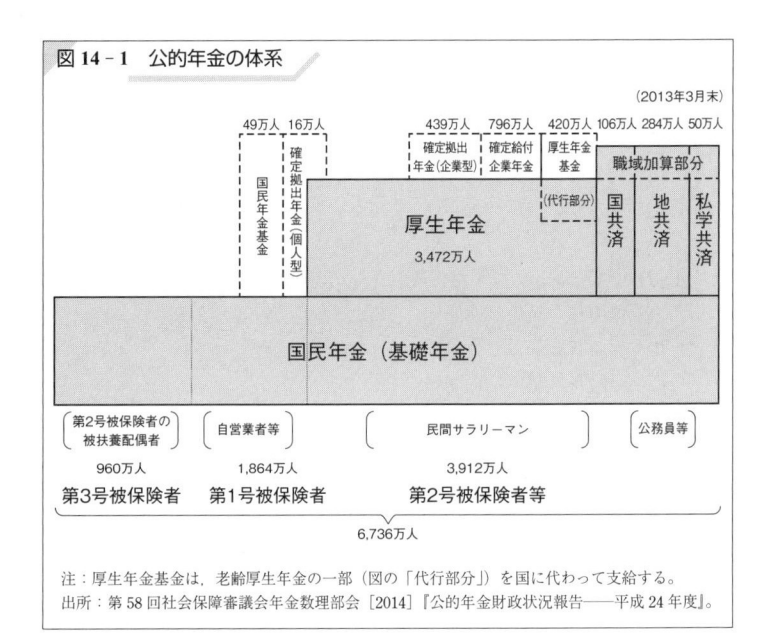

図 14-1 公的年金の体系

(2013年3月末)

注：厚生年金基金は，老齢厚生年金の一部（図の「代行部分」）を国に代わって支給する。

出所：第58回社会保障審議会年金数理部会［2014］『公的年金財政状況報告——平成24年度』。

により，10％への消費税増税後に，受給資格期間は10年に短縮されることになっていたが，2014年末の増税見送りにより凍結されている。2015年度時点では受給資格期間は25年のままである。

　遺族給付（遺族基礎年金等）　　遺族給付は，①被保険者や②老齢基礎年金の受給者，③60歳から65歳未満の被保険者が死亡した場合，その人に扶養されていた18歳未満の子供（胎児を含む）のある配偶者や子どもに支給される。遺族基礎年金は加入期間にかかわらず定額であり，配偶者の受け取る遺族基礎年金は子どもの数によって加算される。また，配偶者が60歳から65歳までの期間支給される寡婦年金がある。年金の受給を受けずに亡くなり，遺族が遺族基礎年金を受けられない場合には，死亡一時金が支給される。

　遺族基礎年金は，被扶養の配偶者も受給できる厚生年金のそれと異なり，18歳未満の子ども（子どもに障害のある場合は20歳未満）の

基礎年金（年額）の算定方法は以下のようになっている。

年間で受給できる年金額は，

　　年額＝約 79 万円×（年金の支払った月数＋ X）／ 480

$$ここで X = \left(A \times \frac{4}{8} \right) + \left(B \times \frac{5}{8} \right) + \left(C \times \frac{6}{8} \right) + \left(D \times \frac{7}{8} \right)$$

$A \sim D$ は低所得者に対する保険料免除の程度である。

　A ＝保険料全額免除期間

　B ＝保険料 4 分の 3 免除期間

　C ＝保険料半額免除期間

　D ＝保険料 4 分の 1 免除期間

この式は次のように変形できる。

　　月額年金額＝ 138 円×（保険料支払い月数＋ X）

つまり，追加的な 1 月の保険料支払い（2015 年時点で国民年金の保険料 1 万 5590 円，将来的には 1 万 6900 円）は月当たり年金額を 138 円だけ増加させることになる。

ただし，年金を支払った月数の計算はやや注意が必要である。

まず，未納期間が 15 年以上ないこと。すなわち保険料を支払った期間と免除，カラ期間，特例納付の手続きの合計期間が 25 年以上にならないと受給資格がない。

カラ期間とは，会社員・公務員の専業主婦（夫）である第 3 号被保険者が，国民年金が任意加入であった 1986 年前に，加入しなかった期間である。また，年齢（出生年）によっては 60 歳になる前に納付加入期間が 40 年にならなくとも，加入可能期間が全期間納付していれば経過措置によって全額年金を受給できる。これは，国民年金は 1961 年の発足であり，1926 年の生まれの人は 1986 年に 60 歳になるため，加入可能期間は 25 年しかないからである。

有無が受給条件である。

なお障害給付，障害年金（基礎年金，厚生年金）については障害者向けの所得保障（第 9 章）で説明している。

厚生年金保険は，原則として常時 5 人以上
の従業員を使用する事業所と全法人に適用
される。ただし，一般の個人事業所でも従業員 5 人未満，農林水産
業・サービス業の個人事業所は任意の適用になる。適用対象の被用
者は常時使用されている 70 歳未満の被用者である。

保険料は，被保険者の標準報酬額に保険料率を乗じて計算される。
被保険者本人と企業が半額ずつ負担することになる。

保険給付は，大きく老齢給付（老齢厚生年金），遺族給付（遺族厚
生年金），障害給付（障害厚生年金）から構成される。

老齢給付（老齢厚生年金）　老齢厚生年金は，公的年金に 20 年
以上の加入期間がある者が受け取ることができる。従来は 60 歳か
らの受取りが可能であったが，徐々に支給開始年齢が引き上げられ，
2025 年からは男性 65 歳になる（女性は 5 年遅れ）。ただし 2025 年ま
では切替えの時期として，生年月日によっては 65 歳前からも受取
り可能である。

2 階建て年金の報酬比例部分の給付算定方法は次のようになる。
月額年金額＝ボーナスを込みにして計算した再評価後の平均標準報
酬額× 0.548%×加入年数となる。

たとえば 40 年加入すると 0.548%× 40 ＝約 22% より，1 月当た
りの年金額は現役時代の平均報酬の約 22% となる。これに先に述
べた老齢基礎年金の給付額が加わる。

給付乗率と呼ばれる 0.548% は，賃金が年金に反映される割合で
ある。これが，たとえば給付乗率が 1% であれば，年収ベースでみ
ると，1 年間保険料を支払えば年収の 1% 分だけ，年間の年金額が
増えることになる。したがって，もし 40 年加入とすると，年金額
は現役時代の平均年収の 40% になるということになる。1985 年ま
での乗率は 1% であったが，それ以降の改革により，乗率は少しず
つ下がり，現在の乗率は 0.548% となった。当然乗率が高いほど給

付水準が高くなるため，乗率の引下げは給付の引下げを意味する。実際の乗率は出生年によって異なり，若い世代ほど低くなっている。再評価後の平均標準報酬額とは，現役時代の平均の賃金という意味である。ただし，退職時からみると40年以上前の初任給から退職直前の賃金までの単純平均ではなく，過去の賃金が現在どの程度の価値があるのか調整する「再評価」という作業が行われる。再評価とは，過去の標準報酬を現在の価値に計算しなおす作業であり，年金に加入した期間中の賃金の上昇率に連動した調整が行われる。現在は，税引き後の手取り賃金上昇率に応じた調整となっている。また，老齢年金は，働きながらも受給できるが，賃金に応じて減額給付となる。この仕組みを在職老齢年金という。

　遺族年金（遺族厚生年金）　　遺族厚生年金は，厚生年金の被保険者や老齢厚生年金の受給者が死亡したとき，亡くなった人に生計を維持されていた遺族に支給される。ただし，国民年金加入の期間のうちに公的年金の保険料を納めた期間と免除期間を合わせた期間が3分の2以上あることが条件になる。給付額は，老齢厚生年金の4分の3となる。

> 公的年金の創設

戦前に積立方式年金制度からスタート
　近代の日本における公的年金制度は，恩給制度として発足した軍人恩給が最初のものであるが，1941年には，民間の男性工場労働者を対象とした労働者年金制度が成立し，44年には女性および事務職員も対象となり制度の名称は厚生年金制度となった。このときの年金制度は，保険料は賃金の8〜11％と比較的高い水準であり年金財政方式は積立方式であった。

　年金制度の再建と発展　　戦後の混乱と急激なインフレのなかで事実上凍結状態となった厚生年金制度は，1954年から今日に近い姿で，1階の定額部分と2階の報酬比例部分の2階構造で，再スタートした。しかし，戦後の日本経済は，企業も労働者も負担能力が

十分ではなく，積立方式に必要な高い保険料を徴収できなかった。このため，将来徐々に保険料を引き上げる「段階保険料方式」を採用することになった。また，ほぼ同時に国家公務員，地方公務員などによる独自の共済年金制度が発足した。当時の就労構造は農業などの自営業者が多く，多くの国民が厚生年金などの被用者保険の対象にはならなかった。経済成長とともに国民全体をカバーする公的年金の必要性が指摘されるようになり，61年には農林漁業者・自営業者や零細企業労働者を適用対象とする国民年金がスタートし，すべての国民が何らかの公的年金制度に加入する国民皆年金が成立した。

　高度経済成長に入ると厚生年金は給付充実のために保険料の引上げを行ったが，すでに企業年金，退職金が充実していた大企業はこれに反発した。そこで，政府は1966年に企業年金と厚生年金の保険料を調整し，両方の性格をもつものとして「厚生年金基金制度」を成立させた。

　1960年から70代半ばまでは，高度成長に伴って賃金と物価が持続的に上昇した。このため，政府は，国民年金制度の年金額を，「1万円年金」「2万円年金」といったように引上げたが，急激な物価上昇に対応するにはそれだけでは不十分であった。そこで，73年改正によって，物価変動に合わせて年金額を引き上げる自動物価スライド制度が導入された。この物価スライドがあったため，直後のオイル・ショックによる急激なインフレにも対応でき，公的年金は老後の所得保障の中核を担う制度になっていく。

　しかし，このような給付水準の急速な引上げは，少子化，長寿化というリスクを軽視し，経済成長が今後も続くという甘い見通しを前提としていた。また当初，段階保険料としていた保険料の引上げは遅れ，積立金の増加も進まず，年金財政は，次第に積立方式から賦課方式の性格が強まった。

繰り返された年金制度改革

積立方式から賦課方式に性格が変わったことは，年金財政の運営に大きな影響を与えることになった。オイル・ショックに直面して，経済成長，出生率はともに大きく下落したため，賦課方式の年金財政の前提となった経済，人口の楽観的な予測は修正せざるをえなかった。高齢化社会や低い経済成長に対応するためには，保険料の引上げや給付の抑制が必要になった。しかし，一度引き上げた給付を抑制することへの国民の反発をおそれた政府は**年金改革**を先延ばしにし，年金財政の危機はますます高まった。そうしたなか，ようやく 1985 年に大改革（86 年施行）が行われた。

1985 年の改革は，年金制度の基本から改めるものであった。国民皆年金体制となった後も，公的年金制度は，厚生年金，共済年金，国民年金といった制度ごとに発展してきたが，給付と負担の両面における制度間の格差や産業構造の変化等により年金財政基盤が不安定となっていた。85 年の大改革では，全国民に共通の基礎年金を創設し，厚生年金や共済年金のサラリーマン向けの年金を基礎年金に上乗せにした 2 階部分の報酬比例年金とする再編成が行われた。この結果，すべての制度に共通した個人単位の基礎年金を支給するとともに，給付と負担の長期的な均衡を確保するため，給付を大幅に引き下げることになり，年金制度の課題は小康状態になった。しかし，90 年代に入ると，出生率の低下と長寿化が続き，保険料率の継続的な上昇が避けられない見通しになった。94 年の改革によって，スライド率の引下げ，在職老齢年金の見直し，厚生年金の支給開始年齢の引上げなどの給付抑制が行われた。

こうした改革にもかかわらず，依然として政府の予想以上に出生率の低下が続いたため，1999 年と 2004 年に再び年金改革が行われた。99 年年金改革（2000 年に改正法成立）は，かなり厳しいもので，①給付水準を 5％引き下げる，②スライド率を物価上昇率のみにす

る，③60歳前半の報酬比例部分の支給をやめて，支給開始年齢を65歳にする，といった内容である。しかし，そうした改革でも急激に進む少子化に対応できず，政府は再び04年に改革を行わざるをえなかった。

2004年年金改革は従来の方針を180度変換するものであった。従来は，給付水準，所得代替率（＝モデル年金額／現役労働者の手取り平均賃金）を維持するためには，将来にわたり保険料を引き上げ続けるという考え方をとっており，若い世代にとって保険料がどこまで上昇するかは不明確であり，不満が高まった。そこで2004年改革では，将来の保険料の上限を設定し，その収入でできる範囲で給付を行うという考え方に切り替えた。具体的には，保険料は2017年度まで引き上げ続けたのち，以降は固定化する。一方，その保険料収入の範囲内で給付を行うためには，直近の2014年度の年金財政検証の見通しによると2040年頃まで給付水準を**マクロ経済スライド**によって毎年約1％引き下げ続ける。具体的には，たとえば，物価や賃金の上昇率が2％の場合，通常であれば，年金額も2％増額される。しかし，マクロ経済スライドが適用されれば，2％（物価上昇率）−1％（マクロ経済スライド分）の1％しか年金額は増税されず，対物価・賃金で，年金の実質水準は低下する。累積の基礎年金の実質水準の引下げの大きさは対賃金比で30％近くとなると見込まれている。また年金財政はおおむね100年後に1年分の受給額に必要な資金を保有し，かつ所得代替率50％を下回らないように財政検証を5年に1度行うことになった。この仕組みを「有限均衡方式」という。

この他，2009年秋に民主党政権が成立すると社会保障・税一体改革が行われ，併せて厚生年金と共済年金の一元化（被用者年金の一元化）が行われた。

3 公的年金の経済学

貯蓄と労働をめぐる家計の行動

社会保障制度を経済学的に考えると，負担や給付が家計の予算制約に変化を与えることを通じて家計の行動に影響を与えると考えられる。

　年金制度の場合，年金の負担と給付が，家計の労働供給行動と貯蓄行動に影響を与える。家計にとっては，負担と給付には一定の対応関係があり，負担と給付を切り離して考えるべきではない。しかし，公的年金のように負担と給付のタイミングがずれていたり，制度が複雑でわかりにくかったり，年金制度への不信があると，家計が負担と給付にどのように反応するかは自明ではない。たとえば，高齢化が進むなか賦課方式年金のもとでは，支払った年金保険料がまったく給付につながらないとみる人もいるかもしれない。この他，年金制度への知識・理解不足がある場合，給付への期待は小さくなる。これらの場合，年金保険料は税と同様に負担でしかない。あるいは，保険料を支払わなくても年金を受け取ることができる国民年金第3号被保険者制度などは，年金給付は一般的な所得給付と同じ効果をもつかもしれない。また，一定以上の労働時間や年収になると年金保険料負担が発生する「非正規労働者への厚生年金適用」や年金給付が減額される「在職老齢年金」も，家計の行動に複雑な影響を与える。

　ここで年金制度が家計に与える影響について，「保険料負担だけしか考慮しない場合」，「保険料負担と年金給付の双方を同時に考慮する場合」の2段階で説明する。

まず保険料負担に注目しよう。現実の年金制度では，保険料の支払いを自ら所得のなかから支払う方法（国民年金第1号被保険者）と賃金から天引きで支払う方法（厚生年金）がある。また前者は，所得にかかわらず定額保険料，定額年金給付であり，後者は，報酬比例の保険料で報酬比例の給付である（厚生年金の報酬比例部分）。いずれも，保険料負担により当面（現役時代）の可処分所得が減少する。

国民年金は，免除をされない限り，勤労所得の有無にかかわらず定額負担であり，労働供給に影響を与えない。保険料がそれに見合った給付につながっていない，極端な場合，給付がゼロの単なる定額の税と同じと考えているならば，家計の予算制約線を内側にシフトさせ，消費と貯蓄に影響を与えることになる。他方，家計が負担に見合った給付（支払った保険料に金利がついた金額）を将来受け取ることができると考えると，保険料負担は貯蓄と同じであり，家計の消費行動に与える影響は小さい。もし，家計が自発的に貯蓄しようと思っていた金額と年金保険料が同額であれば，消費行動に影響を与えない。

次に，保険料が勤労所得に比例する厚生年金について考えよう。議論の前提として厚生年金のように企業が保険料の半額を負担しているとしても，その負担は表面的なもので実質的には労働者の賃金から捻出されていると想定しよう（第2章参照）。

まず，家計が，保険料負担が給付につながっていると考えない場合，保険料により手取り賃金，すなわち実質賃金率が低下するため，労働供給を減少させる可能性がある。さらに稼働所得の変化により，保険料負担は家計の消費行動にも影響を与えることになる。

しかし，負担に対応した給付（保険料に金利がついた額）が受け取れる場合，保険料負担を賃金天引きの貯蓄と同じと考えれば，手取

り賃金が低下しても家計は実質賃金率の低下とは理解しないため，労働供給，消費に与える影響は大きくない。仮に家計が自発的に貯蓄しようとしていた金額と年金保険料が一致するならば，労働供給，貯蓄に影響を与えない。

　なお，生涯の年金保険料の支払い総額は寿命の長さにより確率的であるため，個々人にとって年金保険料の支払い総額と金利の合計（以下，「保険料総額」）と年金給付総額は必ずしも一致しない。年金保険は，長寿リスクをヘッジしており，年金は短命な人から長寿の人への所得移転の役割を果たしており，短命の人は「保険料総額＞年金給付総額」，長命な人は「保険料総額＜年金給付総額」となる。保険財政が保険数理的に設計されていれば，すなわち，個々人の長寿リスクに見合うように，保険料が設計されていれば，保険料期待値総額＝年金給付期待値総額となり，結果としての所得移転は支給開始年齢以降の生存率という確率的な現象になり，年金制度が家計に与える影響は小さい。ただし，実際の公的年金の保険料は長寿リスクに関係なく設定されており，短命な人から長命な人への所得移転が発生している。

年金が労働供給や引退に与える影響　年金は退職のタイミングにも影響を与える。まったく年金制度がなければ，労働者は一般の労働供給モデルの想定同様に，「賃金率＞余暇の限界効用」である限り働き続けることになる。しかし，年金を受け取ることにより，予算制約線が上昇にシフトすると所得効果により労働供給は減少し，引退することになる。基本的に年金は労働者の引退促進効果をもつことになる。

　実際の高齢者の就業継続と年金の関係はより複雑である。労働者が満額の公的年金 P_1 を受け取ることができる年齢（年金支給開始年齢65歳）に達し，満額の年金の受給条件が退職であり，さらに退職を1年遅らせて，保険料（＝ t〔保険料率〕× 65歳時の賃金 W）を支

払って年金に加入継続することにより増える1年分の年金額を B としよう。労働者が65歳到達とともに退職して平均寿命まで（たとえば80歳とすると15年）年金を受け取るまでの総収入（＝生涯年金受給額 $[P_1 \times 15$ 年$]$）と66歳になるまで雇用継続し，66歳から80歳の14年間の総収入（＝総年金額 $[(P_1 + B) \times 14$ 年分$) + W(1 - t)]$）を比較する。結局，1年分の年金 P_1 と $14 \times B + W(1 - t)$ の比較になる。B，$W(1 - t)$ が大きければ，66歳まで雇用継続する可能性は高くなる。ただし，引退による余暇の効用も考慮する必要がある。加齢ともに体が衰えていくと労働の負担を重く感じ，余暇の限界効用が上昇するため，高齢者の就業意欲が低下して，やはり65歳時点で引退するかもしれない。

就業意欲の低下や賃金低下がなく，さらに年金を受け取りながら働くことができる場合，年金制度が労働供給に与える影響は小さいであろう。この場合は，65歳での引退よりも66歳での引退のほうが賃金を含めた総収入が必ず大きくなるからである。しかし，実際の在職老齢年金の仕組みはより複雑であり，就労による所得が一定額を超えると年金は減額されることになっているため，労働者は勤労所得の増加によって年金額が減額されるぎりぎりの範囲で就労時間を止めるように行動するであろう。

かつての在職老齢年金制度では，就労所得の増加に対して，不連続な給付カットの仕組みがとられていた。これは労働者の直面する予算制約線が不連続に折れ曲がっていることを意味する。当時の在職老齢年金制度により，高齢労働者が労働時間を抑制したことが確認されている（清家 $[1993]$）。

このほか年金保険料が就労行動に影響を与える代表的な事例として国民年金の第3号被保険者制度がある。サラリーマンに扶養されている専業主婦（夫の場合もあるが）は，国民年金第3号被保険者として，自ら年金保険料を負担することなく，基礎年金を受給する権

利を得る。この扶養に残る基本的条件は妻の年収が 130 万円未満ということになっている。すなわち，妻がパートなどで働いて年収が 130 万円を超えると国民年金第 1 号被保険者となり，月額 1 万 5590 円（2015 年 6 月現在）の国民年金保険料が発生し，家計が直面する予算制約線が 130 万円で屈折する。無差別曲線の形（余暇選好の強さ）によるが，130 万円未満（たとえば時給 1000 円とすると年間労働時間 1300 時間未満）になるように労働時間を調整する可能性もある。

　このように社会保障給付や負担の設計によっては，労働供給に影響を与える可能性があり，制度設計においては，なるべく個人や世帯の選択に中立的な制度設計を検討することが求められる。

> **公的年金が貯蓄に与える影響**
多くの先進国における年金の財政は賦課方式をとっている。賦課方式の年金制度が，家計の消費・貯蓄に与える影響を 2 時点モデルでみてみよう。

　現役期の所得，消費，貯蓄を Y_1，C_1，S_1 とし，金利は r とする。人口成長率は n とし，単純化するために経済成長はとりあえず無視しよう。

$$Y_1 = C_1 + S_1$$

老齢期の所得を Y_2，消費を C_2 とする。

$$C_2 = Y_2 + (1 + r)S_1$$

賦課方式の年金がない状態では，家計の生涯予算制約式は

$$C_1 + \frac{C_2}{1+r} = Y_1 + \frac{Y_2}{1+r}$$

となる。

　次に，賦課方式の年金を導入した場合の，年金保険料を T，年金給付額を P，人口成長率を n とする。

　　現役期 $Y_1 = C_1 + S_1 + T$

　　老齢期 $C_2 = Y_2 + (1 + r)S_1 + P$

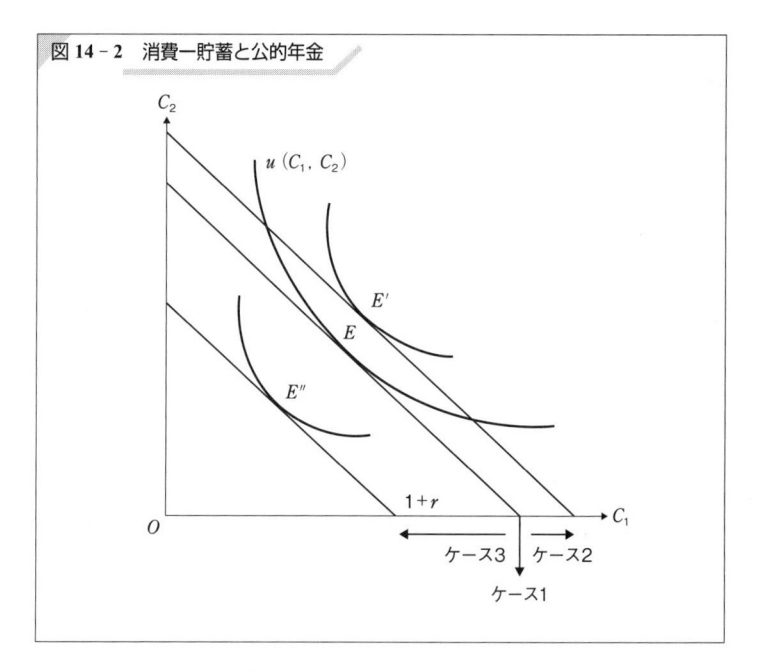

図 14 - 2　消費—貯蓄と公的年金

　　　ただし，$P = T(1 + n)$。

　　　$C_2 = Y_2 + (1 + r)S_1 + T(1 + n)$

　そこで，賦課方式である場合の生涯の予算制約式は

$$C_1 + \frac{C_2}{1+r} = Y_1 + \frac{Y_2}{1+r} + T\frac{n-r}{1+r}$$

となる。

　年金がない状態では，予算制約式 $C_1 + \dfrac{C_2}{1+r} = Y_1 + \dfrac{Y_2}{1+r}$ と賦課方式の年金導入後の予算制約式 $C_1 + \dfrac{C_2}{1+r} = Y_1 + \dfrac{Y_2}{1+r} + \dfrac{T(n-r)}{1+r}$ を比較すると，$T\dfrac{n-r}{1+r}$ 分だけ，予算制約式をシフトさせることになる（図14 - 2）。

　$n = r$ であれば，賦課方式の年金制度は家計の消費・貯蓄に影響

を与えない（ケース1）．しかし，$n>r$であれば，図14-2の予算制約線は外側にシフトする（ケース2）。この場合，賦課方式の年金制度は，家計の効用を改善し，両期の消費が所得の増加によって増加する正常財であれば，両期の消費はともに増加し，家計の貯蓄は減少する。

しかし，逆に，人口成長率が低下し，$n<r$となると，予算制約式は内側にシフトする（ケース3）。この場合，賦課方式の年金制度は，家計の効用を悪化させ，消費，貯蓄は減少することになる。まとめると，ケース1では家計に中立的であるが，家計の支払った保険料がそのまま高齢者の年金になるために経済全体では，貯蓄は増えない，ケース2，3では家計の貯蓄を減少させる効果をもつことから，賦課方式の年金制度は経済全体の貯蓄，そして資本形成を抑制する効果がある，ということになる。

> **経済成長，人口成長率の変化と賦課方式と積立方式年金の比較**

次に経済成長と，人口成長を考慮して，賦課方式年金と積立方式年金を比較してみよう。

賃金Wが経済成長率gで成長するとしよう。賦課方式の保険料率はFとし，人口Lは人口成長率nで増加するとしよう。賦課方式では，保険料収入は$F\times(1+g)W\times L(1+n)$となる。また，年金の給付水準を$a$としよう。年金給付は$a\times W(1+g)\times L$となるため，年金財政が均衡するためには，$F\times(1+g)W\times L(1+n)=a\times W(1+g)\times L$となる。よって，$F=\dfrac{a}{1+n}$となる。

一方，積立方式では，保険料Tで，積立金はrで運用されるとする。積立方式でも給付建てを採用し，aの給付水準を保障するとする。積立金の元利合計は$T(1+r)W$となり，給付額は$a\times W(1+g)$となる。収支が均衡するためには，$T(1+r)W=a\times W(1+g)$となり，$T=a\dfrac{1+g}{1+r}$となる。

経済成長，金利が高いほど積立方式の保険料は低くなる。他方，

人口成長率が高いほど賦課方式の保険料は低くなる。賦課方式の保険料 $F = \dfrac{a}{1+n}$ と積立方式の保険料 $T = a \times \dfrac{1+g}{1+r}$ との大小関係は，$r < n + g$ のときは $F < T$ となり，積立方式の保険料のほうが高くなる。逆に $r > n + g$ のときは $F > T$ となり，賦課方式の保険料のほうが高くなる。

したがって，かつてのように $r < n + g$ の状態，すなわち，利子率が低く人口成長率，経済成長率が高ければ，賦課方式の保険料 F は積立方式の保険料 T より小さくなり，賦課方式は加入者にとっては有利になる。

しかし，逆に，今後予想されるように人口成長率，経済成長率が鈍化すれば，賦課方式の保険料が上昇し，賦課方式は現役世代に不利な制度になる。

より直観的に説明すると，賦課方式の年金の収益率は $g + n$ に，積立方式の年金の収益率は r となる。

経済理論的に考えると，資本ストックの水準が定常状態において1人当たり消費水準が最大になる状態を経済が黄金律にあるとされる。

経済成長 g ＋資本減耗率＝資本の限界生産力とされ，資本の限界生産力－資本減耗率＝r となることから，$r = g$ が黄金律の条件である。経済における資本が不足し，黄金律以下の場合は $r > n + g$ となり，逆に資本が過剰な場合は，$r < n + g$ になる。

実際の日本の年金制度を振り返ると，人口成長率，経済成長率が高いときに賦課方式に移行している。人口成長率が高く，高齢化率が低いときは，保険料も低く設定できたが，人口成長率が低下し，高齢化率が高くなると保険料率は上昇する。この場合，現役時代に高齢化率が低かった世代は，老後は，保険料負担以上の給付を受け取ることができる。逆に高齢化率が高い時代に現役時代を過ごした世代は，高い負担をしなければならなくなる。この結果，世代間の

所得移転が発生し，高齢化以前に現役時代を過ごした世代（高齢世代）は，所得移転を受ける。逆に，人口成長率が低下し，高齢社会に現役時代を過ごすことになる若い世代は，マイナスの所得移転ということになり，厚生が下がり，世代間の不公平が指摘されることになる。世代によって生涯にわたる保険料負担額と年金総額の差が発生することになる。年金総額／保険料負担総額を年金収益率とすると，世代間で大きな差がでる。これを世代会計（Generational Accounting）の不公平の問題という。そこで人口成長率，経済成長率が下がると若い世代ほど年金収益率が低くなるため，それを中和するために高齢者の受け取る年金を引き下げるべきという議論が高まってくる。一方，高齢者は政府が約束した年金額を維持すべき，すなわち賦課方式という世代間契約を守るべきと主張し，世代間で利害が対立することになる。

積立方式か賦課方式か——同等定理と実体経済

以上，みてきたように理論的には，賦課方式の年金制度は①経済成長を鈍化させ人々の厚生を下げ，②人口成長率，経済成長率が低下すると世代間の不公平を発生させることになる。そこで高齢化社会のなかで賦課方式の年金制度は持続可能ではないため，賦課方式の年金制度を廃止し，積立方式に切り替えるべきという議論が強くなる。しかし，積立方式と賦課方式の比較の際には，r, g, nといった変数の平均値だけ議論してよいのか。それぞれの分散や変数間の相関を考慮すべきかもしれない。すなわち平均値としては$r > n + g$となっても，rの方が分散が多い，すなわち変動が大きい場合，積立方式が全面的に有利ともいえない。

また，賦課方式から積立方式に切り替える場合，若年世代は，高齢世代に対し賦課方式に代わる老後所得保障の税財源を負担しながら（これを年金債務と呼ぶことがある），自分自身の老後の年金を積み立てることが必要になるため，二重の負担が発生する。実は，二重

の負担を考慮すると，賦課方式でも積立方式でも現在の現役世代の負担は変化せず厚生は改善されないことになる。これは一般的に年金の同等定理（equivalence proposition）として知られる。ただし，年金債務を国債などでまかない，その償還を何世代かに分散して行うことで，二重の負担を何世代にも分散する方法は理論的に考えられる。

さらに賦課方式の年金でプラスの移転を受ける親世代が，マイナスの移転を受ける子世代の損失を補うように遺産を残そうとして貯蓄を増やすとすると，賦課方式の貯蓄阻害効果と世代間移転効果は相殺されることになる。これを「リカード＝バローの中立命題」という（第4章3節参照）。

さらに積立方式の年金は，強制貯蓄同様に，現役時代の自分が，高齢時代の自分に年金を仕送りするようなもので，人口構造の変化の影響を受けないようにもみえる。しかし，人口構造の変化は経済成長，金利にも影響を与える。人口高齢化は，現実には総生産量の低下，実質成長率の低下という形で現れる。すなわち人口高齢化によって n が下がれば，経済成長 g，r も低下する可能性が高く，一概に積立方式が有利とはいえなくなるという見方もある。

賦課方式の年金制度が，高齢化社会を乗り越えるためには総生産量の拡大，実質経済成長の上昇が不可欠である。高齢化社会を乗り切るためには，積立方式に切り替えることで，実質経済成長自体が上昇するかどうかである。もしそうでなければ，年金を積立方式に移行しても，高齢化社会に耐えることはできない。

この点について，N. バーは，①賦課方式の年金から積立方式年金に切り替えることにより現在よりも貯蓄総額が増加する，②増加した貯蓄が資本形成につながる，③その結果，総生産量が増加する，という3つの関係が成立していることが重要であるとしている（バー[2007]）。すでにみてきたように，理論的には賦課方式から積立

方式に移行すれば，貯蓄が増え，資本ストックを形成して，経済成長に寄与すると想定されている。しかし，これまでの実証研究で確認されているわけではない。理論的な結果とは異なり，そもそも賦課方式の年金制度が家計貯蓄率を引き下げるかどうかについても実証研究の結果は分かれている。また，積立方式によっても成長率が高まらない場合はどうなるか。人口構造の変動と積立方式で蓄積された資産の関係については，バーは以下のように指摘している。第1に，人口の多い高齢世代が，仮に若い時代から預金・国債といった貨幣資産で年金資産を蓄積し，年金受給者となりその資産で消費を行うとしても，労働者である少数の現役世代の生産量の伸び率よりも高齢者の消費の伸び率の方が高いため，インフレが発生する。そのため積立方式では年金の購買力は減少し，実質的に価値のある年金を確保できない。第2に，仮に高齢世代が株式や土地といった実物資産で年金資産を形成したとしても，老後，株式や土地といった資産を売却する時点で，売却量が少数の現役世代の資産購入余力を上回るため，資産価格は下落し，実質的に価値のある年金にはならない。したがって，バーは積立方式にすれば高齢化社会でも年金制度を維持できるという議論は過大評価すべきでないとしている。高齢化社会を乗り越えるためには，実質的な経済成長の確保が条件であり，そのためには労働者数の増加と労働者の質の向上，そして技術革新が必要になる。

　また積立方式にはデメリットもある。かつて世界銀行は，1994年に *Averting the Old Age Crisis* という報告書で，途上国に積立方式の年金を推奨し，実際に南米や東欧諸国でも賦課方式の公的年金から積立方式の民間年金に切り替えた国もある。しかし，積立方式には，①口座維持や運用に関する高い手数料・管理料のために運用の実質利回りが小さくなる，②金融市場の変動に脆弱，という課題がある。②については，リーマン・ショックで世界全体で民間年金

資産残高の20%が減少したとされる。若い世代はその後の運用で回復できるチャンスもあるが，退職年齢に突入している世代は，大きな損害を被ることになる。

4 年金制度の課題と改革の動向

実際の賦課方式の年金制度では，高齢化社会における「年金財政の持続性」を高める改革を行っている。しかし，高齢化に連動して保険料が上昇し続けると若い世代の不公平感を高めることになる。実際の政策では，保険料の上昇を抑えるためさまざまな方法を取ってきた。

2つの世代間の公平性の考え方　これまで公的年金制度は，実質的な賦課方式のもとで，年金の給付水準，すなわち所得代替率（制度上は平均賃金で40年厚生年金に加入した専業主婦世帯÷男子の平均手取り賃金額）が59％（2004年改革後は約50％）を維持できるように，保険料水準が引き上げられてきた。賦課方式の年金制度では，どの時代でも高齢者にとって所得代替率を一定に維持することが「世代間の公平」と考えられてきた。

しかし，高齢化社会で，この所得代替率を一定に保つためには，保険料率を上げ続ける必要があり，若い世代から，「生涯で支払った保険料総額と見合った年金を受給できるのか」という「世代会計」からみた公平の確保の意見も強くなった。この見方は，ミクロ経済学の合理的な家計モデルを想定し，高齢化社会においては，賦課方式は世代間の所得の移転を発生させ，経済成長を引き下げるという評価につながる。

厚生労働省は，世代会計からの公平性の疑問に答えるために，厚生年金のモデル世帯（夫が40年間加入し，妻が専業主婦）が，65歳か

ら約 20 年間年金を受給するとの前提で，生涯の保険料（労働者自己負担分）と生涯の年金給付額を比較している。推計によると，保険料固定方式を行うと，2005 年に 70 歳になる 1935 年生まれの人は，700 万円の保険料を負担したのに対し，年金給付額は 8.4 倍の 5800 万円になる。これに対して，1975 年生まれでは 3900 万円負担し，8200 万円の給付で，給付と負担の倍率は 2.1 倍になる。若年者世代も本人負担分だけでは，負担の 2 倍の給付を受給できることになっているとしている。ただし，これはあくまでも自ら保険料を負担しないで基礎年金や遺族年金を受給できる専業主婦（国民年金第 3 号被保険者）がいる世帯を想定しており，負担と給付の倍率は高めに出る。仮に妻が夫の 2 分の 1 程度の賃金で 20 年就業し，20 年専業主婦であった共働き世帯を想定すると，若い世代ほどこの倍率は大きく低下し，給付と負担のバランスが崩れることになる。また，負担には事業主負担分が考慮されていないため，その分，給付と負担の倍率は高めになる。もし，事業主負担も最終的には労働者の負担に帰着すると考えると，若い世代の給付と負担の倍率は 1 を下回って 0.7 となり，年金保険は払い損ということになる。ここで議論を左右するのが事業主負担分をどのように考えるかということである（第 2 章）。また各世代の生涯負担額をどのように計算するのかという点で，その割引率に何を使うのか，すなわち賃金上昇率なのか金利なのかによっても世代会計の結果に大きな影響を与える。

　世代会計の考えに従い，どの世代も給付と負担の倍率（年金収益率）が等しくなるよう，負担と比較して給付を受けすぎている高齢者の年金を引き下げるべきという意見も強い。しかし，図 14-3 に基礎年金の受給額分布，図 14-4 に厚生年金の受給額分布で示すように，現在の高齢者がそれほど多額の年金を受給しているわけではない。

　世代間で年金収益率に差が出る主要因は，現在の高齢者が現役だ

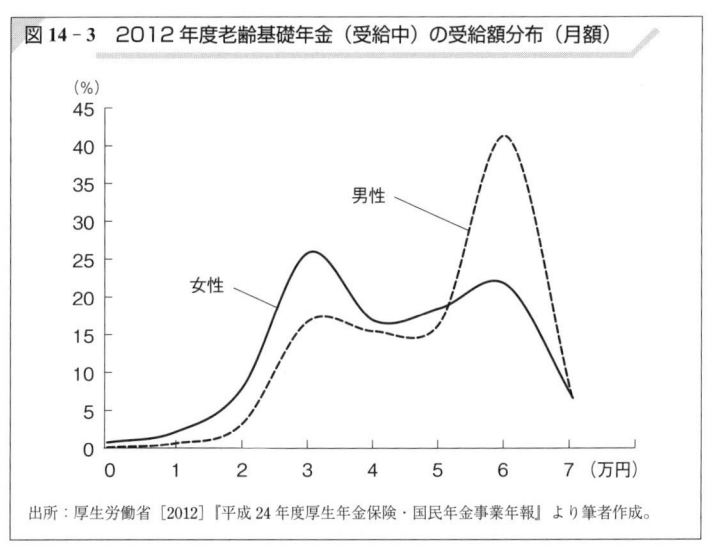

図 14 - 3　2012 年度老齢基礎年金（受給中）の受給額分布（月額）

出所：厚生労働省 [2012]『平成 24 年度厚生年金保険・国民年金事業年報』より筆者作成。

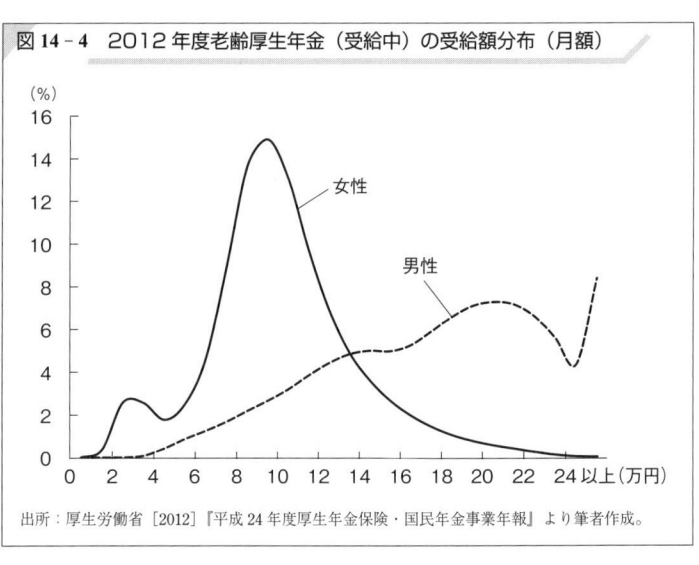

図 14 - 4　2012 年度老齢厚生年金（受給中）の受給額分布（月額）

出所：厚生労働省 [2012]『平成 24 年度厚生年金保険・国民年金事業年報』より筆者作成。

った頃に保険料が低く設定されたからである。現在 70 歳代後半の人が 20 歳だった 1950 年代後半は，日本の経済復興期であり，高い保険料負担は現実的ではなく，徐々に保険料を上げる段階的保険料を採用せざるをえなかった。世代会計上の不公平は，戦後の年金再出発の時点から発生していたことになる。もしすべての世代で負担と給付の倍率を等しくするために，現在の年金受給者に対する一律の大幅な給付カットを行えば，貧困高齢者が増加することになる。一方で，逆に高齢者の年金受給権を完全に保護すれば，今後の少子高齢化のコストはすべて若い世代に移転され，年金保険料は負担と給付の交換というよりも実質的に税のような効果をもち，若い世代の可処分所得を下げ，就業，貯蓄にマイナスの影響を与えることになる。

このように戦後の経済，社会の変動のなかで発生した年金の世代間格差を解消し，完全に世代間の公平性を確保することは困難であるが，人口高齢化の負担をなるべく多くの世代で分担するような仕組みが不可欠である。

| 年金財政の状況 |

現在および今後の日本の公的年金財政について説明しよう。図 14 - 5 は 2009 年の年金財政検証で明らかになった今後約 100 年間の厚生年金の年金給付と年金財源（年金財政収入）のバランスシートである。財源と給付のバランスはとれているので持続可能性は確保されているが，財源のうちの約 7 割（1870 ／ 2720 兆円）が保険料収入で，積立金からの収入は 17% 程度にすぎない。

賦課方式の年金財政のコントロールする政策をみてみよう。賦課方式の年金財政は，毎年の年金保険料収入（保険料収入＝保険料率×平均賃金×労働者数）と年金給付支出（年金給付支出＝平均年金額×年金受給者数）が均衡する必要がある。

保険料率×賃金×労働者数＝平均年金額×年金受給者数

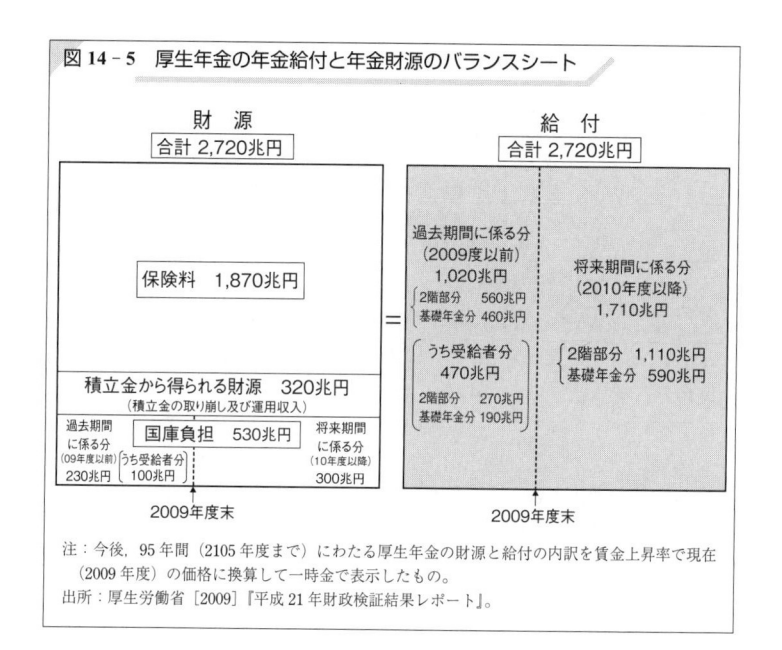

図 14 − 5　厚生年金の年金給付と年金財源のバランスシート

| 財　源　合計 2,720兆円 | = | 給　付　合計 2,720兆円 |

財　源
合計 2,720兆円

保険料　1,870兆円

積立金から得られる財源　320兆円
（積立金の取り崩し及び運用収入）

過去期間
に係る分
（09年度以前）
230兆円

国庫負担　530兆円
うち受給者分
100兆円

将来期間
に係る分
（10年度以降）
300兆円

2009年度末

給　付
合計 2,720兆円

過去期間に係る分
（2009度以前）
1,020兆円
2階部分　560兆円
基礎年金分 460兆円

将来期間に係る分
（2010年度以降）
1,710兆円

うち受給者分
470兆円
2階部分　270兆円
基礎年金分 190兆円

2階部分 1,110兆円
基礎年金分　590兆円

2009年度末

注：今後，95 年間（2105 年度まで）にわたる厚生年金の財源と給付の内訳を賃金上昇率で現在
　　（2009 年度）の価格に換算して一時金で表示したもの。
出所：厚生労働省［2009］『平成 21 年財政検証結果レポート』。

最終的には，この式は以下のように変形できる。

　　　保険料率＝（年金受給者数／労働者数）

　　　　　　　　×（平均年金額／平均賃金）

　　　……賦課方式の年金財政均衡式

（平均年金額／平均賃金）が所得代替率である。

> 賦課方式の年金財政を
> 維持するための方法

この賦課方式の年金財政均衡式から年金制度を維持するために行うべき政策が明らかになる。

　長寿化によって高齢者数が増加し，少子化によって労働者数が長期的に減少する場合，賦課方式の年金財政を安定させるためには，①保険料の引上げ，②給付の引下げ，③労働者数を増加させる，④経済成長により賃金を引き上げるといった政策が必要になる。

　均衡式のうち（年金受給者数／労働者数）が，長寿化で年金受給

表 14 - 1　1985 年以降の年金改革の内容

	1985 年改正	1989 年改正	1994 年改正	1999 年改正	2004 年改正
モデル年金	40 年加入専業主婦世帯	40 年加入専業主婦世帯	40 年加入専業主婦世帯	40 年加入専業主婦世帯	40 年加入専業主婦世帯
年金水準	男子標準報酬平均の 69%	男子標準報酬平均の 69%	男子手取り賃金比 69%	男子手取り賃金比 59%	男子手取り賃金比 50%
給付乗率引下げ	定額部分, 報酬比例部分 25%カット	×	×	(報酬比例部分 5%カット)	×
スライド率引下げ	×	×	ネット所得スライド	既裁定年金に対する政策改定停止	マクロ経済スライド
支給開始年齢の引上げ	60〜65 歳の間, 特別支給の老齢厚生年金	×見送り	老齢厚生年金の定額部分の支給を 65 歳から	老齢厚生年金の報酬比例部分の支給を 65 歳から	×
保険料の引上げ	○	○	○	保険料引上げ凍結	保険料固定方式

注：○：継続して行われた，×：改革なし。
出所：著者作成。

者数が増え，少子化で労働者数が減少するなかでは，所得代替率＝（平均年金額／平均賃金）を一定にするためには，①の保険料率を引き上げ続ける必要がある。

　しかし，若い世代からの反発が強く，保険料の引上げが困難な状況になると，②の給付の引下げが必要になる。

　その手法としては，計算根拠を変更したり，乗率の引下げといった「年金計算式」の変更，再評価率や受給中の「スライド率の引下げ」を行う方法がある。これが実際に 2004 年に採用されたマクロ経済スライドであり，長期的に高齢化率の上昇に連動して所得代替率を引き下げることになる。

　あるいは「支給開始年齢の引上げ」によって，（年金受給数／労働者数）のうちの年金受給者数を減らし，労働者数も増やす政策も

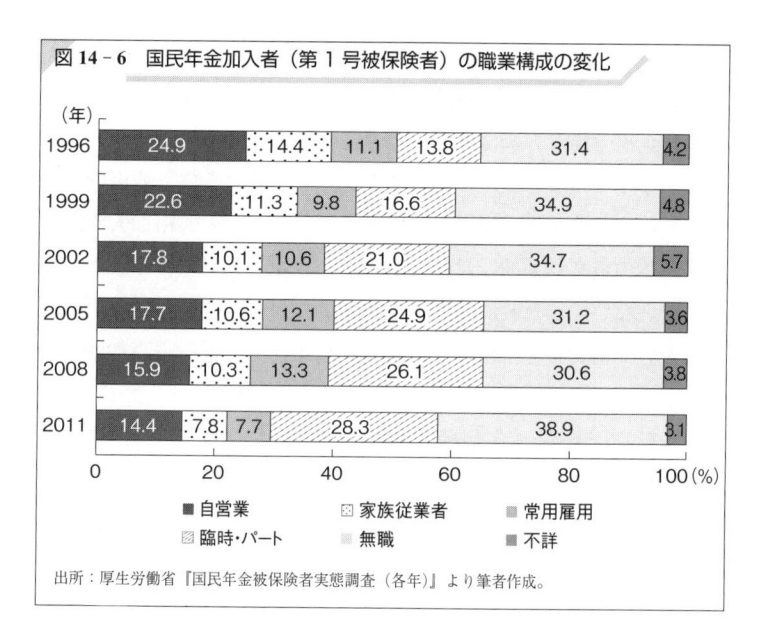

図 14 - 6　国民年金加入者（第 1 号被保険者）の職業構成の変化

（年）						
1996	24.9	14.4	11.1	13.8	31.4	4.2
1999	22.6	11.3	9.8	16.6	34.9	4.8
2002	17.8	10.1	10.6	21.0	34.7	5.7
2005	17.7	10.6	12.1	24.9	31.2	3.6
2008	15.9	10.3	13.3	26.1	30.6	3.8
2011	14.4	7.8	7.7	28.3	38.9	3.1

0　　　20　　　40　　　60　　　80　　　100(%)

■ 自営業　　　　　☒ 家族従業者　　　　▥ 常用雇用
▨ 臨時・パート　　▨ 無職　　　　　　　■ 不詳

出所：厚生労働省『国民年金被保険者実態調査（各年）』より筆者作成。

ある。これらが，いわゆるパラメーター（年金制度の変数）の改革の選択肢になる。

表 14 - 1 は実際にこれまで給付抑制のために年金改革で行われた，パラメーター改革の内容である。

> **年金制度の抱える課題とその対応**

年金制度の課題は，①高齢化社会のなかで財政の持続可能性を確保すること，②雇用形態の多様化と低所得高齢者への対応である。このうち①についてはすでに確認したので，ここでは②を中心に，また公私年金連携についても考えたい。

雇用形態の多様化への対応と低所得高齢者への対応　　近年，雇用形態の多様化が著しく，とくに非正規労働者，短時間労働者が急激に増加している。非正規労働者・短時間労働者は厚生年金に加入できず，自主的に保険料を納付する国民年金に加入する。国民年金加入者（第 1 号被保険者）の職業構成は，自営業主が減少し，代わって

臨時・パート，無職の割合が相対的に増加傾向にある（図14-6）。

　国民年金の保険料は定額負担で労使折半にもならないため，低所得の非正規労働者等には負担が大きく未納になりがちであり大きな問題になっている。多くの諸外国が行っているように，雇用の多様化にあわせた非正規・短時間労働者への厚生年金の適用拡大が，未納問題への最も効果的な対応であるが，企業の反対も強くなかなか進んでいない。また政府は低年金高齢者に対して年金生活者支援給付金という消費税を財源にした新たな仕組みで，低所得高齢者の年金を下支えする補足的な給付を行うこととしている。

　公私年金の連携　企業年金・私的年金のタイプは「給付建て年金」（DB：Defined Benefit）と「個人単位の拠出建て年金」（DC：Defined Contribution）の2つに大きく分類できる。給付建て年金は，決まった年金額を必ず生涯生きているかぎり支給する仕組みである。拠出建て年金は，事前に支払った年金保険料とその運用利益の範囲で給付を行う仕組みである。両者の違いは，積立金の運用リスクを，給付建て年金は保険者，拠出建て年金は加入者が担う点にある。

　公的年金の給付水準がマクロ経済スライドによって下がる分を保証するために，今後企業年金や自助努力による私的年金の役割がますます重要になる。公私年金の合計額で，従前所得の一定割合を確保するインテグレーションという考えは，昨今，スウェーデン，ドイツ等の年金改革に共通したものである。また，イギリスは原則強制加入の個人年金制度を導入し，近視眼的な行動をとる家計の行動を矯正しようとしている。アメリカでも401kといった個人型確定拠出年金が普及している。

　このように，企業年金，私的年金は従来の「公的年金の上乗せ」という性格から，「公的年金の代替」という性格に変わっている。しかし，企業年金のない企業に働いている人や低所得者は企業年金の優遇措置を受けることができない。そこで，個人型確定拠出年金

への拠出分に対する税制上の優遇拡大，とくに低所得者への優遇も必要であろう。また，確定拠出年金では途中引出し・一時金受給，確定給付年金では一時金受給という選択肢もあるが，こうした選択をする人の一部は老後の生活を軽視している可能性もある。中途引出しや一時金ではなく，税制優遇などであくまでも年金による受給への誘導を進める必要もある。

演習問題 ◆
1　年金制度が家計に与える影響について，労働供給，貯蓄行動の点から考察しなさい。
2　賦課方式と積立方式の年金制度が経済に与える影響，若い世代，高齢世代に与える影響について考察しなさい。
3　日本の年金制度の発達の経緯について，これまで行われてきた改革のポイントと現在抱える課題について述べなさい。

文献案内 ◆
　年金制度については，駒村康平［2014］『日本の年金』岩波新書，駒村康平［2003］『年金はどうなる──家族と雇用が変わる時代』岩波書店，年金の歴史については，矢野聡［2012］『日本公的年金政策史 1875〜2009』ミネルヴァ書房，年金と他の所得保障制度との関係については，駒村康平編［2010］『最低所得保障』岩波書店がある。

参考文献 ◆
N. バー（菅沼隆訳）［2007］『福祉の経済学── 21 世紀の年金・医療・失業・介護』光生館

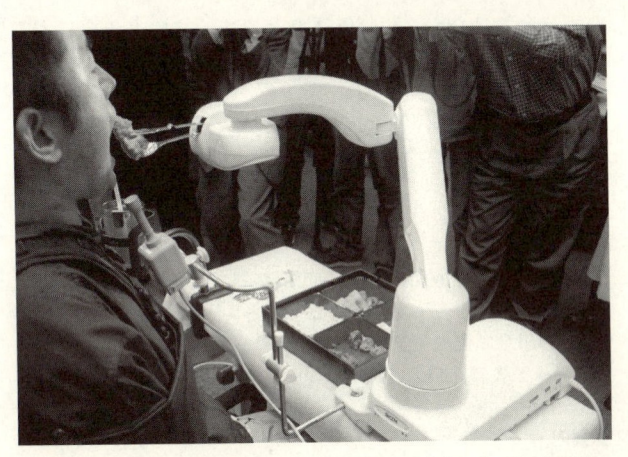

ロボットが介護——食事支援ロボットのデモンストレーション（2002年4月） 毎日新聞社提供

本章でまなぶこと◆

　深刻な財政赤字を抱えながら本格的な高齢化社会を迎える日本では，持続可能な社会保障制度の確立は急務である。現在，社会保障制度が直面しているさまざまな課題を理解し，社会保障・税一体改革，一体改革後の課題や社会保障・税番号による社会保障制度の情報化の動向を理解する。さらに社会政策の発展の経緯とグローバル経済の進展のなかでの国際社会政策の動向も理解する。

　キーワード

社会保障・税一体改革　　社会保障制度改革国民会議　　年金記録問題　　社会保障・税番号制度（マイナンバー制度）

1 社会保障制度と財政の状況

急速に進む人口減少と高齢化が社会保障に与える影響 今後，日本社会は，急速に人口減少・高齢化社会に突入する。図終 – 1 は，将来の人口数と高齢化率（65 歳以上人口比）を推計したものであるが，2010 年前後をピークに毎年 20〜30 万人の人口数が減少し，今後は減少が加速する。一方，高齢化率も 2014 年時点で 25％程度であるが，2060 年頃には 40％近くまで上昇すると見込まれる。

人口減少・高齢化は，労働力を減少させ，貯蓄率も引き下げる可能性が高いため，経済成長の抑制要因になる。加えて，社会保障制度は全般的に現役世代の負担で高齢世代が使う給付をまかなう構造になっているため，社会保障財政は不安定になる可能性が高い。

社会保障制度改革と社会経済 1990 年代半ば以降の急激な社会経済の変化により，社会保障制度は大きな転換期を迎えている。社会経済の変化の背景には，経済のグローバル化，高齢化社会，低い経済成長がある。また，社会経済構造の変化は，これまで労働政策を規定してきた日本型雇用システムを変質させ，非正規労働者の増加につながっている。この結果，少子化は継続し，所得格差が拡大し，年金・医療保険の未納者が増加し，社会保障制度に大きな影響を与えた。

日本の社会保障制度は，1940 年代の創生期より，60 年代の皆保険・皆年金の導入，80 年代の財政調整導入のなかで拡充された。しかし，高齢化と財政赤字の拡大のなかで，2000 年代前半には介護保険の成立（2000 年），年金改革（2000 年，04 年），後期高齢者医療制度（06 年）と相次いで大きな改革が行われ，高齢化社会を目前

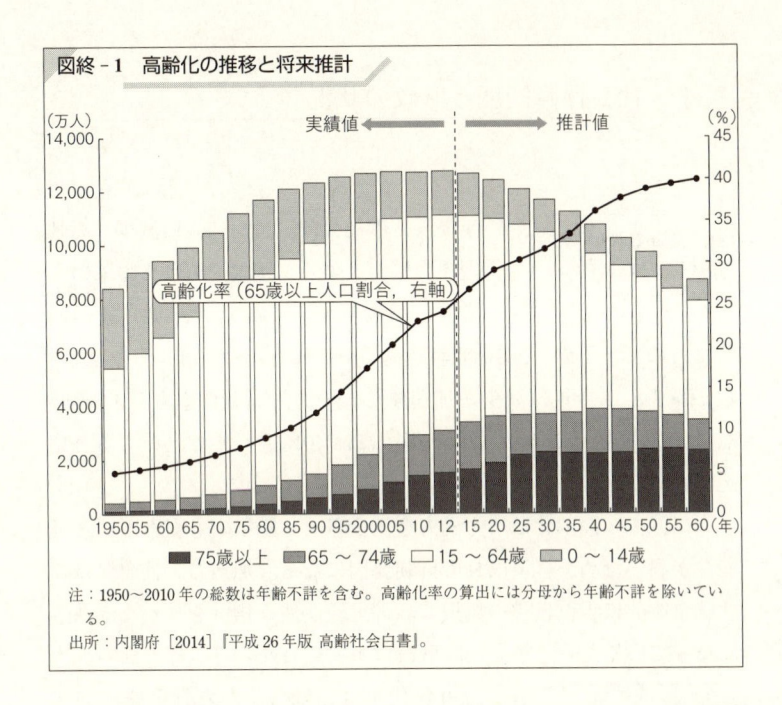

図終-1　高齢化の推移と将来推計

実績値 ⟵ ⟶ 推計値

高齢化率（65歳以上人口割合，右軸）

■75歳以上　■65～74歳　□15～64歳　□0～14歳

注：1950～2010年の総数は年齢不詳を含む。高齢化率の算出には分母から年齢不詳を除いている。

出所：内閣府［2014］『平成26年版 高齢社会白書』。

に安定財源の確保と本格的な給付の抑制が課題になった。これまで社会保障制度は，社会経済の構造変化に対応して約20年間隔で大がかりな構造的な改革を行ってきたが，人口の多い団塊の世代が75歳に到達する2025年にはこれまでにない大きな危機が来ると予想されており，**社会保障・税一体改革**で構造的な改革の完成が急がれている。

社会保障・税一体改革
の役割とその影響

2000年代前半の社会保障制度改革，すなわち介護保険，基礎年金，後期高齢者医療制度，いずれもその2分の1を税財源で確保するとしながらも政府が消費税の増税を先送りしたため，財政赤字の拡大，国債の累積を招いた。

2000年代前半の一連の大きな改革が行われたが，肝心な社会保

障の安定財源確保は遅れた。

2009年9月に発足した民主党政権は，介護，年金，高齢者医療の高齢者向け3経費と子ども向け給付を，社会保障目的税とする消費税で確保するため，民自公の三党合意により社会保障・税一体改革を進めた。12年12月に発足した自公政権はこれを引き継ぎ，14年4月に社会保障目的の消費税は8%に引き上げられた。さらに15年10月には消費税は10%まで引き上げられる計画になっていたが，14年12月の衆議院解散，総選挙に伴い消費税の10%までの増税は17年4月まで先送りされた。

この間，社会保障・税一体改革の具体化をめざした**社会保障制度改革国民会議**では，団塊の世代が75歳に到達した2025年でも質の高い社会保障制度を維持することを目標に，地域医療・介護の供給体制の強化を進めることを明確にした。

さらに社会保障制度改革国民会議で示された基本方針は，全世代対応型の社会保障制度の確立であった。すなわち高齢者だけではなく若い世代も給付の対象になり，そしてその費用は，年齢別で考えるのではなく，所得や能力に応じて負担するというものである。社会保障制度改革国民会議の報告書に基づいて地域医療・介護の充実を進める医療介護総合確保推進法が，2014年に成立した。

2 社会保障制度の変質と将来

社会保障・税一体改革
に不足していた点

国立社会保障・人口問題研究所の将来人口推計によると高齢化率のピークは2050年前後である。今後も当面高齢化が続くことになる。2025年までを視野に入れた社会保障・税一体改革は必要最小限のものにすぎない。社会保障・税一体改革に不足していた点

は，以下の6点である。

(1) 2025年以降も長期的に持続する社会保障制度の確立

現在，約110兆円の社会保障給付費は2025年には約150兆円まで増加する。そして，現在示されている社会保障制度の展望は2025年までである。2025年以降どうなるかは不透明である。このことは若い世代にとっては大きな不安となり，将来の予定を立てにくくなる。2025年以降も安心できる社会保障制度を確立するためには，今後どの程度まで国民負担を引き上げる必要があるのか，明確にする必要がある。

(2) グローバル経済への対応

環太平洋戦略的経済連携協定（TPP）の推進など今後も進むグローバル経済に対応できるように，社会政策を強化する必要がある。グローバル化と社会政策に関する国際的な研究によると，GDPにおける貿易比率を高めている国ほど社会的支出を充実させている。国際競争による産業・企業の衰退，グローバル規模の経済ショックから国民生活を守るため，セーフティ・ネットの充実などを強化している。

(3) 非正規労働者への対応

すでに2014年末には雇用者に占める非正規労働者の割合は38%まで上昇し，2000万人を超えている。非正規労働者の賃金は生活給的な要素が低く，将来不安があるため，非正規労働者の増加は未婚率の上昇，出生率の低下の大きな要因になっている。非正規労働者も家族がもてるように，非正規労働者の処遇改善，厚生年金・健康保険の適用拡大，児童手当の加算，教育費・住宅費支援などの家族向け給付の拡充が必要になる。

(4) 65歳以上の高齢者の労働力率の上昇に向けた具体的な政策

日本の75歳以上人口は2040年頃には約20%となり，最終的には30%近くまで到達すると見込まれる。これは他の先進国の65歳

以上の比率と同じである。今後，日本で 65 歳から 74 歳も一律に高齢者と扱ってよいかということを考え直す必要がある。年齢ではなく能力に応じて高齢者が社会・経済に貢献できるようにすべきである。現在，年金の支給開始年齢を 65 歳よりさらに引き上げることは見送られているが，今後は働ける能力のある高齢者には経済と財政に貢献することが期待される。とくに健康面，意欲面から期待される 65～69 歳の年齢層の労働力率をどのように高めていくか，具体的な対策が必要である。

(5) 仕事と育児，介護の両立と，介護労働者の確保

仕事と育児の両立については，子ども・子育て支援新制度が 2015 年 4 月からスタートし，制度の充実が進められているが，仕事と介護の両立は不十分である。社会保障・税一体改革で，地域包括ケアシステムの強化により在宅介護の強化が進められている。そのため在宅介護は家族に大きな負担がかかる。第 13 章でみたように，今後いっそう在宅介護を進める場合，家族の介護離職が急増する可能性がある。現在介護しながら働いている人は約 240 万人で，毎年 10 万人程度の介護のための離職が発生しているが，今後も増加する可能性がある。OECD の調査では，家族介護による負の影響として，労働力参入の低下，貧困率の上昇，メンタルヘルス問題の増加が指摘されている。今後は，仕事と介護の両立を支える政策がますます重要になる。

(6) 継続的に低下する年金水準への対応

第 14 章でもみたように，今後，基礎年金は毎年 1％ずつ年金水準を下げ，今後約 30 年間で基礎年金の実質水準は対賃金比で 30％程度引き下げられることが予定されている。このことにより年金財政そのものは安定するが，高齢者にとっては老後生活は厳しいものになる。加えて年金から天引きされる医療・介護の保険料も現在の 1.6 倍に増加するため，手取り年金は急激に低下し，生活保護水準

以下の所得の高齢者が増加すると見込まれるが，これへの対応が急がれる。

社会保障制度における
情報化——マイナンバ
ー制度の成立社会保障制度の運用にも IT 化が影響をもちつつある。2007 年頃から**年金記録問題**が大きな社会問題になった。すなわち 5000 万件以上の未統合の年金記録の存在や記録の誤りのある年金記録が多数存在することが明らかになり，社会保険庁による杜撰（ずさん）な年金記録管理が大きな社会問題となった。政府は，年金特別便などを加入者，受給者に送付し，記録の確認を行い，さらには大掛かりな記録の修復作業も行い，年金記録回復に取り組んだ。

　しかし，年金のみならず医療，介護，福祉サービスの諸手当はますます複雑化し，受給者の確認や受給者の漏れを防ぐことはますます困難になっている。また医療サービスの効率化を進めるためにも，医療情報の収集，分析，投薬・健診記録などの効率的な活用が必要になった。

　従来から課税の効率性，所得捕捉や課税の公平性を高めるという視点から税番号導入の議論があり，加えて社会保障の給付や記録管理を効率的に行うために社会保障・税番号制度が議論されていた。そして，2013 年 5 月に**社会保障・税番号制度（マイナンバー制度）**として成立し，国民 1 人ひとりに固有の共通番号を割り当て，将来は幅広い行政分野で活用することになった。

　このように社会保障制度の情報化により，①国民，被保険者，受給者，利用者にとっては，簡易な手続きでさまざまな給付やサービスが漏れなく受給できるという利便性，②行政，給付主体にとっては，税・社会保険料の徴収や重複受給の回避，行政機関間・給付機関間の情報共有に関する効率性が進むことになる。

　マイナンバーは 2015 年 10 月から通知が行われ，徐々に活用が広がることになる。このような社会保障制度における情報化の進展は，

低所得者への窓口負担軽減による社会保障給付を重点化する総合合算制度の導入や，給付付き税額控除導入の可能性を広げ，社会保障給付漏れの防止，年金記録問題の再発防止，効率的な健康管理・投薬管理，治療方法の確立といった新しい可能性の拡大が期待できる。

3 社会政策の過去，現在，未来と国際社会政策の展望

社会政策の発展と社会経済の変化

人々の相互扶助の仕組みは，古代，中世より慈善，宗教的な福祉，血縁・地縁の助けあいのなかで存在したが，その水準はきわめて低いものであり，限定的なものであった。

社会政策が本格的に発展する背景には，社会経済の構造変化があった。封建社会から産業革命を経て，資本主義経済に向かう 19 世紀から 20 世紀にかけて，社会政策は急速に発達した。

封建社会の終焉により，人々は生産手段である土地，生活空間である共同体の束縛から自由になり，人格的な自由と生産手段からの自由を手に入れた。しかし，その代償に人々は市場の秩序のなかに組み入れられ，膨大な貧困者を生み出すことになった。

とくに他国に先駆けて近代を迎え，市民革命，ブルジョア国家への途にあったイギリスでは，17〜18 世紀に，農民階層の分解が進み労働者を生み出したが，社会経済の仕組みは労働者の増加に対応できず，人々の生活は劣悪であった。

さらに 18 世紀半ばから 19 世紀にかけての産業革命を経て，19 世紀後半から，むき出しの利益を追求する資本主義経済のなかで，労働者の惨状，社会秩序の不安，社会主義革命の思想が広がり，社会政策の必要性が認識されるようになる。

20 世紀に入ると，民主主義の拡大を背景に，社会保障制度と労

働法が確立されていく。社会保障の給付は，人々の権利となり，労働法は当初の取締り的な性格から，集団的・従属的に働く，均質的な労働者の交渉力を高める労働保護法，集団的労働法へ変化していった。

20世紀の前半は，2度の世界大戦の後に，工業化，高い経済成長，完全雇用，そして固定為替相場による国際通貨制度であるブレトンウッズ体制を背景に，中央政府主導の福祉国家が完成し，成立した。福祉国家は，総需要管理政策による完全雇用を掲げたケインズ経済学の理論的な基盤とし，「ケインズ＝ベヴァリッジ体制」とも呼ばれ，福祉国家の考えは，先進各国に広がることになった。

しかし，1973年のオイル・ショック後，通貨制度が固定相場制から変動相場制に変わると，状況が一変する。普遍的な社会保障制度の充実は経済成長が前提であったが，先進各国とも経済成長の鈍化，財政赤字の拡大に悩まされ，福祉国家は大きな壁に突き当たる。80年代に入ると，スタグフレーションすなわちインフレと失業の同時発生の原因は大きな政府である福祉国家が原因であり，福祉依存が経済活力を阻害している，としたマネタリストの考えが広がった。マネタリストの影響力は強く，多くの先進国が小さな政府をめざし，福祉国家は次第に後退した。

グローバル経済と社会政策の将来，国際社会政策

20世紀の終わりに，ソ連が崩壊，冷戦が終結し，東ヨーロッパ各国も資本主義経済に移行した。加えてIT技術を背景に国際金融市場が急速に成長した。増加する国際的な資本移動を背景に，BRICs（ブラジル，ロシア，インド，中国）の国際経済への参入も本格化し，世界経済のグローバル化が本格的に進んだ。グローバル経済により，国際競争力を失った先進各国の企業は途上国に流出し，福祉国家の基盤であった完全雇用は大きく後退した。こうしたなか，男性一人稼ぎ主モデルが後退し，女性の社会進出により，家族構造

の変化が生まれ，先進各国は，新しい社会経済環境のもとで第三の道，ワークフェア，タックス・クレジット，ディーセント・ワーク，ベーシック・インカムなど新しい社会政策モデルを模索している。

またグローバル経済の拡大は各国の労働法にも大きな影響を与え，解雇規制緩和などが進み，集団的労働法の性格が後退し，再び個人と企業の個別契約を中心にした考え方も強まってきている。今日，グローバル経済のなか，社会政策がどのように変化してくのか，重要な転換期に差しかかっている。

今後，グローバル化の進展は，国際的な労働移動の問題をより大きくするであろう。さらに世界の人口の動向，とくに世界人口の高齢化や途上国の貧困問題などは，国際社会政策として注目する必要がある。

社会政策も一国のなかにとどまらず国際的な広がりをもつことになる。すでに国際的な社会政策の展開を担う組織としては，国際労働基準を普及する国際労働機関（ILO），人間開発指数を作成・公表する国連開発計画（UNDP），社会保障制度に関する情報，指針を提案する国際社会保障協会（ISSA），世界的な保健政策を主導する世界保健機関（WHO）が重要な役割を果たしている。このほかにも，国連人口基金（UNFPA），世界銀行（WB），経済協力開発機構（OECD），国連児童基金（UNICEF：ユニセフ）などさまざまな国際機関があるが，各機関の考えは必ずしも一枚岩ではなく，それぞれの主張，報告にも特色がある。このほか EU はヨーロッパ各国の社会政策の調整を行っている。また国際的な労働組合運動，NGO，NPO，慈善団体なども重要な国際社会政策の主体である。

4 本書に残された課題

　本書は，社会保障制度，労働政策を中心にしつつも，これらにとどまらず社会政策として住宅政策など幅広いテーマを扱った。本書でまったく取り扱わなかった大きなテーマとしては，環境問題がある。ドイツが社会保障目的の環境税を導入して以来，社会保障と環境の関係は重要な政策テーマとなっている。

　環境と社会政策の関係はドイツの事例のような財源政策にとどまらず，経済成長を前提に成立している福祉国家と環境の持続可能性の両立問題に広がる。

　また，このほか，本書では職業教育，高等教育などの労働政策に重要なテーマを取り扱っていない。ほかにも認知症や難病などの多様な困難を抱えた人びと，社会的排除に関する社会政策も十分に取り上げることができなかった。この点は，今後の重要な課題にしたい。

　本書は社会政策，すなわち社会保障制度や労働政策に対するミクロ経済学的なアプローチを試みた。経済学の明確でシンプルな分析ツールで制度・政策の本質の理解が容易になる一方で，個別の制度・政策の評価は価値判断を免れることができないため，その評価については慎重に，あるいは多くの留保条件をつけている。

　現在，経済学の方法論にも変化が生まれている。時間を通じて合理的な選択できると個人を想定している経済学では，個人の選択に対する政府の介入は，かなり限定すべきと考えてきた。しかし，個人が必ずしも合理的な行動ができないことを明らかにしている行動経済学の知見に基づき，個人の選択の誤りを矯正するために，政府が一定の介入をすることを正当化する議論，「リバタリアン・パタ

ーナリズム」も今日，注目されている。また異時点でもつねに一貫した行動をとるという経済学の想定から逸脱し，異時点での選択では，同じ人間の行動でありながら，その人格が異なることを認めること，すなわち時間の経過のなかで嗜好やパーソナリティーの変化を認める「多元的自己モデル」を取り入れた経済理論も生まれ，J. ルグランや R. A. ポズナーは，これに政府介入の根拠を模索している（ルグラン［2008］；ポズナー［2015］）。こうした新しいアプローチは心理学，哲学などとの交流から生まれたものである。今後も，社会政策を経済学からアプローチする場合，社会政策を研究対象としている他の学問，すなわち社会学，政治学さらには法学，心理学，歴史学などの研究蓄積を活かし，連携していく必要があろう。

参考文献 ◆

ポズナー，R. A.（國武輝久訳）［2015］『加齢現象と高齢者——高齢社会をめぐる法と経済学』木鐸社

ルグラン，J.（郡司篤晃監訳）［2008］『公共政策と人間——社会保障制度の準市場改革』聖学院大学出版会

事項索引

人名索引

社会政策
——福祉と労働の経済学
The Economics of Social Policy

有斐閣アルマ

2015年8月30日　初版第1刷発行

		駒	村	康	平
		山	田	篤	裕
著　者		四	方	理	人
		田	中	聡 一	郎
		丸	山		桂
発 行 者		江	草	貞	治
発 行 所		株式会社 有	斐		閣

郵便番号101-0051
東京都千代田区神田神保町 2-17
電話 (03) 3264-1315〔編集〕
　　 (03) 3265-6811〔営業〕
http://www.yuhikaku.co.jp/

印刷・萩原印刷株式会社／製本・株式会社アトラス製本
© 2015, K.Komamura, A.Yamada, M.Shikata, S.Tanaka and K.Maruyama.
Printed in Japan
落丁・乱丁本はお取替えいたします。
★定価はカバーに表示してあります。

ISBN 978-4-641-22058-4